U0069851

思想觀念的帶動者

文化現象的觀察者

本土經驗的整理者

生命故事的關懷者

心靈工坊 PsyGarden

Holistic

探索身體，追求智性，呼喊靈性
攀向更高遠的意義與價值
是幸福，是恩典，更是內在心靈的基本需求
企求穿越回歸眞我的旅程

靈魂占星

從南北交點認識你的本能與天賦

Astrology for the Soul

作者—珍・史匹勒 Jan Spiller

譯者—吳四明

目◆錄

前言

這本書包含了我的專業祕訣：也就是我過去二十年來，成功讀解每一張個人星盤的方法。許多同行都認為我是靈媒。也許是真的，但這並不是我看星盤時的基本態度。若想信心十足、精確無誤地解釋一張星盤，占星學家必須有一個起點；這裡所謂的起點，就是看個人星盤時最注意的地方。起點可能是太陽星座（Sun sign），也可能是月亮的位置、日月蝕、主要相位，或是行星分布在四元素（火象、水象、地象、風象）的狀況；每一位占星學家都有自己用來切入、「解讀」，並解釋星盤中其他部分的獨特方法。

我使用的是交點（Node）。交點每次都能提供我正確指導每個人獲得成功、增加自信、促進個性平衡狀態所需要的資訊。我之所以能正確地解釋每一張星盤，所憑藉的不是與生俱來的通靈能力，而是我對交點的深入觀察。

當我在看星盤時，首先會根據星座及宮位去觀察月亮的北交點及南交點。之後，我會注意交點和其他行星所產生的幾何關係（占星學家稱為「相位」＊），以及這些交點在星座守護星的特殊狀況。如此一來，整張星盤立即鮮活起來，我也因此可以了解這張星盤的主人所面臨的挑戰，以及他希望達到成功或此生成就所需要的特質。

正確度

並不是只有相信占星學的人，才能了解本書的價值。如果從心理學或是科學的角度來看占星學，其實它與信仰沒有關係。它很務實，它是關於知識獲取及實驗：占星學提供的心理剖析，是不是增加了你的自我了解？占星學對時間點的預測（根據你完整詳實的出生星盤），是不是能幫助你更有效地利用時間？

在評估本書提供資訊的真實性時，傾聽你內在的認知及過去的經驗，是相當重要的。不論別人怎麼想，只有你知道自己內在掙扎的本質。

如果你採取了某些實驗建議來平衡你的北交點（North Node）性格類型後，接著再來看看自己的能量，就可以確認這條道路是否正確。如果做過某個實驗後，你發現自己的能量大增，而且感到快樂與自由，你就已經「在路上」了。相信你自己的感覺。如果沒有特殊感覺，就嘗試其他實驗；你會藉由感到快樂或自由得知，自己是不是找到正確的道路。

如果你的北交課題提醒你的某些建議並不「適合」，那麼也請你相信自己的直覺。這可能是你已經克服的部分；或是基於某些理由，並不適用於你。這就好比試穿鞋子，只有你才知道

＊ 原註：相位是非常重要的部分，值得專書探討。這部分的資訊會在後面與交點相關的章節中，再詳加說明。

合不合腳。再一次強調，一定要相信你自己。

某些建議可能一開始會令人害怕，因為這些建議對你而言是前所未聞的。但是如果你覺得這些建議不錯，也就是看起來滿精確的，你就可以嘗試看看，並付諸行動。你會發現自我逐漸從過去的經驗浮現出來，擁有永恆的無畏及自信。你會感覺到變化的產生，因為可能在幾個禮拜或幾個月之前困擾你的問題不見了。你的朋友們可能還是感受得到那些事情，但是你已經有不同的感受了，那是一種久違的平靜。

對我們每一個人而言，一生最深層的核心問題，可以從我們出生時北交點所在的星座及宮位看出端倪。但是撰寫本書的過程，我發現除了我自己的交點星座及宮位外，其他星座中還有些待解決的問題。兩者的差異在於功能失常的程度。如果一個人的北交點在巨蟹座或第四宮，他在釋放控制、信任、公開分享感受等方面問題就會非常大；這就好比在一大塊花崗岩上敲去一角。但是北交點在另一個星座上的人，也可能有公開分享感受的問題。參考北交點在巨蟹座的章節，或許能幫助他們改善自身的脆弱。同時，章節裡的建議可以引導他們邁向平衡或放鬆情緒；不同的是，採取這種「替代」建議，並不像採取自身交點座落位置的建議那樣困難。

例如，我的北交點既不在牡羊座（Aries）也不在第一宮，但是我在寫北交點落牡羊座那個章節時，我發現自己也有堅持己見，以及這個族群必須努力克服的狀況。然而，隨著撰寫該章節所帶來的創作性過程中，我內在的某一部分也跟著被治癒了，開始以比較正面積極的方式堅持自己的看法，而且變得更誠實，我的生活也更為自在。這時，一旦找到正確的方向，我就可以簡單地進行調整及改變。但是當我寫到自身北交點所在的星座及宮位那個章節，要有這樣的改變就困難得多了。早在二十年前，我就知道問題所在，但是直到今天，我還在奮鬥。

透過知識而來的熱情

用全然敞開的心胸去探索占星學時，占星學可以直接引導你邁入無條件的愛。當你充分了解一個人的內在結構，以及「小毛病」時，你如何能對他生氣呢？事實上，我們每一個人都竭盡所能地發揮自己的光明面，並克服我們的缺陷，因為那些小毛病阻礙了我們得到我們想要的東西；這一點每一個人都是一樣的。

太陽星座占星學（Sun sign astrology）是報章雜誌常見的星象專欄，它的預測僅僅根據太陽星座的位置。完整的占星學出生盤分析則需要參考十顆行星、當個體誕生時所觸發的核心，以及其他如南北交點、日月蝕等等（太陽及月亮在此視為行星，因為是從地球的角度來觀察其他星體的影響）。事實上，我們每個人都是獨立的個體，因為每顆行星都是以不同的速度繞著太陽運行，所以在兩萬五千年內不可能出現兩張相同的星盤。當你吸進第一口空氣的剎那，所有的人類——所有當時活著的人——都與你共同經歷這個時刻。每個人都盡可能使這一瞬間成為他們喜悅的時刻。但是緊接著下一刻就來了，而人類則必須處理它；之後，一個接著一個的瞬間，直到眼前當下。但是你出生的那一剎那，則深深地刻在你生命的細胞層次中，而且到現在一直都是你的一部分。

有了這樣的連結，你便肩負為地球上每個人滌淨這個時刻的任務，而且你本身就擁有足以完善自己誕生時刻的力量。就好像你拿了一小段時間，然後把這段時間速度放慢，再將它延展成為一整世。當你開始投入這一段時間，取出線路不良的部分並調整，藉此創造自己生命中的快樂、歡笑及愉悅時，這種轉變所釋放的正面能量，會影響到每一個人。透過你自己的生活基本上可以改變過去發生的片刻，而當你改變過去時，每個人的當下也隨之改變。我聽過許多教導靈性的老師說，徹底從自己做起，才能為別人盡力。我們每一個人最深層的地方都是相互連結的；其實我們是一體的。

內在的線路

星盤就好像一張可以展示每個人內在線路的示意圖。我們每一個人的線路圖都不一樣。沒有所謂的「好」或「壞」，只是表現出線路配置的情況。你的星盤顯示的是你出生時與生俱來的內部線路，但要怎麼佈線配置這張圖，完全取決於你。

當你能客觀看見自己的行為模式時，就可以做些調整，以獲得更有效率的結果及更好的表現。任何一個不良線路經修正後，生活會運作得更順暢（由內而外）。藉著清晰了解內在線路，你會明確知道先天既有的不良部分，而且可以選擇不再做不適合自己的行為。

例如，如果一個人（藉由觀察出生盤）客觀地知道自己有萬事通的傾向，而且常因此表現得不耐煩或自以為是，致使自己遭他人孤立（如同北交點落在雙子座或第三宮常有的問題），了解這個傾向可以讓當事人在自己冒昧發言前，有意識地花較多的時間去咀嚼別人言語真正的意涵。這項簡單的調整，可以大幅改善當事人的社交關係。

我們都有不適當行為及讓自己出現孤立、不快樂的傾向。這個小技巧可以發現我們自己的小毛病，並賦予我們能力去避免。有了這項客觀的知識，我們就不會再在黑暗中行事，並為生命不斷出現令我們不愉快的事務而困惑不已。人生苦短，實在不能盲目囫圇走過。本書的主旨便是闡述月亮北、南交點所描繪出的十二種性格中，哪些是有用的，哪些又是無效的。

本書的基本觀念：肯定自己不只是本命盤的總合。星盤表現的是你的性格結構，但你是星盤後面的重要因素，而且有能力依照自己的選擇運用你的性格（本命盤描繪的能量）。你是否允許自己的性格在無意識下運作，或主動負責並淨化自己的能量，使生命朝著對自己有利的方向前進，這一切都由你做主。

如何得，如何捨

性格分為十種不同的領域，由占星學中的十顆行星做為代表。從你的本命盤，可以看出你的某些部分常常會與其他的部分發生衝突，並因而產生許多相互牴觸的能量；又，哪些部分處於和諧狀態，當這些部分對應到你的生命時，不會發生掙扎或糾結。更深入來看，我們可以知道某些個性形成的基礎。本書目的是去探究這個基礎，將它描述出來並做適當的調整。這些調整將使得各行星的能量以更和諧的方式共存。

假設在你的體內有一位將軍，他一聲號令，立即可以動員你所有的部分。你只需要為將軍吹號，原來爭戰不休的每個部分，自然會放下武器，在將軍身後排成一列。你體內其他處於和平狀態、或許已經開始有些懶散的部分，也會在號角響起時，抖擻精神，自動自發地排在將軍的後方。當這些發生時，你會感覺到自己是一個完整的個體，心思完全集中；在這個時候，生命外在的狀況也會開始轉變。

最重要的，你與這些情況的關係會產生變化。從這個新的起點，你可以清楚地了解自己接下來應該怎麼做，而你採取的行動，將自然而然地使你邁向成功。

在你的本命盤中，月亮的北交點代表了這位將軍。只要你掌握了聯合及平衡內在部分的祕訣，就如同學會一項魔法，妙用無窮。這項魔法適用於生命的任何時刻，唯一的條件就是：你必須「記得去記住」這項祕訣，並且願意嘗試各種讓內在能量及外在情況轉換成有益於你的利器的「實驗」。

在一開始，做這些實驗可能並不簡單。甚至可能會令人感到有些害怕。例如，如果你是北交點在巨蟹座的人，你並不知道其實感到脆弱、透露出你的感覺及畏懼，都會為你帶來正面的效果。根據你過去的經驗，你不習慣感到脆弱；事實上，如果要你表達真實的感覺，你可能寧可死去。你內在的每個部分可能都在抗拒這種情況。但是如果你真的去做了，變化也會因而產生。你會發現，某些部分的確死了，但那並不是你，而是長久以來如影隨形跟著你的恐懼。當你進行實驗時，這種恐懼就消失了，取而代之的是無懼及自信的新感覺。但是這一切都取決於你自己。除非你自己願意嘗試，否則不會有任何改變；積極的行動是治療恐懼的最佳藥方。

檢視北交點的位置時，你看到的是整個生命最基本的課題。因此，改變可能不會全部立刻發生。要記住，當你朝一個新的方向前進，便是違反過去長久以來已經根深柢固的各種習慣。這也是你需要隨時記得以新方式行事，努力解決前世失衡部分的理由。

本書目的不是提供另一個「讓你犯錯」的工具，並挑出你還未捨棄的前世習慣。而是在教你如何以新的方式實驗。你會發現，當你每一次記得運用這個公式時，你所處的情況會發生有利於你的改變，而世界也會肯定你的存在。即使處於即將成功的階段，有時採用新的方式仍是需要點時間，但畢竟這只是一個過程。

只要讀讀北交點的相關章節，就可以產生不同的效果，展開一段自然改變的過程。練習各項建議可以加快整個過程，但最終，意識本身就已經轉化。例如，如果一個人知道穿越馬路不遵守號誌時會被卡車撞倒，他會怎麼做？他當然就不會穿越馬路了。我們每一個人都希望享受歡愉，避免痛苦，因此意識到負面影響時，通常就足以避免不當行為的發生。

占星學、物質上的成功及靈性

物質上的成功絕對不是永恆幸福之鑰。這種成功總是暫時的，而且不滿通常會在簡單的物質滿足後接踵而至。追尋快樂的根本之道是靈性。但有時我們的心底深處，存在著不可否認、也不可遺忘的世俗渴望，而這種渴望必須在具體實現後才能釋放。

要說明這一點，我們可以看看一位佛教高僧的故事。這位高僧年事已高，他發現一位跟隨很久的弟子，一直未能達到最高的喜樂境界。這位弟子跟隨他已經三十多年了，對高僧十分忠誠，律己甚嚴，然而始終無法達到最高的境界。有一天，高僧對這位弟子說：「我要去朝聖，你可以跟我去。」

他們兩人要步行到在偏遠的山區。日子一天天、一週週地過去，很快地他們的行程已經持續一個月。一天，高僧停下腳步，手指著遠處的山丘，對他的弟子說：「你看得到山頂嗎？」這時雲霧正逐漸從山峰散去，山巔上一座巨大堡壘在陽光下閃閃發光。

弟子回答：「是的，大師。」

高僧問：「你看到山頂上的家了嗎？」

弟子回答：「是的，大師。」

高僧說：「生生世世以來，你一直渴望有一個家，但這個渴望一直無法滿足。這也就是綁住你，讓你無法達到極樂境界的最後一根線。我所教你的一切，都無法解決這個深切的渴望，因此，這個渴望必然會顯現。現在那就是你的家，你擁有它了。」

就在這一瞬間，這位弟子終於徹底頓悟。

有些世俗或是物質的欲望，我們可以輕易克服，因為這些欲望對我們來說，並不那麼重要，一段時間以後，我們就可以排除這些欲望了。然而其他的欲望就不是這般輕易可以解決，除非我們在某些層面裡滿足這些欲望，否則它們會如影隨形地跟在身邊。一旦我們能成功整合這些性格，比較不重要的欲望就會開始消失，而需要獲得滿足的渴望，在物質世界中也會變得比較容易達成。

提供一個簡化並重新整合性格結構的公式，使每個人可以比較容易獲得所追尋的物質經驗，是本書最主要的目的。一旦自我或性格的機制有效率地運作，並創造快樂的日常生活時，除了認同個人的自我及獲得純物質的回饋外，我們的基本需求將獲得滿足，我們也得以接受更高境界的快樂及自我實現。當滿足了欲求、外在的目標也不再如此迫切，性格自然鬆弛下來。在這種平靜之中，我們可以進入更高層次的意識境界，以及更深切的幸福。這都是我們的自然狀態，也就是《聖經》中所描述的：「在地球體驗天堂的感覺。」

如何使用這本書

交點是什麼？

月亮的交點並不是星體；它們是由月亮繞行地球的軌道，與地球繞行太陽的軌道，交錯所形成的點。南北交點是逆時鐘方向；北交點是上昇交點（距離北極最近的點），而南交點則是下降交點（距離南極最近的點）。兩者之間永遠維持一百八十度的距離。部分占星學家使用「真實交點」（True Node）計算（將月亮軌道的實際搖動[1]計入），另有部分占星學家則使用「平均交點」（Mean Node，不將月亮軌道的搖動列入計算）。我所使用的是「真實交點」。真實交點與平均交點位置之間的距離不會超過一度四十五分。

交點軸線

每一顆行星有各自的北交點及南交點。本書所說的是指月亮的北交點及南交點，亦被稱為星盤中的「交點軸線」。本書各章節主要是北、南方交點軸的描述，但為了方便簡化，我簡稱為「北交點」位置。星盤中的南交點（在北交點正對面），所敘述的是過去幾世，我們性格中過度強調的相位；今生的性格通常因過度強調的相位受到影響，並因而失衡。我們在毫無覺察的情況下行動，很容易「外顯」出南交點位置的直覺反應，因為我們太習慣於這種對我們有利的方式。然而這輩子，我們的經驗顯示，依據星盤中南交點坐落位置處理情況的方式，已經行不通了。雖然本書主要強調北交點，但是章節中的資訊，實際上是一組對稱的軸線整合。

當占星學家提到「交點」時，通常指月亮的北、南交點。占星學中，月亮掌管的是我們的感覺、我們的情緒、依賴感、不安全感，以及歸屬感等屬於情感的一面。月亮掌管我們的自我形象，也就是我們對自己最直覺的看法，不論我們在俗世表現如何。我認為從前世業力的角度來說，月亮是星盤中最重要的一顆行星；它是其他性格結構的基礎。在我第一本占星書中，撰寫月亮章節花費的時間，甚至比其他九個章總和的時間更多。我發現月亮的深度永無止盡，以致我做的研究愈來愈深入，幾乎到欲罷不能的地步；最後，我只好停筆告訴自己：「夠了！」隨著月亮南北交點的軌道前進，並重新平衡我們的情感時，我們會花費極大的心力緩和內在壓力，以重新獲得我們這個獨立個體的信心。

1 編註：月球自轉幾乎同步於地球的公轉，但還是有輕微的擺動讓地面的人在不同的時間能看見些許不同的月球表面。人類在地球上能觀測到五九%的月球表面，而不是完全相同的半個月球。

星座及宮位

對我們每個人來說，北交點會落座於一個星座和一個宮位之中。所落在的星座可以從本書所附的北交點速查表中找到；而與北交點星座相關章節，則提供特別針對你而設計的資訊及方向，以協助你了解自己的潛能。要獲得最完整的觀點，建議同時參考與宮位相關的章節，這些資訊亦可以求教占星學者或電腦星盤取得。

北交點所在星座，意味著性格需要心理轉換。北交點所在的宮位則顯示能讓人獲得這種新心理意識的經驗。

根據我的經驗，宮位與星座的重要性是相同的。宮位顯示了學習北交點生命課題的舞台。例如，如果你的北交點位於巨蟹座第十一宮，你會學習如何透過培養友誼所產生的能量與你的感覺（巨蟹）接觸及溝通，並學習「順應潮流」（第十一宮）；如果你的北交點位於牡羊座第四宮，就會透過與你直覺（第四宮）的接觸，來發現自我，並與自我溝通。

相互呼應的星座及宮位

如果北交點星座與所在宮位為同一星座宮位，例如北交點落於雙子座第三宮，恰好同是雙子座[2]；或是北交點在雙魚座第十二宮，也正好同是雙魚座，表示生命課題相同，但只是強度加倍。

對分星座及宮位位置

諸如北交點在牡羊座第七宮；北交點在金牛座第八宮；北交點在雙子座第九宮；北交點在巨蟹座第十宮；北交點在獅子座第十一宮；北交點在處女座第十二宮；北交點在天枰座第一宮；北交點在天蠍座第二宮；北交點在射手座第三宮；北交點在摩羯座第四宮；北交點在水瓶座第五宮；北交點在雙魚座第六宮。

如果你的北交點所在宮位與北交點的星座，如前所述呈現對分，你就應該持續地小心檢視自己，找出正確的混合式行為。記住一點，宮位通常標示出學習星座課題的領域。宮位就好像一個貝殼，也就是你所需要、能夠支持星座內涵的環境。

舉例說明，如果你的北交點是在牡羊座第七宮，你會藉由與他人一對一的互動的體認（北交點第七宮），而發展出新的本性（北交點牡羊座）。透過與他人合作，並協助他們達成目標，你將會發現你自己真實的自我。但是，當你反過來將焦點集中在自己身上，你會因為希望

2　編註：第三宮屬於雙子座領域，因此第三宮守護的舞台帶有雙子座色彩。

取悅別人，或成為他們期待的那位好好先生，而失去自我。這種情況發生時，找回自我的關鍵其實就在於協助他人尋求他們的自我。

總論

書中的每個章節會以總論開始。總論的目的是提供便捷的參考概要，以及記住達成你生命目標實際公式的方法。遭遇重大壓力的狀況，也就是當你有機會對自己行為模式重新做一次選擇，希望能減輕命中註定的負擔時，能有一個可以容易記住並實行「如何得，如何捨」的方法，是很有用的。

我會建議讀者採用總論中一、兩個看起來最密切的重點，有意識地練習以淨化自己的特質。隨著你的練習，不知不覺地，原來一大片自我毀滅傾向的山頭，會逐漸消失；愉悅會取而代之。然後，在你準備好時，再選擇其他應該放手的事，或有意識地練習發展新的部分。這是一種過程，雖然看起來需要投入極大的心力，或具有極高的個人風險，但是一旦你跨步向前，就永遠不會陷入過去的恐懼及限制之中。

有些特質會需要比較多的時間才能淨化或釋放。即使你目前正努力消除一些看似是一週，甚或一年以前已經開始努力拋棄的傾向，但其實你是在更高的層次努力，而且大概不會覺得如以往般地痛苦或困難。如此一來，成長比較像是朝上的螺旋，而不是一個圓圈。隨著你的前進，會發現生命不再充滿威脅；而所渴望的事物，將更輕易及自然地實現。當你發現自己逐漸擺脫畏懼、充滿明亮、感到自由時，奇妙的事情就會發生；一些前世留下來的無形枷鎖會開始消失，乃至無影無蹤。

每一章的總論會對「應發展特質」、「應擺脫傾向」、「致命傷／應規避陷阱／重點關鍵」、「真心渴望」、「才能與職業」，以及「療癒肯定句」等，提供快速的參考資料。

◆應發展特質

這些與生俱來的天賦——才能，也就是你一生中隨時可以使用的特長。當前世花費許多時間及精力發展性格中某些特質時，你的另一面——凡事都有正反兩面——卻完全忽略了。因此，當你進入這輩子，就會失去平衡。我們每一個人都是如此，只是每一個人失衡的問題各不相同。生命本身希望你快樂，但是只要這種不平衡存在，每一種快樂的背後都緊隨著一種不快樂。所以你必須刻意藉著實驗，建立此單元中敘述的特長或天賦，發展前幾世中忽略的部分。這就好像過去沒有使用過的肌肉在你開始訓練後，它就會迅速地有顯著進展。發展這個部分的傾向，可以加強你每一次獲勝的能力。

◆應擺脫傾向

有些傾向是你和所屬的族群與生俱來的。在過去幾世，這些行為模式可能很適合你的需求，當你根據這些動機行動時，就贏了。所以當你進入這輩子時，你會存有一些成功的潛意識記憶，並繼續前幾世中令自己成功致勝的行為模式。但是，在這輩子中，同樣的模式不再奏效，也就是說，它們不再能為你帶來成功、信心，以及輕鬆的感覺。如果你回顧今生種種，會發現即使不斷反覆這些行為，卻從未為你帶來成功。

這些特質本身並不是負面的，但是它們是你前世性格中過度發展的部分。你的每段前世，不斷用各種方法加強你性格中的某一個部分，使這個部分過度擴張至失去正常比例的程度。所以進入這輩子後，你星盤上的組合設計已經使這些前世模式不再有效。基本上，如果跟隨著這些傾向前進，最後必然會失敗，而且屢試不爽。

◆致命傷／應規避陷阱／重點關鍵

這個部分講的是「阿基里斯的腳踝」[3]，意指你及所屬族群最容易跌入的陷阱；這種誘惑實在太大，很容易讓人改變甚至回到一些負面的前世傾向。這是你今生被誇大的部分，欲望過度膨脹，如同永遠填不滿的無底洞；屬於「危險訊號」類別。當你發現出現被這些誘惑驅使的危險時，最好立即離開，因為只要留在現場，你必輸無疑。

◆真心渴望

這項代表前世動機與今生天賦的綜合。藉著利用我們今生得到的新工具，體驗我們與生俱來的渴望——滿足我們心中的欲求，平衡我們的性格。

一開始的時候，可能誇張的方法效果很好：也就是全盤否定（自己腦海中）前世的各種傾向，並全心投入發展今生特質。這種方法就是鐘擺原理：將鐘擺甩到遙遠的反方向，經過幾次的調整之後，它比較容易回到中點。最終，我們會結合前世的能量與今生的天賦，得到真正的成果；但是前世的影響力非常強大，所以在初始之時，這個族群的人可能必須將其「徹底毀滅」，或是完全避開，方能凝聚邁向正確方向的能量。

◆才能與職業

這個部分的敘述得自於交點位置的才能，這種才能可在今生中輕易地轉換為專業或職業上的成功。若想了解專業或職業上的整體發展，我建議應將整張星盤都要討論。

◆療癒肯定句

這些肯定句範例，是設計來解除前世的毀滅性能量，並釋放於今生獲得的自由中。利用本

3 原註：「阿基里斯的腳踝」（Achilles' heel），意指希臘神話中的英雄阿基里斯，他身上唯一的致命處位於腳踝。

節的最佳方式：選擇一個覺得最能加強你希望發展特質的肯定句，然後在一天當中各種不同的情況下，試著不斷反覆念誦這個肯定句，直到加強了你希望增長的特質或是能量增加為止。

當這肯定句對你不再有效（可能需要一個月或數月）時，可以再選定另一段肯定句，進行一段時間的實驗。每個特定期間內，只選擇一句肯定句，並觀察這段期間會與何種事物產生最大的共鳴，才能達到最高的效果。

性格

每一章的這一節，討論每一個族群的特異性，以及與其他族群之間存在的差異，如特殊的習性、憂慮、獨特的情感等。根據自身的經驗，感覺上我們似乎只是在個人層次上努力處理因果律，但當我們將自己生命中的負面能量清除時，相同的交點族群（所有北交點在同一星座的人）中的每位成員，都可以獲得淨化及進步。我們整個族群的能量會透過內在輔助我們學習及成長。這方面，我們並不孤單。

需求

需求這一項所討論的因素是有效的欲求；每一個族群各不相同。我們不需要改變我們的本質或是消除我們的需求。但是，為了成功，有時候我們必須改變自己的方式，也就是我們滿足需求的方式。本章節敘述我們對安全感的基本需求、自身內在對基本需求的真實感覺，以及在「不偏離軌道」的情況下，滿足各種需求的最佳方式。

人際關係

本節探討屬於同一個族群的人如何看待關係、複製關係的模式、特殊傾向、障礙，以及在某種關係之下（尤其是某種親密關係，如婚姻或合夥）所做的決定。

目標

此部分討論的是這個族群如何達成目標；在追求目標過程，他們的能量及弱點。這些訊息可以協助各族群的成員發現他們的「障礙物」、賦予他們克服內在阻礙的力量，並達成外在的目標。

療癒主題曲

音樂以特殊的方式，為我們的生命創造不可思議的奇蹟，因為它可以觸及文字所到達不了的腦部區域。擁有不同交點位置的人，都會面對不同的挑戰，所以我寫了十二首主題曲的歌詞，每一首歌都針對各個獨特族群，藉以觸及並治療每一個族群間存在的誤解。這些特別設計過的歌詞，希望能不費心力地透過音樂，將能量轉化為正面的能量。我會在每一章結尾附上屬於該星座的精選歌詞段落，全部十二首歌的完整歌詞已經配好音樂，錄製成專輯《自然發展》（*Unfolding As It Should*），並以錄音帶或ＣＤ的形式發售。雖然每首歌的訊息是針對特定的交點族群，但是所有的歌曲不論對誰都具有振奮人心及治療的效果。

北交點速查表

以你的出生年月日對照下列表格，即可迅速查出你的北交點所在的星座位置。

♈牡羊 ♉金牛 ♊雙子 ♋巨蟹 ♌獅子 ♍處女 ♎天秤 ♏天蠍 ♐射手 ♑摩羯 ♒水瓶 ♓雙魚

月/日/西元～月/日/西元	北交點	月/日/西元～月/日/西元	北交點
5/10/1899～1/21/1901	♐	3/4/1938～9/12/1939	♏
1/22/1901～7/21/1902	♏	9/13/1939～5/24/1941	♎
7/22/1902～1/15/1904	♎	5/25/1941～11/21/1942	♍
1/16/1904～9/18/1905	♍	11/22/1942～5/11/1944	♌
9/16/1905～3/30/1907	♌	5/12/1944～12/13/1945	♋
3/31/1907～9/27/1908	♋	12/14/1945～8/2/1947	♊
9/28/1908～3/23/1910	♊	8/3/1947～1/26/1949	♉
3/24/1910～12/8/1911	♉	1/27/1949～7/26/1950	♈
12/9/1911～6/6/1913	♈	7/27/1950～3/28/1952	♓
6/7/1913～12/3/1914	♓	3/29/1952～10/9/1953	♒
12/4/1914～5/31/1916	♒	10/10/1953～4/2/1955	♑
6/1/1916～2/13/1918	♑	4/3/1955～10/4/1956	♐
2/14/1918～8/15/1919	♐	10/5/1956～6/16/1958	♏
8/16/1919～2/7/1921	♏	6/17/1958～12/15/1959	♎
2/8/1921～8/23/1922	♎	12/16/1959～6/10/1961	♍
8/24/1922～4/23/1924	♍	6/11/1961～12/23/1962	♌
4/24/1924～10/26/1925	♌	12/24/1962～8/25/1964	♋
10/27/1925～4/16/1927	♋	8/26/1964～2/19/1966	♊
4/17/1927～12/28/1928	♊	2/20/1966～8/19/1967	♉
12/29/1928～7/7/1930	♉	8/20/1967～4/19/1969	♈
7/8/1930～12/28/1931	♈	4/20/1969～11/2/1970	♓
12/29/1931～6/24/1933	♓	11/3/1970～4/27/1972	♒
6/25/1933～3/8/1935	♒	4/28/1972～10/27/1973	♑
3/9/1935～9/14/1936	♑	10/28/1973～7/10/1975	♐
9/15/1936～3/3/1938	♐	7/11/1975～1/7/1977	♏

月/日/西元～月/日/西元	北交點	月/日/西元～月/日/西元	北交點
1/8/1977～7/5/1978	♎	2/19/2014～11/11/2015	♎
7/6/1978～1/12/1980	♍	11/12/2015～5/9/2017	♍
1/13/1980～9/24/1981	♌	5/10/2017～11/6/2018	♌
9/25/1981～3/16/1983	♋	11/7/2018～5/4/2020	♋
3/17/1983～9/11/1984	♊	5/5/2020～1/18/2022	♊
9/12/1984～4/6/1986	♉	1/19/2022～7/17/2023	♉
4/7/1986～12/2/1987	♈	7/18/2023～1/11/2025	♈
12/3/1987～5/22/1989	♓	1/12/2025～7/26/2026	♓
5/23/1989～11/18/1990	♒	7/27/2026～3/26/2028	♒
11/19/1990～8/1/1992	♑	3/27/2028～9/23/2029	♑
8/2/1992～2/1/1994	♐	9/24/2029～3/20/2031	♐
2/2/1994～7/31/1995	♏	3/21/2031～12/1/2032	♏
8/1/1995～1/25/1997	♎	12/2/2032～6/3/2034	♎
1/26/1997～10/20/1998	♍	6/4/2034～11/29/2035	♍
10/21/1998～4/9/2000	♌	11/30/2035～5/29/2037	♌
4/10/2000～10/12/2001	♋	5/30/2037～2/9/2039	♋
10/13/2001～4/13/2003	♊	2/10/2039～8/10/2040	♊
4/14/2003～12/25/2004	♉	8/11/2040～2/3/2042	♉
12/26/2004～6/21/2006	♈	2/4/2042～8/18/2043	♈
6/22/2006～12/18/2007	♓	8/19/2043～4/18/2045	♓
12/19/2007～8/21/2009	♒	4/19/2045～10/18/2046	♒
8/22/2009～3/3/2011	♑	10/19/2046～4/11/2048	♑
3/4/2011～8/29/2012	♐	4/12/2048～12/14/2049	♐
8/30/2012～2/18/2014	♏	12/15/2049～6/28/2051	♏

第一章

北交點牡羊座——
或北交點在第一宮

星座箴言

在支持他人之前，必須先學習如何使自己成長。

總論

♈ 應發展特質

針對這個部分努力，可以幫助找出隱藏的天賦及才能。

- 獨立
- 自我意識（self-awareness）
- 相信自己的衝動
- 勇氣
- 具建設性的自我本位
- 適度的給予
- 自我成長

♈ 應擺脫傾向

努力降低這些傾向造成的影響，可以使生活更輕鬆愉快。

- 從別人的眼中看自己

- 令人孱弱的無私
- 做一位好好先生
- 過度執著公平與正義
- 相互依賴——執著於外在的和諧
- 「以牙還牙」的心態

致命傷／應規避陷阱／重點關鍵

北交點在牡羊座的人要注意的致命傷在於對正義的專注——「我的生存之道取決於他人是否公平相待我。」這種想法顯示了他們極不穩固的基礎。這些人天生樂善好施，然而對正義及絕對公平的需求卻是一個無底洞。不過，他們即使知道自己的行為沒有回報，只要給予他人的部分不會讓自己覺得不舒服，就會認為對自己是「公平」的。

北交點在牡羊座的人應該規避的陷阱，是永無止盡地追求理想，或彼此承諾的合作關係，如「多希望能找到完美的夥伴，我才會覺得自己是完整的。」其實，他們追尋的完整，必須逐一達成；不論合作對象多麼完美，完整都不可能是關係的副產品。重點關鍵在於，他們不可能從他人得到足夠的肯定，來變成自我肯定。某些角度來說，要獲得自我肯定，一定得冒險追求對自己有意義的活動。有趣的是，一旦北交點在牡羊座的人朝自己的方向前進，就會吸引到適當的人進入他們的生命支持自己。

真心渴望

北交點牡羊座的人真正想要的，是體驗快樂、和諧、公平，以及擁有所愛的伴侶及支持。但要達到這個目標，他們必須先成為自己的伴侶。一旦他們更深入地認識自己，就會開始做一些能讓自己快樂的事，並提昇自我成長的層次，也因此感到強壯、自信、得到支持。當他們用比較公平的態度對待自己，就獲得了自己追尋的平衡與正義。只有在這個時候，他們才能建立健康的關係，兩個獨立個體才能平等地分享彼此，誰都不會覺得被對方削弱。

才能與職業

北交點牡羊座的人會根據衝動「做自己想做的事」，不受他人意見影響。他們是領袖、改革者、拓荒者。他們需要從事允許自己根據直覺行動的職業。他們通常在創意或獨立作業的範疇很出色，例如外科醫生、技術人員、企業家等等。

自前幾世開始，他們就擁有洞察他人觀點並與他人進行外交式對談，以確保公平的天賦。

他們可以利用這種與生俱來的天賦，促使自己成功。然而，他們對強調協調為最終目標職業的興趣，遠不及利用溝通天賦達成個人獨立目標的工作。

療癒肯定句

◆「當我相信自己並根據自己的衝動行動時，每個人都獲勝。」

◆「當我能支持他人之前，必須先學習如何使自己成長。」

◆「唯有真正地忠於自己，我才能去幫助別人。」

◆「不需要在任何時間都保持最好的一面。」

◆「只有在對自己公平時，才能獲得平衡及力量。」

性格

前世

北交點在牡羊座的人許多前世都在支持他人，而他們的確具有這樣的天賦。他們前幾世可能化身為家庭主婦、祕書、顧問或助理，他們是站在「幕後」給予他人力量及支持的幕後英雄。因為他們的貢獻，使他人得以成長茁壯。這些人會運用所有的自我、力量，以及正能量去支持他人。北交點在牡羊座的人也曾經有過許多世「一家之主」的經驗，而且習慣將周遭環境的能量與自身的融為一體。

為了順利支持他人，這些人發展出高度的覺知及敏感度。他們的工具是愛、保證、溫柔鼓勵的話語，以及任何情況下均獲勝利的信念。他們的重點在於另一個人；每當看見他們夥伴缺乏信心或需要支持，他們會立刻挺身而出提供協助，而且一向是在別人開口前就會有所行動。他們對別人的需求極為敏感，會盡全力配合。他們極具愛心及慷慨精神。他們習慣付出、扮演「團隊中一員」，而且完全不考慮自己的情況就先支援他人。

雖然他們在過去幾世裡慷慨奉獻，但他們也有祕而不宣的動機：那就是，他們是團隊的一部分，如果他們的夥伴做得很好，那也保障了他們自身的生存。北交點在牡羊座的人會想辦法維持夥伴心情平穩，以確保夥伴友善與寬容地對待自己。所以他們會放棄注意自身需求，全神貫注於夥伴身上，以及任何令夥伴強大及滿足的事物上。

過去幾世中，這個系統運作效果極佳，但是今生這個型態不是設計來延續這種方式。在協助別人的過程，他們失去了對自我的認知，而這輩子他們的命運是與自身振動的力量及能力聯繫。這就是每當他們依賴夥伴為自己達成目標、卻又不直接提出要求時，最終感到失望的原因。實際上，這樣對他們是有利的。因為依賴別人，會阻礙他們體會運用自己能力跨越一切險阻的機會。當他們犧牲自我使他人茁壯，其實就輸了，因為他們預期的回報並不會出現。所以現在是重新發現自己的時候了。

◆缺乏自我

北交點在牡羊座的人，已經花了好幾世的時間支持別人的自我，所以今生搞不清楚自己是誰。從能量的角度來說，他們失去了獨立的本性。每個嬰兒出生，都會出現所謂「自我」的帶狀氛圍；每一交點族群都有。這個「自我」如同盾牌，可以保護我們不受其他強大能量的影響。正因為有它，人們可以密集地交互作用，但又不會傷害彼此。

例如，當比爾在街上遇到蘇，他可能會說：「哈囉，蘇。」也許在這聲招呼的背後，蘊藏著極大的能量，於是蘇和善地回應，彼此熱情地交流。招呼結束後兩人分開，兩個人都沒有發生改變。但是如果比爾遇到的是一位北交點在牡羊座的人，他以同樣的能量說：「哈囉，吉姆。」時，吉姆可能會感受到巨大的影響；他會被這些能量淹沒。由於北交點在牡羊座的人「自我」氛圍非常薄弱，這使得他們對他人極為敏感，很容易受他人情緒或想法影響。他們這些人必須時時記住，要做些可以強化自我意識的事情。

他們很容易反映出他人的自我。通常就算他們與其他人相處時間短暫，他們很快就會用起他人的口音，而且無意識模仿他人的舉止行為。由於「和諧」對他們來說太重要了，所以他們會嘗試讓自己變成每一個人都喜歡的樣子。這種對他人高度的感性會產生副作用，那就是很容易在他們內心冒出火花，以及極為大量的愛。因為他們自我非常微弱，所以與他人接觸時，很快就能與別人產生相同的感覺。

今生這個**型態**中，北交點在牡羊座的人面臨強化自我身分認同的挑戰。由於他們對「自我」沒有預設立場的概念，所以能發現自己最真實且自然的一面。這是一個無害的過程。他們可以藉由天生的衝動來確認身分認同，而他們的自我則是透過行動來加強。

他們這些人需要大量獨處的時間，以便對自己有更清楚的認識。他們每天需要一段特定的時間與自我對話。他們面對的第一項挑戰就是弄清楚自己是誰。之後，他們可以學習如何與他人保持界線；這個過程是循序漸進的。發現自我一點也急不得，但是北交點在牡羊座的人一旦下定決心要更加關注自己時，就會有很大的進展。

◆充滿愛的精神

北交點在牡羊座的人擁有大量的愛，這些愛是前世不斷累積的。他們很深入地瞭解人際關係，也因給予別人協助，而獲得很多感激及愛；因此他們是帶著他人的愛進入這一輩子的。這些愛閃耀在他們的身上，也傳遞給他們遇見的每一個人。

他們擁有一種特殊能力：看一個人時不只看到粗鄙那面，還能看見那人討人喜愛的優點。他們可以覺察他人的實相，並讚揚這個事實。他們能完全欣賞並讚揚他人擁有的榮耀、力量、能量、光明與生命，而擁有這種能力，也令他們充滿了極大的愛。今生他們必須面對的挑戰是：開始發覺自身就存在了與他人相同的美好。

雖然這些人很開放且充滿了愛，但如果別人侵犯了他們的空間，他們就會生氣。而當存在於內心那塊「不怎麼愛」的部分開始發酵，他們又會產生罪惡感。不過，這個黑暗面其實是人性體驗的一部分。他們會同時開始挖掘自己，並學習整合他們能量。他們的愛能量會成為他們的性格，並潛移默化地改變我們所有人的情緒。他們今生最大的挑戰是，如何繼續將重心放在自己的身上。

北交點在牡羊座的人想要付出的動機是正確的，但是如果試圖在自己精疲力盡的時候付出，那麼充其量只是在創造表象的和諧罷了。每當他們過度集中於外在事物、只欣賞別人而忘了珍惜自己時，「內在的惡魔」就會出現，把他們拉回來面對自己。他們不希望與他人相處時顯露自己黑暗的一面，因為這不能代表那個樂於助人、充滿愛的自己；他們一直自認為自己就是這樣的人，所以當黑暗的一面顯現時，會產生罪惡感，並獨自走開。

事實上，他們黑暗面的出現反而是個好現象。這代表他們內部被忽略的那個部分需要他們的注意。當他們往內開始有意識地去愛自己、注意自己的美好，並照顧自己時，惡魔就會消融。因此，北交點在牡羊座的人應該花點時間關照自己，並思考如何協助自己。如此一來，他們就可以從內在力量及和諧的立場出發，去與他人互動了。

過度敏感

◆和諧vs.自我犧牲

花了許多世致力成為他人支援系統，北交點牡羊座的人發展出可以隨時接受他人自我的態度。例如他們刻意維持對他人的關注，並覺察他人情緒變化中細微的不快或不和諧；在努力維持伴侶好心情的同時，他們也會有同樣的心情，也會感到快樂。

然而，儘管這種模式在前幾世都能帶來極佳的效果，但在今生，別人的快樂已經不足以激發自己真正的快樂了。他們的「電池」沒有足夠的個人自我得以儲藏來自別人的電力。這輩子，他們若想獲得真正的快樂，必須發展自我認同，並為自己的電池充電。

這些人常常傾向於安撫他人；為了維持和平，講任何必要的話。而且當他們這麼做，會認為自己是「和善」的，是為了別人好。但其實這只是暫時性的解決辦法，只會使永久性的解決手段延後發生，而永久的解決手段，正是可以建立兩個獨立個體的自我及尊嚴之堅固關係。

由於北交點在牡羊座的人對周圍氣氛極為敏感，因此傾向以「維持和諧氣氛」為人際關係中的重點。他們的生命中的確需要和諧，才能感到滿足及快樂。但如果他們完全依賴他人來維持個人的平衡，就會碰到麻煩了；當他們卅出了「如果你快樂，我就快樂」的真諦，就會誤以為需要操縱別人的快樂，才能維持和諧的關係。他們常會認為，如果填補他人缺乏力量的部分，達到了彼此間的平衡，那麼此人應該會樂於回饋。他們無法理解他人為什麼不做好自己「份內的事」，來維持和諧；為什麼只有他們把自己份內的事做完。於是，他們會全心投入維繫關係中的和諧大業。

然而，這輩子沒有設定這種方式。事實上，這種習慣可能束縛了雙方彼此。另一個人會開始失去自主能力，且依賴北交點牡羊座的人來創造和諧；北交點在牡羊座的人，也會不計任何代價，努力地扮演提供和諧氣氛的角色。可悲的是，也正因為如此，關係就會成為北交點牡羊座的沉重負擔。

對他們而言，有效的方法是將重點放在與自己的關係上。什麼活動可以增進他們的內在和諧？如果失去平衡，他們應該給自己什麼，才能重新獲得內在的和諧？他們一直想當「好好先生」或是「好好女士」，但「好好先生」是不會讓人生氣的。這種「不惜代價換和平」的症候群，會導致自我否定，也是一種不誠實的型態。雖然動機是出於「愛」，但是缺乏誠實的愛卻會走向怨恨。

北交點在牡羊座的人在過去好幾世，一直努力幫助他人實現願望，認為這與「做他人想要的事來支持他人」是一樣的，所以會放棄自己的快樂來滿足別人的需求。在今生，他們要學習重新評估「支持」的意義，如果一個人付出超過自身應該付出的範圍，那就不能叫做支持了。這些人喜歡付出，但是如果付出的程度超過自己覺得舒服的界線時，並不能真的提供多大的支持。如果他們不斷使用內在儲備的能量，他們的「電池」終會耗盡，而且無利於任何人。這個群族必須相信自己。當他們感到內在對付出產生牴觸時，就是退回原地並照顧自己的徵兆了。

對他們而言，不了解自己獨立的特質，是行不通的。當他們將能量投注在人際關係中的能量場（而不是給身為獨立個體的對象）時，最多只能創造暫時的和諧，因為那個場域實際上並不存在。人與人之間的關係並不是實體存在的東西，它是連繫兩個人之間的能量樞紐，會隨著兩個人不同的經歷和情緒改變而有所變化。

這種情況下，關係處於和諧狀態時，顯示兩個夥伴的內在都很堅強及平和。而若北交點在牡羊座的人處於劣勢，原因都是：他們常試圖操縱彼此關係中的能量來「支持另一個人」。不過，他們若是促進彼此關係的獨立性及個別性，直接與對方溝通，並支持他成為強大及獨立個體時，就可以穩操勝券，因為對方會以同樣的方式回饋，支持北交點牡羊座的獨立性及個別性。

◆參與vs.躲藏

北交點在牡羊座的人，扮演「支持者」的經驗極為豐富，所以很直覺地會對他人的情緒採取開放態度。但是到了今生，這個習慣極為耗費心力。外表看起來，他們與他人之間存在著界線，但是這種界線又極為模糊。實際上，他們與他人的能量範圍是以相互依賴(co-dependence)的方式合而為一。

有時，他們會意識到最後自己可能精疲力盡，而乾脆避免參與。但從外在看，會以為他們有參與，而從能量的角度，其實他們並沒有投入。他們依然會向他人說「哈囉」，維持基本禮貌，然而實際上他們並未釋放能量與之交纏。不過，如果他們完全置身於動力的交互作用外，最後會進入另一種極端，變得過度興奮，就像能量過剩的球，會產生更大的反彈力。

對這些人的人來說，被榨乾或過度興奮其實是兩個極端，如同銅板的兩面，都無法處理實際發生的狀況。他們不是過度投入，讓自己精疲力竭，就是付出太少並吸取他人的能量，以致於充電過量。這兩種現象都是因為他們沒有真正處於當下或札根在自身當中，並以分離的個體面對當前出現的情境做出反應，而產生的副作用。真正的平衡在於清楚地意識到他人的能量，但不被消耗。北交點在牡羊座的人需要隨時與自己的力量維持聯繫，並了解自己可自在的範圍內付出的程度。如何自由地運用天賦，發自內心提供協助，才是今世的重點。過與不及都不理想。

北交點在牡羊座的人常會試圖在合併的能量範圍（他們與他人的能量範圍）內工作。他們會投身他人的能量場，並為維持和諧提供所有必要的成分。他們覺得這麼做很棒，是表達愛的好辦法。但事實上有另外可能的動機，那就是他們希望自己的能量與他人的混和，避免以獨立個體的形式出現；如此就能參與各項事務而不受到矚目。他們害怕被人肯定。

由於他們如此敏感與脆弱，擔心受肯定會令自己覺得窘迫。當然，如果正面的反應會讓他們開心，但是他們更害怕出現負面的反應。他們不希望因他人反應而必須面對自己的「邪惡」。他們可能會不受歡迎，或者另一個人為了保護自己不去面對自身「邪惡」，而對他們發出猛烈攻擊。他們太過憂慮自主獨立可能帶來的影響，所以寧可伴隨他人旁邊，而不被視為獨立個體。

但是，只有北交點牡羊座的人試著透過他人觀點看待自己時，才會擔心別人怎麼看待自己。過去幾世中，從夥伴眼中看自己是一件積極正面的事，因為如此方能了解應如何調整自己的行為，以便更有效率協助對方。然而在前幾世過度消耗的結果，這種「調適」的習慣足以消磨他們獨立的自主性。今生，從他人的眼光檢視自己，已對他們不利了，因為這將妨礙他們建立對自我認識的能力。

優柔寡斷

◆猶豫不決

當這些人的人下定決心朝某個方向前進時，有時想直達目標非常困難。他們一方面會質疑這是不是他們真正想要的，然後思考其他所有相關因素。他們可能花很多時間才能決定想要走的方向。

過程就像這樣：先做一個決定昭告親朋好友，然後開始產生疑惑。例如他們可能決定：「我想寫本探險小說。」之後，開始思考：「你知道嗎？其實我也喜歡其他類型的書。」他們嘗試去擁抱一種想法，並且覺得「這是對的」。但是不久之後，他們會說：「不，我覺得有些不妥。」就這樣陷入了優柔寡斷。

當北交點牡羊座的人真的做出決定時，可以證實這點。他們可以找出這個決定正確或是錯誤的各種證明。但是，這種架構，實際上會讓他們遠離真實情況。例如：當他們醞釀一個決定，會有直覺的反應，但之後他們會想：「我要公平一點，所以應該從相反的角度去看。」這種情況往往會使他們困惑，並失去自己真正想要的重點。

今生，北交點牡羊座要發展的是專注。他們與其在決定之前評估每件事情，不如學習珍惜他們原始的直覺，看它可以帶領自己往哪裡去。他們根據自發性的內在激動去做決定，並傾其所能地完成就很棒。這是項實驗。不久之後，如果他們認為這件事有點「動搖」，而又有其他事物令他們感到興奮，可以確實地將這件事告個段落，並繼續下個新事物。今生對他們來說，是許多新的開始，所以他們做的很多決定會自然地隨之改變。

實際上，今生不是設計來做決定的。一項決定往往需要從事情兩端的不同觀點考量，之後再取其折衷。這些人的人今生也不是扮演裁判角色，而是代表各種觀點中的一種。這正是建立「傾聽自己直覺」習慣後，對他們最有利的主要理由，這將引導他們做正確的決定。然後，活力、信心及愉悅等，又會回到他們的生命；這對每個人都是一種祝福。

對北交點牡羊座的人而言，達到專注可能遭遇最大的問題在於：他們對每種選擇，都可以欣賞的眼光發掘其中的美好。由於他們與他人生命有過太深的牽連，因此習慣於自身以外的事物都抱持欣賞的態度。他們不習慣擁有「心愛」的事物；因為他們不了解自己真正的品味及喜好，因此很難找到一樣東西並宣布「這就是我要的」。

他們能做的是：從「內在」花時間想像不同的事物，並學習感受自己的偏好。例如，如果問及最喜歡的顏色，他們可能無法判斷；但若要他們自己想像出顏色，並了解對每種顏色的反應，就可以清楚地發現自己的偏好。當這些人必須做決定時，通常可以感受到什麼是正確的選擇；但是他們有時被迫在掌握自己的直覺前，就必須做出決定。這時，模擬、想像的方式就能幫上忙。他們可以花幾分鐘，想像自己做選擇後的情況，看看身體對這項選擇的感覺。之後，再想像另一種選項的情況，看看感覺如何。如果這很重要，而直覺沒有出現，就請多花時間慢慢嘗試各種模擬，讓他們做出正確的決定。

如果北交點牡羊座的人允許他人參與決策過程，不論如何他們都將會失去與自己的連結，且感到不滿。過去幾世，他們的決定都與「團隊」有關，必須徵詢他人意見，以便讓結果對夥伴有利。但是這輩子，他們希望發展出自主性，所以最好問自己：「我對這項決定的感覺如何？」

◆冒犯他人的判斷

由於他們極為敏感，所以當告知他人自己的決定時，就會很介意他人的肯定。如果對方不同意，他們就會開始思考：「或許我沒做對決定。」因此最好讓他們自己決定，要知道他們的決定會隨著自身的變化成長而改變。

由於北交點牡羊座的人會受其他人想法（尤其尊重的對象）影響，所以傾向相信他人的判斷重於自己的直覺。但在今生，他們要學習自己判斷，這個判斷無關「對錯」，而在於進一步發掘、認識自己。

這些人擔心自己的決策若不是基於正確的邏輯，他人會對他們嚴厲抨擊。當他們看到別人根據邏輯做決定，就會覺得自己以直覺做的決定有瑕疵。事實上，對他們來說，跟著直覺走才是正確的，就如同另外某些族群唯有根據邏輯行事才是對的。對北交點牡羊座的人來說，根據直覺所做的決定，通常是最佳方案。接著，就可以依據邏輯找出執行決策的最佳方法了。

如果北交點牡羊座的人面臨一項抉擇，而內在並未出現原始直覺時，不做決定也無所謂。這或許表示，當時並不是做決定的時機；或者他們真的不傾向任何決定。這時，只要說「我不知道」就可以了。

這些人通常要等到事情的另一個觀點攤在檯面上時，才會比較自在地做出反應。其實，他們可以對這個觀點表示贊成或反對。他們會害怕率先提出意見；但他們今生的專長，卻是提出極富創意的想法，即便自己根本不知道這些創意來自何處。北交點在牡羊座的人善於支持他人的決定，但今生他們需要直覺地感受自己想要的方向、把自己的想法放到檯面上，並百分之百支持。這輩子他們扮演了開路先鋒。

需求

認同感

由於北交點在牡羊座的人在太多過去的前世裡，為了支持他人而犧牲自我認同，所以進入這一世時，並不具備天生的自我認同；因此重新發現及建立自我觀念，成為他們主要的需求。尤其是在早期階段，他們對自己的認識，完全建立於別人對自己的看法。他們可能附和他人對自己的定義，或完全否定。但無論如何，那都不是他們的自我認同，只是反映出別人所刻畫的自己罷了。在展開發現自我的過程中，他們要自問：「剔除別人看法後……我是誰？」只有深入自己的內在去尋求，才能找到答案。

◆自我意識

要滿足他們自我意識的需求，從日常的自我「檢視」開始做起很有幫助。這些人的人若失去與自己聯繫，往往會有極端的表現。與別人相處，總認為自己應該充滿愛心、隨時提供對方協助，以及自我犧牲。這種行為壓抑了不能永遠如此下去的部分自我；過度壓抑會產生激烈的極端。

他們試圖一直維持愛心及協助別人，因為這是過去幾世中他們扮演的角色，但這種正面角色的極端足以引來深沉的黑暗面。如果仔細觀察黑暗面，反而會發現其實那是比較武斷，也是他們不允許顯露的自己；那是屬於他們天生的「陽性」面向，也就是較男性剛強的一面。幾世以來，這種天性一直受到壓抑，無法與其他性格融合，所以有極端的現象。這個部分會以激烈的方式顯現，有時會讓北交點在牡羊座的人感到尷尬，並會自問：「這是怎麼回事？」

最佳解決辦法就是與自己維持一致：停留在自己的能量場內，並關照自己內在發生的狀況。接著當他們感到沮喪，只要自發地與自己溝通：「天啊！不知道為什麼，我對這件事不舒服。」他們的工作就只是做自己。當他們第一次嘗試，可能覺得不自在，但應該相信自己潛在動機就是愛，那麼不論發生什麼，基本上都是正確的。

牧羊座北交點的人必須學習主控大局，為了自己而做事，並依據自己的渴望追求自我滿足。如果有想做某些事的衝動，並為自己帶來滿足，就應該跟著這種直覺前進。由於前世達成的自我淨化，他們要相信自己的衝動不會對他人造成傷害；事實上，這些衝動指出了他們該遵循的方向。在每一世中，最主要的重點在於憑著第一個直覺，自由採取適於當下的任何行為。應該要忽略任何來自於自我的抗拒。如此一來，他們就可以維持與他人的平衡，這種平衡是以真實及對自己負責為依據。

由於這種族群的人並不是天生就了解自我滿足的價值，所以不知道別人對自我滿足的珍惜。因此當他們開始支持並未主動要求協助的人時，可能會引發負面的反應。他們容易進入另一個人的能力範圍，了解對方的感覺及想法；雖然知道別人的需求並不是問題，但必須學習的是別人與自己的界線。當他們學會尊重別人的自我滿足時，就會開始珍惜自我滿足的價值。

當北交點在牡羊座的人看到別人只關心他們自己時，有激烈反應。他們會批判，認為他人太自我中心、自私的。其實以自己為中心反而是他們迫切要做的事，只是會備受困擾，因為他們沒辦法這麼做。而當他們看到別人的「自私」，更可以藉此提醒自己檢視自身真實的需求。他們要學習將注意力放在自己的身上，即使一開始可能有點矯枉過正。

他們可以從完全獨處開始，每天三十到四十分鐘，單獨在一個不受外界干擾的房間裡，靜靜地喝一杯茶，或寫寫日記、規劃一天的行程，或讀本勵志書，或只是坐著思考。重點是一段完全屬於他們自己的時間。這段時間中，他們優先於一切。如果他們可以這樣安排自己，就能把一天中其他的時段，毫無條件的完全付出，而不致於埋怨。注意自己的呼吸也相當有幫助，他們可以藉此與自己的身體溝通。當與他人在一起時，常常有意識地深呼吸，可以讓他們維持在自己的界線之內。

有些其他族群今生要學習「無私」，但北交點在牡羊座的人早已熟悉無私。他們今生要學習的是：「自私」。當他們與自己保持聯結，就能為每個人帶來好處。這雖不合邏輯，但卻是事實。他們擔心單純做自己會傷害別人，但其實做回自己能在更深的層面給予他人協助，而且遠超出他們所能想像的程度。北交點在牡羊座的人必須體會，如何成為「自私」的人（當他們想做某件事，僅僅是為了滿足就採取行動），並觀察進行的過程。現在是他們為自己創造快樂的時候了。

◆獲得肯定

過去幾世以來，北交點牡羊座的人一直習慣幫助別人、支持別人的想法，並協助別人完成目標，因此了解所謂的「完成能量」。然而，今生中，他們的新任務是開始新的事物。他們需要開創並讓其他人執行。如果沒有人幫忙，就由自己負起完全責任。如果有人出現，他們的工作就變成允許其他人提供支援，並為自己完成任務，這樣才能繼續開發下一個新點子。

有時候，他們不願意把計畫告訴別人，擔心受到肯定的是別人。他們認為，如果別人可以做這件事，自己的價值就會降低。他們也擔心別人會搶走這事，並拋下自己。他們常常自問：「那時該怎麼辦？我要做什麼？我的重要性在哪裡？」

這些反應都是北交點在牡羊座的人，將自我與別人混淆時，必然會出現痛苦的誤解。為了重建平衡，他們應該將自己抽離，才能看清楚自己以及別人扮演的角色，接著，才能感受到發現原始構想的價值，並願意讓其他人來實現。

有時候，他們非常渴望獲得榮耀及肯定，甚至排斥他人的創造力；即使他們可能藉由別人的創意，完善自己的構想，甚或有更好的成果。如果北交點牡羊座的點子真的極具說服力，會吸引其他人的支持，而且每個人都貢獻出他們特殊的才能。如果北交點牡羊座的人希望實現自己的構想，就必須肯定他們所吸引來的人具備的才華；藉著讚賞他人的特殊才能，他們進而能學習如何不貶低自己的情況下，肯定別人。

偶爾，北交點在牡羊座的人會過度執著於追求榮耀，刻意壓抑他人貢獻的重要性，希望獨佔所有的光榮。當然，如果他們希望擁有所有的榮耀，那就必須負起完全的責任，並做所有的工作。這種情況下，他們的許多構想可能沒有實現的那天。他們必須了解：最重要的是他們的原始構想獲得肯定、實現，並推廣給大眾。要達到這個目標，他們必須放手讓別人幫助自己。這是與北交點牡羊座的人完全相反的角色。他們是領導者，但是必須允許其他人提供協助並推廣。

由於今生他們註定要發展對自我的認同，就某個方面來說，其實渴望獲得肯定，正是他們嘗試建立自我認同的表現。然而，動機決定了結果。如果他們的動機是滿足及發現自我，就是正確的。他們終究可以獲得成果。但如果他們的動機是得到其他人的肯定，那麼就仍然無法擺脫對自我價值回饋的需求。他們要放棄藉別人讚美肯定自我的想法，直接給予自己肯定。有趣的是，當他們放掉控制，並開始肯定這些幫助者的特殊才能時，其他人就會獲得激勵並進一步貢獻自己；這項工作會在充滿愛的情況下完成。事實上，沒有人可以取代他們工作，因為可以讓每個人貢獻心力的原始構想，是他們開創出來的。

札根

北交點在牡羊座的人需要有基礎、有結構地存在，使他們可以與世界分享愛的訊息。關鍵是放棄過去對表達愛的成見。如果他們限制自我的表現方式，以符合對愛的看法，如和諧、溫和、敏感、關愛、付出、熱情等等，將會錯過這艘揚帆待發的船，因為愛超越了定義過的界線。如果孩子正穿越汽車疾駛的馬路，愛會伸手拉住孩子的手，將他帶離險境。

這些人的人已經知道，愛是唯一真實的東西，其他的都是虛幻。因此，無論如何他們必須學習相信自己的直覺是表達愛的正確方式。當他們隨著愛的感受行事，並欣賞自己內在，就是在做自己。但是，他們需要充分的能量基礎，才能擁有紮實的基地，而不是由別人推著走。

北交點在牡羊座的人需要與別人一起體驗這種愛。他們面對的挑戰是維持自我內在的完整。有趣的是，只要他們保持自然的原貌，就可以教導他人，並喚起對愛的感覺。因此，他們必須放棄試圖影響別人對自己觀感的念頭；將焦點集中於自我取而代之，每一刻都盡量維持自我的真實及完整。起初極為困難，而且需要不斷警惕、提醒自己，練習如何將焦點放回自己的身上。但最後，他們會真實地面對自己，創造一個誠實、無私的境界。

◆規律

意識到自己的身體，是協助這些人的人扎根的好辦法，可以使他們的身體成為提供自我意識的自然界線。他們傾向介入他們意識，往往因此迷失自己的中心，所以對他們而言，健康就是經常練習使自己持續扎根，體驗他們需要的平衡及和諧。

擁有規律的生活，對他們也有相當好處，這是每天檢視自己的方法。說起來都是瑣碎的日常，例如早上首先整理床鋪，其次煮咖啡，拉起百葉窗，接著每天例行的運動、冥想、準備健康的早餐、溜狗等等。他們真實的情況可能第一天整理床鋪，第二天整理一半，第三天完全不整理，第四天——整理——或許不整理！

反覆和缺乏規律會損壞他們的個人精力，所以建立規律的習慣極為重要。另外，他們也可以建立每週的規律活動或儀式，例如，每星期做一次禮拜，或與同樣一群朋友午餐聚會。這些方法可以預防他們因漫無目標的生活而苦惱，並讓他們從內在產生完整的結構及紀律。與其在別人的能量及意識中飄遊，不如建立規律的生活，幫助形成自我意識。

但是，北交點在牡羊座的人最鄙視規律的生活，而且理由很多。前世，規律生活阻礙他們在必要時隨時貢獻自己的協助，為了他人需求的機動性而隨時調整自己，所以過去他們並未發展出自己的規律，或自己的生活。但這輩子，發展固定的規律作息，並允許別人調適來配合自己，對這些人的人是有好處的。同時，擁有自己的規律，可以避免陷入別人的規律中。藉此建立的紀律可以增加他們的能量，激發他們內在的鬥志，並讓他們覺得棒極了！

發掘自己的嗜好或天賦，也是建立自我意識的好方法。當北交點在牡羊座的人花時間在自己的興趣，而非主要關係上時，自我就會蓬勃發展。他們需要藉著持續的應用發展這些天賦，可以經常花點時間做些帶來自我滿足的事情。例如，如果他們有藝術方面的天賦，可以上有關藝術方面的課程。如果他們的天賦在音樂方面，也可以去上音樂有關的課。如果他們喜歡跳舞，可以上舞蹈課程或定期與舞伴、朋友去跳舞。

◆自我訓練

北交點在牡羊座的自我基礎必須加以訓練。每一件對他們有利的事都需要自我訓練，例如每天花點時間獨處，進行幾項自己選擇的規律事項，讓自己的生活更有勁，並記得要欣賞自己。

了解自己的飲食習慣可以幫助這些人練習自我訓練，以及自我檢視的好辦法。這個辦法的重點是，不要在無意識、無聊或情緒化的狀況下吃東西，而是發現肚子真的餓了，並了解身體真正想吃的東西。他們可以運用想像力，想像吃一口沙拉的感覺，並注意身體的反應。如果想像嘴裡有一口湯，或是三明治、水果、馬鈴薯泥等食物，他們會知道自己的身體有什麼樣的反應。

北交點在牡羊座的人極為敏感，所以當他們想像吃某種食物時，身體會實際告訴他們，吃下去的食物會讓他們覺得舒服，或精力充沛，或變得遲緩等等。然後根據當時的反應選擇要吃的食物。由於他們平時疏於與自己連結，所以一開始，可能是一項極大的挑戰。他們可能需要花時間做些練習，一旦他們開始練習，結果通常令人滿意極了，而且可以加強與自己的連結。

自我訓練並不是懲罰，而是練習。它可以強化「負責」的肌肉，根據習慣行事，如此個人的力量、健康及幸福都獲得增長。這些人的人可以利用自我訓練做為自我認同的工具。在有意識的情況下練習，能平衡、和諧地喚醒他們內在的戰士。

靈性的角度來看，北交點在牡羊座的人必須要學習探索真正的自我；允許孕育一個新的、內在的，以及天然的自我。但是，有時候破除麻煩的老習慣時，缺乏清晰自我反而可以發揮正面的效果。他們進行自我訓練時，可以重新塑造自我認同作為一種簡單的方法。由於他們對自己並沒有既定的刻板印象，所以藉著改變腦海中的自我認同，就可以讓健康的改變出現在生活中。例如，我曾有一位屬於這些人的客戶，他在年輕時並不抽菸，但來找我的前五年開始抽，而且菸癮極大。某一天，他突然不再抽菸了，完全沒有副作用或是對戒斷症狀。他只是「記起根本不抽菸的自己」罷了。

建立自己的中心

◆以關心為中心

北交點在牡羊座的人在過去幾世中，都一直習慣以他人為自我，已經把自己的「中心」，也就是內在的自我，與同伴的中心混淆。他們對自己夥伴的情緒極度敏感，因為對方棲息在他們的「中心」。如果他們的夥伴不快樂或不滿意，北交點在牡羊座的人也能感受到。因此，會把時間及精力花在企圖使夥伴快樂上，覺得這樣自己的幸福及滿足感才不受到干擾。

但任何人都不能負責令別人快樂。一個人最多只能「安撫」夥伴的情緒，加上一點可以暫時改變對方情緒的藥方。但是如此一來，夥伴就會需要經常接受撫慰方能維持快樂。今生，北交點在牡羊座的人已經沒有這樣的設計了。

實際上，他們需要成長的部分，可以藉「不再強調關係是生存必要條件」而達到效果。他們要學習如何獨立，並從一個新的觀點去看待與別人間的關係。雖然他們很敏感，但是幸運地，他們也常會對其他人、驅動其他人的動機、其他人追尋的事物，以及他們希望達成的目標等等，視而不見。有時他們只能從立即的需要，或渴望滿足，或未滿足的表面，看見別人及他們自己。他們能看見對方自我的程度，只足以影響對方維持氣氛和諧。他們永遠無法真正認識另一個人。這正是別人會讓北交點在牡羊座的人驚訝或失望的理由。

從很多種角度來說，北交點在牡羊座的人其實與他人完全沒有關係，真正有關的是自己與他人之間的「關係」。這並不能真的幫到夥伴，或是讓自己邁向成長。這種關係並不是一種實體，除非兩個獨立的個體都有成長，否則這種關係並不能成長。因此，不論這些人投入多少時間或精力在關係上，都無法獲得回饋。他們應該檢視彼此雙方對自主及個別創造性表達的需求。鼓舞及激勵對方達成他的目標，以獨立個體的角度而言，他們和夥伴都能進步。

北交點在牡羊座的人將焦點放在人際關係，而不是另一個個體的另外缺點是，他們無法真正肯定夥伴的自我。當北交點在牡羊座的人相信夥伴具備自我滿足的能力，而不是不斷安撫他們、一再對他們保證，或是「鼓勵」他們時，這些人會開始注意到另一個人所擁有的力量，並鼓勵對方去運用這些力量。藉此，他們也可以更進一步了解自己，發現自己的力量，並追求自己對成長的直覺。

◆公平及自信

北交點在牡羊座的人對正義與公平存在既定的理想。當他們認為某件事不公正，就會挺身而出。他們希望世界與其他人，都能符合自己的嚴格標準。他們認為：「我對別人公平，別人也應該對我公平。」他們誠摯地希望世界有更多的正義，但是實際上，對他們來說，並非如此的話反而更符合他們的利益。因為他們對正義的觀念是行不通的。他們根據直覺，也就是他們的自我來行事，而這種直覺與扮演「好好先生」背道而馳。在許多前世中，他們一直等待著可以扮演自己的時機，現在就是最佳時機了。

他們今生對公平與正義的觀念，不再評估自己是否行於正軌，或是有無權力向別人發脾氣的精確標準了。事實上，當他們自以為是地搬出那套正義公平的理論時，他們就脫離常軌了。首先，他們對「公平」的定義，與他們為人犧牲自己的需求及渴望有很大的關係。通常他們的付出是以不損及自己為準則，但卻常常超越這個界線。接著，他們認為「公平」就是別人也做到相同程度。他們應該學習不再超越自己的界線，同時也不要促使別人超越他們應守的分界。

當北交點在牡羊座的人覺得事情不公平，會感到怨恨。如果他們心懷怨恨，那就應該回到原點、重新充電。那也代表他們需要表達情緒，「我好像憤恨不平，所以要花點時間獨處解決。」

誠實的表達可以確認及加強他們的自我認同，也給予別人了解北交點在牡羊座的需要及邊界。而他們則可以從別人的反應，更清楚地知道自己所接觸的是什麼人。如果對方說：「我說了什麼冒犯你的話？」北交點在牡羊座的人就可以利用這個機會，在當下解決這個問題。他們不能期待別人與自己一樣敏感，因為別人的前世經歷與他們不同。一旦他們能開放地表達自己，就可以從別人的反應知道，在別人聽見他們的聲音或尊重他們需求之前，堅持自己的意見是多麼的必要。

北交點在牡羊座的人必須學習以建設性的方式展現自信，藉著清晰表達促使達到公平。例如，我曾有一位北交點在牡羊座的客戶，當時她正進行一項交易：以每個月分期大筆金額的方式，向她的朋友購買一些不動產。有一天，她的朋友表示因預想外的問題需要一筆錢，我的客戶立刻借她這筆錢（北交點在牡羊座的人本能渴望幫助別人與別人分享）。她以為對方會還錢，或從她下一次的分期中扣除，然而，她的朋友沒有還錢或承認這筆債務。我的客戶受到很大的傷害同時怨恨，但她卻從未提出來討論。自然而然，她就遠離了這位昔日的好友。

類似的事件常會發生在北交點在牡羊座的生命中，因此，導致他們對人失望。從較宏觀的角度來說，這正是生命教導他們如何堅持自己的方式。他們需要在與他人互動中，為自己負完全的責任。前述例子中，當友人來找我客戶時，她可以直接說：「沒問題，我會把這個金額從下次的付款中扣掉，或在未來的分期中，分三次將這個金額平攤，妳覺得怎麼樣？」如此一來，她就可以用比較直接、誠實及公平的方式，滿足自己對分享的需求，同時達到關照自己的目的。

北交點在牡羊座的人的確熱愛付出，這是他們的天性。但是他們的動機必須是愛，而不是製造相互依賴。他們的付出必須純粹，不包括任何的預期結果，這樣才不致於對關係失望。如果他們發現自己的付出失去平衡，可以公開與對方討論，如此雙方的需求才能同時公平地獲得滿足。當他們期待別人有所回饋，卻又不讓別人了解自己真正想要的東西，就會偏離軌道。他們應該讓自己沉默的期待發出一些聲音。

透過堅持自己，讓別人了解自己期待付出後的回饋，他們才能確定事情的公平性；這也是他們的任務。如此一來，他們會因自己確保了公平而感到快樂。這種方式可以建立他們的信心，不會對他人不滿，反而讓他們自我滿足。

北交點在牡羊座的人了解公平。他們可以公開說明自己標準的方式來教導別人，這麼一來，他們就不只是單方面的付出，還能與別人分享自己對人際關係中如何付出及接受的認知。

他們可以透過誠實的自信而找到自己的新能量。這種能量是今生孕育產生的，是透過了解、掌握並表達自己的直覺，而不是藉由等待及期待他人的反應。雖然他們對別人的反應還是極為敏感，但仍必須建立屬於自己的自我認同。藉著練習如何達到自我滿足，建立新的信心，使他們有能力以健康、創意的方式，與別人建立關係。

人際關係

依賴

北交點在牡羊座的人這輩子最主要的問題，就是過分依賴別人的和諧關係，尤其是婚姻關係中的伴侶。實際上，這個問題超出了依賴，牽涉到與對方全面的自我認知，而有時是與所有人的關係。北交點在牡羊座的人常會過度認同夥伴，而很容易受到他人情緒的強烈影響。當別人心煩意亂時，他們的第一個反應是衝上前去，安慰對方重建和諧氣氛，如此他們才會覺得比較舒服。他們將伴侶視為自己的延伸，然而試圖讓另一個人「振作」、努力維持和諧，讓自己感到自在，又會讓他們不耐煩。實際上，他們的緊張情緒通常只會讓事情惡化。

他們應該注意，當想由操縱伴侶重新獲得內在和諧，是沒有效果的。在他們覺得失去和諧，真正有效的方法是禮貌地離開現場，撥出一點獨處的時間。北交點在牡羊座的人需要給予別人充分的尊重，除非別人要求協助，否則讓他們體驗自己真正的感覺，並以自己的力量完成一件工作，是達到較深一層自我覺知的方法。

另外，當他們和伴侶彼此間拉開一點距離時，反而比較能了解對方的狀況。這就是為什麼對他們來說，由自己私人物品環繞、強調自主性、擁有完全屬於自己的空間，是如此地重要。通常他們會在過於認同夥伴時，需要一個可以獨處的祕密基地。

◆界線

他們只要還處於拒絕承認自己及夥伴之間的界線，或是允許別人成為他們「中心」的狀況，就永遠不能感受內在的寧靜。例如，我有一位北交點在牡羊座的客戶，希望我能解決他婚姻上的問題。他結婚二十三年了，很有錢，取悅太太的模式就是買東西送她。他們經常旅行，他會做任何讓她快樂的事，因為她快樂，所以他也快樂。但這完全是他單方面營造出來的，因為他將她放在自己的中心位置。他這麼做是為了不受干擾且安穩。

幾年以後，她愈來愈不容易討好，甚至到最後，沒有一件事情或東西可以滿足她。她常對家人出口惡言，成為她確認獨立自我存在的方法。這種破壞性的情況不斷惡化，而產生的負面能量又令她更不快樂。

我的客戶快崩潰了，不論他做什麼都無法讓妻子快樂、讓自己中心不受干擾。這就是北交點在牡羊座的人今生要學習的課題。即使在理想的情況，當他人停留在他們的中心時，他們是不可能保持平靜。事實上，世界上沒有任何一個人知道如何讓另一個人快樂。如果我們把別人的快樂視為自己的責任，我們就是剝奪了他們發現自我，以及實現自我等挑戰的機會。如果我的客戶沒有在妻子不愉快時努力轉移她的注意力，使自己維持冷靜，她就有機會學習如何處理自己的情緒。或許也可以避免她採取破壞性的手段，證實仍能掌握自己的內在。

北交點在牡羊座的人不習慣當內在自我界線升起時，立刻公開這條界線。他們仍覺得需要支持伴侶，即使這樣的協助與自己的利益相衝突。所以當伴侶不同意他們想做的事，他們可能會說：「好吧！我不做就是了！」但心底卻下定決心貫徹到底。當他們無法誠實表達自己，會增加關係中不健康的依賴狀況。

這類問題源自他們天生充沛的愛及熱情。他們花了許多世發展敏銳，以至於現在他們比伴侶更為熱情，這一點都不奇怪。有時，伴侶可能不希望解決某些特定的問題，而北交點在牡羊座的人會說：「好！那我們不做。」並希望能藉此避免不和諧的氣氛。但接著，他們又會對做自己這件事感到生氣、不愉快。

他們對協助他人的需求，會引導他們走向伴侶的身後，並提供援手。但是他們的夥伴會覺得他們肯信，而這種感覺會破壞雙方的關係，這時北交點在牡羊座的人就會覺得做真正的自己是不受支持的。

要解決這個問題，可以透過雙方擴大對「我們」的定義，使它更靈活。有時「我們」代表團隊，有時則代表兩個獨立的個體。前述的情況下，他們應該表達自己的經歷，當然這需要極大的勇氣。例如：「好，我知道你拒絕支援這種情況，而我提供援助。所以我會獨自進行。」當出現對另一種情況的肯定聲音時，他們更該冒險勇敢地說：「我不這麼認為。」其實，真正的問題不在做自己認為對的事，而是在於不能坦誠面對。

◆選擇伴侶

在尋找伴侶或是任何親密夥伴時，北交點在牡羊座的人往往下意識地尋找讓自己失去自我的關係。他們希望完全被另一個人覆蓋，才有真正的「安全」。這就是古老「1／2＋1／2＝完整一個」的理論，但是這個理論並不適用於這些人。事實上，他們今生是來學習「完整的一個＋完整的一個＝一個健康的團隊」的觀念。

然而，他們真正了解之前，他們還是會試著找自己認同的對象，將自己所有的愛及支持，完全投在這個人身上。但是當他們如此尋找伴侶時，永遠無法有好結果。因為通常他們會吸引到可能虐待他們，或是令他們失望的人。事實上，反其道而行，效果極佳。他們要改變過去將焦點放在別人身上的習慣，而把注意力集中在自己的身上。當他們開始把焦點放在表達自我，允許自己真實、獨立的自我孕育，並朝自己的方向前進時，他們的能量會吸引到最適當的。那才是懂得欣賞他們、珍惜他們的人。

北交點在牡羊座的人過去幾世中，一直習慣與別人合作所帶來的愉悅，所以潛意識中，會覺得雙向式、歡愉的共存關係很快樂。而這輩了仍希望能永遠與伴侶一起體驗每一件事。基本上，他們是快樂的人。但是在依賴為基礎的關係表面下卻逐漸消耗他們的能量。北交點在牡羊座的人需要被關照，以及包含於對方的自我的需求，是個無底深淵。

潛意識中，他們認為沒有別人的能量無法生存，所以他們建立與環境中強勢者間的彼此依賴關係。他們會將時間及能量自本身目標抽離，以協助他們的夥伴完成目標。他們提供體諒，對別人的需求極為敏感，卻視自己的需求為無物。這樣的方式，他們創造了一種依賴關係，並成為別人賴以生存不可或缺的一部分。

之後，北交點在牡羊座的人開始怨恨夥伴，因為夥伴「干涉」他們的獨立；並在無法達到目標時責怪對方，即使就算是他們自己製造出這種不健康的依賴關係。他們認為這就是愛，的確他們也富有愛心和合群，但是他們的自我犧牲絕大部分下意識的行為。愛不會在付出後期待任何回報，而怨恨是在所有期待卻落空時產生的情緒。對於自己願意付出的程度，以及期待得到回報，北交點牡羊座的人必須學習對自己與別人誠實。能身為團隊的一份子，表示他們也受到支持。

◆學習獨立

由於他們要學習不再依賴他人，所以無意識中，他們會吸引有不依賴特質的人。雖然這提供了他們學習依賴自己的機會，但過程可能會極為痛苦。

北交點在牡羊座的人常有強烈的意圖，希望兩個人能完全整合影響雙方的關係，因此無法完全注意到伴侶的自我。他們只是從取悅他的角度去看待。他們通常不會停下腳步，從對方真實內在這種更深的層面去了解。糟糕的是，由於他們找尋可以填補自己中心的人，使自己覺得自在，因此他們常常以為別人也缺乏自我意識，以為別人也在尋找夥伴得以獲得完整。因此，他們會在天真以及不正確的前提之下，建立雙方的關係。

由於北交點牡羊座的人無法真正認識另一個人，也不知道對方真正想要的東西，所以當對方離開或是令他們失望，常伴隨著情緒激動。其實每個人對中心都有自己的認知，而許多獨立形式卻與他們膠著的希望背道而馳。他們想要時刻保持與別人連結的狀況，就算不能是實質形體，至少要是意識上。

北交點在牡羊座的人很容易讓自私或需要大量關注的人吸引。他們吸引到渴望得到全然注意力、能接受自己能量，但不會平等回應的人。透過毫無選擇地付出，北交點在牡羊座的人可能在無意間，將一個原本敏感的伴侶改造為遲鈍的人。

通常他們與反應靈敏的人在一起時還好。他們比較喜歡不與他們發生能量衝突的人。他們傾向讓對方完全將他們覆蓋，所以需要鼓勵他們表達自我，不會輕忽他們充滿愛心及好於付出的天性的人。當然，讓人們知道他們的立場，可以協助他們適當地做出敏銳的回應。

間接的方式

◆避免衝突

北交點在牡羊座的人有時候會過度執著於和平及和諧，所以無意識地避免所有衝突，避免破壞自己的人際關係。例如，一開始他們可能會說：「好的，我要做團隊的一員。」但當他們遇見衝突發生時，卻不願立刻解決，反而拖延致使原來的小問題變成不易解決的重大衝突。

他們面對的挑戰是隨時提醒自己堅持立場，並立刻言語表達自己的直覺。例如，如果他們對某個想法興奮，就可以告訴別人：「我想這麼做。」而不是說謊掩飾或是輕描淡寫帶過。通常他們卻步不前是因為他們的意見和目標與夥伴不同，於是覺得威脅因而畏懼。如果他們不立刻解決這個問題，就會在心中不斷強化雙方的思維差異，不斷告訴自己，這個問題太大無法解決。實際上，如果北交點在牡羊座的人一開始，就誠實地表達自己的立場，而雙方的差異會成為自己與夥伴更深一層連結的機會。

通常這些人的人會延後說實話的時間，因為害怕會擴大原本存在的歧見。如果他們希望做某件事，但知道他們的夥伴反對，可能就會瞞著對方，偷偷行事。之後，當對方發現時，雙方的歧見還是存在，且又增加了傷害及欺騙。在他們進行追求自我成長不得不然的行為時，若不能開誠布公地與對方討論，其實是剝奪了對方表現慷慨及支持的機會。或許討論可以平息這場混亂，但要修復雙方關係，卻不是三言兩語就可以解決的了。

例如，我有一位北交點牡羊座的客戶，是一位飛機駕駛。他的副業是交送飛機；這也是他最喜愛的工作。有一次，他想運一架飛機到土耳其，但他的太太希望他遵守諾言，為家裡做點事。他明知太太不願他飛這一遭，但是又覺得應該去做，所以未知會太太的情況，暗中訂定交送飛機的計畫。當時間到了，他告訴太太：「好了，我要走了。」他太太不高興的說：「我們不是已經討論過，而且你答應不去的。」這時候，他不僅要面對自己對老婆說謊，而且為了飛這一趟，他必須說服太太，並且解決說謊而造成的傷害。最後，他還是放棄原定的計畫，不去了。

例子說明了這些人，通常失去做自己想做事情的機會，因為解決與夥伴的溝通問題，遠比自己想做的事要重要得多。當然，溝通之後，一切又恢復和平，但卻會心懷怨恨，因為他們為了維持平和的局面，再一次犧牲了自己的渴望。這也正是為什麼他們必須在一開始就把事情點明，讓夥伴不僅知道他們想做的事，而且了解為什麼這件事對他們是如此重要。他們需要與夥伴坐下來，好好地談談他們的渴求及畏懼。

前述的例子中，我的這位客戶其實可以告訴太太：「有些事情我想與妳分享。對我來說非常重要，我擔心妳可能不了解這件事的重要性。我怕妳會不支持我，而沒有妳的支持，我不會去做。」這看似好像有點用話去套住別人，但其實是表達他們憂慮的聲音。一旦被瞭解，這種憂慮就消失了。接著，我的客戶就可以將自己渴求的方向及動機，與太太溝通：「我想去土耳其交一架飛機給買主。這件事情對我很重要，因為我希望創立屬於自己的事業，有獨立的收入。此外，這也可以令我達到自我滿足及建立信心。」

當他們的夥伴了解北交點在牡羊座的人渴望的事物，可以帶來極大的成果時，對方就有機會藉著支持他們來表現愛了。如果經過溝通，對方仍不支持他們獨立的意願，北交點在牡羊座的人就應該重新評估，合作關係是否能讓雙方同時個別成長。

◆拖延決策

北交點在牡羊座的人非常習慣將別人放在第一優先的地方，常會忽略為自己的生命力量加油，使自己的生命能更茁壯成長。當他們放棄自己生命的方向，不管從那一個層面來看，他們都是孱弱的，因為他們需要夥伴的能量才能生存。他們很有必要學習如何做為獨立個體，參與自己感興趣的事物。

基於公平的渴求，他們經常遲遲不下決定直到與伴侶磋商。不幸的是，當他們從別人的角度來看待事情，或許就不能忠於自己的直覺，他們擔心可能傷害對方。

處於疑惑中，他們可以自問：「我的行為是否讓自己滿意？」如果是的話，最佳的解決之道是將自己的想法以語言表達，之後再詢問伴侶想要的是什麼。這是一種簡單的技巧，但也支持他們保有自我，又能公平對待伴侶的方法。

例如，北交點在牡羊座的人下班開車回家途中，看到電影院上《亂世佳人》（*Gone With the Wind*）的廣告。她當時直覺反應就是：「好棒啊！我要與湯姆來看這部電影。」她通常回家後會老公說：「嘿，湯姆！今晚有什麼計劃？」她的先生可能會說：「噢！我好累喔！我只想待在家裡看週一足球夜，從冰箱隨便找點吃的當晚餐。」習慣於交際手段和運籌帷幄，她可能會間接反應：「我敢說，去看場電影，甚至只要出了門，你就會舒服多了！」「我不想出去，妳曉得我最愛看週一足球夜了！」「我知道啊，可是，湯姆，我們好久沒有一起出去了……」這時，先生可能因為覺得被操縱而大發雷霆，堅持待在家。而她暴跳如雷，非常生氣地思考：「我們從來不做我想要做的事，我們老是做他想做的事！」但是，事實上她從未跟先生提過電影的事。

比較好的方法是由北交點在牡羊座的人，直接提出自己的希望，之後再問對方的想法。她或許可以說：「嘿！湯姆！今天回家路上，我發現電影院在上映「亂世佳人」。太棒了！我超想今晚跟你兩個人一起去看。你晚上有空嗎？」他可能會說：「噢！我好累喔！我本來想在家裡看週一足球夜的。」北交點在牡羊座的人是協商專家，只要兩個人都將想法攤開來討論，一定會找出對雙方都公平的方法。「好啦，看得出來你累壞了，而且週一足球夜一星期只有一次。那我們今晚留在家裡；明天再去看電影好了！」

害怕承諾

由於前世人際關係中感受到太多操縱及忽略，北交點在牡羊座的人今生會害怕人際關係以及婚姻關係。他們承認自己傾向付出過多而失去自我。因此，即使對人際關係很有興趣，但內心一部分卻裹足不前；他們寧可單身也不願再次冒險失去獨立。雖然就許多角度，他們天生就是很好的婚姻伴侶，但他們可能會在做出承諾前，下意識地破壞親密關係。他們或許會說服自己，只要心中仍有對伴侶的渴望，就代表最適合的人還沒有出現。

現代生活有許多解決躊躇問題的方法，如分居的一夫一妻制；或沒有正式承諾的同居伴侶。當他們有意識地決定忠於自己及自我的完整性時，婚姻還行得通。最終還是回到相同的挑戰：首先發展獨立的自我認同，之後學習如何相互依賴及合作的方式，與伴侶發展關係。

◆獨立

北交點牡羊座的人，常以為自己獨立行動之前需要夥伴的「允許」。他們孩童般坦率地「看待」夥伴，利用過度操控及合理化來獲得同意及支持。他們將自己的力量分配給夥伴，接著覺得必須反抗才保有自我，或者他們乾脆放棄自己想做的事。

這輩子以成人的方式與他人接觸，效果會好得多。意味著要在領導、勇氣及興奮的能量中，讓夥伴知道他們的意圖及計畫，而不必讓自己或夥伴知道自己內在的脆弱。如果夥伴有疑慮，他們就應該解釋：為了挖掘自我及個人成長，他們需要根據自己的決定前進。這種情況下，他們的夥伴通常會調適以配合；反之，他們亦可與對方協商期待雙贏。

北交點在牡羊座的人為了要讓最重要的關係順利，必須學習獨立行動的價值，並做可以自我滿足的活動。這樣，他們不需要為了快樂而與他人「分享能量」，發展及增強自我認同時，擴大與許多其他人的關係，或與之互動。一旦他們發展出自己的獨立意識，就可以真正地與重要伴侶連結，並享受關係，因為每個獨立個體都有可以貢獻的東西。由於他們的電池在關係外充了電，所以關係中有更多的能量可以交換。

但是北交點在牡羊座的人並非總很清楚自己想要做什麼。要他們下定決心可能比其他交點族群更為困難。他們老在思考分辨別人想要什麼、自己想要什麼還有適用任何情況的公平。

當然要權衡所有的考慮因素需要時間。如果北交點在牡羊座的人允許自己在壓力下，做出匆忙決定，通常都不會滿意結果。他們無法允許自己慌亂驚恐。當情緒介入情況時，他們無法保持思緒清晰，而且容易朝未對自己不利的方向發展。他們必須學習在情緒壓力下不要做任何決定或同意任何事情。當他們感到這種能量出現時，最好的辦法就是說：「我不要在情緒壓力下做這個決定。」這樣可以為他們爭取一點時間，重獲平衡及清晰的思緒。或者他們應該說：「我需要花點時間搞清楚剛才說的話。每件事聽起來都很對，但我需要時間釐清。我想過幾天再繼續這個話題。」

特別在個人關係方面，他們需要誠實和直接地說出來，「現在有情緒壓力。我不在這種狀況下做決定。」他們的反應會讓其他人有機會了解他們在做什麼。以這種方式直接面對自我，可以幫助北交點在牡羊座的人獲得力量及自信。

◆自私

自私在我們的文化中視為一種缺點。但是，北交點牡羊座在過去無數個前世中，已經過度發展了無私，所以現在必須有意識地練習自私，才能回到自己的中心。有趣的是，當他們採取自認為「自私」的行動，然後相信自己，並根據自己的第一直覺，做一些讓自己覺得快樂及強壯的事後，他們會發現，這個決定實際上有利於所有相關的人員。

他們很難把自己放在第一位。例如，如果他們參加宴會，覺得不太舒服，他們需要極大的勇氣才能說出：「我需要離開。」或是「你能帶我回去嗎？」他們考量的是：「如果我離開了，別人會怎麼想？他們會不會需要我在這裡調劑氣氛？」他們過度執著於別人的反應，有時候他們的身體會真實地反應，迫使他們將注意力回到自己的身上。

當北交點在牡羊座的人承認自己的感覺，並表達出自己的直覺時，不需要理性也能有利於每一個人。畢竟沒有人能說服自己看得最遠。前述例子中，由於他們需要回家休息，所以使另一個人免於留下沒走的情況，而可能必須面對一個沒人可以預見的嚴重後果。

北交點牡羊座誠實、直覺的反應，會自動為他們附近的環境帶來公平正義。例如，他們因為對某種情況不舒服，而說：「為了某種理由，我覺得不高興，我不知道為什麼。」另一個人可能會說：「噢！我猜是當我提到——時，讓你覺得不高興的。這真是不公平。」當北交點在牡羊座的人以非對立的方式溝通時，也讓其他人有機會認知自己的行為並改變。

目標

自我發現

自我發現是北交點牡羊座的人今生最大的喜悅之一。他們發現自我的最好方法就是遵循自己的衝動，聽來似乎不太合邏輯，但卻能激發他們的生命活力。他們的風格有點類似白公羊（Aries Ram，有時悶頭亂撞或冒險，或受傷），但這是他們找到自己的方式。自我發現的過程中，他們會透過冒險或是體驗自身的不同面相，但重點不在結果。如果自我發現是有意識地進行，或是都有更深沉的潛在動機，那他們就永遠不會失敗，因為不論發生什麼，他們都能進一步地展示自己。

◆自我投射

當他們透過別人的眼光看見自己，看到的是別人心中的自己，或是別人希望自己成為的樣貌。但是這些都不是真實的他們。不論別人怎麼看待，他們都必須是他們自己。在他們開始表達內在衝動，讓人知道他們真實的狀況之前，都無法找到自我。

對北交點牡羊座的人來說，以別人的觀點看待自己，就等於「輸」了。如此會降低他們依自己天性做決定時的信心。當他們開始透過自己的眼睛看待自己，才可能做讓自己開心、增加自己能量的事，並鼓舞自己，感到信心大增與獲得滋養。他們必須了解自己的行為並不需要總是「符合邏輯」。他們也不必特別合理化解釋自己或自身決定。

他們也要學習對他人需求及情緒起伏的敏感度，轉移回到自己的身上。隨著他們發展這般技巧，並開始公平對待自己公平的生活時，就能找到長久以來追尋的正義。他們必須尊重自己，別人才會公平地對待他們。他們尊重自己的方式是讓別人知道他們的需求，以及對雙方關係的期待。當他們誠實面對自我認同與自己的期待時，就會吸引與他們擁有相同價值觀，同時可以滿足他們的需求的人。

◆愛自己

北交點在牡羊座的人要學習將浩瀚的愛轉移到愛自己。他們之所以遲遲不敢讓別人知道自己的立場，主要的理由是他們沒有安全感。因此，今生他們的一大挑戰就是證明自己、肯定自己。他們需要允許自己被別人看清楚，來支持自我。當他們開始將自己展現別人眼前時，會發現展現自己的確具有相當效果，信賴亦得以因而建立。

為了鼓勵自己冒險，他們可以回顧過去的經驗。他們發現過去嘗試各種平衡關係的方法（妥協或逃避）都沒有效果。所以要改變結果，就必須改變與親密關係者的相處模式。

愛自己就是支持自己，讓自己的夢想成真。當他們對自己的愛充分了，讓自己真正的希望理想實現時，會發現坦誠是成功的唯一途徑。「我怎樣才能讓這個想法有效？我能做就是將不誠懇造成的障礙清除。」如此一來，關係中的能量就會支持他們，而不是阻礙他們。一開始，他們的畏懼使他們以為會遭遇阻礙，但為了自己的理想，他們必須堅持走下去。之後，由於沒有任何隱藏，所以他們可以把所有的能量貫注到想去的方向，甚至要求別人提供協助，以使自己的計劃付諸實行。

當北交點在牡羊座的人把自己放在第一順位時，自然地就可以達到雙贏的境界。什麼樣的行動會讓他們更強壯、更快樂、更完整、更滿足？愛自己會讓他們支持自己的選擇。他們可以從基本問答開始：「什麼可以幫助我生存？什麼可以幫助我朝目標前進？哪一條路能減少壓力並有益於我的健康？」

◆自信

北交點在牡羊座的人確認建設性的目標時，必須放棄下意識想做「好好先生」的執著，這也是過去幾世中他們的自我認同。為了要讓他們新的、真實的自我認同能成形，他們必須放下「該怎麼做」的預設立場，清楚地表達自己，掌握第一個衝動，並說出最先映入腦海的想法。誠實的自信可以讓他們脫離別人的主觀認定，認清自己是誰，並確認他們真實的自我。

他們應該依照自己的內在直覺來行動，而不是等待別人指示。當他們藉著實際行動實現直覺時，他們的直覺會變得更強，更具能量。

北交點在牡羊座的人也在學習自信的另一面，就是讓別人了解他們的界線、為自己說話，以及不讓別人輕忽自己。他們認為別人因為愛而對自己反應敏銳，但實際情況未必如此。他們今生的工作是對自己的需求敏感，對自己有足夠的愛，使自己不受到傷害。

有一個啟蒙大師在印度旅行的故事。他來到一個村莊，發現那裡沒有任何孩子在外玩耍。他問：「孩子們在哪兒呢？」一個村人回答：「大師，昨晚有一條巨蟒從森林裡出來，把孩子都吃掉了。請幫助我們。」於是大師走進森林，對著森林說：「巨蟒，在我面前現身吧！」由於萬物都受到啟蒙大師的管轄，所以巨蟒就遵從大師的命令，自藏身的黑暗處爬出來。大師對巨蟒說：「巨蟒，吃掉村裡的孩子是不對的。以後絕對不能再吃孩子了！」巨蟒羞愧地回答：「好的，大師。」

大師繼續他的旅程。十年後他回到了這個村莊，村莊中有各種年紀的小孩。但是大師發現在某個角落，有一群小孩正在激烈地活動。大師上前去，在這群孩子中間發現被折磨的巨蟒，牠已經遍體鱗傷，半死不活了。大師把孩子們趕走，對巨蟒說：「我的朋友，你為什麼會讓這種事情發生在你身上呢？」巨蟒回答：「但是大師，你叫我不要再吃小孩的。」大師回答：「噢，愚笨的巨蟒，我教你不要咬，但可沒教你不能發出嚇人的嘶嘶聲啊！」

這正是北交點在牡羊座的人需要學習的：在關係即將出現虐待的苗頭時，立即發出「嘶嘶」的聲音。當傷害到他們敏感的情緒，或覺得自己的付出不平衡，或是他們需要更多援助時，應該讓別人知道。他們必須在被佔便宜，致使身體或心理上自關係中退縮之前，讓別人知道這種情形。如果他們允許別人欺負自己，沒有人會獲得好處。

信賴

◆相信自己

北交點牡羊座的人要學習的一個主要課題，是相信自己以及做自己。找出一種健康的方法與別人建立關係，使自己不會困於人際關係，再度成為別人的支援系統。在他們的關係中，除非願意冒險誠實且完整地表現真實自我，否則愛及公平不會是最終的結果。這代表他們應該相信自己的原始本能智慧，由於它是來自強人的愛，所以如果他們真的展現出內在火花，那麼每一個相關者都可以受惠。

這需要勇氣及實驗意願的，但是當他們有足夠的信心冒險時，就必然會發現，這種方法的效果。因為他們過去不習慣領導，所以當他人一旦反對自己的方向時，往往就會退讓。他們以為這是脫離正軌的徵兆。實際上，由於他們的想法極為獨特具有創意，所以他人最初的反應通常是抗拒。人們人概十之八九會反對新的想法，因為創新就代表改變。這是一種自然反應，要做領導者就要了解這種情況。當北交點在牡羊座的人繼續「表現出自信」、並遵循內在的直覺行事，會發現其他人都會接受自己的想法，並依著他們開創的方向前進。

他們今世要學習體會自我發現的喜悅。生命本身就是一種冒險，當他們從這個角度看待生命，並根據自己本能的直覺及想法行動時，內心會產生充實及快樂。但是他們必須下定決心相信自己直覺的衝動。

例如，我有一位北交點在牡羊座的客戶，她曾對某次的奧斯卡下賭注，因為她直覺地知道誰會得獎。但當她向別人說明想法時，受到別人影響，對自己的選擇失去了信心，最後決定改成與別人相同的選項。最後輸了，她十分受挫，悔恨為什麼不相信自己的直覺。

他們要停止懷疑自己，而且開始做自己。他們的挑戰是遵從自己天生的直覺。當他們勇敢擔起創造自己幸福的責任，積極追求協助他們達成目標時，就會吸引到可以滿足他們需求的活動或人。踏出第一步後，通常下一步該怎麼走的正確方向，會自然出現在他們眼前。

例如，以前我有一位北交點在牡羊座的客戶，多年來一直追尋生命中適當的伴侶，然而，一片空白中點綴著的，卻是幾次勘稱浩劫的悲慘關係。不快樂及沮喪讓她失去活力，甚至迫使她仰賴抗憂鬱藥物才能稍稍紓解。最後，她終於放棄追尋白馬王子的幻想，開始一些可以讓她建立自信心與快樂的活動。

隨著她積極投入活動之後，感覺比以前好了。例如，慢跑對她而言是種享受，但她又不希望獨自一人在天光未透的清晨就開始慢跑，雖然這個時間最適合她，可是遇不到幾個同好。她想，與其等待一個會在相同時間慢跑的人出現，不如採取主動，於是在當地報紙上刊登了一個徵求清晨慢跑同好的廣告。廣告刊登後，有四個人給她回音，她開始與他們在清晨一起慢跑，而其中一個人最後竟成了她的白馬王子。這個結果的出現，是在她不再希冀他人完成自己需求，並以直接理性的方式，主動滿足自己的需求後。

◆信任負面情緒

北交點在牡羊座的人老是希望假裝一切沒問題。他們會對所謂的負面情緒會產生罪惡感。由於前世缺乏與自己個性連結的經驗，因此常常意識不到自己情緒上的反應。有時他們不願意承認情緒波動，直到好幾個星期過去，回想時才會發現：「我當時真的很生氣。」如果一個朋友問他們：「今年一月過得怎麼樣？」他們會回答：「你這麼一說，我才發現當時很寂寞，而且很沮喪。」但是如果有人在一月問他們當時的心情，多半會回答：「很好啊！」

所以對他們有利的方法，是規律地給自己一個「暫停」的機會，讓自己能傾聽內在的聲音。當他們搞不清楚自己的情緒時，通常會反映以不理性的方式，連他們自己都會訝異。當這種情況發生，他們偏好的方式是自己解決，重新再體驗一次情緒，把事情想清楚，以便更加理性。這樣效果很好，尤其如果讓別人知道：「基於某種理由，我覺得不舒服，但是我不確定是為什麼。」藉這種方式，誠實承認自己的感覺，但不致遷怒他人身上。即使他們爆發了，也可以在事後說：「由於某種原因，我心情不好。我不確定是為什麼，但是我會好好想一想，再告訴你。」即便實際情況發生時，這仍是有幫助的過程。

有時他們非常殘酷及具有殺傷力，而且自己覺得這樣很好。因為他們憤怒，過去好幾個前世中，他們都犧牲自己以維持「好好先生」，所以現在，他們反過來對親近的人做出殘酷的傷害，包括不論何時都能仰賴的至親好友。他們會發洩憤怒，之後再道歉。潛意識中，他們希望能藉此確定，至親好友在任何情況都仍能愛他們，就好像他們接受別人一樣，因此，他們才比較能接受自己。

這輩子，北交點在牡羊座的人正在學習整合自己的負面情緒，包括憤怒、怨恨等等。展現出來是健康的。這是過去許多前世，他們為了與維持與他人良好關係，一直壓抑的力量，現在在這些感覺需要關注。這些所謂的負面情緒，就是他們的力量，但是這種力量形式粗糙、未完善。

憤怒、生氣等情緒，都是被過度壓抑的部分陽性能量（有力、自信、領導的能力，是屬於他們剛強的部分），而這個部分，過去曾受到極度壓抑。現在北交點在牡羊座的人必須利用這種能量，將它與前世中獲得良好發展的溫和、敏感能量整合起來，能使他們健康地表達防衛性本能。

規律的體能訓練可以幫助他們順利進行這項過程的絕佳技巧。武術課程是理想放鬆及整合這種激烈能量的方式。如果這種能量能持續、有建設性地釋放出來，就不會在不恰當的場合爆發。他們需要激烈的體能訓練，諸如有氧運動、拳擊、壁球，和網球等可以盡情展現好戰本能的活動，而且他們覺得棒透了。

北交點在牡羊座的人厭惡競爭，但是實際上對他們而言，競爭很有好處。他們觀看他人競爭常會緊張，但當他們本身處於競爭情況，可以完全發揮自己的最佳實力，而且處理得常漂亮。這可以加強並實現過去幾世中被壓抑的部分。如果他們輸了，可能會失落，但是回顧過去的經驗，他們總是把不愉快拋在腦後，然後慶幸另一個人贏了。如果他們贏了，覺得很棒，而且以極佳的風度處理自己的勝利。所以只要他們決意要贏，總是可以達到「雙贏」的境界。

要他們享受競爭，必須有他們認為值得競爭的目標。他們可以藉著與自己競爭來增強實力。他們應該試著再往前走，而不是走了五哩就放棄。他們需要做可以證明自己強壯或有能力的事。同時，也可以觀摩別人，激勵他們去嘗試新的事物。從這個觀點來說，他們是以積極的方式去比較自己與別人，激勵自己成長。

主張自己的力量

北交點在牡羊座的人正在學習主張自己的力量，以及與別人交往時站穩自己的立場。他們必須練習獨立。有時候，當他們看到自己堅定扎根於這副身體，竟然具有如此驚人的力量時，會感到害怕。這些人還是蠻害羞的，而且對表達自己還是感到害怕。當他們無法展現自己的力量時，通常因為他們的心靈讓令他們害怕犯錯。

其實，「犯錯」對他們來說不構成問題。他們總害怕自己錯了，而削弱了他們的力量，但若回顧過去，他們會發現即使坦白說出想法，即使錯了，也還是會獲得肯定，因為他們表明了自己的立場，發現了過去未曾發現的部分。對他們來說，掌握自己的力量並表明立場，遠比結果重要得多。

他們必須根據他們的直覺行事，這樣才對自己感到不同以往的滿意。接著，他們就可以真正掌握自己的力量，並成為自己的主人而對生命喜悅。當他們表達自己的需求，並依據自己的想法前進，他們會非常的興奮。

◆領導

北交點在牡羊座的人過去幾世中，都扮演支持別人、跟隨者的角色。但是在今生中，他們要領導——首先領導自己，然後領導別人。所以讓內在的武士出現是有利的。

從幼年時期開始，他們就會在不尋常的領域找到自己的快樂。他們從事其他人通常不會做的事，並從中找到樂趣。這種方式讓他們從事難度比較高的工作，但是在工作過程中，他們變得極為熟練，而從個人成長及發展的角度來說，得到很大的收穫。他們不太願意從事普通但報酬極高的工作，因為這些工作只會讓他們成為「另一個數字」。對他們來說，做為獨立個體比任何事情都重要。當他們分析事物時，觀點通常與大部分其他人略為不同，而且他們會喜歡這樣的「不同」。

對北交點在牡羊座的人來說，掌握領導權主要「福利」，是可以利用自己的個性造福他人，並享受隨之而來的愉悅。如果他們是領導者，可以掌握工作氣氛，並為身邊的人創造極為正面的情緒。由於他們有許多前世支持別人的經驗，所以天生就知道如何提供支援。他們很敏感，也知道別人快樂需要些什麼。他們下意識地認為每一個人都與自己一樣，了解什麼是支持，而當他們居於領導地位時，搞不懂為什麼其他人沒有提供適當的援助。畢竟他們已經提供了領導、點子、環境，甚至是好心情。

其他人之所以沒有提供援助，是因為不知道如何成為好的支持者。因此，當他們擔任領導者時，北交點在牡羊座的人必須有意識地將焦點集中在需要別人付出些什麼，才能讓他們獲得支援上頭。他們要採取直接且主觀的溝通方式，表達出自己真正想要的東西，而不是靜靜地坐著期待別人敏睿地想通他們的需求。北交點在牡羊座的人必須積極指出方向，讓別人在適當時機有所表現，而不是告訴別人他們做錯了什麼以及多令人失望。這麼一來，他們就讓別人也有成長，以及學習支持別人。

北交點在牡羊座今生的任務是教導別人如何去愛，以及敏睿地了解他人的自我認同，教導對象主要是伴侶。他們要學習以創造性的方式教導人們成為援助者，而非獨自坐著怨懟對他人的無知。一個扮演支持者的人，必須隨時意識到對方的存在。需要付出努力，但這才是讓人感到支持的方法。這是北交點在牡羊座的人天生可以傳授給別人的獨特知識。藉著做自己的主人，他們教導別人運用愛及熱情提供支持。

◆彼此依賴

北交點在牡羊座的人很容易成為傳統「相互依賴」的典型。他們過去的歷史就是依賴別人滿足他們的需要，之後又覺得別人讓他們失望。在今生中，他們希望發展獨立自我，但又不致於擺脫主要關係帶來的好處。為了要成功，他們需要從彼此依賴的角度檢視關係——兩人彼此協助，發展各自的力量；以獨立的立場彼此鼓勵，並保護自己。在內在感到完整之後，他們可以根據各人個別不同的特質，分別展開適合自己、但不同於他人的探索活動，彼此可以分享兩種不同的體驗。

健康的關係是兩個人朝相同目標努力，雙方各自以獨立個體的方式成長。真正的重點在於，不受困於關係爆發力的能量，每個人明確地在伴侶參與的情況下，保有自己的力量。

這些人，前世常常為了支持別人而忘記自己的存在，時常忽略直覺告訴自己付出已經超過自身足以負擔的平衡點。只要他人存在，他們通常不會注意到能量消損；但當他們獨處，就會感受到精力耗竭。今生他們要學習重新調適自己，允許自己的內在調整他們的付出。分享能量的過程需要雙方重新認知。

畢竟，要想有金蛋可以送人，先決條件是那隻下金蛋的鵝必須健康地活著。這些人前世會把金蛋全部送人，甚至連鵝也送出去。這輩子他們要學習維持這隻鵝的強壯、健康，才能在不傷害源頭的條件下，送人金蛋。

一對一的關係中，避免相互依賴並不是在伴侶有需要時代他出征，而應該鼓勵對方，並讓對方了解：⑴ 他有足夠的能力及能量獨自處理問題；⑵ 他還可以與別人合作，並獲得協助。例如，合作夥伴可能希望他的畫可以在當地畫廊展覽，你就建議他請求朋友協助，或聘請助理，甚或找個經紀人，而不要自己接下這件事，打電話給畫廊。這樣北交點在牡羊座的人才有餘裕追求自己的興趣。

從相互依賴到彼此依賴，必須經過三個階段，分別是：⑴ 相互依賴階段——兩個人完全了解對方，彼此互補對方的不足，這個小團隊才能生存。⑵ 獨立階段——每個人都完全自給自足，每個人都為自己的計畫、錢財及每天的生存，負完全的責任。⑶ 彼此依賴階段——一個獨立、自足的人與另一個獨立、強大的個體連結，形成彼此支持的關係並朝共同的目標前進。

當北交點在牡羊座的人達到個人成長的階段，也就是為進入彼此依賴關係做好準備時，就會開始發出耀眼的光芒。

療癒主題曲

音樂具有獨特的情緒力量，可以支持我們冒險，因此我為每個交點族群都各寫了一首歌，希望能幫助他們將能量轉換到積極正面的方向。

走過審判的那一天！

這首歌所傳達的訊息，希望鼓勵北交點在牡羊座的人，將互相依賴的傾向轉變為對自己直覺的依賴。這種直覺堅實地扎根於愛中，而這種直覺也可以帶領他們走向正確的方向。

♪節錄部分歌詞

你可以閱讀所有被寫成文字的書，
你可以要求身邊的人告訴你應走的路，
你可以研究早已不爲人所知的神祕故事，
但是你是唯一能帶領自己走過審判日的人！

你不能靠別人給你榮耀，
不要依賴外力指引你……
拋開書本，超越大腦，
相信你內在的那盞明燈，讓它指引你度過痛苦，
而只有你才能知道
必須付出什麼代價才能使你完整
你心中的那盞燈會帶領你走過審判日！

第二章

北交點金牛座——

或北交點在第二宮

星座箴言

不必理會別人怎麼想。

總論

♉ 應發展特質

針對這個部分努力，可以幫助找出隱藏的天賦及才能。

- 忠誠
- 界線意識
- 做事按部就班
- 自我價值
- 意識個人的價值
- 耐心
- 尊重自己及他人表達的需求
- 享受五種感官
- 感激
- 感受大地提供的滋養
- 原諒

- 堅持

♉ **應擺脫傾向**

努力降低這些傾向造成的影響，可以使生活更輕鬆愉快。

- 追逐危險情況
- 過度關切他人的事物
- 缺乏耐心
- 不恰當的激情
- 批判傾向
- 對別人心理上的動機存有預設立場
- 不願合作追求別人想要的東西
- 過度反應
- 為了要消除某一部份，會毀滅某樣東西
- 「強迫性」行為的傾向

致命傷／應規避陷阱／重點關鍵

北交點金牛座的人應該避免的陷阱是，不要想透過別人尋求自我肯定，不要抱持「只有別人肯定我，才會放心」這種心態，因為這會使他們陷入「如果我擁有這個特定人的能量，就會感到完整」這種永無止境追求心靈伴侶的深淵。事實上，北交點金牛座的人只有在自我之中才能感受完整。這種感受不是某段關係的副產品，即使是心靈伴侶也無法給予。不論他們從別人得到多少支持肯定，永遠覺得需要更多。實際上，對他們來說，別人的肯定，是查看他們是否正確的一個不確實指標。根據他們自認正確的標準生活，不要管別人怎麼想，才能幫助他們發展自我價值。

重點是他們必須停止過度投入他人的事物，而只是單純地走自己的路。有趣的是，當他們開始這麼做，其他人就會支持他們，不論是財務上或是能量上。

真心渴望

他們真正想要的是與某人的能量融合，並感受共同的力量。他們追尋的是完整的、永久的承諾。他們想要一個在物質上可以完全依仰賴對方，在情緒上對方完全依賴自己（反之亦然）的伴侶。這是一種聯合的關係，給予雙方力量、彼此完全依賴的關係。若這種關係要成功，他們必須辨識並找出與自己擁有類似能量及價值觀的人，而雙方的共同目標必須對彼此都有價值。

為此，北交點金牛座的人必須先了解自己的價值觀。他們的內在必須堅強，清楚知道自己想要的東西，之後再進一步了解，什麼對他們是真實且有意義的。他們必須面對的挑戰是建立自己的能量體系，並弄清楚就獨立個體而言，自己是誰。隨著他們能量增強，自然會吸引擁有類似能量的伴侶出現，與他們建立成功的合作關係。

才能與職業

他們是絕佳的建設者，不論是房產、人際關係或是生意。只要他們願意遵守規則，就可以成功地建構任何東西。凡是他們認為真正有價值的行業，都可以有很好的成績。例如，如果他們認為按摩除了當安撫別人的工具外，也可以為自己帶來好處時，他們在這個範疇就能獲得成功。他們對金錢也很有一套，把焦點放在靠自己賺錢、讓自己覺得自在的方法上，通常可以找到適合的職業。

任何強調生命中物質面及五種感官的欣賞範疇，都令他們愉快且有實質收穫，例如：農業、建築、工程、烹飪或體能教學等等。一般而言，北交點金牛座的人最好的選擇是「做自己的事」。他們可以管理自己的工作計畫或是生意，也可以在能夠獨立作業的公司上班。他們應該學習放棄追求立即的結果，採取按部就班的方式做事，而且對每個步驟都滿意才再往前進。

北交點金牛座的人還擁有靈活解決危機的應變能力。他們天生就很容易了解別人的心理；他們對別人的需求及渴望的瞭解，可以幫助他們實現自己的目標。藉著公開承認和雙贏局面的方式運用別人能量的方式，北交點金牛座的人可以協助關係中的彼此，達到各自尋求的目標。但如果他們從事以心理學或危機處理為主的行業，通常都不會滿意，而且最後往往感到空虛。只有當他們運用自己的才能建立某些實質的東西時，感覺才會比較好；這些讓他們更安穩。

療癒肯定句

- 「要贏得勝利，我必須穩紮穩打、努力不懈地前進。」
- 「當我根據自己的價值觀生活，我會對自己很滿意。」
- 「大自然提供我所需要的能量。」
- 「當我滿足自己的需求，以及別人表達出來的需求時，可以成為人際關係的穩定基礎。」
- 「如果我覺得舒服自在，就表示自己是正確的。」
- 「別人對我的想法與我無關。」

性格

前世

◆與別人融合

過去幾世，北交點金牛座的人處於一種不可分離、緊密結合的人際關係，而與他們相關的人多是有權、有勢的人。前世，他們是國王身後的皇后或是寵妾，知道許多不為人知的「祕聞」，但最後還是由他人做所有的決定。他們是首長的幕僚、總統的助理或將軍的心腹。他們將自己全部的權力、能量及魅力，貢獻給更有力的心靈伴侶；相對地，他們也從伴侶身上獲得肯定及賞識，並做為自我價值的背書。

前幾世，這個威權者給北交點金牛座的人衣服、食物，並縱容他們。而北交點金牛座的人只需要乖乖地跟在大人物身邊，幫助大人物滿足他的渴求，這樣他們就能享受最好的生活；所以現在北交點金牛座的人常忽略金錢問題，例如總以為信用卡帳單有人付，但是這輩子的劇本不是這樣寫的。北交點金牛座的人前世對另一個人的依賴，使他們沒發現可以靠自己的能力養活。因此，在今生中，他們要為自己負起財務責任，並作為重獲自信的方法。一旦他們忽略自己花錢的方式，很有可能就會陷入嚴重的債務問題。

他們的前世可能「惡名昭彰」，例如從事色情交易等。前世裡，北交點金牛座的成功都是依附別人，或沒有自己的界限，所以可以成功融入他人的能量範圍，產生了任何人單打獨鬥無法得到的力量。他們發展出洞察他人需求的能力，這種能力在過去幾世，發揮了極大的作用。但是這種密集與別人融合的方式，已經使北交點金牛座的人失去了自己、失去一個獨立個體所必備的需求及價值觀；因此在今生中，當他們與別人太過親密，或是太快與人建立關係時，常常會遭人背叛。這其實是一個警訊，告訴他們應該保有自己的界線、價值觀和精神道德。

他們前幾輩子曾是洞察人性的專家，可能是戰略專家或顧問；他們會仔細研究別人的心理，以了解動機和需求，並預測別人的行為。過去他們會在不穩定的人身邊，協助他們解開精神或情緒障礙，撫平他們的心靈並獲得財務保障。他們對人心的敏銳使他們能預測敵人的思考模式，同時也關照到他們心靈伴侶未曾說出口的需求與渴望。但是，這輩子他們這種配合別人的習慣，會使他們無法以紮實、持續的方式，追求自己的方向。而現在，不要再與別人產生太深的糾葛，並將注意力集中在自己身上，對他們而言，是最好的選擇。

某些北交點金牛座的人前世曾經有濫用權力、暴力相向的情況。今生，他們要學習不濫用權力。對某些人來說，這意味不要苛求自己。對這些人而言，今生的課題並不容易。他們可能體驗到生命中的各種極端，從嗑藥、酗酒、遭遇嚴重的心理問題，到坐在企業的董事長室中，或走上嚴格的精神追尋等。他們的生命好像一個光譜，從最深的黑暗到亮度最高的光明都有。

◆危機意識

過去由於時常處於權力鬥爭，所以有一種招惹危機、重創，以及「生活在邊緣」的意識。北交點金牛座的人喜歡因危機而使腎上腺素狂飆的感覺。為了體驗這種「亢奮」，他們會忽視自己的身體、健康及幸福快樂的平靜。一而再、再而三，就算沒有必要，他們也會使自己陷入各種危機風險，並允許極度的毀滅破壞生命中的每個部分。有時候，他們濫用藥物或酗酒，為日常生活帶來新的危機。或許，他們還會有個處於這種狀況中的伴侶，此人在他們眼中是個受傷的人，而他們自認為可以治癒對方。

當他們面對毫無轉圜餘地的境地，且與原來希望創造的狀況相反時，北交點金牛座的人常會激動地過度反應、製造危機，而從未有人能在這種狀況中生存。這種過度反應，最會發生在北交點金牛座的人面臨與關係分離的時候，或是覺得別人可能不是百分之百與自己契合時。由於他們缺乏自我價值，完全依賴他們「最主要的另一個人」（提供金錢或是能量的人）的經常性肯定：這種依賴代表生存。他們「密切注意」另一個人的心態，以便隨時根據對方的標準調整自己的行為。這麼一來，他們會認為自己不可或缺，自已的生存也得以獲得確保。

如果他們擔心對方做了傷害自己的事，第一個反應會採取報復行為。但是，如果他們的動機是報復，則必然會輸。他們需要焦點放在實際與人們交涉及處理當時的情況，來滿足自己的需求。之後，他們可以放棄防禦，向對方說：「你看，這對我來說真的很重要。」訴諸於力量所達到的效果，遠不如謙和的方式來得好！

重點是維持將焦點放在他們想要創造的正面結果上。照顧他們的需求，對他們來說是正當的，如果擔心受到傷害或是遭到背叛，應該需要做點保護自己的措施。問題在於，他們常出現過度反應，使整件事情走調。

北交點金牛座的人極為熱情，所以有時他們會為了感受激情，而忘記自己在做什麼。他們今生要面對的一大挑戰，是為熱情的能量負責，並重新將這種能量引導到較有建設性的方向。為了熱情本身而去追求熱情的極限，將會導致毀滅。這輩子，他們要學習的是建立而不是毀滅。成功的建設需要較多的時間，而不是他們過去所習慣的激情。

當他們的出發點來自恐懼時，他們會毀滅；當他們的出發點來自於愛時，他們會建設。他們要學習奉獻自己的熱情、能量和精神力量，創造某些有價值的東西。當他們這麼做，他們會覺得很棒！他們要學習生活中還是有很多其他選項；除了令他們固執沉迷、陷入危機並摧殘自己身體的冒險（財務、個人或性）之外，生命其實還有很多其他的選擇。有時不一定是他們做了些什麼使自己的生命遭到摧殘，而是他們處理事情的激烈方式。他們需要放慢腳步，並肯定慢慢地、穩定地自己來，還是可以建立腳踏實地、實質的感覺，這是以往他們無從了解的。

他們在經驗過許多不斷與人鬥爭的前世後，迫切需要和平。必須了解當他們執著於刻意營造的情況時，整個狀況就會崩潰。相反地，當他們加入一點祥和的成分時，情況則會對所有相關人員都有好處的方式下，轉變為對他們有利。

◆自尊

今生，北交點金牛座的人要學習體驗自我價值。過去幾輩子，他們放棄了對他們而言極為重要的東西，以使自己的力量能與別人的融合；當他們成功賦予對方權力時，他們會藉由別人的肯定，做為是否「正確」的評斷指標，前幾世裡這種方式很管用。但他們對那種肯定極為依賴，開始將這種肯定視為圭臬，有時甚至違反了自己的道德標準。

因為他們已經消除了自己的價值體系，所以這輩子，沒有別人的回饋，就沒有自我價值。這使得他們極容易受身邊人的價值觀影響。

雖然這種方式在過去算是對的，但是今生的設計中，這種方法在他們有以下動機時，並不管用：暗中希望對方照顧自己的財務，或在某些方面肯定自己，因而專注於使夥伴力量增強。今生，他們要學習根據自己的價值體生活，直接建立自尊。只有在他們真正希望、符合他們價值觀而不期待回報的時候，才賦予他人權力。

◆肯定

北交點金牛座的人常傾向自吹自擂。他們常以別人說的話做為跳板，把交談的焦點轉到過去的光榮勝利、他們如何幫助別人，或是描述他們多麼「夠力」的故事等等，接著開始喋喋不休！潛意識裡，他們追尋的是別人的肯定。

與別人交流的過程，他們開始感到不安，所以會嘗試將焦點轉移至自身，以尋求外在的肯定，當作補償。他們希望別人看到他們的價值，感激並尊重他們，來消除他們的不安。不幸地，這只是「治標」的辦法。他們必須不斷這麼做，而現實世界中，以自己作為談話焦點，將會使別人逐漸離去。有趣的是，北交點金牛座的這種自己不夠好的感覺，只有當他們評斷自己，或是與別人做比較時，才會產生。

他們充滿了憤怒。但是，如果他們再仔細地看一看，會發現其實自己的憤怒是因為恐懼而產生；他們害怕不被尊重、不被喜歡、未被當人看待。所以當他們在特定的情況生氣時，他們可以問問自己：「我到底在怕什麼？」這可以幫助他們找出解決辦法。

當北交點金牛座的人沒有獲得他們認為應得的肯定時，常會覺得沮喪、失去了自我價值。他們所有的恐懼都是繞著以下主題：「我怎麼樣獲得肯定或承認？」他們會覺得恐懼及憤怒，因為他們一直付出，但卻沒有得到他們需要的。但事實上，這種需要永遠無法自外部得到滿足。不管他們有多少財富、威望或權力，別人的肯定永遠不足以讓他們在更深的層次裡自我感覺良好。要解決他們的憤怒，他們應該學習透過符合自己價值觀的方式，過自我肯定的生活。當他們不再依賴別人提供自我價值，並開始往內看，他們的憤怒會突然轉變為具生產力的能量。

有時候，北交點金牛座的人從事的職業並非他們想做的事，而是他們認為可以獲得別人肯定的工作。他們不能抗拒那些別人眼中「崇高」的職業，因為這些行業可以讓他們獲得掌聲。

若他們未受到他人欣賞，那麼完成工作所帶來的喜悅，將被破壞殆盡。這種情況發生時，他們最佳的選擇是回想這項工作：哪個部分讓他們覺得很棒？這份工作是否提高了他們認為的重要價值？他們是不是運用了讓自己滿意的技巧？他們的成果是不是十分傑出，令自己信心大增？他們有賺到相對應的報酬嗎？他們應該了解工作中自己欣賞的部分，並因自己符合這些價值觀，而給予自己肯定。他們因為做自己而肯定自己，不是因為迎合別人需求，這正是他們可靠的肯定。

對他們來說，別人的肯定就是「能量糧食」。他們永遠會對朋友的電話或是造訪問候感到愉快，因為這代表肯定了他們的存在。他們需要建立可以為自己輸入能量的方法，這樣他們才能獨立自主。之後，他們才能因為自己想要，而不是出自需要，與別人交流。

為自己設計財務計畫，是積極、自我肯定的一種方式。另外，每天花一點時間把能量放在對自己有意義的事情上，例如準備餐食，也可以達到自我肯定的目的。重要的是從事規律的活動，不論別人給自己什麼樣的反應，這些活動會促進自我成長，幫助自己自我感覺良好。當他們這麼做的時候，就是「走在正確的路上」。

◆界線

童年時期，這些人的父母試著將自己的價值觀灌輸到孩子心中。這是父母親「典型」的行為模式，大多數的孩子在發現父母親的價值觀與自己天生的價值觀有顯著不同時，會忽略父母親的價值觀，但是北交點金牛座的孩子，卻因為沒有既定的內在價值觀，而全盤接收父母親的價值觀。其實他們不了解自己與父母是分離且不相同的個體。今生他們的挑戰就是，打破潛意識與父母親的緊密相連。

他們今生要學習表達自己的需要，並避免首要考量別人的需要。他們常會覺得自己的生活一直是對別人的情況做出反應，並「陷入」某事中，而不是有意識地肯定自己在哪裡、想到哪裡去。他們常過度注意別人的動機。潛意識中，他們會在了解別人想要的是什麼之後，再去追尋自己需要的東西。但當他們這麼做的時候，通常步入了歧途；他們可能以為自己完全了解別人的動機，並據此採取行動或做出反應，然而他們往往會發現自己的評估不正確。

當他們避免配合別人的渴求或是意見，對他們最有好處。另外，他們可以用：「這是我需要的……，這些是我的理由……。」轉而將焦點集中於他們自己的需求。為了建立不可動搖的安全感及成功達成目標，北交點金牛座的人需要隨時注意他們舒適自在的層次，並決定界線何在。當他們考慮某個目標時，應該自問：「我對目標感到自在嗎？這種感覺對嗎？」他們可以利用內在的舒適度，來評估自己的動作是不是太快，如果是的話，他們需要放慢速度，並以令自己舒服的速度前進。當他們穩穩守住自己的界線，並於對自己而言，真的極為重要的部分有顯著進展時，他們會發現其他人更願意為他們調適，以接納他們認為重要的事物。

◆自我毀滅

北交點金牛座的人有「搬石頭砸自己的腳」的傾向，也就是做讓自己始終無法獲得成功的事。他們的目標對他們來說很重要，他們也全心全意地想去達成；但他們又覺得不值得，而且下意識自設路障，使自己無法達成目標。之後他們又會在明知大門不會開啟的情況，不斷拍打大門。

通常他們自己並不知道為什麼會有想打敗自己的動機，因此他們有必要內省或心理探索。或許是為了過去某種真實或想像中的經驗，或他們自責的某事，而對自己的懲罰，這種自我懲罰會使他們無法成功達到目標。例如，當他們五歲時，可能曾經推過弟弟一把，使弟弟的頭撞到地上而必須送醫，這件事情使他們的罪惡感存在於潛意識中。

要達成目標，必須經歷證實、系統化的步驟。但由於這些人擁有過多的內在抗力，所以會遺漏某個極為明顯的部分，而這個部分往往就關係著成功與否。如果他們想上醫學院，且各項條件完全符合，成績也達到水準，他們可能會只申請頂尖的醫學院，而放棄較容易進去的醫學院。然後，如果沒有獲得頂尖的醫學院接受，他們就把整條路都封死了。

北交點金牛座的人還有另一種潛意識擊敗自己的方法，就是讓自己處於孤立無援而不準備安全網的狀態；如同跳傘沒有準備備用傘，或開車不繫安全帶，他們在完全沒有保障的情況下冒險。重要的是他們要依靠自己的能量以達到追尋的目標。他們可以期待別人會實踐承諾，但最後還是要靠自己，才能保證不論發生什麼意外，所有的基礎都堅實無虞。他們需要的不只是邏輯，他們還必須運用普通常識，好好地規劃生活。

關鍵在採取實際、按部就班的方式，重點是放在下一個步驟，而不是執著於達成目標的方法。由於他們的前世沒有什麼經驗，所以他們可以與別人核對自己的策略；這裡所說的別人，是指曾成功得到北交點金牛座的人希望的結果之人。

這些人有時希望做比真實的自己還要「好」的人。他們喜歡讓人留下深刻印象，但往往會造成問題。他們應該學習接受並喜歡自己的真實樣貌。自我毀滅往往是因為他們想要前進的速度過快，或是希望成為比實際的自己還「大」的人物。他們需要與自己相處，確實扎根在自己身體裡。

審視與批判

北交點金牛座的人做出嚴苛批判時，基本上沒有意識到自己會對他人造成的嚴重傷害。他們忽略對方的感受，滿腔熱血正義無意間粉碎了他人的信仰系統。他們自己沒有神聖的東西，因此摧毀對他人而言神聖東西起來毫不猶豫。

必須知道批判的人沒有朋友。事實上，批判會使他們疏遠原本想要接近他們的人。人群不信任他們因為怕遭他們批判。這些人要學習停止毀滅其他人建構好的東西，並轉而專注於建立對自己重要也有價值的東西方面。對抗「邪惡」的最好辦法，是積極「行善」。

實際上，他人能讓他們困擾的行為，可能是尋找他們價值觀的線索。例如，如果他們批評別人腳踏兩條船，那也許他們就很珍視一大一妻制度，而「一夫一妻制」應該列在他們的「我的重要價值觀」清單上。當他們將這些價值觀運用在生活中時，他們將開始建立自我價值。由於他們忠於自己的價值觀，他們也會變得較少批判其他價值觀不同的人。

北交點金牛座的人往往也會嚴格地審視自己，這麼做削弱了自身的自我價值。他們有一套自認正確用來衡量每個人的行為準則，甚至把最嚴厲的部分留給自己。他們會是自己最大的敵人。當事情沒有按照他們期待的方式進行，他們會責怪自己配合得不好。因此，他們吃了兩次苦：一次暫時的情緒低落，另一次則是責怪自己情緒低落。

他們經常與他人比較，嫉妒他人所擁有的，讓他們的生活更添複雜也大幅降低了快樂！對於我們每個人來說，如果生活讓我們快樂，意味著我們步入了正軌。但是，當我們一旦開始與他人比較，我們就偏離了。雖然我們用的標準不同，但總有人比我們好一點或差一點。北交點金牛座要學習他們的工作不是去判斷；他們的工作是輕鬆地盡力處理生活中的各種情況，並穩健地一步步朝著自己有意義的方向前進。

◆閒事莫管

由於他們常搞不清楚自己的界線，北交點金牛座的人傾向愛管閒事。他們常自由地介入別人的事情，但當別人插手自己的事時，又會極為震驚。他們可能極為頑固。當他們猜測別人潛意識的動機時，會對那個人做出各種結論。之後，當這個人並沒有如他們決定般地行事，他們又會不舒服。

問題是，他們把自己的價值觀投射到別人身上，而在別人沒有符合自己的標準時，加以批判。另一個人的目標可能與他們全然不同，而對方可能選擇了對自己而言正確的道路。例如，如果北交點金牛座的人想要婚姻及承諾，對還在快樂享受和非「結婚對象」男人約會的朋友，可能會極嚴厲的批判。但是，或許這位朋友在當下，並不想安定下來，因此才與可以共享一段美好關係的人約會；對朋友而言這樣可能才是對的。北交點金牛座的人必須謙和地理解，其他交點族群的價值觀和目標與自己不同，他們要少管別人的閒事，並專注於發展自我上。

北交點金牛座的人傾向以緊張而批判的方式，與別人溝通，這種方式通常讓他們周遭的人不舒服。他們指出別人某方面的功能失常，但不承認自己也有同樣的問題。他們必須學習承認自己的特質或行為，並原諒自己，這樣就不用企圖定義別人行為是否正確，並以此來為自己的行為合理化。一旦他們明白重視的特質是什麼，他們的個人行為會變得更穩固，並感受到寧靜；當他們看到別人身上有自己不欣賞的特質時，也不再那麼有批判色彩了，因為他們可以得到自己需要的知識：他們知道自己是誰，以及自己支持什麼。

從另一個角度來看北交點金牛座的人愛管他人事物的傾向，會發現那是來自於前世身為精神治療者的經驗，如精神科醫生、心理學家、顧問、巫醫。他們曾經專精探索別人潛意識的深度，但是今生對這些人而言，最有利的方式是區隔出自己與別人精神能量領域，而專注於自己的事務。

他們對於別人的批評極為敏感，如果某人負面影響了他們的能量範圍，他們就不會花太多時間在對方身上。前世他們發展出良好的適應力，使他們能盡量貼近另一個人。他們很清楚對方對自己的看法，所以可以隨時調整自己的行為以適應這個小團體。但是如果在今生，他們仍用自己的敏感了解別人對自己的觀感，就會失去做自己的力量。他們的任務是離開別人的心靈及閒事。對他們來說，「別人對我的看法與我無關！」是一種很好的肯定。

◆黑暗面

有時候，北交點金牛座的人位居極重要的角色：他們可能是陣容堅強的律師事務所中的律師，也可能是大企業中的主管，或是類似的職位。身處這般高度，會激發他們天性中不道德一面。當這一面出現，他們可能會不忠於員工，或是他們的道德標準，或是他們自己。他們會執著於小我的收獲。當他們選擇完全融入小我時，會願意超前佈署任何事；他們開始覺得自己「出賣靈魂」能在金錢與權力的世界有所進展。通常他們允許別人有附帶條件的情況下給自己東西，而把自己「賣掉」。他們很快跟著別人的節拍起舞，並根據別人的價值觀生活。

他們非常習慣將自己的力量給別人，所以當誘惑出現，他們很容易屈服，並希望得到權力及特殊的待遇。他們在那樣的職位，通常擁有極大的權力：可以決定雇用或開除某人、可以塑造一個人，也可以毀滅一個人。這會令他們自我膨脹。他們可能濫用這種權力「壓榨」員工，同時擔心自己的工作是否朝不保夕。最後這種決策將摧毀員工的士氣，而他們會失去員工的善意、信任及忠誠。他們要學習抗拒濫用權力的誘惑。畢竟「風水輪流轉」，當他們濫用權力時，報應會回到他們身上。他們若違反自己的價值觀，會嚴重危及自我肯定；這是非常嚴重的問題，因為自尊是北交點金牛座的人今生的主要目標。

即使當他們已經選擇光明的道路，還是會意識到自己的「黑暗面」。例如，我有一位北交點金牛座的客戶，她是位女服務生。她的高層次自我很清楚，最難纏的客人總最需要關愛。當她有意識提供關愛及正面的能量時，大多數的情況下，這些客人會變得比較可愛；但是她一回到廚房就會做出想打人的動作！這個動作是釋放前世傾向。接著，再回到客人身邊時，她還是會以她所知「正確」的關愛方式來對待這位客人。不過，也有時候，這些人的直覺反應，是讓自己前世的那一面出來，「好好地修理」某人。

北交點金牛座的人有時生活在黑暗面當中，懷疑別人的動機，並把身邊的人看成惡魔（在身邊的人中找一個惡魔）。然後觀察自己所看到藏身於別人的惡魔，做為自己潛意識的投射，進而更了解自己。另外，當他們找尋惡魔時，他們變得無法抗拒使他們退步的負面能量。為了避免成為這種傾向的犧牲品，最好不要再注意別人的「黑暗面」，並多關注他們在自己生命中累積的力量。他們要像戴著眼罩的馬，只專注於自己明確想要積極實現的正面事情上。當他們運用強大的精神專注在光明面時，將會吸引積極的力量。

需求

建立舒適圈

北交點金牛座的人之所對別人如此依賴，主要是由於他們脫離了自己內在的舒適圈。因此除了與別人連結——充其量只是脆弱及不穩定的關係——之外，他們沒有什麼可以掌握的。如果他們有意識地維持與自己舒適層次的連結，他們的人際關係將會更好。由於他們的前世經歷過太多劇烈的變動，所以今生是設計來休息、去累積擁有的東西，並享受生命中簡單之美：諸如美好的食物、舒服的性愛，以及舒適、穩定的居家環境。內在的「舒適」是測量自己是否走上正確道路的精確指標。如果他們對自己舒適圈的界線保持真誠，他們就掌握了成功。

◆欲望與需求

嫉妒常常會成為北交點金牛座人的問題。他們看到別人財富會垂涎覬覦。通常他們因嚮往別人財產，而有毫無止境的「欲望」；他們看到鄰居的新車，內在自動機制立刻說：「我要那個。」但是當他們的因缺乏安全感而產生欲望時，就永遠不可能對自己造成正面的效果；這是一個無底洞。為了獲得他們追尋的物質，最好把注意力從自己缺乏的東西移開，而開始感激已經擁有的充足。

今生對北交點金牛座的人而言，是一段累積物質的時間，對事物有欲望並非錯誤。但是，他們必須願意自己努力去獲得。當嫉妒昇起，先確認這種情緒是否因為他們真正想要某樣東西而引發。之後，再判斷追求這樣東西是不是值得。與其做個「欲望」的犧牲品，不如認清：他們只要願意爭取，就可以得到任何東西。

北交點金牛座的人很容易受到他人欲望及動機影響。骨子裡，與生存相關的問題是他們與別人發生關連的動機。他們應該將各種事情簡化，應該停止「介入別人的思緒」，只與自己連結。「我在這裡需要什麼？目前狀況下我需要的什麼才能覺得舒適？」

他們真正想要的是解決沒有安全感的問題：也就是知道自己所有的需求都將會獲得滿足。這輩子是他們感謝宇宙賞賜自己資源的時候，而不是掠奪別人擁有的。如果他們驚慌並嘗試加快獲得生命資源時，他們會失去自己掌握自然時機的舒適。

北交點金牛座的人這輩子，注定要來累積增加內在實質的東西。他們面對的挑戰，是將速度放到足夠慢，以便接收生命贈送的禮物。他們可以不要再將某個人當成自己的「資源」，而用直接參與生命的方式，克服生存上的不安全感。他們會發現生命帶來了適合的人（常在出人意表的情況出現），隨著產生每一個新需求，讓自己的旅程變得更為輕鬆。

◆時機與價值

北交點金牛座的人做每事都很「匆忙」、即使開車亦然，他們不會欣賞沿途的風景，只希望趕快抵達目的地，還會奇怪怎麼需要開這麼久的車。他們想要立即看到的結果。他們異常緊張。他們要學習控制自己，維持自己的舒適圈，並與自己的力量保持連結。

他們要學習穩定但緩慢地建構基礎，確保基礎穩固。要他們放慢速度很困難，因為他們並不習慣。不過，這一輩子，他們必須以緩慢而穩定的進展改掉過去快速激烈的習慣。

接下來的例子說明他們需要的轉型。當原地重建摩天大樓時，需要兩組人馬——摧毀組與重建組。摧毀組以炸藥、起重機、推土機摧毀並移除現有的摩天大樓，這大約只需要一個星期；但是重建組重新建造一棟新的摩天大樓，可能需要一年。在前幾世，北交點金牛座的人是負責摧毀的那一組，但是今生則編入了重建組。建構需要更多的時間，而建構的過程，任何一個階段都不能匆忙草率，也不能省略，否則整個結構都會瓦解。

他們今生要學習放慢速度，以及小心地建構他們而言重要的東西；絕對不能匆忙。這些重要的東西可能是關係、生意，或實現夢想。如果他們覺得不舒服、不自在，就是警告他們在建構的過程之中，可能疏忽了某個必要的步驟。他們要學習相信自己，以及從緩慢、穩定的過程中得到平和與安詳。這個過程必須完全由他們獨立執行。

雖然他們應該放慢速度走向成功，但是北交點金牛座的人也需要相當的刺激才會採取行動。只有在危機他們才有所行動，而且沒有危機能量時，他們往往無法朝目標前進。若目標附近沒有危機埋伏時，為自己設定一個時間限制可以刺激他們採取行動。時間限制可以具有「人工危機」的功能。北交點金牛座的人藉此檢視他們應該採取的步驟，並記錄下來。若要達到最佳結果，過程最好能寫成白紙黑字，包括目標為何、步驟有哪些，以及每一個步驟應完成的日期。這可以給他們內在「危機能量」。

他們應該將設定計畫視為第一優先。完成目標必須成為他們生命中最重要的一件事，而任何其他的事，都應該附屬於這個目標。例如，若他們想要減重十五公斤，就應該找出最重要的事——預定完成時間；這也就是他們的「首要價值」。其他任何事情都是次要的，如工作、休閒等。工作期間，他們的飲食排在第一順位，不管別人做什麼，他們一定要吃食譜上列的東西，因為那是他們的第一優先。如果下午覺得有點能量不足，可以喝一杯咖啡或中藥茶，或任何不會破壞他們減肥計劃的東西。如果他們覺得累了，可以早點上床，但是不可以違反減肥計畫。所有的事都以這個計畫為中心而運作。

對北交點金牛座的人來說，切合實際並選擇完成「首要價值」的時機很重要。例如，如果北交點金牛座的人在會計事務所工作，在報稅季節把減重十五公斤列為首要價值就犯了非常大的錯誤，因為那一段期間，第一優先的事應該是工作。所以他們得選擇一個適當時機，才可以達成目標，並且避免為自己帶來不必要的壓力。一旦北交點金牛座的人決定某個方向，可以利用承襲自前世的執著能量，專注於他們的首要價值，之後不論如何，他們都可以按照計劃完成目標。

自我接納

◆尊重需求

北交點金牛座的人邁向自我接納的第一步，是承認自己內在有一個匱乏的人，同時應負起責任滿足這個人的需求。如果他們嘗試扮演自給自足，並壓抑那個匱乏的部分，它會愈發激烈直到自己被承認。由於他們在許多前世中，否認並忽略自己的需求，現在這個匱乏的部分充滿了能量。他們已經擁抱並包容這個內在部分的權利，這對他們有其好處。

如果他們在生活中不表現真實及誠實的行為，就不能期待能體驗人際關係中的真實及誠實。這並不包含「疏忽之罪」，例如別人說了讓他們受傷的話，他們卻不承認自己受傷，或假裝附和的就讓它過去了。當別人的言行造成他們不舒服或傷害時，必須表達出來。他們需要揚棄舊習，才能辨識並建立新的行為模式。自我啟發可以使別人了解自己是誰、辨別自己的需求，以及幫助自己邁向目標。

北交點金牛座的人會配合別人隱藏起的渴望。他們通常在幫助別人了解自我，以及減少自我摧毀或潛意識動機的傷害時，能敏銳洞悉。但是他們有盲點：他們非常清楚看到別人是怎麼

「搬石頭砸自己的腳」，但卻看不見自己做同樣的事。更糟的是，他們強烈抵抗自己潛意識動機的反應。對於關心他們的人來說，他們很明顯在傷害自己，並令自己退縮不前。但是當他們關注到這種行為時，他們會否認它。若要在今生有所進步，他們就必須意識到這點，並釋放潛意識中的罪惡感及自我毀滅。

他們不願意接受協助的部份理由是，他們一向是提供幫助的那個人。他們不習慣接受別人擁有可以肯定和完善他們珍視物品的能力，這樣的觀念。他們對批評極為敏感，所以常常會把別人的意見看成否定他們的價值，而不是鼓勵他們更完整表達自己的力量。他們必須學習將焦點放在他們想要建構的東西上，例如他們自己的想法與目標。北交點金牛座的任務是允許別人改變的力量。

這些人還有一個特點，就是當他們將時間精力投注他們認為重要的計畫時，不會因為別人認為重要的東西而轉向。例如，我有一位金牛座北交點的客戶，她很愛買自己喜歡的書送人。這實在是非常慷慨的行為，她會盡力找一本自認適當的書，而且可以傳遞某種她認為重要訊息。但有一次，她送書的對象恰好是我的朋友，而這個人從來不閱讀。這個例子說明他們如何將能量由追求自己的目標，轉移到並未要求幫助的人身上，而且那些人可能根本就不領情。

今生，北交點金牛座的人要拿回他們的力量。當他們站在自己的力量中，就可以提供別人愛與幫助。這並不是因為他們覺得需要這麼做，而是基於使他們慷慨的滿足。因此，他們的第一個責任是對自己負責，做可以承認自我價值、享受生活而產生滿足的事情。現在已經沒有戰役要打了，沒有什麼好放棄的了，也沒有任何屬於他們的部分必須捨棄。這是屬於重新建構的一生，透過與自己連結建立舒適的生活。

◆寬恕

為了實現完全的自我接納，他們必須寬恕的過程，釋放過去曾經傷害過他們的人。這包括這輩子遇見的人，也包括前幾世發生的懷疑及憤怒。要維持自己完整的力量，寬恕極為重要。而他們寬恕的動機最好是出自關照自己的需求，而不是慷慨。

前幾世，北交點金牛座的人保護自己的方法是報復。如果某人丟一顆石頭到他們身上，他們除了回敬一顆石頭外，還會附送另一顆石頭確定對方會停手。過去化身過的實體，對抗別人的力量是極為快樂的一件事，但在今生反而浪費能量，會干擾他們新的、和平的方向。他們的目的是要在地球上，建構一個舒適而穩定的生活。

但是若要達到這個目標，在他們處理虐待或傷害事件時，北交點金牛座的人必須面對寬恕的必要性。這是他們能將另一個人自他們心靈上洗滌，重新得到內部平靜的方法。不論那個人曾對自己做過什麼事，他們要寬恕過去造成的傷害，同時也寬恕自己允許別人傷害他們。如果他們能辨識這次經驗所帶來的力量，也很有幫助。

如果某人對他們做下超越得到寬恕的事情，他們需要在結束這種狀況之前，與那個人談談。北交點金牛座的人要完成這個目標有一種方法，去一個不受到別人干擾的地方，閉上眼睛，觀想無法原諒的那個人就坐在前面的椅子上，想像與那個人面對面，並讓對方了解自己的感受，然後用直覺傾聽對方的反應。

觀想中，如果對方誠摯的道了歉，自然會得到他們的寬恕。但對方的反應如果是傲慢、找藉口，或是明顯不了解自己行為的嚴重性時，他們可以在觀想中與對方爭辯。他們可以利用自己的想像，將傷害他們的人帶到自己受虐的經驗中，讓對方體驗當時他們所受到的傷害，然後寬恕對方，並將他從自己的生活中釋放出去。對他們而言，寬恕極為必要，那是讓自己擺脫痛苦早年回憶的關鍵。如果他們生某人的氣，而且一直不能寬恕，那麼他們與對方間就存在負面的精神連結。

他們不願意寬恕的理由之一是恐懼。因為他們不知道寬恕對方後，對方會對自己做出什麼事，而且也擔心不能保護自己免受憤怒記憶攻擊。他們認為自己仍無法抵抗曾虐待過自己的人。但是實際上，如果他們能真的寬恕，就會解開與那個人的結。然後，無論對方做什麼，都不會再影響到他們了。

扎根

北交點金牛座的人有許多前世，陷在與別人間彼此相連的能量場，所以無法扎根在自己的身上：無法與自己的身體連結，也不能享受生活中物質面向的樂趣。前幾世，他們總想要體會較高層次的領域，不斷想「飛」，所以他們常會抬起一隻腳，體驗其他真實的部分，甚至會把兩隻腳都自地面抬起。因此，今生他們沒有安穩定的扎根或內在的堅定。他們要面對的挑戰是把雙腳再次拉回地面，重新得到內在的力量。

◆感激

這些人這輩子想要滿足，主要的關鍵就是刻意誘發感激。就算只是一種練習，也會令他們的生命大不相同。前幾世，花時間感激是他們最不可能想到的。他們的意識總在處理危機，他們傾向對刺激的事物上癮。他們的慾求永遠無法獲得滿足，他們永遠都要求更多。

為了平衡這輩子過度活躍的欲望，他們需要一種練習：感激自己擁有的事物。培養感激的能量，牽涉到肯定他們生命中既有的恩賜。當他們對生命帶給自己的東西感激時，就可以輕鬆下來，感受平靜與愛。感激的能量將他們拉回自己身上，當他們以感激為中心，就可以接受生命賜給他們更多的東西。

例如：不論他們有多少錢，也不管他們擁有的是什麼，或許是頭頂的一片屋頂，或許是餐桌上的食物，都可以說：「感恩宇宙！謝謝祢提供我足夠的錢，讓我可以維持生活。」如果他們沒有伴侶，他們也可以說：「感謝宇宙！感恩祢派遣朋友、家人、工作夥伴、孩子、寵物等等，進入我的生命來愛我。」這是他們期待豐盛的關鍵。它與外在發生的事物無關；而與他們輕柔接納並感激自己擁有的事物有關。當他們花時間，以開放的態度及感情感激自己真正擁有的事物時，他們的內在會體驗到完整的愛，這種愛就可以取代以往常感受到的心煩意亂。

◆與大自然的連結

每個人都需要接收能量滋養，才能煥然一新與滿足。前幾世，北交點金牛座的人依賴心靈伴侶提供自己這種滋養的能量。這輩子，只要依賴別人滿足這些需求時，他們總會失望。今生之所以設計這樣的人生課題，就是要他們能獨立滿足自己的需求時。

這輩子，他們與自然和地球間有奇妙的關係。這也是他們成長能量的主要來源。他們的協調能力讓他們可以直接與自然的能量連結，並以療癒及更新活力的方式吸收。為了心靈的平靜及內在的力量，北交點金牛座的人應該每天花點時間接觸自然，有意識地感激自然所給予的支持。這個過程將會很神奇地使他們的情緒轉化為平靜。當他們有意識地加強自己內在的平靜支持，會降低他們不良人際關係帶來的不安全感。

北交點金牛座的人很多都有綠手指。他們在種花蒔草心情會十分舒暢。吸收大自然的能量，摸摸植物、碰碰樹，讓土地滋潤自己，對他們很有幫助。擁抱一棵樹和擁抱一個人對他們而言一樣，可激發相同的能量及快樂。擁抱人也不錯（感官上的刺激對他們一直都很有利），但是如果他們對擁抱對象或對象的動機有疑慮時，一棵樹永遠可以提供他們需要的「歸屬感」。

接收大自然能量的能力，是他們可以與別人分享的一項天賦。例如，若他們與朋友在公園散步，且將自己的「樹的能量」知識，與朋友分享時，這位朋友會因為他們，而更清楚地意識到大自然能量給予自己的禮物，同時也會永遠受惠於這個經驗。

◆感官的享受

若要他們持續將重點放在他們的目標上，他們需要面對我價值問題。他們可能會覺得不值得把時間及能量花在自己身上，但這是完全錯誤的。北交點金牛座的人必須花時間去做自己認為重要的事，因為這可以建立他們自給自足的基礎，體驗生活與人際關係需要的資源。

事實上，為了達到精神平衡，今生的命運，注定要體驗感官的享受、深深扎根，並重新獲得自己對純樸物質的感受。前幾世，北交點金牛座的人發展出精神、心靈深層享受的感受。現在是加深他們發展五種感官意識的時候。在今生中，他們的感官通常極為敏感與發達。要注意他們感官提供他們的樂趣，例如春天的氣味、佳餚的味道、他們喜愛的香水味或情人的撫觸。即使是舉重或其他運動等健身活動，也算是感官上的享受，任何可以帶來愉悅、自尊，以及與物質肉體接觸的事物都可以。

音樂是他們絕佳的愉悅來源，可以紓緩他們的精神，進入和諧的狀態。保持欣賞音樂的嗜好對他們有好處，尤其是大自然的聲音非常適合，例如海浪沖擊沙灘的聲音，或是蟲鳴鳥叫。享受他們的聽覺，對他們極為「正確」。他們也可以從視覺中獲得快樂，如身邊的美景、欣賞藝術，或是花點時間享受夕陽。

北交點金牛座的人通常都有發達的味覺。他們充分享受美食，出入豪華餐廳對他們是「正確」的行為。意識到自己的觸覺也對他們有好處。撥點時間去摸摸樹、葉子、木頭，或是布，感受指尖觸感的舒適，對他們都是適當的。即使感知到積雪在腳下碎裂，也可以是一種感官上的享受。

另一個加強他們扎根的方法是多花心思在衣著上頭，以衣服穿在身上的感覺做為標準。這件衣服讓他們覺得性感還是舒適？他們喜不喜歡這種布料的觸感？穿這些衣服是為了關照並寵愛自己的。服裝也是建立自我價值的有力工具。赴重要約會時，如果有兩個選擇，一件是自己覺得穿起來很舒服而且自信十足的衣服，另一件是他們認為會給對方留下深刻印象的衣服，他們最好的選擇應該是讓他們覺得舒適的那件。不論別人有什麼反應，穿那件衣服可以讓他們自在、舒適。

其他可以帶來「好運」的感官體驗，還包括為別人或接受別人的按摩、美甲、做臉、瘦身、洗三溫暖、泡按摩浴缸等等。當他們花點時間讓自己接受物質身體上的獎勵，或是享受感官的樂趣時，他們就不會那麼需要別人了。

人際關係

尋找靈魂伴侶

北交點金牛座的人一直在尋找靈魂伴侶。這可能導致他們早年會有濫交現象；他們容易太快一頭栽進關係之中，這是因為他們想與別人結合，建立親密關係。他們今生的挑戰是不要過於關注結合他人的問題，要把焦點集中建立自己的價值觀上頭，這樣才會吸引到適當的伴侶。

過去幾世以來，北交點金牛座的人一直習慣付出所有，並要求對方給自己回饋。但是這輩子，令他們詫異的是他們星盤上，沒有讓他人以過去相互依賴的方式照顧他們。這是宇宙幫助他們破除過去浮濫的相互依賴，並讓他們學習更為獨立的方法。

在他們內心深處，對靈魂伴侶的渴求，高於世界上的一切。他們希望與一個特別的人，在互相扶持、彼此承諾並加強雙方力量的狀態共度一生。要完成這個理想，首先要讓自己感受到內在存有的完整性。只有當他們不再需要別人來令自己完整時，才會吸引那位最適當的生命伴侶。

北交點金牛座的人有時會有強烈的孤獨感，為他們的伴侶心痛。他們嚮往擁有固定、可靠的伴侶的舒適自在。的確，這輩子會是他們得到忠實伴侶的世代。但是就像今生的每一種東西一樣，他們一定要先付出才有獲得。當他們靠自己努力創造出自己的完整及方向，並成為澎湃的大河時，就可以與另一條同樣流向的大河匯流成一條新的河，共同流向大海。

◆侵略行為

對靈魂伴侶的渴求，驅使北交點金牛座的人探測別人的心理。前幾世，這項技巧帶來極好的效果，而他們對別人心理結構的了解，可以增強促進彼此力量。但是，由於他們習慣介入別人的心靈層面，所以逐漸失去了自己的界線。現在，當他們進入別人的勢力範圍時，常超過警戒線顯得有侵略性，而使雙方都失去了各自的主權。同時，對方會感覺到，北交點金牛座的人想要的是結合的能量，而不只是單純地欣賞，或視對方為獨立的個體並給予力量。

他們認為每個人與自己一樣，都想要相同的情緒，如愛、認同、感激等，所以他們會給人這種情緒上的支持或鼓勵。但是如果他們匆忙闖入並試圖改變別人的心情，就會驚訝於別人憤怒的情緒反應，因為他人覺得自己的界線被侵犯了。

另外，北交點金牛座的人常不自覺地陷入別人的範圍中，而開始不舒服。如果他們過度沉迷別人的情緒，自己的能量就會逐漸消散。這種情況發生時，最好離開現場，休息一下，讓自己可以扎根會自身。他們可以在附近走走，或觸摸一棵樹，允許大自然滋潤的能量灌輸體內。當他們感受到平靜、自信，並集中在自己的能量時，就可以重回那個人的身邊，這時他們知道自己應該怎麼辦。

在這一生中，北交點金牛座的人必須試圖與別人結合之前，讓自己的能量範圍維持獨立完整。當他們真正與人連結時，要在關係中留一點「空間」。他們常會在伴侶前做平時是私下才會做的事，這不是一個好主意，因為他們的伴侶可能覺得自己是他們的附屬品，而不是獨立的個體。建立支持他們的性格及自我價值的界線，在北交點金牛座的人促進關係、發展所需空間時，是極為重要的。由於他們過去不習慣設線，最初承認別人的界線、建立自己的界線時，會遭遇困難。但是只要維持冷靜，他們就瞭解如何定義自己的界線，增強生命力，同時會對別人的界線更為敏感。健康的界線可以增進自信，以及對別人的尊重。

◆凌辱

在北交點金牛座的人以前幾世中，凌辱——不論是凌辱別人或是遭人凌辱，都是因為結合的關係漸趨毀滅時，權力鬥爭造成的後果。他們今生最主要的挑戰，就是將他們的自我認同從父母的分離出來。他們需要建立自己的界線來打破這種連結，否則將持續製造權力鬥爭的狀況。

他們要學習不濫用權力，有時他們在成為自我虐待的犧牲品後，才能吸取教訓。如果童年時期曾遭到凌辱，會有兩種選擇：其一是當他們長大之後，去凌辱別人；另一個則是打破這個模式，不會因自己曾遭遇凌辱而報復。他們今生要學習愛與寬恕，他們可能在對自己造成不公平的傷害後，才能學會這些課題。

有時北交點金牛座的人否認童年遭遇的困難，即使當時所遭遇的虐待，在別人的眼中十分明顯。他們會描述父母是和善的，並為自己的凌辱遭遇解釋，因自己不乖的合理處罰。他們非常願意扛下所有的罪惡。我曾有一位北交點金牛座的客戶，她有兩個孩子。她的父母在她年幼時期嚴重地虐待她，不論是性、身體，或是精神方面。但是她認為他們是很好的父母。最後她還必須尋求精神治療。有一天醫生問她：「妳覺得妳的孩子要做什麼事，才會應該受到與妳小時候相同的處罰？」這句話點醒了她，把她從死胡同裡拉了出來，因為她發現，孩子不論做什麼都不應該受到那樣的待遇。

當北交點金牛座的人成年後遭受虐待，首先要承認這種情況正在發生。接著，他們需要把自己從情況解救出來，並以寬恕打破這種心理上的束縛。在接受心理治療或是其他形式的斡旋，使他們看見並釋放前世與童年期受虐的記憶及罪惡感時，他們通常能有很好的表現。他們傾向認為自己本質很「壞」且不受人喜愛。正是他們過度敏感地探索別人，以得到別人肯定的理由。當他們停止尋求別人的肯定，就不會再擔心自己不受歡迎。有時候，曾凌辱過他們的人會迴避他們。理由很簡單，那是因為當某人欺侮人時，會產生強烈的罪惡感。

北交點金牛座的人是最優秀的建設者。當他們將焦點放在建立一種關係，並以自己的方式，也就是配合自己的舒適進行時，這種關係可以持續到永遠。他們要面對的挑戰是，不要讓別人的能量干擾了他們的舒適。允許自己被粗暴對待，是不能為自己帶來任何好處的。

◆辨別

由於他們不是生來就知道，對他們來說生命中什麼是重要的，所以北交點金牛座的人常偏好研究別人的價值觀。但是一點用處都沒有，因為當別人分享對自己重要的東西時，北交點金牛座的人會說：「這不重要，因為……」這種行為會讓對方覺得遭到否定。這麼一來，北交點金牛座的人不僅輸掉了自己所追尋的東西，而且過程會使另一個人在追求他的價值時失去方向，最後使對方感到憤怒。

北交點金牛座的人過去幾世中，都是附屬於別人的價值體系，所以有時當他們認爲自己想要的東西不為社會接受，或是無法獲得親近人的肯定時，會隱藏自己的想法。但是今生，為了要建立自我價值，需要區別出他人與自己的價值觀，並尊重自己的想法。他們只有追求自己真正想要的東西時，才會自我感覺良好。例如，如果賺大錢很重要，他們有讓別人的價值觀否定自己的傾向：「這實在太功利了，你不是講求靈性的人嗎？」接著，他們覺得很糟糕，並試圖壓抑自己內在的欲望。這是他們破壞自我價值的典型例了。

但如果他們因為別人的不贊同，而壓抑對財富的渴望，最後往往會遭遇財務問題。如果試著解決財務問題，又會發生不利於他們的情況，因為財務的成功，令他們產生罪惡感。這樣一來，他們「進退不得」，完全不知道為什麼不能整合自己生活的每一面，而感到難過。所以，如果他們渴望財富，最好就公開追求財富。

由於北交點金牛座的人常會吸引「有麻煩」的人建立親密關係，所以辨識適當的人選也非常重要。或許應該歸咎於前幾世常為有情緒障礙的人解決問題，或許因為他們喜歡「生活在邊緣」，所以北交點金牛座的人常會受不親切的人吸引。當他們與這類人建立關係，付出信任時，最後總是會失望。

當他們和很麻煩、無法給自己任何反應的人交往時，他們很清楚，但是他們還是會被對方吸引。他們認為自己可以幫助治療對方，他們期待對方感激自己，並提供相對的支持。但這種做法，無疑就是北交點金牛座「邁向失敗的不二法門」。他們的任務是辨認出心理狀況健康的人，並與他們建立關係。

他們之所以會與不適當的人牽扯不清，可能在他們企圖以自己的價值觀去得到別人的肯定時。舉例說明：即使他們不吸毒，他們也可能公然討論毒品相關的事，並擺出彷彿箇中老手的樣子，因為他們覺得這樣看起來很酷。其實會讓自己及別人都混淆，不但嚇跑了原本會被他們吸引的人，也吸引了他們作勢支持的表面價值觀贊同者。如果深入了解對自己最重要的東西，並清楚表達出這些價值觀，他們就可以吸引真正會與自己共鳴的人。

這輩子，北交點金牛座的人需要穩定而不是危機。要在人際關係中做到這一點，他們絕對不能讓他們的伴侶否定自己。如果伴侶說了讓自己不舒服的事，他們可以讓對方知道：「我對這件事不舒服。」讓對方了解自己的界線，並給對方適應自己的機會配合自己的需要。這樣的人際關係一旦開始運作，就能清楚看出對方是不是他們「真正」的伴侶。

結合

北交點金牛座的人喜愛與別人結合產生的能量；藉著這種能量，他們可以完成一個人獨立無法做到的事。這個過程本身沒問題，問題是：北交點金牛座的人執著地把自己「設定」為蹺蹺板一端的B，而B的角色是注意另一端A的價值，並幫助A達成他的目標。

這種做法在這輩子不管用了。今生是北交點金牛座的人做A的時候，也就是允許B被自己所吸引，並來幫助自己達成目標。但北交點金牛座的人並不自私，當自己完成夢想時，也希望對方受到妥善的照顧。想成功擁有緊密的合作關係，北交點金牛座的人必須是讓人支援的那個人。這表示他們應該表明自己的價值觀及目標，並允許別人聚集在自己身邊。

由於他們非常習慣把與他人分享的能量及彼此的力量，視為生存的關鍵，所以潛意識裡，認為需要另一個人的能量，自己才能生存。而這是他們早年常做出錯誤決定的主要原因。他們急於跳進緊密連結的關係，並想盡快達成目標，而他們的急切往往會破壞精確評估另一個人的能力。

在他們早期陷入這種緊張能量的人際關係時，並沒有紮實的基礎。所以當他們允許這種情況發生，會變得脆弱，並需要完全的信任。這時，如果對方施壓要求他們做一個決定，他們很容易會對這個關係太快而做出承諾。但是，動作快並不能為他們帶來好處。今生他們必須採取緩慢穩定的方法，確保積極的結果。他們「一頭栽進去」的人際關係一開始便註定了失敗，因為只是暫時的能量結合，而不是真正地與對方契合。而且，如果北交點金牛座的人動作太快，與另一個人之間原本適合的關係（如果有時間調整的話）也會因為夥伴省略了必要、溫和適應的步驟，而變得不適合。

為了成功建立長期的關係，北交點金牛座首先必須承認自己的能量足夠，他們可以依靠自己的能量存活。只要他們感覺自己不完整，他們就會繼續吸引自卑的人。但是，如果沒有毫無節制的需求驅使他們，他們就能花點時間，挖掘誰的能量實際上會增強他們並帶給他們快樂！

◆性趣

北交點金牛座的人通常很有「性」趣。他們會追求性的強度與刺激，以及透過性關係產生的連結。在生命早期，他們可能有濫交傾向。如果他們想與某人建立關係，會立刻想與那人上床而與之結合，然而如此一來，他們的關係就如同開始般很快地結束了，因為他們彼此間並沒有穩定的基礎支撐這種激情。

他們窮盡畢生精力追尋靈魂伴侶，這個人就好像是完成拚圖時獨缺的那一片。當他們感到不耐煩，以性做為一段關係的序曲，而不願花時間建立彼此的關係時，通常是因為他們過度渴望靈魂伴侶，以為性可以告訴他們誰是最適當的人。有趣的是，如果他們願意多花點時間，性方面的能量將會更為熱烈，也會更令人滿意，因為他們已為這段關係建立了有意義的基礎。

然而在前幾世，他們精神上或情緒上與別人融合的經驗極多，所以通常會在性的過程中，省略了享受自己身體的部分。他們會在關係中「耗盡性能」，但卻不知道為什麼。今生他們的規劃應該是：從他人的能量場撤退，並在自己的肉體中建立「基地」；這才是令他們擁有快樂性生活的重要關鍵。他們應該在關係中刻意放慢腳步，不要還沒有完整感覺到對方，就立即展開性關係。

北交點金牛座的人需要大量肉體上的熱情接觸，如親吻、牽手、撫摸、按摩等等。真正感受對方的手，觸碰自己的皮膚時是什麼感覺？自己的神經系統對另一個人的反應又是如何？這純粹是肉體的層次（不要藉助他們的想像）。之後，他們需要了解對方身體給自己的感覺，在碰觸對方時，自己會有怎樣的生理反應？建立這種身體對身體的敏感度，可以使他們所有的感官發揮作用，同時為他們的性生活提供穩定的基礎。如果北交點金牛座的身體沒有與另一個人產生共鳴，這是個重要的訊息：他們並不想要繼續一段無法持續身體接觸的關係。

一段時間後，北交點金牛座的人與長期伴侶間，可能產生性方面的問題。發生這種狀況時，通常因為他們利用性作為交換的工具。例如，如果北交點金牛座的女人想要鮮花或珠寶，她可能會利用性驅使她的伴侶買來送她。如果男人想要他的伴侶做某些行為，他可能會藉壓抑性，或利用性作為交換的條件。

如此一來，性衝動被其他動機淡化，一段時間後，兩人間的性關係也會變得不如以往親密。一旦某一方發覺了對方企圖透過性來控制，便會開始失去興趣。最後，曾經熱情如火的關係，會變成柏拉圖式的朋友關係，甚至性無能或性冷感。藉著尋求心理手段操縱的性慾，北交點金牛座的人會失去他們天生的能力。

在這輩子，他們要學習沒有其他的動機，感激自己與伴侶分享性愛。學習生命中簡單、自然愉悅的價值，如食物、性、舒適等，這些都是人類肉體附帶的歡愉享受。

◆忠誠

忠誠及承諾對北交點金牛座的人來說非常重要。通常他們不會「鬼混」，他們想與某人走完這輩子，想擁有和他們感覺相同的伴侶。他們希望有充實感，所以當他們結婚時，會在肉體方面配合他們的伴侶，並提供力量、肯定與能量，並期待他們的伴侶回饋自己。但由於北交點金牛座的人總不從伴侶的觀點看待事物，了解對方真正想要的，所以並不會成功。實際上，他們將自己的價值觀投射到伴侶身上，而不是真的想滿足伴侶的需求。他們根據自己的想法，推測伴侶的渴望及需求，接著滿足這些需求，然而對方實際的需求及渴望，他們幾乎從未確認過。

對北交點金牛座的人而言，牢固的關係應該是每個人都有責任滿足的個人需求，並自這份關係以外的活動汲取能量。這樣，就可以產生共同的力量，互相給予健康的結合關係，而不是耗盡彼此的能量。

他們今生要學習，關係中的忠實基礎是雙方都對自己忠實。期待自己以健康的方式對別人忠實前，必須先建立對自己的忠實，例如，誠實的溝通。他們應該直接表明：「我對這個不太舒服。」不要否定自己的個人需求，而以伴侶的需求為需求。他們必須誠實——以自己內心對是非的判斷為根據，並堅持立場，而不是像投機份子，以最可能受到肯定的方式做為選擇。

根據自己的價值觀生活，就可以吸引適當的人回應他們並支持他們。這意味著願意冒著失去伴侶的風險。如果他們對自己誠實，真實表達內在舒適指標告訴他們的事情，對方可能會接近他們並予以肯定。也或許會轉身離去，為另一個更適合他們的人騰出空間。

當困難給婚姻製造壓力時，北交點金牛座的人會認為是忠誠將兩人維繫在一起，而為婚姻努力直到克服危機。忠誠牽涉到誠信和並雙方承諾努力解決問題，而不是放棄。北交點金牛座的人需要有對方隨時在旁邊的感覺，這樣當他們完全投入關係時，力量才不會被削弱。

由於這對他們是極為重要的問題，所以當他們開始一段親密的關係時，最好能肯定：「忠誠對我非常重要，而不論發生什麼事情，我的伴侶是否都會在這裡？」一開始就把事情弄清楚，也可以讓對方了解他們所提供的是怎樣的關係。

這是關照自己內在貧瘠最有效方法：由他們挖掘自己的需求是什麼，承認這些需要很重要，然後清楚表達出這些需要，了解對方的反應。將關係中的給予和接受環節，從暗自預期的範圍轉移至公開的揭露，言語表達關係中他們認為重要的西，決定他們是否希望滿足彼此的需求，並以他們所需的持續基礎來使彼此快樂。

壓抑

北交點金牛座的人會有壓抑別人需求的傾向，因為他們自以為知道別人真正的需求。例如，對方可能說，每星期要抽出一個晚上和朋友玩橋牌。北交點金牛座的人可能會反對：「有必要嗎？那些人又不是妳的對手。」否定對方表達的需求，將危及雙方的關係。他們最好能真正設身處地為對方著想，而不要覆上自己的欲望。

由於北交點金牛座的人清楚自己的需求，所以當伴侶要求某樣東西時，他們的第一個反應可能是抗拒。他們不想持續付出，因為他們會空虛，所以會刻意壓抑伴侶的要求，批判對方的希望來捍衛自己的立場。這種情況下，雙方都是輸家。對方會覺得受到剝奪，而減少對北交點金牛座的付出，或付出地心懷怨恨來做為報復。這種情況會嚴重傷害他們想建立的關係。

改變北交點金牛座的人壓抑伴侶的傾向，對他們有好處。通常關鍵在於辨識。對方表達的需求，是否侵犯了北交點金牛座人的自我價值？如果不是，他們理應給對方需要的。正如同他們不應根據別人的價值觀生活一樣，期待別人根據自己的價值觀生活，也不恰當。其他人只是簡單做自己而已。

◆對需求的意識

需求有具體與不具體之分，兩種有極大差異。「想要某樣東西」就是具體的需求，如對方要求每天獨處一個小時、做某項計畫的時間、每週聚餐一次等等。當北交點金牛座的人很大方配合時，對方會很高興，並回應以滿腔的愛與感激。至於不具體的需求，就如某些投射到另一個人身上的東西，不能滿足實際的需要，還可能造成雙方的不滿意。

有時他們不敢告訴別人自己的需求，害怕顯得自己自私。實際上，當他們不明白說出他們所想要的東西時，就是剝奪了讓伴侶讓自己快樂的機會。如果他們不讓別人了解自己的界線，並讓別人知道自己的需求，人們會開始不尊重他們。由於他們不表示反對，不會說：「不，這樣不好！」沒有足以讓他們為自己辯護的自我價值，因此別人常會佔他們便宜。

對北交點金牛座的人而言，他人就好像是握有滿足自己需求鑰匙的神祇。事實上，他們高估了別人，低估了自己，而這種不平衡會讓他們心碎。一旦意識到這一點，開始讓他們的伴侶知道他們的感受，以及什麼會讓他們快樂，不要嘗試揣測是否有其他滿足自己需求的方法。沒有藉口，沒有妥協，只要表明他們在關係中需要的是什麼。公開地說：「這是可以讓我在這段際關係中快樂的東西。」這樣就可以給別人適應他們的機會。有趣的是，當北交點金牛座的人根據這種方式對自己誠實，其他人行為上的改變，通常也是有利於北交點金牛座的人。

有時，他們覺得自己不停付出，現在已經沒有東西可以再付出了。這是因為他們一直著眼於對方的需求，一個人的焦點若長期放在別人身上，需要大量的能量。事實上，空虛對他們有好處，因為可以提醒他們，應該先轉到自己的內在，滿足自己的需求。否則不論對方給他們多少，空虛會一直在。

◆暴露

人類歷史中，許多負面的想法或情緒源自於前世經驗，尤其是缺點、內疚及羞恥。這些感覺不單屬於個人，更是集體無意識的一部分。雖然並不能從個人角度，精確描繪出我們個別的樣貌，但如果我們認同其中某種感覺，會有將這種感覺隱藏起的傾向。然後，我們會以為自己是唯一擁有這種可怕感覺的人。

發生在北交點金牛座身上的這種過程，非常極端。當負面的情緒閃過，他們會抓住它、執著於這種感覺，試圖將這種感覺隱藏。為了隱藏這種感覺，他們必須把它深埋心底，但這需要極大的能量，而擔心別人發現的憂慮，會造成強烈的焦慮。由於他們極為敏感，且心理上與別人密切結合的，常以為大家都知道他們內心發生的所有變化。而這又使他們更緊張，並企圖隱藏這些感覺。

要克服這種焦慮的心情，最好的辦法是一層一層地暴露自己的感覺。當他們公開自己的感覺時，就可以釋放，光明會驅散它。他們應該練習在沒有威脅性的情況，表達自己的感情，對相關的人感到部分程度的信任。當然他們剛開始嘗試的時候，任何情況看起來都很危險。

他們可以這麼說：「我想與你分享一件事，但是我不太敢說。」這就剝開第一層了。之後，「我內心感到焦慮，不確定是了為什麼。在這種焦慮之下好像還有某種感覺，我不確定是什麼。」另一層面紗又掀開了。當內在隱藏的各層逐次暴露並釋放時，下一層就會自然顯示出來了，「嗯！我想情況是這樣的，基於某種理由，我好像覺得自己能力不足。」就是這樣。一旦暴露恐懼，它就會消失，焦慮就不復存在，不再覺得自己能力不足，整件事情都被釋放了。透過這樣的過程，北交點金牛座人內在的負面情緒，可以永遠釋放，而他們在與別人交流時，也不會再如以往般焦慮。

目標

自力更生

北交點金牛座的人今生不能依賴別人獲得成功，應該學習自力更生。當他們藉著別人的能量創造自己想要的東西，但卻無法完成自己極高的預期水準時，就表示宇宙再次提醒他們，不要依賴別人去追求自我價值。有趣的是，一旦他們學會自力更生，人群就會聚集在他們身邊，協助他們達成目標。他們會充滿自信，因為他們知道成功是由自己每個階段的努力得來的，沒有人可以奪走。

◆建立自我價值

當北交點金牛座的人企圖讓別人肯定自己擁有能力時，通常都感受不到自己所擁有的能力。所以，當他們發現力量根本存在於自己內在時，就真的擁有很多。主張他們的能力與了解他們的價值相關。他們不需要努力成為有價值的人，他們的價值與生俱來，他們本身就是自己帶給這顆星球的禮物。他們的自我價值，就是當外界的公眾意見不斷改變時，他們仍能堅持的東西。當他們讓別人來決定自己的價值時，就好像坐在雲霄飛車上。

我有一位屬於這個群族的客戶，她的工作是照顧瀕臨絕種的動物。她每天都必須帶一套替換的衣服，因為照顧動物很容易弄髒衣服，而且身上會有味道。有一天，她忘了帶替換的衣服，所以必須穿著工作時穿的衣服回家，還帶了一隻關在籠子裡的動物。當她等待渡輪時，發現其他的人都離她遠遠地，還鄙視她。

之後，她一位負責新車銷售的朋友來了，那位朋友需要把三輛車開上渡輪，所以問她是否能為他開其中一輛車上船。當她坐進那輛全新的林肯轎車，發現渡輪上的人態度出現顯著的改變，變得很友善，並對她微笑、揮手。其實她的價值（她的內在）一直沒有改變，他們可以藉此了解，讓別人來決定自己的價值毫無意義。

今生北交點金牛座的人最重要的目標，是立志堅持自己的價值標準，並肯定自我價值。他們要明白跟隨別人的價值以獲得肯定，並不能建立自己的價值；一味地抗拒別人的價值標準，也不能讓他們獲得自我價值。這兩者，都讓他們輸了這場遊戲。只有當他們發現對自己真正重要及珍貴的是什麼（就是他們自己的價值觀）時，他們才能獲得真正的勝利。自我價值是根據這個標準生活產生的副產品。

在他們了解自己的價值標準時，可能會有點迷失。這沒有關係。他們有獨特的機會可以接觸自己靈魂的最深處，重點在於有意識地發掘對自己具有重要性的東西，以及什麼樣的價值觀能讓他們穩固扎根、有自信，可以在沒有焦慮下面對這個世界。他們應該自問：「我要根據什麼原則生活，才會對自己滿意，才能獲得自我價值，來指引一條可以遵循的道路？」

例如，如果北交點金牛座的人認為與人溝通時，誠實是一個價值標準，那麼他們就應該讓別人知道，什麼狀況讓自己感到舒服。如果他們決定開拓自己的事業很重要，他們就可以開始有系統地分配時間，朝目標前進。一旦他們確定了自己的方向，就會有自己的紀律。當他們走在生命的旅程中，不確定選擇哪一條路時，可以自問：「採取這個行動，不管外在世界的結果如何，我是不是都能對自己感到滿意？」如果答案肯定，那就充滿自信地往前走。

為了進一步釐清，可以再問自己幾個問題：「選擇這個方向讓我舒服還是焦慮？」當他們選擇令自己舒適的方向時，就掌握了勝利，如果選擇任自己焦慮，又沒有安全網設備的方向，他們就會輸掉這場遊戲。「這條路通向內在的平和，還是創造更多的危機？」內在的平和可以帶領他們邁向勝利。「我的動機是自我肯定，還是取得誰（他們身邊的人）的肯定？」肯定他們所認為極為珍貴的原則，加上那些帶給他們自尊的小徑。勝利就在不遠處。

◆賦予自我力量

北交點金牛座的人過去習慣賦予別人權力，所以已經忘了該如何賦予自己力量。今生，他們必須把聚光燈轉向自己，讓自己成為有力量的人。他們可以先從過去的經驗中，看看自己是如何給予別人力量，再以同樣的方法用於自己身上。例如，他們會感覺到別人真正想要的東西是什麼，並鼓勵對方去追求。他們在別人固有的力量之外灌注更多的東西。反過來看，什麼樣的計畫或方向可以給他們能量？他們想要建立什麼？一旦他們知道那是什麼之後，就應該給自己支持與鼓勵。

這是取回自己力量的一生，將這種力量用在自己身上，而不是送給別人，或是以對自己不負責的方式，與別人分享。例如，如果他們在每個月償還貸款都成問題時，還將自己的精力花在慈善計畫上，就是在為自己製造更大的問題。

他們要學習不浪費能量，不論能量是以時間、金錢，或是個人天賦的型態出現。他們要學習有意識地運用他們的資源，因為他們很容易就將自身的能量，自創造自己的幸福及安全中轉移到別的地方。他們在做為了滿足自己需求的事時，總會缺乏自信，所以他們會分散自己的注意力，花時間去做別的事。然而只要他們以實際的方法處理，按部就班地朝向他們的目標前進，就可以獲得自信。

北交點金牛座的人通常都不願意做百分之百的奉獻。他們退縮的原因是害怕失敗，而且不希望進一步傷害自我價值。事實上，即使他們真的百分之百付出，卻無法達成目標時，他們對自己還是滿意的，因為他們知道已經盡力了。但是如果他們退縮而失敗了，他們永遠不能確定：「如果我盡全力，到底會不會成功？」這才會危及他們的自信。

有時，當他們被迫發揮最大潛能的時候，反而對他們是最好的。當他們被迫一路開放所有的矜持，全速前進時，就是真正觸及自己的力量，而這時會產生極大的自我價值。

北交點金牛座的人要學習肯定自己的力量，這種力量來自於內在，而且不依附於任何其他人。重點在於做可以讓內在力量自然釋出的事情。將時間投入為他們帶來財富、舒適，或是安全感的事，就是增加自己的力量。當他們有勇氣走過困境，取得積極正面的結果，就可以得到力量。不論別人有什麼意見，他們都讓人知道自己真正重要的是什麼，就可以獲得力量，並發現狀況好轉。當他們踏出社會的價值標準之外，採用自己的價值觀時，他們會發現誠實面對自己，就發現自己的力量。

實際運用

◆目的

北交點金牛座的人是絕佳的建設者。一旦他們學會放慢腳步，確實走每一步，確認每個腳步都很紮實，且不超過自己覺得舒適的速度時，他們所建立的東西，都可以永遠持續下去。

他們前幾世繞著別人的計畫打轉，所以今生他們要學習自己下決定，及推動計畫的進行。貫徹執行計畫所需要的力量，是因他們目的明確而產生。如果他們藉著每一個步驟，使他們的目的更為明確，例如我打這通電話的目的是什麼?安排這次會面的目的是什麼?這些可以幫助他們將專注在他們的方向上，同時使事情穩定的發展。

他們的首要工作是，找到讓他們感到安全及快樂的計畫。如果那是一個有關財務的計畫，他們的力量應該放在找出公眾的需求，並想出自己可以做什麼滿足這種需求，同時亦達到豐厚自己的荷包。這麼一來，因為這是他們的計畫，所以當他們負起責任時，他們的能量就會大增。而來自成功的能量可以使他們成長，並創造積極正面的回饋迴圈，這種迴圈協助他們目的保持明確，並專注於目標上。

由於他們前幾世中，都習慣於付出自我價值來增加別人的力量，所以北交點金牛座的人會特別害怕，讓別人的想法進入自己的世界。但實際上情況正好相反。這輩子，他們選定目標後，就要允許其他人來幫助自己。他們常會讓邁向成功的過程變得嚴苛。他們認為別人應該提供他們所有的東西，支持他們、滿足他們物質面的所有需求。否則他們就得完全靠自己，獨自在沒有協助的情況下完成。這種「全部或全不」的方式，既不正確也不實際。

的確，北交點金牛座的人應該自己爭取成功。但是，一旦他們確定了目標，而且願意投入心力，一步一步達成目標時，別人給予他們支持、賦予他們力量，並幫助他們達成目標，也是極為恰當的。別人藉由開放機會、指出陷阱、擴大接觸範圍，以及幫助他們以實際的方式保護他們的基礎，而使他們前進的路線更較為容易。

他們不應該依賴別人的幫助，但是他們應該學習在別人提供主動的協助時，歡喜地接受。

◆按部就班的過程

當北交點金牛座的人看見終點之前必須走多遠的路時，會感到驚慌。所有相關的工作，所有必須克服的障礙，都會令他們懷疑自己永遠無法達到目標。所以他們會擔心失敗，而放棄較大的目標，因為看起來太遙不可及了。

如果從他們的角度來看，的確任何人都會覺得如此。要達到長期目標的唯一方法：把過程分解為好幾個階段。例如，對一個高中生來說，當醫生的志向實在很嚇人，但如果那是真正的理想，克服所有的障礙就值得。他們可以先把目標放在讀完四年大學，接著再把四年的醫學院研讀當做下一個目標，再來就是實習醫生。這是一段極為漫長的過程，但藉著一次達成一個階段性目標，來完成最後的目標。如果每一個階段都可以投入完全的專注，那麼目標必可達成。

經營一段重要的關係也是同樣的道理。如果這些人邂逅「看對眼的人」時，強烈想與這位靈魂伴侶結合的意願，會形成不可抗拒的力量，讓他們不顧一切地直接跳了進去，但這種方式常會造成悲慘的結果。由於他們省略必要的步驟，導致夢想的事常無法實現。有時他們會忘記要達到目標必須完全靠自己的力量以及努力，甚至因為擔心自己是否值得這個目標，而出現情緒化的反應。

但是這就像望著一座山，唯一讓他們感覺值得的方法是實際去爬，在沒付諸行動之前一味地考慮自己是不是值得爬上山頂，毫無意義。他們只要擁有適當的裝備，選擇一條符合他們經驗及能力的實際路線，並實際地踏出腳步，就可以達到山巔。

北交點金牛座的人不習慣制定達到目標的策略，因為以前都是另一個人設定步驟。不過，他們現在必須學習如何設定自己的目標，例如為家人規劃一次露營、創辦一份事業等等，並做一個實際的計畫達成這個目標。當他們一步步進行時，就會很有效率，而且充滿信心。只要有系統地按部就班進行，這種感覺就可以一直維持下去。

即使如此，想明確知道自己生命中最想要的東西是什麼，往往不是那麼容易。他們可能需要大量的自我反省，以及心靈探索，才能決定想要建構什麼。而當他們真的決定時，必須記得配合自己內在的感覺，以自己的舒適感做為這項決定是否正確的指標。記得，不管他們的心怎麼告訴自己，如果內在感到不舒服，但他們仍執意進行時，終究會失敗。只有真實去感受舒適（這是他們獨特的界線投射），一切都會有利於他們。

北交點金牛座的人需要藉以生活的價值標準及道德觀，是可以一步一步通往寧靜的道路。當他們找到可以共鳴的性靈原則時，最好的選擇就是將原則運用在實際的日常生活。實際運用會比純粹理論對他們有用。例如，一步驟的計畫對他們就很好，像匿名戒酒協會、成人子女戒酒協會等，因為這種計畫是基於性靈的原則，著重應用在實際、按部就班的方式。

要建立堅實的自我價值觀，他們應該跟隨做「正確事情」的道路，也就是說，他們根據的標準是自認為在道德上正確的事，而不是「隨著」別人的價值標準去做。這樣引導的方式可能不是最愉悅的，但是如果他們跟隨這種方式，它可以引導他們從黑暗、迷失、沒有完整及自我價值低落的狀態中走出，進入光明。感到羞恥或是內疚，是他們應該重新評估自己行為的指標。不論社會的意見為何，他們知道什麼才能讓他們對自己感到滿意。當他們跟隨內在的引導系統前進，就能確保獲得堅實的自我價值。

善於理財

由於前幾世他們多行善事，所以北交點金牛座的人今生獲得賺取個人財富的權利。從事慈善事業對他們來說極為自然，因為前幾世的帳單由他人支付。所以這輩子，他們會將自己的能量放在對整個社區有益的事情。但是他們最好能從事一些有償事務，因為賺得財富的過程可以幫助他們建立自尊。

有時候，他們過於信任金錢。他們知道「相信宇宙」是正確的原則，但是，「天助自助者」也是千真萬確的。相信宇宙並不意味可以逃避個人責任，或盲目信仰而做出不合理的事。例如朋友說：「你可以借我三千美元嗎？」如果北交點金牛座的人必須拿這三千美元，來負擔生活各項支出，「相信宇宙」並不表示他們就一定要拿錢出來。

北交點金牛座的人需要對自己的財務問題負責。只有這個時候，他們才能包容他人而不擔心失去個人的力量及自我價值。當他們覺得很有安全感，可以相信宇宙會令他們了解生命所提供的東西。

◆負起責任

接受以金錢的型態出現的責任，並接納個人的財富時，北交點金牛座的人需要特別關心錢的問題，例如紀錄必要的事項、追蹤他們的支出，以及錢花到哪裡去等等。這樣可以增強他們的力量，使他們把錢花在有意義的方向。累積財富是一種遊戲，這些人擁有這項天賦。一旦他們把心思集中，就能使一點點的錢發揮意想不到的功效，而且能輕易致富。

有時候，他們對於必須負責金錢問題感到不滿。他們因為不能擁有前世已經習慣的「輕鬆生活」而生氣。但是真正地照顧自己是必要的，如擁有固定的工作、穩定的收入、存款帳戶，以及因應未來設計的財務計畫。重點是創造安全的財務基礎，允許他們嘗試其他冒險而無後顧之憂；讓他們對生命感到輕鬆、自信，並對自己感覺良好。

儘管有些人對於繼承他人的錢財運用得很好，但北交點金牛座絕不是這樣人。仰賴前人遺留下來的錢財，或是他人的財務支援、政府的救濟計畫，都對他們沒有好處。任何財務上使他們依賴別人的情況，都會降低他們的自我價值。在今生中，務必要確認北交點金牛座的人要自己賺錢，付出的能量才能獲得回報，這很重要。

如果他們繼承了他人的金錢，最好用其中一部分去開創自己的事業，或是做可以建立自我價值的事情。如果他們在財務上依賴配偶開創屬於自己的事業，或是找一份家庭以外的工作，即使他們並不需要這筆錢，或是「賺的錢並不多」，但都有幫助。他們需要在與另一個人的關係之外，建立自我。定期做些個人目標或計畫，是另一種建立自尊的方法。

如果他們處於接受政府救濟的狀態，可以從事副業賺錢。如果北交點金牛座的人有孩子要養育，或許可以從事兒童照顧服務。問題不是在於賺多賺少，而是透過工作找到自我價值。

北交點金牛座的人天生就了解金錢的運作方式，並有金錢必須流通的觀念。他們今生的挑戰是讓金錢在有意識的情況下流通。一旦開始藉此累積財富，他們會非常有錢。前世，他們非常習慣使用別人的錢，所以失去了對金錢價值的尊重，因為他們不需要自己賺錢。今生，他們要學習對錢的尊重，並聰明地利用錢，使錢增值。金錢是他們的老師。一旦直覺告訴他們金錢的運作方式，金錢本身會告訴他們怎麼賺更多的錢。

◆債務

北交點金牛座的人可能會在財富與負債發生相同的問題。我有許多屬於這個族群的客戶，就是因為誤解而累積了極為龐大的債務。例如，一位北交點金牛座的客戶，她與先生，及另一對夫妻共同創辦了一份化妝品事業。這個事業起飛的速度超出任何人想像的速度，訂單如雪花般大量而快速地湧現。為了配合預期之外的需求，這位客戶以信用卡貸款雇用更多的員工、訂更多的原料……有一天，她發現自己累積了高達六萬美金的債務。之後合作夥伴間發生了爭執，公司倒閉了，她的婚姻也以離婚收場，留下的是六萬美金的債務。她花了十年的時間才把這筆債務還清。為了這筆債務，她住廉價公寓，不允許自己有任何享受，斷絕所有的社交生活，找兩份工作，忍受極大的壓力及貧苦。

當初，他們生意開始剛起步，她嘗試對外來的需求給予立即反應的舉動，正是陷自己於困境的原因。她其實應該順其自然、有組織地展開事業，利用公司的盈餘溫和地拓展公司的規模。

另一位北交點金牛座客戶的情形是，她想拍一部有關新時代團體的片子，重點是討論新女性及男性於我們社會中所扮演的角色。她認為這部片子有很崇高的使命，而她「相信宇宙」可以提供這項計畫需要的資金，所以就借錢（累積了一大筆債務）來拍這部片子。

我的這位客戶相信時候到了，錢自然會出現，因為「宇宙要這個計畫成功」。當她為了這部片子嘗試籌措更多的資金時，生活陷入一片混亂，而先前借的錢，她只好採取「拖延策略」。最後整個事業崩潰，她也宣告破產；這是她這輩子第二次破產。這一次，不僅是她的財務狀況遭到嚴重的打擊，曾經借錢給她的親朋好友，也全受到極大的傷害。

累積債務對北交點金牛座的人不好。當他們使用普通常識、沒有「盲目的信心」或走底下設置了安全網的高空鋼索時，他們可以是極為優秀的建設者。但是有時候，他們不尊重金錢，且有輕忽金錢的傾向。雖然他們在意識層次並不會考慮太多這方面的問題，但是他們因為前世缺乏財務獨立的經驗，所以會恐懼金錢問題。

他們一旦了解必須刻意提高對金錢問題的意識，就會接受必要的責任。但是，有時候他們會失去控制，忘我地花錢，買現在不需要但以後必須付款的東西。前世，錢是一項娛樂的工具。所以今生當他們覺得煩悶，會有逛街購物的衝動，下意識覺得可以這麼做，而且會有人為他們付帳。理性上，他們知道這是不對的，但是他們無法控制自己。

北交點金牛座的人無法忍受財務上的限制。但有趣的是，一旦他們開始努力工作，並接受了收入和預算的責任，很容易便可以得到足以讓他們放心花用、不需擔憂的財富。做到之後，記得要繼續負起處理金錢的責任，這輩子他們不可以再對金錢「沒有意識」。

療癒主題曲

由於音樂是情緒上支持我們冒險的好用工具，所以我分別為各個交點族群寫了一首治療歌曲，希望能協助他們轉化能量至積極正面的方向。

先尋找你

這首歌所要傳達的訊息是：輕鬆地將焦點轉移到自己的內在，與自己天性中的自信及平靜連結。如此，他們需要的安全感及自我價值，就會在他們的內在發生。

♪節錄部分歌詞

我的他生病了，需要照顧，
所以我戴上護士帽……
當他說那是「瘋狂」，我的心墜入萬丈深淵，
那不是我原來所在的地方！

後來我記起來：
先尋找你，天堂的王國，
當我回到內在時——
很快，我的心跳地強而有力，
外在的世界也再次恢復秩序！
先找尋你……
因爲你的內在就是天堂的王國！

第三章

北交點雙子座——
或北交點在第三宮

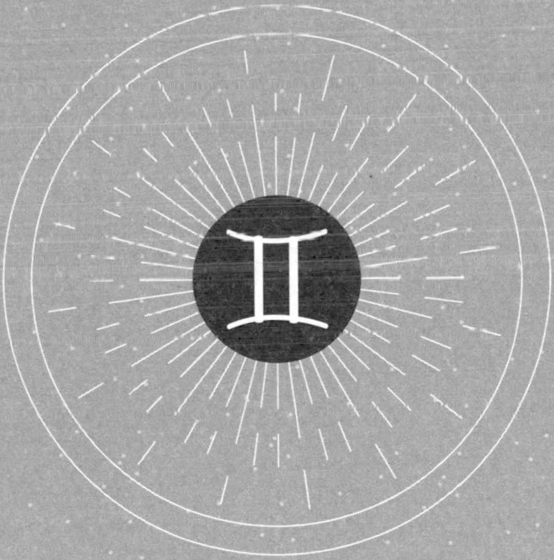

星座箴言

如果有任何地方不懂，必須勇於發問。

總論

II 應發展特質

針對這個部分努力，可以幫助他們找出隱藏的天賦及才能。

- 健康的好奇心
- 問可以了解別人想法的問題
- 觀察事情的兩面
- 謀略
- 邏輯
- 內在二元的溝通
- 積極面對生命和其他人
- 用心鼓舞他人
- 以無害的方式表達想法
- 傾聽
- 對新觀念及新經驗的開放

• 下決定之前尋求真實的資訊

Ⅱ 應擺脫傾向

努力降低這些傾向造成的影響，可以使生活更輕鬆愉快。

• 自以為是
• 冷漠
• 以為別人知道「他們在哪裡」
• 沒有真正傾聽，就以為知道別人在說什麼
• 希望自己永遠是對的
• 擁護不顧他人意見的「真相」
• 自然而然的粗心
• 走捷徑
• 太自以為是，生命過於沉重
• 不辨事實憑直覺行動
• 抗拒與自己信仰體系不同的觀念
• 以過去的經驗判斷眼前的情況

致命傷／應規避陷阱／重點關鍵

北交點雙子座的人應該意識到自以為是為他們的致命傷。「如果他人承認我是對的，並感謝我，我就覺得自己被人了解和接納。」這點會讓他們永無止境地追尋「真理」。「如果我擁有一切的正確答案，每一個人都會重視我。這樣我就可以放鬆並覺得與別人有所連結。」但這是一個無底洞。

由於人不可能永遠「正確」，所以他們永遠不會對自己滿意。而當他們與人爭執，並試圖說服別人自己是對的時，其他人就不會想與他們發生連結。

但是，如果他們有足夠的謙遜及開放態度願意傾聽各種意見，即使那些意見不符合過去經驗的觀點，也能使他們與他人的關係更為密切，進而了解他人。關鍵在於，某些時刻他們必須放下對絕對真理的關切，以真面目與別人建立關係、傾聽別人的話，並自別人身上學習。在這種更公平及放鬆的交流過程之中，比較可以成功地傳達事實。當北交點雙子座的人真的傾聽什麼才是對別人真正重要的事時，他們的反應會更為恰當和有幫助。這樣，人們就會真的感激他們並希望能與他們建立連結。

真心渴望

他們真心渴望完全自由地追求真理、冒險機會、保持自主和永遠百分之百的正確。他們想要完全根據自己的真理及直覺說話，並讓每個人都能理解他們、學習他們並感激他們的幫助。

要達到這個目標，北交點雙子座的人必須停止把焦點放在「他們的真理」，而轉移至四周的人身上。他們需要傾聽並理解他人分享的個人生命訊息。當北交點雙子座的人以這種方式傾聽時，有時靈光一閃就完全洞悉另一個人的需要。而因訊息能準確解決別人的問題，所以他人感激接納。

才能與職業

當他們真正傾聽時，就有能力了解他人特定的思考過程，並提供他人從較宏觀的角度看待問題。各種形式的銷售、寫作、教學以及溝通工作，能為他們帶來快樂及物質上的成功。

北交點雙子座的人，在哲學及宗教方面有特殊的天分。他們還有與生俱來對倫理、道德的意識。他們可以運用精神及直覺意識，了解別人的想法而不失去自己的真理。然而，如果他們選擇追求真理的職業或將宗教當成最終的目標，可能因此感到孤立。當他們運用天賦，在日常生活中與別人深深連結時，會有更好的結果。

療癒肯定句

◆「這輩子以人為本。」

◆「我可以放慢腳步，並花些時間與別人連結。」

◆「當我了解別人怎麼想，就會知道該怎麼說。」

◆「當我願意傾聽與了解其他人，我就成功了。」

◆「如果我不懂，問些問題也沒關係。」

性格

前世

北交點雙子座的人有兩種截然不同的前世體驗，但兩者有一個共同點，那就是對真理的追求。他們有許多次的前世獨自一人追求真理，好比印度的苦行者，或沙漠中的遊牧民族、隱士，或是走入蠻荒地區師法大自然奧祕的普通人。他們也有些前世，因追求群體集體理想的真理，而被宗教團體吸收。不論兩者中的哪一種，追求真理、靈性、道德或啟示，驅動了他們的整個生命，而社會及人類關係則忽略了。

◆哲學家

他們有幾世前世是哲學之王。一世世，不論他們是佛教徒、希伯來人、回教徒或基督徒，都會離開身邊的每一個人，獨自追尋真理。這也是他們即使到了這輩子，還是有避開人群獨自生活的傾向。許多過去世中，他們登頂追尋啟示；他們登上山峰，希望能達到真理的巔峰。但這麼多次有同樣重點的前世後，他們找到了！這輩子，他們不用再追尋了。前幾世最後，他們孤立而寂寞地登上山巔。今生，他們最大的挑戰是分享他們的真理，重新加入社會，保持與別人的連結。自以為是，可能是北交點雙子座的人與他人交往時最大的障礙。他們因此無法有效與人建立關係，無法感受真實關係所帶來的和平與愛。由於前幾世是哲學家及僧侶，所以人們遵循他們的指示。他們在前世習慣被視為永遠「正確」、毫無疑義的，因此可以理解今世，他們仍保存一點傲慢。但是，別人會感受到他們自覺高人一等的態度，而不願傾聽他們，北交點雙子座的人則認為，別人因不願傾聽而低估了他們的智慧。這就是他們遭遇溝通問題的一個例子。

◆溝通問題

基於前幾世的寂寞及孤立，北交點雙子座的人看似可以自言自語好幾個鐘頭。他們常會問別人很普通的問題，如：「怎麼了？」但是如果這個人把注意力轉移到他們身上，他們立刻掌握機會，開始大放厥辭。他們可以不斷述說發生在他們身上的任何事，重新檢視自己的記憶力，說上十幾個故事，讓別人插不上嘴。別人找不到任何與他們交流的機會，或是分享自身的故事，最後會對北交點雙子座的人失去興趣。

經過長久以來的孤獨生活，他們感到必須不斷說話的需要。他們不安於寂寞，因為會讓他們聯想到孤立。現在他們希望能與別人建立連結，所以若交流中出現靜默，他們會以為有「問題」，然後不斷說話，打破僵局。

他們今生要學習與人交談的技巧，需要分享自己觀點的同時，對別人傾聽時的反應要敏感、引導對方有所反應，並開放地面對回饋。他們應該記住，時時把聚光燈焦點轉向他人，問他人生活相關的問題，並分享他們生活的觀點，能有些幫助。如果北交點雙子座的人讓聚燈光打在自己身上太久，就會失去別人加入互動時產生的能量。當他們感到能量流失，表示應該輪到別人說話了。交談好比呼吸一般，要吸也要呼。北交點雙子座的人要學習，不論誰是注意力的焦點，雙方應該都有機會參與。例如，當他們與某人訴說關於自己與合夥人的衝突時，可以說：「你怎麼想的？你覺得我對這件事的判斷正確嗎？」在某人回應之後，可以問：「那你今天過得好嗎？是平靜的一天，或是也碰到衝突？」如果他們認為對方不想說話，應該確認一下：「你不太想聊這個？還是有其他的心事？」為了讓談話繼續，雙方都必須主動參與。一旦他們了解談話的運作情況，很快就會成為專家。

北交點雙子座的人要學習將溝通視為好奇心的工具，藉此了解另一個人。他們應該要歡迎別人的意見，因為當別人的意見與自己的想法及認知切合時，會產生比兩個人各自抱持的真理力量更大的真理。有時候，他們看起來鬥志旺盛。他們認為有很重要的事要說，但怕別人不了解，所以與別人溝通時，會注入極大的熱情及能量，希望確保清楚表達他們的重點。但他們可能過於尖銳及堅持，讓別人覺得受到攻擊，因而產生防禦性反應。又因別人拒絕與他們溝通，所以他們更堅持己見、毫不讓步，直到這種交流演變至不理性、過於情緒化的地步。但是他們必須了解，別人拒絕的是他們的表達方式，而不是他們的觀點。

北交點雙子座的人傾向非常直接的方式說話。他們表達意見的方式，會令人以為是不容更改的真理，而且針對這個真理的討論，都會引起爭執。事實上，他們可能還蠻喜歡這種方式，認爲是激發腦力的好方法，但對方則會認為這是一場沒有意義、空洞的鬥智。他們可能每天都與朋友這樣交流，但不久後朋友就會厭煩這種爭鬥，所以北交點雙子座的人這時應該停下來，更仔細地傾聽對方。他們需要確認自己的力量是一種安靜的想法，而不是情緒。當他們聽到正確的問題，他們的見解通常可以強而有力並正確地找到解決辦法，當他們不那麼誇張的表達時，就可以讓人真正清楚地聽見他們的想法。

他們應該信任他人的智慧，並相信他人會主動接受真理，而不是被迫接受。他們如果真的希望自己的意見能傳達給對方，且成功與別人建立連結，務必要學習以尊重取代不耐煩。

他們常常熱切地表達自己意見的另一個理由，是希望別人能肯定他們的真理是「正確」的。別人的肯定會加強他們的自尊，並幫助他們放鬆。但是他們應該要承認，真理本身就站得住腳，它不需要他們的小我能量促成，或是大肆宣揚表彰。事實上，真理以愈低調的方式傳達愈好，這樣才能讓別人在接受真理時感到寧靜。不論他們的動機如何高貴，都不可以使用個人小我的激烈能量，強迫別人接受他們的觀點。這種情況下沒有人會傾聽。

◆耐心及挫敗

北交點雙子座的人解決溝通問題時，一定要學習對自己及別人有耐性。他們不習慣交談，畢竟他們以前多半獨立住在山巔，他們不了解何謂溝通。他們好像在說英文的人中一個人說拉丁語。他們需要耐性並放慢腳步，多花點時間了解，並仔細聆聽別人說的話。

他們的溝通問題大多是因不當的反應而起，這種反應歸咎於他們並沒有真正聆聽別人說話。以下就是一個簡單的例子：一個北交點雙子座的人有一位朋友，在農產品博覽會負責一個攤位，她需要挑選一百個蘋果。當她數到「67，68，69，70……」，不斷有人經過干擾她，讓他忘記數到多少。好了，這位朋友有了狀況，北交點雙子座的人自然就會神奇地出現，因為他知道所有的答案！這位朋友說：「這些蘋果是要送到農產品博覽會的。我需要數……。」北交點雙子座的人只聽到前面幾個字，而沒注意後面的重點，就以為知道問題了，所以他的心就「飛了」，等到對方停止說話，才又再「回來」。由於沒有聽到真正的問題，所以他給她一個不恰當的答案：「噢！不用擔心，會場裡的蘋果兩個二十五美分。」這位朋友聽了反而很生氣，因為她的問題沒有得到需要的答案。而北交點雙子座的人因熱心來幫朋友的忙，卻得不到朋友的感激而沮喪。這個案例中，兩個人都輸了。

北交點雙子座的人在這種時候與其挫敗，不如停下來思考：「好吧！既然她不要我的答案，就表示我沒溝通好。或許我沒有了解到她的問題。」然後回到這位朋友的身邊像她道歉：「我很抱歉，或許我沒有搞清楚妳的問題。妳可以再說一次嗎？」這位朋友會感激他因為關心又回來，她可以再度溝通：「我需要數一百個蘋果給博覽會。」這時北交點雙子座的人仔細地傾聽，並清楚了解問題到底是什麼。然後建議：「為什麼不十個十個一堆。堆成十堆呢？」此時朋友一定會立刻輕鬆下來：「謝謝你！這就是我需要的答案。」當對方感激接受答案時，雙方都會心情高昂，這才能達到雙贏。

◆真理的媒介

通常他們不了解自己傳達的訊息會造成什麼影響。上面的例子來說，這位朋友當天回家後，可能會突然想到：「原來這是我生活一團亂的原因！我把所有的事情攪和在一起，我應該要把生活中的各項事情分類組織成比較小的單位，讓我比較容易處理！」北交點雙子座的人不可以斷定那個主題不值得討論。如果某人真的很感興趣，並積極搜尋資訊，他們應該協助對方尋找他要的東西。北交點雙子座的人是真理的媒介，而在幫助別人找尋需要的資訊時，他們往往揭露出更大的真理。

◆「自由錄音帶」

前幾世，自由對北交點雙子座的人極為重要，為了發現真理，他們必須自由。現在他們的潛意識中，有幾捲錄音帶不斷重播：「我一定要自由。我一定要自由。」但是，這輩子，如果他們不斷聽這捲錄音帶完全沒有好處。如果他們正處於一段關係，真正了解對方說的話，創造了良好的和諧關係，而突然又開始在心中播放：「我一定要自由。我一定要自由。」他們可能因而把自己抽離到互動之外。然後一個人走開，以為可以感到自由，但是相反地，他們只有孤獨（另一個山巔）：「怎麼了，這裡怎麼沒有一點能量？」對他們而言，退一步對自己說：「噢！我改變主意了。」很有幫助。這一生，他們不需要永遠正確。他們對某件事情產生兩種反應時，應該誠實面對。例如，他們可能希望保持某種關係，但同時又擔心因此無法做自己想做的事。

這個時候，北交點雙子座的人需要誠實地溝通自己的兩種想法：「說真的，現在我有兩種想法。既想留在這裡，又擔心太接近，會沒有辦法獨自做我應該做的事。」另一個例子，他們可能對孩子說：「我了解你現在的問題，我也知道你需要很大的空間，但是家有家規，才能讓大家分工運作。」當他們分享一個問題的兩面時，答案就會自動出現。關係中的另一方會了解他們說的話，並與他們合作。只要了解自己有一捲「自由錄音帶」，這個問題的大部分就迎刃而解。這捲錄音帶就好像潛意識中過度訓練的肌肉，它會在一個最不適宜的時機跳出來。所以，如果他們知道這個聲音來自何處，就可以選擇忽略它。

內在衝突

◆懷疑及恐懼

在前幾世，北交點雙子座的人一直都是靈性諮商師、導師及顧問，在別人展現懷疑及恐懼時，他們必須有一個堅定的立場。潛意識告訴他們：「他們應該知道所有的答案。」他們的目標要求完全的信心及信任。所以這輩子，他們的潛意識嘗試否認所有恐懼或疑慮。

他們會合理化否定自己的感覺而與他人比較。例如，一位北交點雙子座的人會說：「你知道嗎？我的工作不太理想，但是我不知道現在想做什麼。其實有一份工作就已經夠幸運了！而且本來就沒有人會滿意自己的工作。」他們呈現出好像已經完全分析清楚的樣子。他們不會說：「我完全不知道人生應該怎麼安排。」他們會說：「我打算讀法律。」之後，他們會提出六個想讀法律的理由。他們甚至會把所有的缺點都條列出來：「我已經考慮過所有的缺點，但我想這還是我希望做的事。」然而，當他們以這種方式表達，好像有了所有的答案，往往會阻絕雙方的交流、互動和分享，而不是引導。他們阻絕的那些都會提供他們新的資訊及見解。

他們不願意引用別人的想法或意見，因為他們不希望自己拿人手短。他們不想面對自己其實並不知道所有的答案，因為他們怕對方會告訴自己不想聽的事情，所以他們不經意地拒絕與他人互動的訊息輸入。他們也害怕與人真實交流會暴露出內在的自己，將使他們的恐懼、懷疑及內在的混亂升高。

◆生活在社會之中

北交點雙子座的人要學習，社會中有選擇的自由。未必每個人都遵循同一套規則。由於我們每一個人追求各自不同的道路，所以有不確定、疑慮時，謙虛請較別人的意見，都沒有關係。事實上，反而應該鼓勵。合作使人們能利用他們的才能表達自己，達成他們的渴求，做有利己利他，甚至有利於整個社會的事。

在山之巔，北交點雙子座的人完全是孤獨的，但在社會中每一個人都自有優點和缺點。人群聚分享資訊，例如伐木工了解伐木、律師懂得法律等等。但是，北交點雙子座的人不習慣向別人求助，他們認為這是缺乏智慧的表現。然而，社會基本是以「沒有人能無所不知」為前提運作的。我們身處同一艘船上，所以最專業的人掌船。

北交點雙子座的人可能會將自己孤立於交互依賴所帶來的愉快及友誼之外，這是因為他們不願意接受由別人來告訴他們怎麼做，尤其別人對真理的認識似乎沒有他們來得多時。但是，今生他們一定要學習在社會中成功地生活，許多人比他們更了解對這一點。北交點雙子座的人應該記得，謙虛百利無一害，它使他們傾聽別人的聲音，學習別人的長處。他們需要在「做自己」之餘仍在社會中合群。而且謙虛讓他們了解，真理是可以透過任何人來的宇宙力量。所以他們應該開放包容所有的觀點。

◆二元性

他們要學習接受事物的二元性，例如別人矛盾之處、他們天性的二元性。前幾世不斷追求真理的結果，使他們缺乏做為人類的經驗。在今生，他們的任務是重新學習人類的本性。

地球根據陰陽、晝夜、冷熱、接納及開創、女性及男性等原則而運作，這些看似相反的事物，構成了一個整體。北交點雙子座的人會在看到銅板另一面時，更了解生命、人們及各種狀況。他們還在學習觀察，並接受事情的兩面，而不是以「不過是個銅板罷了！沒什麼大不了」的態度面對。他們正在體會因真誠、關愛接納自己天生矛盾的內在平靜，而不是一味否定內在衝突。因此，北交點雙子座的人不必擔心不了解整個情況。「不知道」並沒有關係。事實上，這輩子這樣更好。自認為的全知往往阻礙他們接受新的資訊，而這些新資訊會讓他們更加了解整個情況。

他們也不太願意訴說自己的想法，因為他們主觀認為別人不想聽到困難的事實。所以當某人告訴他們「我離職了」、「我與某人分手了」，或是「我決定不讀法律了」等等時，北交點雙子座的人就會說：「我當時不想告訴你，不過我從沒喜歡過那個人。」或是「我本來就不認為法律適合你。」對方可能會說：你以前為什麼不告訴我？」其實他們是擔心「說真話」會傷害他人。但他們應該明白，僅僅只是表達自己的意見可能會幫助到別人。

但是，如何採納他們的建議，是他們提供意見的重大動機。如果他們的動機是為了提供愛及支持，別人會感受到他們的好意，並願意接受他們的意見。他們應該了解，他們提供的另一種觀點，是一種關心，他們應該讓對方自己想清楚，這個觀點是否適用於當時的狀況。

◆樂觀

北交點雙子座的人傾向盲目的樂觀，會使他們未掌握事實之前，便妄做判斷或貿然行動。

有時候，他們直覺某人不太誠實，但是自己又會推翻這種想法，而對未來充滿的美好期待，或以「一切都順利」的態度面對。當他們意識到這種不平衡時，需要強迫自己承認其他的選擇。這將重建他們的自信。

當他們確認自己沒有邏輯時，應該求助自己內在的力量。但他們不是永遠都覺得自己有能力處理事情。他們可能盲目地信任他們認為在真實世界中，可以更為妥善照顧自己的那些人。而因為那些人值得信任，所以他們也會相信那些人，這種想法會為他們帶來很多麻煩。

他們應該仰仗別人的幫助，但是不能盲目。他們今生的挑戰是了解身邊的人，並且不要因為擔心沒有選擇，而隨意相信任何一個人。他們需要傾聽別人說的話。由於北交點雙子座的人基本上是很真實的人，所以當別人對他們不夠真誠時，他們就會有所感覺。

◆正直

北交點雙子座的人未必寄望與自己在一起的人告訴他們真相。他們認為，他人因個人的需要而不誠實，或說善意的謊言，或藏私房錢，都是可以接受的。但由於他們不會做這些事，所以覺得別人在正直這方面比不上他們。再一次，他們前世嚴格道德規範的經驗又發作了，因而當他們與心目中「不誠實及詭計多端」的人相處時，往往會遭遇困難。

他們需要知道自己的作用是將精神道德原則及真理，重新灌輸到別人的思考模式之中。如果他們判定別人因不「道德」而「錯誤」，自然而然別人會抗拒他們的意見，因為沒有人希望自己是罪人！他們需要協助別人將精神生活整合到日常生活中。同時，他們必須開放包容其他的觀點，並抑制自己立場的堅持。

當北交點雙子座的人做出承諾，一定會遵守。對他們來說，這是道德問題。他們也希望自己身邊的人，根據彼此同意的規則行事。當別人談論某事卻又做不到，不論基於什麼理由，他們會極為憤怒。他們希望承認最初的協定，若需要任何改變，他們也希望能知會。

例如，如果他們與某人講好一起清理閣樓，但後來發生必須先行處理的事情，他們會說：「我們說好今天要去清理閣樓，但是現在來不及了。大家都同意嗎？」他們討厭事情說好了又變卦。但他們不知道怎麼樣讓別人了解這種特質，他們不想讓別人不高興，也不希望別人否定矛盾已經產生。這是讓他們嚴重混淆的區域。

當發生前述矛盾時，通常基於以下三種原因：

⑴ 誤解可能因爲北交點雙子座的人一開始就沒澄清。最初可能他們對此覺得不舒服，但當時就讓它過去，而未深究。但若想將以前的事弄清楚，他們需要實話實說：「昨天我聽到你說○○，現在我卻聽到你說××。我不知道爲什麼會有差異。你可以解釋一下，讓我搞清楚嗎？」如果他們的動機眞的是要了解，而不是突顯對方的錯誤，這種方式會有用。否則，對方可能覺得不自在，而有防禦反應。

⑵ 別人說的可能不是北交點雙子座的人以爲聽到的。他們的生活中的確有許多溝通不良

的例子。如果北交點雙子座的人可以清楚記得對方說的話，就可以說：「昨天我聽你說〇〇，你的意思是〇〇嗎？還是其他的意思？」

(3) 也可能某人某天對某種情況感覺極爲強烈，但之後，因爲環境、想法或收到的訊息等因素改變，隨之第二天他的方向也出現轉變。社會生活的一部分，就是學習接收到別人的回應後，調應並改變自己的方向。人們會把自己的想法發佈到外在世界，根據他人的反應，決定是否持續這個想法或改變，而達到預定的目標。例如：某人相信雜誌A登廣告可以擴展業務。當登了廣告後，他只接到極少的回應，馬上認爲A雜誌的廣告效果不好，並轉而在B雜誌刊登廣告，或使用完全不同的媒體管道。

北交點雙子座的人將之視為矛盾。其實這只是機智調適環境反應的一個過程。由於他們前幾世來自宗教氣氛濃厚的環境，所以習慣尋找永恆的真理：亙古不變的宇宙絕對法則。但是這輩子，要學習在社會中生活，他們需要願意傾聽以及學習在環境中規則運作的謙虛態度。這種認知會幫助他們更開放包容他人。他人的反應可以幫助他們判斷，自己是否真的做出了貢獻，以及成功添加了積極能量。

需求

接納與分享

北交點雙子座的人急切地傳遞自己的意見給對方，並被對方「聽見」。但是在這種急切渴望的背後，他們真正需要的是接納。接納對他們來說，是評估自己是否「步入正軌」的精確指標。當別人接納他們說的話時，表示他們的溝通有效。如果別人不採納他們的意見，代表他們需要退回原地，重整他們想傳達的訊息，將訊息的內容調整為別人能夠了解的語言。

對他們來說，真理好像神聖的踏腳石，也就是他們觀點的基石。他們有點遲疑與別人分享他們的真理，因為擔心別人會認為自己瘋了，或是批判自己整天空想真理，而不考慮賺錢或其他實際的問題。他們希望在別人面前展現自己，但因他們神聖的真理是無形的，所以難與別人直接討論，而別人通常也會失去興趣。北交點雙子座的人常因不懂言簡意賅地說明自己的人生哲學，而沮喪不已。

這就好像牙痛時上牙科。病患想知道：是該補牙、拔牙、裝牙套或是根管治療？病人並不需要了解牙醫在學校讀了什麼。因為牙醫花了許多年學習牙醫專業，使他了解應該處理這顆痛牙，而病人也可以從牙醫簡單實際的意見，看出醫生多年累積的學養。同樣，北交點雙子座的人需要學習立刻回應別人即刻的需求。他們可以給看似很簡單的答案，而不是一整套自己的人生哲學。這就是他們今生注定運作的方式。

真理是一種能量，而不是觀念。他們其實是在追尋真理的能量，但是他們要記得，真理的能量不是來自單一的方式。當他們與別人交換意見解決日常生活各種問題時，就會與追尋已久的真理不期而遇。即使在他們協助別人突破表面的問題或誤解時，真理的能量還是會出現，而每個相關的人都分享這個結果與心靈的平靜。這輩子中，北交點雙子座的人要透過簡單、日常的交流，以及與別人真誠的連結，來得到真理。

停在當下

◆當下的解決

北交點雙子座的人常關切遙遠、整體的解決辦法，以致不允許自己感受當時的愉悅。他們仍在搜尋「永恆的真理」，然而，在今生，他們應該對「當下」的解決辦法更關心一些。他們必須承認，如果他們和身邊的人在每個時刻都感到快樂，這些片刻累積起來，快樂就會持續下去。

他們的事業也是如此。他們過於關切「大局」，而失去創造立刻成功的機會。他們應該更意識到時間，而將計畫分為特定幾個部分，分段完成，千萬不要以為他們有「永遠」的時間處理重大的問題。例如，我曾有一位北交點雙子座的客戶，他出租一棟兩層樓的房子。當樓下租戶搬走，水管有些問題需要修理。他沒有立即處理這部分的水管問題，也沒有再將房子出租，因為他覺得這是做水管大翻修的好時機。然後，他又認為這是粉刷房子的恰當時機，粉刷房子需要大量的時間和金錢，但他兩者都沒有。粉刷房子之前，當然要先清除原先的油漆，才能完善。他不斷思考，這些工作遲早都要做（他們總是考慮到永恆），所以不如現在就處理好。但他並沒有資源可以立即完成，所以房子就這樣空了好幾個月。當樓上的租戶也搬走時，他甚至將計劃擴大到了樓上的水管工程，「反正遲早都要做。」當他來找我時，整棟房已經空置九個月。由於少了房租收入，他甚至瀕臨失去這棟房子的地步。

他們要學習臨時變通的價值，問題出現時立即處理，而不要把實行計畫定在一段時間後。否則，他們會失去提供未來擴展的堅實基礎。地球上的生命很短暫，永恆只存在於意識之中。他們應該縮小他們的視野，並整理手邊事務的先後。他們需要觀察最明顯的事實，不論上或下。然後就可以運用他們的邏輯了。

◆目的

雖然北交點雙子座的人在某些生命領域太有耐心，他們卻可能會在其他領域走捷徑。然而不合邏輯的捷徑往往帶來更長期繁複的工作，因為他們必須回頭放慢腳步，重新再做一遍。他們急著把每樣東西與每個人從自己的路上排除，就可以「自由」地做更重要的事。通常這種內在的浮躁不安與失落有關。事實上，他們的確需要目標指明他們生命的方向。但是，這個目標要由他們自己定義，不止追求真理而以。他們必須還要有一個「當下」的目標，連結他們與社會的目標。在他們定義這個目標之前都會有失落感。這是這些人頻換工作的主要理由。如果他們目前的工作不能滿足內在的目標，他們會毫不憂慮地離開，嘗試新事物是否適合自己。為了對可能「適合」的工作做好準備，不論需要接受多少正式的教育，他們都願意。

召喚北交點雙子座的人追尋「目標」的是前幾世追求真理的延續。但是，今生他們的目標則是學習與社會連結的過程。例如，如果他們與另外四人坐在餐桌旁，他們在談話一開始時，表現得非常好。但是如果他們與這四個人每天都在一起，就會開始緊張，因為他們覺得能講的話已經講完了。或許如此，但是他們並沒有聽到別人的反應。而這就是下一步！他們需要傾聽別人的聲音，並學習如何以別人的反應為基礎，進一步發展彼此的關係。這種分享創造出可使彼此了解進入新境界的巨大能量。當這四人有新的經歷時，他們就會有新的見解可以彼此分享。

改變

北交點雙子座的人前幾世一直「困在」重視真理的宗教性組織中，正因如此，他們進入今生後，會抗拒自己侷限於一件事情。他們渴望向廣大的外界探索，嘗試生命的各種滋味、體驗不同的關係、不同的職業、不同的地方。他們渴望享受生活在世界上的美好。

然而，他們又會羨慕安於一份工作、婚姻或生活型態的人。他們常會想：「哇！專注選擇一種生活方式，是什麼感覺？」但是，他們潛意識知道，如果他們只貫注於單一的目標，生命會枯燥乏味，而且他們做不到。今生，他們需要很多選擇，維持生活的趣味並保持活力。

始終將生命看做種冒險的潛在的缺點就是：與別人相處時他們只會感到膚淺。他們往往會錯過他人的深度，例如他人的過往與性格、如何達到今天的成就等。他們只是與他人分享自己的探險，就拍拍屁股走人了。但只有他們願意花時間去了解他人時，才能體會自己追尋與他人的連結和內在平靜。因此，放慢腳步耐心對待身邊的人，花時間問其他人真正可以連結彼此的問題，都有利於這些人。

◆隨興

他們最愛隨興的行為，使他們感到輕鬆快樂。但隨興有時行得通，有時則阻礙親密關係。例如，他們會在最後一分鐘才試著與別人相聚，通常他們想見的人都沒有空了。他們如果了解許多人的生活方式比較有計畫性，對自己有好處。若真的想與某人見面，應該事先讓那個人知道，萬一對方有事不能與他們見面，就不會認為對方「故意」。

相較於計畫他們更喜歡隨興，因為他們不能預知是否真的想與某人在一起。他們喜歡自由地朝任何有能量引導，或任何他們想要冒險的方向前進。但是他們應該知道，有時候對隨興的熱愛行不通，例如在商場上，或與不玩這套隨興遊戲的人相處時。

◆浮躁不安

北交點雙子座的人多多少少有點浮躁不安。但由於前幾世的訓練，他們仍然具備百分之百投入從事職業的能力，即使為時不長。對他們來說這很正常。他們覺得不能將一生的時光都放在任何單一的事情上，因為他們必須透過各種經驗學習如何在這個世界上生活。

但是，他們有時會「困在」某一種職業。他們可能事業成功生活美滿，就某層面來說他們很滿意。然而，他們知道改變的最佳時機，就是當他們覺得自己真的很棒而且一切順利的時候。由於這輩子的課題是蒐集及傳播資訊的學習及成長，他們認為如果不主動在對的時機做出改變，生命就會替他們做出改變。他們絕對不缺勇氣。他們通常對生命充滿自信、樂觀及信賴，所以勇於冒險並主動改變現狀。

通常北交點雙子座的人會根據直覺做改變。他們知道下一個要嘗試的東西。雖然直覺引導著他們，但是真的做改變時，應該認真思考符合邏輯的路徑，包括別人的反應。否則他們的旅程可能會出現不必要的困難。對他們來說，這並不是一個「自己動手做」的時代，他們需要參考社會經驗豐富的人給他們建議，協助他們達到目標。

他們必須注意，不要因具有「做的多於實際需要」的傾向，而「陷在」某處。他們要學習滿足於「權宜之計」，而不再苦苦追求前世執著的永久解決之道。在一個社會中，任何事情都會不斷改變。重點藉著與他人彼此協助的方式，維持生命朝積極前進。如果他們的生活沒有動靜，他們需要振作起來，並以合理的方法（或許來自身邊的人建議）解決他們的問題。這會使他們重新獲得能量。

孤獨曾經讓北交點雙子座人在前世自在舒適，但他們要知道現在已經行不通了。這也是他們回到社會的理由，他們要把自己找到的內在和諧，透過與人互動傳達給別人。他們要學習與人交往的同時，仍然維持這種和諧，甚至進一步將和諧擴展到自身之外。

但是，社會中的他們如此內向，恨難做到上面的境界。於是，他們嘗試透過內在電腦發展。換言之，他們不問別人問題，卻試圖藉著連結，歸納出某種相關性，這種內在平和及和諧的連結，已經堅固建立於他們前世自我內在之中。

而現在他們重新步入社會，與他人連結的同時努力維護內在和諧。所以有時暫時的表面關係對他們有益。與人交往達某種深度時，讓他們更容易維持自己的和諧。一旦他們學會在表面的層次與許多不同的人相處，就可以學習與別在較深的層次維持關係仍保持活力與和諧。

放慢速度

北交點雙子座的人覺得有太多資訊要傳達給別人，因此所有需要傳達的訊息遂成為他們的負擔。然而他們生命運作的速度，不如前幾世他們孤單時般迅速。他們需要放慢速度。畢竟這輩子是人的一生。

如果他們想走捷徑，最後必定會繞個大圈子，因為他們必須回頭重來。他們要記住，當下所在正是他們應該存在的地點，而站在他們前面的人，也正是應該聽到他們訊息的人。這可以減輕他們的負擔。但是如果他們未能成功傳達第一個訊息，那麼這些訊息的重擔仍壓在他們的身上。

另一個問題是：北交點雙子座的人覺得，除了有責任傳達訊息外，還要確定對方是否了解訊息的內容。就某個角度來說是正確的。這輩子他們是導師，他們的工作就是以別人能了解的方式傳遞訊息。但是如果他們不耐煩，不經意地試圖強迫別人接收訊息，而不是放慢速度以其他人的「語言」呈現。他們應該弄清楚：十二項訊息正確無誤地傳達給十二個人，遠勝過傳達出一百項沒有人懂的訊息。

◆尊重言語

相較其他人，北交點雙子座的年輕人容易有口吃傾向。因為他們腦筋運轉過快，加上他們許多前世都於沉靜及冥想的情況，所以他們不太習慣說話。他們腦袋動的速度比聲帶快了十倍。他們急切地想與人溝通，因為他們離群索居太久。他們對重回社會雀躍不已，但是又因為不知如何與別人連結而恐懼。所有因素混合造成了口吃。再一次，請他們放慢速度，配合別人的「波長」，讓他們在短時間內用較少的字詞，傳達豐富的訊息。

口吃或許有其他用途。它可以強迫他們，在第一種表達方式效果不佳時，找到替換的字句。讓他們更有意識地放慢速度，更精準表達自己的意思。他們藉此學到尊重語言，以及利用語言正確地表達自己意思的方法。透過強迫自己使用正確的詞句表達意思，可以把他們高昂的創造性精神能量，以建設性的方式傳遞到與別人的關係中。

他們擁有極大的精神能量，如果他們不尊重言語的力量，會遭遇沮喪的後果。對他們來說，不要說漏嘴非常重要，多花點時間找到正確的字句，可以疏導他們的能量，並點出他們需要的焦點。他們完全知道自己想說什麼，但是很難讓別人了解。他們看到別人可以清晰表達自己的意思，但卻不知道為什麼自己在表達想法時，會有這麼多麻煩。事實上，他們喜歡看有趣和對白複雜的電影，因為他們藉觀看電影人物的對白學習如何說話。

對他們來說最重要的是「放慢腳步」。他們需要確定相關人等都完全可以了解自己說的每一點，而不是接納第一個重點前，就模糊掉一連串的重點。例如，他們說「我出國從來沒有愉快的經驗。」這時就應該暫時停下來，看看其他人的反應。如果別人否定他們的說法，指出上次到大溪地旅遊應該玩得很愉快，就更應該停下來澄清他們的原意。或許他們可以說：「我不是說每個人出國旅遊都不好玩，但是就我自己經驗並不是最快樂的事。」沒有人能否定另一個人的體驗，只要他們說清楚，意思不是每一個人都一定如此。花點時間澄清第一個重點後，他們會發現可以從別人不同的經驗中學習些事情。他們可能會問：「你出國玩的經驗如何？」當他們試著了解別人的生命觀點，擴展自己視野時，可以得到更好的結果。

◆時機

北交點雙子座的人要學習「三思而後言」。他們也要了解等待適當時機再發言的重要。即使北交點雙子座的人可以提供別人解決問題的完美辦法，但若對方還沒有準備接受時，仍沒有用。如果對方不接納，這些人應該暫時放棄，等下一次機會來臨時再說。他們應該以和諧及善意為重點，而這只有在他們未於雙方的溝通中摻入個人意圖下，才能提供。當他們汲汲營營於令某人接受並承認他們說的事時，這種狀況會造成破壞性的緊張氣氛，某人會覺得這是說教或是戰鬥。他們關懷人群並願意幫助別人，但有時展現他們最關切的方式會是在支持他人的意願上，即使對方並不怎麼了解他們。

人際關係

需要自由

北交點雙子座的人在今生渴望極度自由。如果這種動力驅使他們認識新的人，對他們而言很健康，而且增進他們的活力。然而，如果他們對自由的渴求是以傾聽「自由錄音帶」為根據，或者逃離與別人建立關係的挑戰，則結果將不安及孤獨。

◆恐懼連結

當別人「先動手」讓他們不舒服，他們的反應是立刻「關機」回到他們的「山頂」。他們覺得與別人建立聯繫會讓他們變得脆弱，下意識害怕別人更深入地了解自己。同時，對他們來說，與別人分享真理的過程往往令人沮喪。雖然他們輕易就能得到真理，但是要以讓人了解或欣賞的方式詮釋卻很難。

由於北交點雙子座的人今生要學習傾聽別人說的話，所以對他們來說，發問是一種好習慣。

做一位好的傾聽者，就是要提出問題，並對別人的生活感興趣。當他們進入這樣的過程時，他們快樂而和平。他們一直恐懼與別人建立較深且真實的連結，但當他們這麼做時，會很滿足因而產生的接受及完成的感覺。他們可以重新獲得過去世生活中努力獲得的寧靜。

為了建立成功的親密關係，他們需要承認曾經有「繭」的狀態。他們需要突破恐懼宣示他們的意圖，這個意圖就是：他們希望破繭而出，與別人建立連結，不只是希望和夢想的層次，恐懼及疑慮的層次也包括在內。那麼當他們於談話中表達自己時，就能真正的以誠相待。他們不只與別人分享自己快樂、樂觀的看法，還分享自己生活真實的一面，並談論自己面對的挑戰。接受別人可以幫助他們在日常生活中平安順利，而這是他們永遠無法單獨完成的。

◆承諾

絕大多數北交點雙子座的人，都希望能在永遠、彼此承諾的婚姻關係中，「安定」下來，但是他們內在的一部分同時又害怕這種永遠。他們想要維持成長、改變、移動及做不同事情的自由。如果他們能與具相同氣質的人建立關係，就能兩全其美。但是如果他們的關係會限制他們自由，通常行不通。

北交點雙子座人的關係中，不太容易出現「承諾」這兩個字。他們努力的方向是真理及內在和諧。他們不希望更動到自己的哲學，而且不確定如何在不融合信仰之下，給予完全地承諾。他們認為，他們的真理使他們以今天的面貌出現。但是，他們可以與不同信仰的人相安無事，只要雙方願意打開自己的心胸，接受對方的哲學。

他們也不願意做任何限制他們互動的事。他們正學習與社會建立關係，及使自己與社會結合，而他們需要與許多不同的人接觸，方能擴大他們達到前述目的的認識。他們希望將自己對真理的認識及內在和諧帶給社會，並擴大連貫的範圍，包括他人在內。而當他們在不同的情況與不同的人「練習」時，就會更有信心與人交流的同時維持內在的快樂。之後，他們就能允許別人接近自己，因為他們知道仍能維持這種和諧。

因此，對北交點雙子座的人而言，進入彼此承諾的關係需要較長的時間，如果他們進行的速度過快或程度過深，很容易失去自己內在的平和。婚姻或是可能限制與人互動的某種承諾，其實不利於他們更遠大的目標。他們需要可以支持他們參與社會活動的伴侶。他們需要很多「實際」經驗充分證實他們的潛能。這並不是說一夫一妻制不適合他們，而是說他們需要與很多不同的人做精神上的交流，這一點絕對不能受到限制。

根據臆測行事

存在於潛意識的「騙子」中，最常破壞北交點雙子座關係的，就是臆測傾向。當他們還未蒐集足夠證據，或與人分享資訊之前就有所行動，會讓自己陷入失望。他們一旦有疑問，應該與別人談談，並在判斷之前仔細傾聽。因為通常當他們以為別人「沒有問題」，就常會碰上麻煩。每天檢視事情發展的狀況時，聽聽別人的想法，讓別人知道自己的狀況，會讓他們更快樂一點。要體驗成功的人際關係，他們必須盡力維持溝通管道的通暢。

◆缺乏溝通

當他們與人交往，常會以為他人應該知道他們的感覺，而且與他們有同樣的經驗。我有一位屬於這個族群的客戶，她與一位男士度過了完美的夜晚之後，那位男士就再也沒有與她聯絡，她以為對方的感覺與她不同的感覺，認為那是一場不完美的約會。但實際上，他沒有再打電話給她，可能有一百個不同的理由。或許他還有一段尚未處理完的關係；或許發生了什麼事，他必須優先處理，然後因為時間過了太久，不好意思再打電話給她；也或許她的推測是對的。但是她應該做的是拿起電話，問問他的近況，並與他分享她對那個夜晚的美好感覺，弄清楚他沒有打電話給她的原因。他們應該將自己的信心運用在這方面的行動上，主動創造他們生命中的積極結果。

北交點雙子座的人與人交往時，通常經過很長的一段時間，仍不會主動打電話給對方。如果他們處於不愉快的狀況，或是對他們生命中的某些事情沒有把握時，更不希望與任何人接觸，因為他們不願意讓別人知道自己的悲慘狀況，如「我剛和男朋友分手」或「我的信用卡被銀行取消了」等等。他們希望等到情況好轉，再告訴別人比較正面的消息。換句話說，他們不希望自己不是在最佳狀況時與別人聯絡。

自然地，有許多人將這種疏於問候的行為解釋為缺乏興趣。他們常會因缺乏溝通，導致對方以為他們興致缺缺，遂另求發展，而失去許多可能的戀愛關係。如果他們真的想維持一段關係，不能假設對方知道他們「一切都很好」。他們要定期打電話，或是寄張卡片，維繫彼此間的關係。如果他們正處於不穩定的狀態，可以告訴對方：「嗨！我沒有打電話，是因為我還沒準備好要與你見面。我需要完成一些事情，但我想讓你知道我還是想念你的，想知道你最近過得好不好？」

如果彼此之間有一些誤會，他們應該負起解決誤會的責任。他們會發現，告訴對方他們有可能產生的問題，也很有幫助，「有時候我聽不見別人說話，是因為我的思緒跑得太快。如果你覺得我不了解你，請讓我知道，因為我希望與你能有好好的溝通。」北交點雙子座的人常以為別人知道自己腦袋裡在想些什麼。對他們來說，發現自己詮釋這個世界的方式與別人不同，會造成極大的震撼。與對方確實地溝通，將心中想要說的話化做實際的語言，維持高度的意識，對這些人而言極為重要。如果他們能有技巧地讓別人了解自己各種不同想法，就會發現他們的關係已經轉換到嶄新積極的方向。

◆溝通感覺

當北交點雙子座的人願意花時間，精確分享關於自己個人經驗的觀點時，會深深地感動他人。於是北交點雙子座的人就可以體會到接納及同理心帶來的愉悅。當他們在不需要「正確」

或是證明某個論點的情況下，與他人分享事物成果很真誠。他們必須說出自己體驗的實際狀況，才能接觸到別人的靈魂層面。

例如，我有一位客戶是屬於這個族群的人，有一次他的女朋友在服飾店，用他的信用卡買了超乎預算的東西。雖然他早知道這筆支出是花在服飾上面，但他還是質問她，要她坦白說明錢花在哪裡。結果他的女朋友騙他說：「買了一些家用品。」他也很固執地要逼她說出實情，而這種態度使她決定結束這段關係。他們最恨說謊，當他們發現自己被人欺騙時，會用自以為是的憤怒態度回應。但是，前述的例子中，這位男士的反應也不誠實。他當時應該說：「我想與妳討論一件我認為非常重要的事。我發現信用卡有一筆計畫外的支出，所以查了一下，看看是不是有什麼問題。結果發現有三筆妳簽名的支出。妳知道我一向都很大方，我也希望妳有漂亮的衣服，但是妳沒有預先通知我，所以我有受傷及被背叛的感覺。」

透過真誠的溝通，下一個層次亦得以形成。表達實際的情況及他真實的感覺，他可以更清楚、正確地了解她的性格。有兩種選擇，一個是她必須改變自己，使自己調整至與他擁有相同程度的道德水準，另一個是他應該看清楚，或許她並不適合與他建立親密關係。他們應該促進別人自我道德成長的機會。只有在他們願意行事正直時，也就是誠實表達自己的感覺，而不是嘗試強迫別人誠實時，他們才能有開放的心胸。

◆自以為是

北交點雙子座的人會強烈抗拒別人所謂的「真理」，尤其是他們每天接觸的人。或許這正是他人會覺得必須對他們說謊的理由，因為他們並不真的想了解他人的現狀。然而，他們不願意傾聽的態度，可能會在自己與他們最關心的人間，造成痛苦的誤解。

即使他們說想要的是「真相」，但當別人告訴他們真實的狀況，他們往往會生氣。而如果他們不是真心想聽真相，會促使別人對他們說謊。沒有人希望自己是「錯誤」的，而他們對於誰是誰非，常有自以為是的成見，這種態度常會讓人不想接近他們。

北交點雙子座的人今生要學習的是，珍惜與別人相處時的快樂和諧，並將這種和諧放在對哲學真理的追求之上。他們也必須學習慢點下判斷。當他們評斷別人時，並沒有把別人的道德觀列入考慮。若想進一步了解別人，他們應該去問別人：「你在學校裡讀的是什麼？你的第一份工作是什麼？」等問題。他們很容易因為看見他人現在的狀況，就以為他人的生活永遠都是這樣。但是當別人告訴他們，是什麼使他變成今天的情況時，北交點雙子座的人會深深受到吸引。

如果他們想自別人追尋「真理」，或精確的事實時，應該要非常清楚自己的動機：是不是為了更進一步了解那個人，好進而協助他表達自己，或者他們的動機只是為了要「正確」。如果他們潛在的動機是傾聽，他們就會成功，但如果他們的動機只是為了使自己正確，他們就會是輸家。

北交點雙子座的人如果希望誠實地與別人溝通，必須給別人平等的機會。誠實會逐漸演變，它未必在頭幾次的會面發生。給別人對自己誠實的空間中，將會出現他們追尋的誠實。在人際關係中，他們應該以建設性、不令人疏遠的方式，讓別人知道他們多麼地重視誠實。例如，他們可以用溫柔但清楚的方式說：「我覺得，當我們彼此坦誠相待時，要比彼此嘗試互相欺瞞時有更多的樂趣。誠實讓我們更接近，而且幫助我們接受彼此。」

◆二元性溝通

如果他們強迫自己給別人一個是或否的答案時，實際上他們心中還有矛盾衝突、不論他們說什麼，都是在說謊，因為他們根本還不知道答案。所以這時的「答案」，也就是他們應該告訴別人的正確現狀；他們知道兩種方案，但還不知道要選哪一個。讓別人了解這種情況後，他們就可以先測試其中一種途徑，保留另一種可能，以便在第一種方案不成時進行第二種。

例如，我的一位客戶就是這個族群的人，她有兩個選擇：到辦公室上班；或在家上班。她其實很渴望在家工作特有的平靜及孤獨，但又害怕工作效率下降。所以這時她應該告訴她的老闆：「我想在家工作，但維持高水準的工作效率，對我而言是很重要。所以請讓我試試看，如果我的效率下降了，希望還能回到辦公室上班。」

對於今生，他們隨都可以「改變想法」。前世，他們被禁止這麼做，所以他們覺得：「本來就是這個樣子。」但是現在他們要學習了解更多的選擇，而當他們得到更多資訊時，自然就會改變路徑，充分運用新輸入的資訊。

所以當他們表達自己的決定或是當時的意見時，不應該太堅持自己的觀點，才能保留自己改變想法的機會。與其說：「這樣不對，而且永遠都會是錯的。」不如說：「這樣不對。或許以後我可能會改變想法，但目前我的看法如此。」他們的觀點可能會改變，所以即使沒有最終的答案也沒有關係。

戀愛

◆多樣性

北交點雙子座的人注定會與各種不同的人連結因果：書呆子、運動選手、中輟生，甚或大學畢業生。與他們連結的人好比大雜燴。有時他們會懷疑自己到底屬於哪一「型」，因為他們不論與誰都可以建立表面的關係。不過，當他們得到較強的精神自我意識，並想與別人分享這個訊息時，與這麼多不同種類的人在一起的經驗，就會變得有意義了。當他們的「真理」向許多不同的表面放射出去，並得到不同的回響時，幫助他們從各種不同的角度觀察，了解他們的觀念是不是真的「正確」。而他們也可以領略到，透過別人各種不同角度而得到的觀念，很令人愉悅。

例如，他們可以自問：「貧窮是什麼？」然後觀察金錢方面窮困的人，他們會發現某些時候，貧困環境中的人往往比富裕的人有更正確的價值觀。他們願意開放自己，比較自己的想法與身邊環境中實際發生的狀況，不斷會有令人興奮的新發現。將他人的觀點與自己的真理整合後，就得到追尋的和諧。他們面對的挑戰是承認包含多樣性的能量。

當北交點雙子座的人開始體驗性，傾向與各種不同的人互動。由於他們過去太多次的前世，都無法享受到關係帶來的溫暖，所以到了今生，他們就好像進了糖果店的小孩，每種糖果都想嘗一口。實際上，就他們的狀況來說，其實並沒有錯，尤其是他們年輕的時候。他們要學習在與別人產生關係的同時，還能保有自己內在的真理。多樣性可以幫助他們與他人分享自己內在的真理，而不致失去它。

他們前幾世已經發展出正直的特質，他們絕對不會說誤導別人的話。他們不會為了得到對方而說「我愛你！我會永遠與你在一起」。但是，基於前世宗教性訓練而產生的罪惡感，他們會聽到聲音對他們說：「我知道這樣不對的，我只應該與一個人交往。」而苦惱。其實總會有一條最適合他們的路，而他們決定依據則是，應該在還沒讓自己陷入孤立、自以為是的情況中，想想與某人交往是否仍能保有他們的真理。如果他們與不同的人約會，散發魅力並保持「端正的行為」，維持關係的進展，那麼當他們只與某一個人交往時，若仍維持相同的「端正行為」，就真的對了。

他們與許多人約會的階段，動機必須非常清楚。如果他們只是想藉著性消除寂寞，雖然當天晚上得到了短暫的滿足，但第二天，孤寂空虛的感覺將會更為強烈。為了避免陷入這種破壞性的循環中，他們應該繼續擴展與他人精神上的對話，並做為親密肉體關係的基礎。在發生肉體關係之前，他們應該先建立彼此情感上的連結。這樣一來，肉體上的關係將是真理的愉悅表現，他們也不會感到空虛或罪惡。

◆執念

北交點雙子座的人會過度執著於某種想法或某個人，尤其在愛情或性關係中。他們應該轉移執著至寧靜及建設性的心態。如果過度執著的是某種想法，就應該思考另一種觀點平衡他們的思緒。如果是對某人的執著，可以與一位純神交的朋友來往一段時間，平衡過度緊張的關係。這樣才能在主要的關係之中獲得成功，並發現自己擁有永遠有效的選擇。

相反地，他們也可能極端地、完全不與別人發生接觸。這輩子，他們還是有希望再做哲學之王，但當他們登上山頂時，山巔還會有誰呢？他們最危險的執念就是：把自己的想法封閉於自己的內在。這種傾向會使他們的關係成為次要。他們可能會過度專注於自己思考的過程，而無法肯定別人。「我的想法是極為正當、合理，且有意義的。」他們可能會完全忽略與人交流，這也是他們真正受到傷害的地方。如果他們不開放自己接受別人的觀點，就無法找到自己需要的多樣性。

北交點雙子座的人需要學習更重視人類關係。他們應該花更多時間及能量與別人互動，而不是只專注於目標。如果他們可以停止思考，會發現「人」才是他們最後的目標。

◆膚淺

他們剛開始與人接觸時表現都極為出色，例如初次見面時的寒暄、迷人的吸引力、表面的接觸等等。但他們好比餐廳裡的接待人員，知道如何令賓客覺得受到歡迎、說幾句可以與每個人搭上關係的話，還會在一見面時施展迷人的肢體語言及微笑等，但是之後就不知如何是好了。在浪漫氣氛的情況中，他們常感到緊張，不是臨陣逃脫，就試圖立刻發展到肉體關係。他們對自己的身體很自在，所以當他們開始肉體關係時，就會放鬆下來。不幸的是，如果在這之前，他們和對方尚未建立精神上的親密關係或彼此共識，他們的性關係通常很短暫，也只能帶來暫時的滿足，無法進入更深或更有意義的層次。

他們前幾世中曾極端地冒險。當他們前往某山峰追尋真理時，可能會在路上碰到很有吸引力的人，然後與他發生關係。但是這些人沒興趣定下來，他們仍在追求真理，對加深與人連結或戀愛關係都與他們的目標背道而馳。今生，這種行為導致了孤立，而他們卻仍繼續逃避與別人產生進一步的關係。他們希望與人親密又不得其法。這種覺知會使他們非常沮喪，尤其在一段浪漫關係中。然而，北交點雙子座的人必須知道，只要他們想要，其實擁有極高的天分，可以順利與人們建立良好的關係。關鍵在他們必須對另一個人真的有興趣，或感到好奇。例如他們有什麼想法？對他們來說，什麼是重要的？他們的興趣是什麼？他們傳達給自己的是什麼？自己想給對方什麼訊息？

有意識的交流

北交點雙子座的人太直接，這種個性往往為他們帶來麻煩。他們應該要更深入了解自己真正想要表達的是什麼，然後負責小心的方式表達。

例如，我有一位客戶，與北交點雙子座的先生結婚了二十六年。有一天，他回家後，沒有任何預警的情況向太太說：「我碰到心靈契合的伴侶，我想離婚。」然而，他認識這個女人不到兩個星期。他傳遞的訊息讓太太極為震驚。他本人也花了超過一年的時間，和心理諮商師做密集對談，以及靈魂探索，才找出他那晚震撼宣示的真正問題所在。事實上，那次出軌證實是一種轉移，這個男人真正想要的是與太太的關係能夠再次充滿活力。他們的婚姻關係一直很好，而且以彼此深切的關愛為基礎。事實上，在寫這本書之前，他們還是在一起。他已經得到了他想要的東西，也就是與他太太間的關係得以變化。但是，太太的情緒不能恢復平靜，她無法完全原諒那次造成的錐心之痛。

北交點雙子座的人要學習：如果說話前沒有先考慮可能帶來的後果，會對別人造成不必要的傷害。尤其他們說的不是真正的事實，而有意傷害別人或吸引別人注意時，情況更為嚴重。

他們必須先搞清楚自己在想什麼，之後再決定怎麼講最好。他們必須清楚他們的動機是為了重新提振這個關係，還是為了讓另一個人有罪惡感？通常，當他們嚴厲直接地說話時，並不是真地表達自己的感覺。他們應該以更負責任的方式，將焦點集中在如何解決問題。

在前述的例子中，與其這位先生脫口的結論，不如先與太太談一談，他可以說：「我跟妳說，我碰到一位吸引我的女士。我還沒有與她發生任何糾葛，但是我有點動心，因為我對我們的婚姻感到不快樂。」以真誠、合理的方式說明實情，就可以得到自己想要的東西，使自己的婚姻再次充滿活力、朝氣，又不致對太太造成太大的傷害。他們應該共同合作，一起面對婚姻中隱患。否則就像例子中，雖然最後他們還是在一起，但是當時他對太太所造成的震撼及焦慮的傷口，卻再也無法癒合了。

北交點雙子座的人應該設身處地為對方著想，看看哪種方式讓對方感到舒適自在。以尊重語的言語表達自己，可以幫助他們與他人建立正面的關係。這也是維持快樂關係的重要關鍵。

目標

傳達及接收訊息

北交點雙子座的人今生要學習，將想表達的訊息傳遞出去，以及如何聽見他們應該接收的訊息。要有效地做到這一點，他們必須區分思維的各種功能，並強調促進他們朝真實、合理方向發展的那個角度。

◆資訊 vs. 直覺

這些人花了好前幾世，仰賴直覺來發展自己的哲學。在他們一個人追尋真理的孤獨路途中，直覺最好的指引。但是，這輩子他們回到社會，實際的資訊將協助他們重建內在平靜的方式，與他人建立連結。只根據直覺做判斷，每一次都會造成他們與外界疏離。因為他們很容易產生誤解，他人根本沒有別的意思，他們卻覺得受到拒絕。所以，如果他們對某種情況感到不安或是不確定，應該蒐集更多的資訊。

但是，如果他們對某事具有強烈的直覺時，不應該把它推開。對他們來說，最好的選擇是花點時間問一些可以安定自己心緒的問題：「我聽了你的話，但是基於某些理由，我有點不自在。我希望能知道更多資訊，才能確定自己面對的情況。」蒐集資訊加強他們「真理」提供的可靠及溫暖，永遠對他們有好處。

◆邏輯 vs. 隨興

根據自發性的衝動決定，不適合這輩子的北交點雙子座人。如果他們突然想要搭飛機到祕魯，就應該停下來，根據邏輯思考。就長期而言，根據邏輯決定，而不是根據信任或寄與厚望對他們比較好。今生，北交點雙子座的人不能不考慮所有的事實就選擇捷徑。

他們也必須學習把邏輯思考運用到日常生活。例如，如果他們的真理之一是信任友誼價值，則他們需要把自己的目標時時放在心上，也就是「創造友誼」。之後，應該觀察何種行為可以創造友誼。

點頭之交如何發展成為深厚的友誼？成功的友誼間，存在什麼樣的共同特點？邏輯可以告訴他們，什麼樣的行為最能夠創造他們追尋的友誼。最重要的，邏輯可以安撫他們。提供一種連續的過程，透過這樣的過程，事情可以成功，亦使他們感到寧靜。當他們使用邏輯時，會覺得與外界有所聯繫，還可以透過社會有效地運作。再有新狀況發生，北交點雙子座的人藉著邏輯的方式處理焦慮，可以讓他們感受到自己需要的那種持續感。

◆傾聽

北交點雙子座的人今生到這個世界上來，透過社會散播真理的能量。當他們無法令人看見更高層次的真理時，通常是沒有仔細傾聽那個人在說些什麼，也沒有適當地回應。如果他們可以精確接收別人談話中的意思，就可以找到適當的時機及適當的詞句，與別人建立屬於對方層級的連結，傳遞他們的真理使別人得以聽見。當他們做出適當的反應時，脫節的感覺就會消失。這需要耐心，也需要他們對潛在的關係投入足夠的時間與精力感到興奮。

但是有時候，他們對於誰「值得」他們付出耐心很挑惕。有趣的是，他們有能力與每一個他們遇見的人，進行真正的溝通。他們習慣與也在追尋真理的人交往，但是今生他們不能只跟某一位哲學家說話。他們需要傾聽一般人的話語，例如郵差或雜貨店裡的店員。他們可以與各種人建立關係，但必須找出那些有訊息要傳達的人。他們必須相信，宇宙會把適當的人帶到他們的面前。每當發生溝通不良時，就表示那是他們必須有耐性的對象。溝通不良對他們來說是一種警訊，表示他們必須放慢腳步注意眼前的對象。

◆外交手腕

北交點雙子座的人今生最主要的目的是教導別人。如果別人不了解日常真理的意義，那就是他們可以溫柔教導別人自己領悟的機會。這個部分最有效的字詞包括「溫柔」、「有技巧」、「關懷」、「圓融」、「和諧」、「社交」……。他們應該與別人分享訊息，但不要令人覺得自己是「錯」的。這樣別人就不會防衛，而且成功地接收訊息。

北交點雙子座的人是一個天生的幫手，當他們看到某人碰到麻煩時，通常都是最早伸出援手的人。但是，他們沒發現背後的決定性因素有自以為是的性質，他們的聲調、表達的方式常會讓人覺得是在說教。他們真的很希望給別人現有的答案。但是，他們要學習，即使他們有解決的辦法，若使用侵略性的表達方式，別人是沒有辦法接納的。這就好像餵一個小孩吃藥，在苦口良藥外層加上可口的甜衣，可以讓人輕易地吞下去。他們需要學習策略，以簡單、資訊化的方式，讓別人願意吞下去。

◆尋求建議

北交點雙子座的人不願意尋求建議，因他們擔心求教於人代表自己不肯定，同時認為自己早就知道別人會說什麼。實際上，別人可能會說一些他們完全意料不到的事，而且或許這正是解決他們問題的良方。不要忽略他人的力量，有人的確可以幫助他們從不同的角度看事情，並讓他們獲得新的見識。

每當他們沒有透露自己正面臨問題，但別人竟然知道時，總是十分吃驚。他們認為，如果他們表現出樂觀，別人就會相信一切都很好。事實上，別人對他們的情緒通常都很敏感，而且經常恰好擁有幫助他們的資訊。

擴展及整合

◆教育

正歸教育對北交點雙子座的人很有好處，他們將吸取新知視為享受。這種廣泛的學習幫助他們擁有更「寬廣的視野」，使他們跟得上社會的脈動。它提供一個架構使他們接觸各種觀點，避免他們陷入自己的「真理」。閱讀也讓他們練習以別人的思考模式觀察生命。他們好像電腦中空白的硬碟，對資訊極為飢渴。他們希望自己閱讀範圍涵蓋各種不同的主題，否則可能感到厭煩。除了擴展視野外，閱讀還可以提供與別人交談時的不同主題，這也使他們與人建立關係更具信心。

◆新環境

對這些人來說，讓自己處於不同人群中很有幫助，因為每個不同的人可以讓他們了解有關自己的新事物。他們通常以道德或精神的角度觀察事情，願意自別人身上學習。新的情況迫使他們質疑自己是誰，或他們相信的是什麼，所以他們必須去接觸人群、提出問題、閱讀等。換言之，他們應該盡可能地去學習每一種新的情況。這是他們從別人的觀點認識這個世界的另一個機會。

如果北交點雙子座的人嘗試安定下來，並避免個人成長，會發生外在的情況促使他們迎接新的挑戰。由於這是「不詳之兆」，所以他們應該靠直覺選擇方向，並心甘情願地前進。但是他們對於自己想要精通的課程可能十分固執。他們需要意識到這種傾向，並刻意開放自己進行改變，才能避免必須被喚醒時造成的精神或肉體上的痛苦。當他們選擇改變時，新的情況驅使他們重新回到生命的脈動中。

◆書寫

北交點雙子座的人體驗自己追求整合的最佳途徑，便是定期書寫，例如日記、書籍、文章等。拿起筆寫下心中事物的實際過程，可以增強他們的信心、穩定性等。書寫可以讓他們平靜，安撫內在的不安，並釋放緊張及焦慮。這些人是極富天份的作家，或許他們要很久以後，回顧以往書寫的東西時，才會發現這個事實。他們有能力以簡明扼要的文字清楚表達想法，這種方式實際上比言語溝通效果更好。另外，當他們開始寫出自己的問題或經驗時，焦點會集中在他們的潛意識，而他們尋找的答案，就會從字裡行間躍出紙面。

書寫對他們來說，是很好的釋放。如果他們對某人生氣或遭人誤解，最佳的治療方式就是寫一封信給那個人。即使他們沒有真的寄出這封信，只要把自己的感覺寫出來，就可以讓他們覺得舒服。他們甚至可以寫：「今天真不順，我覺得壓力好大！」僅只是寫下任何當時他們注意到的舉動，就釋放出部分緊張的精神能量。這麼一來，可以釋放沉重的精神壓力，帶給自己需要的平靜。對他們來說，寫作甚至可能是很不錯的職業。寫作有極大的彈性及成長的空間，因此可以是他們追求的「那個目標」。他們不需要依賴任何企業組織，在任何地方都可以做自己，從事他們畢生的工作。這會很吸引他們。

◆說話

北交點雙子座的人很習慣安靜，所以在大團體中可能不好意思分享他們的訊息，但卻可以成為成功的演說家。他們仔細傾聽團體中其他成員的想法後，可能會發現敘述的情況及實際狀況之間的若干差異。如果有這種情況，他們的任務是分享他們真實的經驗。他們會被極大的能量及熱情淹沒，不確定自己的言語是否正確。但是如果他們覺得必須說一些話，使事情較有系統，就應該放手去做與別人分享。

要成功達到前述目標，首先要確定他們已經聽到並了解別人的話，然後給予正面的回響，肯定對方，例如：「你說的內容很動人，真誠地令人感動，富有勇氣。」如果別人言語可以讓他們發生共鳴，將會更有幫助。只要他們首先肯定別人的語言，別人就會肯定他們說的話了。

◆教導

北交點雙子座人這輩子是要教導別人。他們來到這個世界是要帶給人們真理、原則，以及將道德實際運用於社會之中。他們了解宇宙法則，希望協助別人學習以實際的方式，運用在日常的生活當中。

他們今生學習的是真理就在言語之後，他們必須仔細傾聽別人的話，了解別人提的問題。如果他們放開真理並認真傾聽，就自然而然了解別人的信仰體系，藉誠懇的問題或新的資訊，自發性地說出將雙方觀點轉換為對真理新認識的話語。

當北交點雙子座的人視自己為老師而不是哲學家時，整個分享真理的經驗會發生轉換並很開心。做為老師，他們不用期待別人應該知道他們知道的東西，因此他們傳達自己的訊息時，會有更大的耐心。當他們協助某人發現自己的真理時，他們可以體會到和諧，並分享真理出現時帶來的溫暖。

做為老師，他們必須放棄成見，並允許別人自由思考，不試圖引導別人做出與自己相同的結論。這是真正的問題與反問之間的不同。一個真正的問題，是鼓勵別人表達出與內在的真理一致的答案，而反問則是引導別人說出已經預設好的結論。反問對他們沒有用，真正的問題及邏輯是北交點雙子座人，能協助別人找到更高層次認知的禮物。當他們表現出真正的師長風範，可以為每一個人帶來雙贏的局面。

適應社會

北交點雙子座的人必須學習珍惜人際關係，以及平日與人交流時維持善意。他們很容易因為過於注意自己的真理及目標，而忘了應該溫和待人重要。

由於他們好幾次前世追求精神真理，所以擅長誠實、坦白、毫無隱瞞的溝通方式。當他們這麼做，永恆的感覺讓每個相關的人都獲得祝福及啟發，充滿心靈間的溝通。之後，還會產生一種感覺：「今晚讓我們慶祝吧！……讓我們為過去哭泣及歡笑吧！……讓我們計畫並夢想未來吧！……讓我們掌握現在並一起分享吧！」北交點雙子座的人願意表現真實的自我，擁有開始全新層次的溝通能力。他們不需要一定是「對的」，也不一定要當英雄。

◆問題

問題對他們而言是可貴的工具。問一個問題比提出答案更好。如果他們無法與某人發展出和諧的關係，應該詢問那人一個問題（不是反問，而是一個真的問題），真誠努力地了解對方在想什麼。通常對方回答問題時，會遲疑自己原先的想法，因為北交點雙子座的人擁有真理的能量。只要他們的動機是建立關係，那麼正確的溝通，也就是該說什麼、如何表達等等，自然會清楚呈現他們面前。在他們掌握訣竅之前，可能會很困難，需要刻意地努力。他們必須強迫自己傾聽並提出問題，對他們來說很難控制內在的煩躁不安。但是對北交點雙子座的人而言，提出問題、獲得更多資訊很重要。這會讓他們覺得自己進入情況，並能達到交流的目的。

會使他們遭遇難題的誤解，主要是因為兩種談話：一種是日常會話，人們只談論日常生活的種種；另一種則是討論性靈探索或極重要的主題時，才會產生更深一層的連結。有趣的是，北交點雙子座的人只有在話題不觸及生死、哲學或重大決定時，才能與別人進行真正的溝通，做更深、更有意義的分享。他們的人際關係可以從談論生活中簡單事物開始，但是這些人必須真正投入及提出問題。當他們以這種方式投入時，會發現每個人都想接近自己，因為與他們談話極為愉快。他們也會想與各種人接觸，因為他們可以從中享受到的各種經驗。

然而，這個過程牽涉到放棄控制。北交點雙子座的人善於寒暄，但當他們問及朋友：「為什麼要去芝加哥？」時，他們不知道那個人會回答什麼。這也就是說，他們不知道如何反應。所以基本上，他們必須將談話的主控權交給對方。在某一中層面上，他們覺得很好，但他們老擔心自己不知道下一句話該說什麼。不過，如果他們真的放手，並讓對方取得主導，他們想說的話就會自然而然地浮現，而他們真實的自我也會以正面肯定的方式呈現。

當他們願意嘗試釋出控制權、詢問別人生活上的問題，並對維繫關係保持開放的態度，彼此間的關係就會建立起來。他們自然地信任宇宙將能量在兩人之間移轉，自有其道理。有趣的是，當別人問他們問題時，他們倒是一點都不畏懼，為這是與別人分享他們的真理的機會。

北交點雙子座的人希望能與對方達到更高層次的交流。他們希望能將關係擴展至自己獨立就可以達到的境界上。但是只有透過與對方真正的溝通，新的、更開闊的觀點與解決對策，才能清楚浮現出來。

◆社交禮儀

因為他們獨自在山巔待了很久，已經忘了與人相處的微妙之處。他們可能會像闖進瓷器店的牛，只是匆忙衝向自己的目標，沒有顧慮到身邊人的微妙感覺。他們沒有意識到應有的社交禮儀，因為他們不習慣生活在社會之中。在社會中，人們通常以得到他人支持的態度，來促成自己的目的。關懷並花點時間不要疏離他人是很珍貴的，因為孤立常為滿足需求的路上製造不必要的障礙。他們要學習讓社交禮儀增強他們在社會中生活並得利的能力。

◆肢體語言

他們會因意識別人反應及肢體語言而獲利。但他們通常只會專注於要傳達的訊息，而不是他們的言語造成的影響，往往在說完某件事才發現別人吃驚的表情。這種時候，他們應該向對方確認：「我發現你剛才後退了一步。是不是我說了什麼，傷害或冒犯了你？」如果對方說：「是的。」他們可以回答：「啊！我無意傷害你，我想可能有誤會。你以為我說的是什麼意思？」他們人際關係中的問題，都可以歸咎在疏於溝通。

今生，這些人要學習認識自己，並了解做人的意義。當他們體驗不同的環境，就會加深對人類天性的了解。而且，不同的生活經驗可以教導給他們一些關於自己的事情。當他們更了解自己，承認矛盾本來就是人類經驗中的一個部分，就會接受自己天性中的各種面向。這打開一條了解並接受別人內在矛盾的途徑，如此一來，當他們回歸人類大家庭時，就會受到歡迎。

療癒主題曲

由於音樂在是一種情緒上支持我們冒險的力量，因此我為每個交點族群各寫了一首療癒主題曲，希望能幫助他們將能量轉換到積極正面的方向。

你我之間

這首歌的訊息是希望能簡單將北交點雙子座人的注意力，由自己對真理的觀點，轉移到與身邊的人分享。以此為根據，他們就得到與他人間共識及真實關係的快樂結合，最後他們還得以體驗自己一直在追尋的真理能量。

♪**節錄部分歌詞**

你我之間有互信的回憶，
但最後又失去了。
你我之間存在誤解，

準備再試一次……

然而，你我之間有磁力相吸，
你我之間有通路及承諾。
你我之間有使我們結合的感覺，
你我之間——有愛！

第四章

北交點巨蟹座——

或北交點在第四宮

星座箴言

不要吝於流露自己真正的感覺。

總論

♋ 應發展特質

針對這個部分努力，可以幫助他們找出隱藏的天賦及才能。

- 注意並確認感受
- 同情
- 滋養與支持他人
- 建立自己的基礎與安全感
- 誠實表達感情及不安全感
- 謙和
- 不批判地接受他人的弱點和情緒波動
- 集中在自己感受

♋ 應擺脫傾向

努力降低這些傾向造成的影響，可以使生活更輕鬆愉快。

- 對每件事及每個人的控制欲
- 未完全了解情況就想掌控的衝動
- 忽略過程，過度注意目標
- 覺得應對每一件事情負責
- 親密關係中隱藏自己的感情及恐懼
- 做希望獲得別人尊敬或羨慕的事
- 關切別人的感覺卻忽略自己的感受
- 做「社會接納」卻不完全誠實的事
- 認為事情必須有難度才彰顯其重要

致命傷／應規避陷阱／重點關鍵

北交點巨蟹座的致命傷是對控制的需求，「我要是能讓他們生活得很像樣，就能完全放鬆，也可以有弱點了。」但實際上，對於任何情況或任何人的掌控，都不足以讓他們放心。當他們嘗試在未受邀請的情況下掌控別人的生活時，正是不當地侵犯別人的責任。

他們最需要規避的陷阱是無止境地追尋肯定，「要是別人能尊敬地承認我的貢獻，我才會覺得自己很棒。」但這是無底洞，因他人提供的肯定絕對無法令他們滿足。只有他們透過支持滋養他人，並從內心肯定自己的貢獻很重要，才會滿足。

關鍵是他們永遠無法得到足夠的權威，讓自己覺得有弱點也可以是安全的。某些角度來說，他們需要抓住機會讓人知道他們是誰與自己的真實感受，如他們的不安全感、害怕被拒絕、遺棄、感到無能等。有趣的是，當他們嘗試讓別人看清楚他們的真面目後，才會有完整的安全感，因為勇敢表現自己真實感受時，他們已經在更深一層的境界掌握了自己。

真心渴望

他們真心渴望隨時能絕對掌控生命中的每一個部分。他們需要相信自己擁有成功的力量，而這種需求永遠無法滿足。為了達到這個目標，這些人必須時時了解自己的感受及不安全感，並與別人分享自己的真實樣貌。

承認不安可以為北交點巨蟹座的人建立一個堅實的基地，根據這個基礎，他們在外在世界創造成功，因為不再需要隱藏或壓抑感受與自己抗爭。這種做法給他們足以達到目標的平靜與內在的信心。藉著承認自己的情緒，他們也會了解別人的感覺。只要他們維持對別人的注意及支持，就可以得到他們需要的幫助。

才能與職業

北交點巨蟹座的人有滋養及支持別人的天賦，所以任何可以滋養他人的職業，不論是身體、心靈或情緒上的，都讓他們很愉快。包括與食物相關的職業，如餐飲、飯店等，或房屋修護、在家中工作等都是好選擇。他們也能做好銷售或投資房地產等業務方面的成績。不過在做投資時，必須利用直覺，並遵循自己的直覺前進。

北交點巨蟹座的人也有可靠及準確的生意頭腦，同時還有出色的議價和精明的談判能力。他們憑直覺就知道如何完成事情並且成功。然而，當他們的職業只涉及使用到他們的商業頭腦時，他們反而不太開心，因為太「枯燥」。他們的專業是利用自己的商業本能，運用財務的方式，實踐提供滋養他人的背景。

療癒肯定句

◆「當我嘗試控制就會失敗。」

◆「當與人分享我的感受時，我就成功了。」

◆「只有我肯定別人有掌握自己生命的能力時，我才是贏家。」

◆「讓我的感覺流露出來，並沒有關係。」

◆「無法永遠掌握住每件事情，也沒有關係。」

◆「沒有人能否認我的感受。」

性格

前世

◆剝奪

許多北交點巨蟹座的人，過去幾世都生活在高度結構化的寺院、修道院，或其他紀律嚴明、向社區開放的宗教團體中。他們與一般家庭互動無緣。由於他們過去很少經驗交互依賴、處理他人情緒和接納自己與他人的天性等，因此缺乏其他交點族群普遍在家庭關係中本能的安逸感受。

在過去幾世中，他們被訓練要壓抑感覺、本能、性慾與任何肉體感官的享受。首重節制及紀律，而剝奪人類各種歡愉部分，以獲得尊敬及擢升。今生他們仍然傾向在與人輕鬆、世俗的互動間，築起一道牆。他們習慣將生命中的喜悅延後享用，而延遲會造成永久的否定。

在他們的「崇高目標」達成之前，其他事物都被先拋在一旁。目標通常帶著正義的感覺，他們不允許自己分心於世俗的誘惑。唯一的問題是目標是永遠的，他們為了下意識想達到精神最高境界的渴望而無止盡地追尋。但由於目標無法滿足，所以他們總是奮鬥不懈，永遠沒有時間經營人際關係、享樂，甚至真正的生活。

北交點巨蟹座的人在前世，已經訓練成習慣壓抑生活的「感覺」（情緒上），使自己的焦點集中專注在更高的目標。但他們內心卻渴望與人連結。他們期待與所愛之人結為連理，體驗家庭氛圍，卻又對此感到不安。由於他們的前幾世受到長久的紀律訓練，根本不知道應該怎麼做——他們羞於表現自己的感情。他們對人的遲鈍，是天生對自己感覺遲鈍產生的副產品。但是在這輩子，他們以較高的目的為名壓抑自己的感覺，而這與需要他們自己靈魂完成及實踐的需求背道而馳。

◆尊敬

前幾世這些人獲得了公共權力、社經地位與聲望。過去他們是封建領主、政客、商人、家中總管。北交點巨蟹座的人前世具有「老闆」的功能，他們管理別人，扮演導正社會的角色。

由於他們曾有許多前世處於鎂光燈下，以至今生仍找尋觀眾。尊敬對他們來說極為重要，許多行為的動機都是為了別人的尊敬。他們會做出極大的個人犧牲，堅持自己相信的原則不惜放棄個人需求，但是他們還是無法得到尊敬。他們習慣扮演權威角色，但是現在沒有人遵循他們的方向，而他們還搞不清楚為什麼。他們常常因不知道發生什麼而感到沮喪，當這種情況一再發生時，他們的心也會愈來愈硬。

在現實中，他們的成就要靠自己的力量達成，也是給自己的回饋。但是北交點巨蟹座的人下意識追求別人因他們高貴犧牲而給予的感謝。這種潛意識使他們在完成工作的過程遭遇不必要的困難。如果他們放棄「得到榮耀」的需求，就可以輕易達到目標，並在過程中享受屬於個人的愉悅。

對他們來說，今生的計畫並不非藉個人犧牲贏得別人的尊敬。當他們將尊敬作為評估自己是否處於「軌道」的指標時，就會「出軌」。他們前幾世，尊敬是一個有效的指標。但長久以來，他們一直扮演公眾人物，擁有高度權威，所以變得寂寞也覺得孤立。有這麼多的責任，個人回饋卻這麼少，這種情況一再地反覆出現。現在，他們的出生盤則設計為不讓他們將成就、尊敬及榮耀等，放在較個人的角度之前。

北交點巨蟹座的人需花更多注意力在重組自己生活，同時滿足個人需求及長期的目標。這輩子，他們不需要為了別人而維持某種形象。事實上，當他們致力達成目標時，即使只是做了一項不錯的工作，不但可以令自己快樂，也能滿足公眾的需求——這裡的公眾可以是他們的家庭，也可以是全世界，他們要的認同就在這裡。但如果他們直接尋找，就會脫離軌道。

他們仍是有成就的大師。但若他們追求成功的動機是為了得到別人的尊敬，就永遠沒有辦法感到快樂，因為他們對尊敬的需求，是貪得無厭、毫無止境的，他們永遠不能滿足。

令人感到諷刺的是，他們要得到滿足的關鍵在於學習如何尊敬別人，而不是要求別人尊敬自己。當各種領域的成功得來太容易時，他們就會有自我中心的傾向，並以為自己很重要而得意忘形。他們會變得粗心大意，而且無意間將他們曾經渴望得到的獎品推開。對他們來說，以謙遜的態度迎接成功很重要。這麼做可以放慢他們的腳步，使他們有機會接觸這個新開始的能量。他們需要學習尊重——新的關係、新的工作、新的機會與新的家，並學習以溫柔的意識對待這個初始的階段，如此可為成功奠定穩固的基礎。一旦他們放慢自己的速度，就會自然地知道正確的方法。

當北交點巨蟹座的人有意識地尊敬並推崇超越自己的事物，如生命帶來的機會、幫助自己的人等等，此時他們的方向會發生改變，而且會以新的態度對待別人。他們會以愛心、關注、同理心，以及清楚的態度對待別人，創造每一個相關者都有正面效果的情況。他們真正需要的是將自己導向給予別人尊重，而不是追求別人對自己的尊敬。如果他們可以做到，他們的生命會發生奇妙、雙贏的轉變。

◆目標導向

為了實現重要的目標，他們無怨無悔地犧牲。辛勤工作對他們來說很正常。他們樂於一天工作十二小時，他們放棄個人的興趣，也延後放鬆的時間。甚至，他們不計較花費的努力，親自全程監督，確定工作成功地完成。但是，由於他們太習慣過去管理的職務，所以只要一有機會，就希望把細節的工作分配出去。這倒不是因為他們對細節看不上眼，而是因為他們專注放在更大的目標上。

北交點巨蟹座的人是達成目標的高手。由於這種天賦與生俱來，所以似乎都在無意識間就可以自然、輕易的完成。當他們心中有目標時，就會對任何機會保持警覺。他們把每一件事物視為達成目標的踏腳石。然而，如果沒有可以投入的目標，他們的天賦可能逐漸退化，而以控制別人為目標，並繼續維持這種狀況。

這些人需要明確地知道自己想要達成的目標，以免不知不覺中操縱別人而避免自己不想要的東西。為了達到這個目的，他們前世的目標導向會發揮一些效用。例如，如果他們出租房子，不希望租金遲交，他們可以告訴房客他們想要的：「我會盡一切可能讓你住得舒適。我唯一堅持的是租金，一定要每個月一號交到我的手上。如果我沒有在每月一號付銀行錢，就會有麻煩。所以我必須在一號拿到房租。你可以接受嗎？」

職場上，如果他們不希望員工遲到，或是做事馬虎，可以藉著談話加深員工的印象：「請注意，我們是一個團隊。如果我們工作沒有做好，公司就不能賺錢，我們也就只好回家吃自己了。所以我們應該遵守規則：上班不要遲到、做事要……，這樣才能確實達成目標，對大家都有好處。」

由於前世，北交點巨蟹座的人完成高社經地位的目標後得到回報，所以在這一生，潛意識下仍希望選擇為他們帶來尊榮的目標，而不會選擇內心渴望的東西。但是這樣會給他們帶來麻煩。他們今生必須重新定義什麼是對自己真正重要的東西。他們對目標的投入很好，但如果他們以人際關係作為代價就不妙了。否則，即使他們達成目標也無法快樂。這是他們需要將自己的需求放在為別人「表現」之前的理由。現在是拋掉他們的形象的時候了。企圖透過「扮演別人」的方式來贏取尊敬，最後會失去他們自己的滿足及幸福。

習性

◆嚴肅

這輩子，北交點巨蟹座的人很容易把每件事都看得嚴重。因為他們在前幾世中，把「整個世界」的重量放在自己肩上，所以到了今生，還是覺得自己負有重大責任。他們會被激發自己使命感的人或狀況吸引，最後還覺得應該為自己身邊每一個人的命運負責。即使當他們還是孩子的時候，就常常為父母其中一人的幸福負責；這種狀況通常是母親。他們生來就非常「老成而嚴肅」，即使開玩笑還是很嚴肅。他們可能要到晚年才會了解，「輕鬆一點」對他們有好處。

由於他們嚴肅的舉止常散發出一種能量，讓別人以為他們不易親近。這主要因為他們前世確不易親近，在無意識影響下，今生他們仍會繼續表現這種態度。現在他們的態度被人視為冷漠、「高人一等」，而且不需要也不想要任何人的東西。但是，一旦突破「迴避」的藩籬，會發現他們其實是非常脆弱且腳踏實地的。不幸的是，最欣賞北交點巨蟹座的人，往往會因為他們冷漠的外在武裝而卻步。有時，北交點巨蟹座的人會吸引攀附名利但不真誠的人，因為他人希望能控制他們。他們深切渴望接近能真誠相待的人，所以承認並放棄令人卻步的冷漠態度，對他們來說百利而無一害。

他們正在學習以較輕鬆的態度面對生命及自己，但是這並不容易。他們對嚴肅的處理方式極為執著，認為這樣才能幫助他們達成目標。但是實際上，他們可能驚訝地發現，當他們不那麼嚴肅、認真時，工作反而能夠比較順利完成。當他們放鬆，以較有趣、開放的態度面對生命時，他們的能量獲得平衡，他們變得更有效率。他人想要「跟隨」他們，而他們則可以從中得到許多樂趣。

◆遲鈍

由於北交點巨蟹座的人在過往生命中扮演權威，所以他們還是習慣掌握控制權。察看田是否耕好，生意成不成功，其他依賴他們力量的人是否達到目標，這些都是他們的責任，因為他們必須確定每一個人都能生存。因此，他們會站在統治階層，並了解如何達到目標後，開始分派工作給別人，但又不花時間解釋每個人角色的重要性。

他們常將焦點過度集中於目標，忘記真正的成功不只是推動促銷活動，或是累積帳戶內的數字而已。幫助他們的人不應被視為物品。北交點巨蟹座的人一定要花時間了解別人的情況，並建立情感上的連結。如果他們肯花時間展現對另一個人的興趣，這個人將支持他們的目標。

例如，一個員工遲到時，與其譴責員工遲到，不如了解他家中發生了什麼事，是不是有什麼問題造成員工經常遲到。他們要記得站在別人的立場思考，並如同希望自己得到的仔細照顧方式對待別人。

北交點巨蟹座的人不論任何事情，不願意自己看起來非「高位」，但他們常覺得對情緒低落無能為力。他們忽略了感情的重要，他們把任何感覺視為工作的干擾。當自己的情緒影響到實際成果時，會對自己嚴厲批判。當別人的問題干擾到工作時，他們也同樣嚴厲批判別人。這種態度使他們看起來像不關心別人，同時也會使別人不容易與他們建立關係。

有時候北交點巨蟹座的人對於不知如何處理自己沮喪情緒的人，以「大罵」的方式對付。這種方法壓過相關人等的感覺，導致別人在他們面前不敢表現自我，因為別人不知道到底什麼事情可能會觸發北交點巨蟹座人的怒火。他人在北交點巨蟹座的人學習以新的方式與人們相處之前，都覺得「如履薄冰」。這些人將會發現，其實他們只需要以關愛的方式，承認並接受別人情緒上的困擾，他們就可以解決問題。之後，亦協助別人重新將焦點轉回手邊的工作。

北交點巨蟹座的人對自己或他人的感覺敏銳很不一致。他們不是過度敏感，就是全然遲鈍。如果他們能在比較一致的基礎上，意識到與他人維持融洽關係，他們的行為舉止就比較不會傷人，而避免在最後傷害到自己。他們正在學習一致性的意識與個性中其他部分相整合。

◆抗拒

北交點巨蟹座的人抗拒任何人的建議，他們喜歡做自己的事。有時候，會有一點狂妄自大，因為他們認為自己無所不知。別人若想獲得他們的尊敬，必須擁有他們想不到的點子，這樣才讓他們印象深刻，覺得終於找到可以給自己些什麼的人了。他們只會在真正成功人士告訴他們成功經驗時接受建議。他們只會尊敬真正身體力行的人，而不是空口說白話的人。這也是他們為成功生意人的理由。他們不會被別人的想法影響，也不會受到「快速致富」祕訣誘惑，他們永遠會查看表面之下的部分。

或許由於前世宗教價值觀的影響，北交點巨蟹座的人通常不會有貪婪欲望。他們不會受到「以小搏大」、「以小錢賺大錢」等神話的誘惑，這也是他們成為成功商人的另一個理由。他們很實際，而且願意努力，知道一步一腳印地朝目標前進。他們的直覺很精確，可以將每條小線索串連起來，掌握整個目標。

因為他們天生目標導向，所以當他們面對挑戰，會在與別人共同面對之前，想出自己要走的方向。他們通常對這件事很執著。他們想做決定，因為他們對一切負責。他們很難接受別人的協助，因為他們認為別人無法掌握整個狀況。然而，其實最成功的管理者，在做最後決定之前，知道如何誘導他人的回饋，並將每一個人的觀點均列入評估。這些人必須了解沒有一個人可以預見每一種可能，而且如果在行動之前，可以尋求別人的貢獻，生活會更輕鬆一點。

原則

◆工作倫理

北交點巨蟹座的人有時在人事管理方面會遭遇困難。他們遵循嚴格的工作倫理行事，希望別人也與他們一樣。問題是以自己做為標準，卻沒有辦法激發工作夥伴的潛能。沒有人可以勝任，因為這些人願意「不計一切代價」完成工作，但是別人不見得願意這麼做。他們一開始就挫敗，導致無法發揮所有的能力，因為他們知道，不論怎麼做，永遠沒有辦法達到北交點巨蟹座人的標準。

由於他們許多前世居於高位，所以直到今生，還是有想告訴別人應該怎麼做的強烈衝動。他們對於規則、紀律及目標方向等，都有極強的意識。基於這個原因，最後他們常孤獨終老。

「上位者」常常是孤獨的，這是美國前總統杜魯門「責無旁貸」的哲學。前世這些人，由於「上位者」角色扮演得太好了，所以失去了人性以及對世界的歸屬感。因此，在這輩子，他們最高的目標就是重新尋求歸屬感。

為了擁有歸屬感，激發員工或合作夥伴的最佳潛能，北交點巨蟹座的人可以嘗試各種方法。最重要的是，他們試著在職場與別人交朋友，引導別人發表意見，對別人的生活產生興趣，並花時間從私人的層面了解其他的人。對北交點巨蟹座的人來說好像沒什麼意義，但是了解他們的工作夥伴，會大幅強化他們的事業能力。另外，他們還讓別人「放輕鬆一點」。藉給予別人肯定、注意到別人做得不錯的方式，北交點巨蟹座的人可以將正面的能量傳遞給別人，方式包括肯定別人的價值，讓他們知道這份工作缺他們不可。受到敬重的員工會在需要他們修正時，較願意傾聽與配合完成工作。

◆順我者昌，逆我者亡

北交點巨蟹座的人對於別人做事方法會有理想主義。如果別人不能勝任，這些人他們很可能會決定放棄他人，而不願意縱容或花時間誘導。這種方式正反應出他們「做好，沒有任何藉口」的態度。他們不了解大多的人跟他們並不一樣。他們應該發展對別人的敏感，尤其是工作時。他們一定要了解，因為自己對工作表現的特殊標準，常忽略了別人的感覺；而他們這套標準非常刻板。他們應該允許別人不按照自己的標準過日子，他們今生要學習的是別人也有自己的做事方法。

有時候，他們不知道如何掌握控制權，因而沮喪進轉為氣憤，甚至退出。稍後，當他們重新思考，又回來彌補。他們會以某種方式表達歉意，他們可能會說：「我知道我有點暴躁，不過脾氣發過就好了。」他們也會以其他對方可接受的方式來補償。當他們犯錯或是粗暴待人，傷害別人時，勇敢地認錯道歉是正確、有用的。之所以說勇於認錯是正確的，因為這讓他們得以重新認識謙和及相互關係，而且讓他人有機會發現：他們其實不是鐵石心腸，他們也會犯錯。這種行動拉近了北交點巨蟹座人與他人的距離，所以不論任何理由，誠摯地道歉總是不錯的。

北交點巨蟹座的人過去幾世，一直負起將工作完成的「最高責任」，所以今生他們一定要讓別人負起這項責任並管理的經驗。要達成這個目標的方法是扮演需要者的角色，並將需要幫助的問題提出，做為別人的工作。這對北交點巨蟹座的人而言，也是一種學習。

當他們採取「順我者昌，逆我者亡」的方式，主要因為他們不知如何找到居中的路。他們覺得很糟糕。他們不知道怎樣得到正面的反應。由於他們前世的目標導向與完成，已經相當了解，所以今生要學習將他們的知識，用增強別人能力的方式，傳遞給別人。透過這樣的過程，他們才能獲得最大的喜悅，而他們的目標才能達成。

◆承諾

不論他們扮演什麼角色，老闆、情人、員工或朋友，北交點巨蟹座的人非常值得信賴。他們總是遵守諾言，他們十分自豪能不動搖地堅持負責到底及遵守承諾。但是今生這輩子，對承諾的執著會偏向極端。他們會在根本沒有必要的時候也做出承諾，並堅守這個承諾，即使這個諾言早已不合時宜。他們會只為了堅守承諾而犧牲自己，並忽略自己的安全感需求。

例如，如果他們答應參加某項活動，即使覺得不舒服，而且明知出去會更惡化，他們也會勉強自己出席。或者，他們苦守一段具破壞力的婚姻而非能滋養他們的關係，只因婚姻是他們最初的承諾。他們所說過的話成為他們的枷鎖，他們不明白為什麼別人的價值觀與他們不同。他們常害怕與別人承諾，因為他們擔心一旦承諾就會困入其中。

守住承諾的觀念固然正確，但過度執著就不妙了。將使他們無法與自己的直覺及自然的脈動溝通，那是讓他們體驗情緒滿足及個人進一步成長的重要關鍵。北交點巨蟹座的人絕不能為了承諾而犧牲自己追求快樂。他們應該要重新衡量各種情況，決定什麼才是他們最重要的事。有趣的是，當他們跟隨自己的直覺，追求自己真正想要的事物時，最後的結果也會對他人有益。

需求

情緒認同

北交點巨蟹座的人迫切需要認同自身的感受；加強他們對感覺的意識，並給自己的感覺表現的機會。他們即使到了今生，前世壓抑感情的習慣仍在。他們可能會無意識建立童年的環境，讓人以為他們雙親當中有人否認他們的感受，而且不鼓勵讓別人了解自己的感覺。例如，在美國文化裡，幾乎每一個男孩都曾經被告誡過：「做一個男子漢，不能哭！」北交點巨蟹座的男孩子會認真對待這種說法。他們的父母會給他們百來種教條，偏偏他們唯獨這條聽得進去。這個例子說明他們前世的生活型態延續到今生，並造成這輩子再度出現某些必須平衡及解決的特質。

◆冒險暴露弱點

他們不能忽略自己的個人需求，或是假裝他們的感覺不存在。他們的感覺已經壓抑了好幾世，所以他們擁有強大「不可否定」的能量。北交點巨蟹座的人今生要體驗的，是從較親密的層次關懷別人，以及讓別人也關懷自己的私生活。然而，過去太多時間他們都處於壓抑下，所以暴露自己情緒上的弱點會令他們恐懼。「什麼？我應該讓別人知道我的感受？你在開什麼玩笑！為什麼我要把自己的感受暴露人前，任別人宰割？」因為他們過去一直習慣掌握主導權，所以他們會驚慌失措。但誠實表達自己的感受，正是他們這輩子的好用方法。今生為了讓他們的性格圓融、柔軟，他們的感受必須要肯定。

進一步的壓抑會加深他們的感覺且更具威脅。他們抗拒表達感受的天性持續愈久，就會愈無能。北交點巨蟹座的人今生必須學習將自己的感覺與其他部分整合。有幾個好技巧可以利用，其中之一就是經歷威脅性的情況，體會因此激發的感受。在確認感覺的過程中，誇張的部分會消失於無形。

但是北交點巨蟹座的人已經發展出一種本能反應，就是不計代價避免自己感覺，因此他們的情緒僵化。生命可能枯燥乏味，縱使有許多外在成就，但卻缺乏內在的意義及滿足。因此，這些人今生最大的挑戰，是鼓起勇氣與自己的感受連結，並將之傳遞給他人。誠實表達這些感受，不一定要針對感覺「做些什麼」。這可以肯定這個族群的情緒，並允許情緒與性格中的其他部分整合。

另外，由於前世對情緒的壓抑，這些人到了這輩子，會帶著些許羞赧。他們覺得自己沒有能力與別人在「感覺」層次交流，因為他們過去缺乏練習。不過，一旦他們習慣了，會發現他們比其他交點族群都更有天分。這種天分指有利對方，並加強雙方力量的方式，回應他人的感受。他們只是需要一點時間，讓情況發展到對自己這個部分感到自在的階段。

◆滋養與熱情

或許前世如僧侶般的經驗，北交點巨蟹座的人很抗拒熱情，同時也有強大的自我控制能力。他們被設計為「永遠不失控，永遠不放過自己」，所以情感上的熱情關係，對他們來說挑戰很大，但這個挑戰最終可以讓他們獲得自由。他們過去幾世將自己阻絕於自然人類本能，所以當面對熱情，也就是人類最強烈的觸動時，他們會回以恐懼。會按下自動「斷線」的按鈕，接著他們轉身往反方向逃跑，因為他們不能失去控制。

當他們與某位激起熱情火花對象互動時，他們最原始的渴求會開始活動，並要求接管全局。由於過去一直壓抑這些渴求，所以現在無法抵抗，而且極度強烈。有趣的是，北交點巨蟹座的人最怕的也正是他們最想要的。他們渴望體驗來自與另一個人深刻關係，當中的滋潤及成就感。生命中沒有其他的可以滿足他們。遲早，他們一定要放手，讓另一個人將自己的情緒激發，體會今生的完整感受。熱情可能是痛苦及沮喪的主要來源，也可能會帶他們超越內在限制，並破除與人之間的痛苦圍籬。

北交點巨蟹座的人迫切需要穩定的基礎，他們從這個基礎明白自己是被愛的也是安全的。他們需要覺得可以依賴某事或某人，這些事或人在他們有需要時能提供「回到家」的感覺。內心深處，他們尋求的是與自己一樣強壯可靠的人來愛與照顧他們。但由於他們太需要滋養與保證，當有人提供時，他們因擔心失去而希望能掌控，以便保有它。有趣的是，當他們試圖控制，反而會將自己最需要的東西推出門外。

只是他們試圖從外在尋找愛及安全感就會失望。這也是最終他們需要發展出能敏感了解自己需求的理由。他們需要「擁抱自己」，在希望別人給予之前，先提供自己滋養與愛。他們需要重新向自己保證：「一切都沒問題……，不要擔心……，我會照顧你。」在過程中，他們往外的、目標導向的能量，會開始沉澱在他們的內心，這時他們就會獲得滿足及滋養。

當他們集中自己能量時，他們對其他人而言會變得脆弱及敏感，因為他們已經關照到自己的需求，而且現在情感是安全的。當他們不再迫切想要被愛，他人就能愛他們。當他們放心就有足夠的內在信心，使他們安靜地與別人在一起，而不去控制，也不一定要「看起來很好」或是覺得必須「做些什麼」。當他們保持在只是「存在」的狀態時，只要做真實的自我，就可以滋潤他人。

肯定

由於過去幾世的成功及肯定，他們帶著強烈的自傲來到地球時。他們習慣生活在因成就而來的高度肯定中，他們希望他人繼續提供自己驕傲的理由。唯一的問題是不論別人給多少的肯定、讚許，他們永遠沒有辦法感到滿足。永遠都有下一個目標需要達成，才能快樂。如果他們仍然繼續這樣的模式，就無法勝利。

從這個角度來說，來自前世的驕傲成為孤立他們的一道圍牆。由於他們習慣實現目標，所以下意識地，他們看不起不了解成就感所帶來快樂的人。這種優越感使北交點巨蟹座的人與人更為疏遠。他們今生的目的是教導他人達到自己的目標，只有在別人達成目標的前提之下，他們才會認為「步入正軌」，並異常喜悅。

◆讓事情複雜化

北交點巨蟹座的人常過度執著追求別人的尊敬，所以在無意識的情況下讓生活變得複雜；而只有如此，他們才能因為犧牲而獲得別人的肯定。他們常認為，工作必須非常困難才彰顯得出價值。他們不斷告訴自己某件事極為困難，導致最後狀況真的無法控制也無法處理。這是弄巧成拙的模式。

事實上，獲得成就對他們而言並不困難。童年時期，他們可能不費吹灰之力辦好事，卻得不到肯定。因此他們重新評估。如果工作比較困難，別人會比較注意、同情與認同自己。所以現在已經成年的他們，可能遭遇到他們也無法克服的問題，如體重、習慣、財務狀況等等。他們真的相信，即使他們盡全力也無法克服這些問題，而他們甚至會受到這種情況的傷害。

例如：我有一位北交點巨蟹座的客戶，年約四十出頭。早在她二十來歲時，體重過重就一直困擾她，然而她並不覺得食物會是問題。有一次，失戀後又增加了十磅。她立刻開始第一份減肥餐，嚴格遵守所有規則，她很輕易地瘦下來了。她根本不知道減肥應該是很困難的一件事。六個月之後，這位客戶很希望能得到對方尊敬的朋友告訴她，她吃的這份減肥食譜是假的。這個人不斷地說，減肥是多麽的困難。我的客戶聽到這番話，體重立刻增加了十磅，不久又增加了二十磅，而在她的年輕時代體重一直高出標準三十磅。多年來，她都很挫敗，因為對她而言，超重已經成了無法克服的問題。

當這位女士開始把目標當成「困難」，而且試圖克服困難來得到別人的尊敬時，她就失去了達成目標的能力。幸運的是，當我後來再遇見她時，她已經減掉三十磅，而且維持適當的體重超過兩年了。她只是決定面對這個問題，並將達到希望的體重作為第一優先。她把前世累積的成就完全拋諸腦後。她存了點錢到「胖胖農場」度假，回家後繼續遵守這個農場的養生方法。

當他們最終決定做某事時，總會遵守紀律克服問題。他們不要再過度嚴格要求自己，他們應該負起責任，將生活回歸規律。這很簡單。不論別人是否因此尊敬他們或認同他們的方式，他們只要去做，而不要小題大做就可以了。他們一旦掌握狀況，就會自動進入警戒狀態，並吸引到能幫助自己達成目標的人及想法出現。完成長久以來期待的目標對他們很好，因為他們可以在達成目標後獲得自由，並在新的目標出現時勇敢追求。他們永遠都會有新的目標。

◆界線

北交點巨蟹座的人心中有非常明確的邊界，超過界線之外不容他人侵犯。他們的限制並非不合理。他們需要自己有一定程度的考量，讓自己感覺良好。問題在於，別人不知道他們的界線在何處，所以有時別人會在不知情的狀況下，侵犯他們的界線。

當這些人受到侵犯時，通常在侵入者前維持緘默，但之後卻在他人前抱怨。他們需要學習對讓他們覺得不受到尊重的人，直接做出的回應。他們應該說：「停下來，這是我的界線！」同時讓別人知道他們的感受。

這可能會很困難，因為他們害怕別人的情緒反應，也擔心別人生氣時會不知所措。這種心理使他們不敢直接說出心中感覺，因為他們不希望必須為自己的感覺做合理化的解釋。其實他們只要說：「你看，當你這樣說會傷害我的感覺。」若是在生意場上，他們可以說：「你看，這是我要的方式。」

北交點巨蟹座的人今生仍學習不要讓別人忽視他們的感覺。感覺是極為私人的事，自己是唯一可以精確描述親身體驗的人。例如，如果我站在一群人之中，腳拇趾被刺到了，我可能會說：「唉呦！我的腳拇趾指被刺到了。好痛喔！」旁邊可能有人回答：「不至於吧？以前我的腳拇指也被刺過。」但是事實上我說了算，被刺到的是我的腳拇趾，而我是唯一知道我的腳拇趾感覺的人。

同樣的，沒有人可以抹煞掉一個人情緒上的感受。當他失望、受傷、沒有安全感或孤獨時，只有當事人才知道自己的感覺。就好像只有自己才知道當腳拇指被刺到時，到底有多痛。

安全感

◆基地

這些人需要專注連結自己的根基，這樣他們就有安全的「存在」空間。這對他們來說十分重要，因唯有如此他們才可以體驗真正有深度的分享。一旦他們與自己的根基連結，就可以將觸角向外伸展，並成功與別人互動。如果別人的能量逐漸過度集中或趨於混亂，他們可以退回自己安全區。但如果他們沒有建立與自己「根基」間的通路，可能會將別人的基地誤認為是自己的基地，並試圖控制別人以穩定關係。當北交點巨蟹座的人與在自己體內的「家」連結時，與別人相處時會比較舒服。

買房子可以加強北交點巨蟹座的人基地意識的另一種方法。有時，當我們在物質層面做一件事，往往可以治療情緒方面的問題。北交點巨蟹座的人買房子，就是最好的例子。如果他們的住家環境既安全又舒適，他們追求自己的目標時就會更有自信。擁有一個穩定的家，可以加強他們的能量，讓他們能更放心、更穩定、更安全地做自己。

事實上，他們投資不動產有過人的天分，在這個領域有極出色的表現。當他們成為不動產經紀商或是銷售人員時，通常會有「好生意」上門，而且他們有與生俱來的智慧，讓每一個與這項交易有關的人利益均霑。他們可以從客觀的角度看待一棟住家，他們把它當做一樁生意，而且不會因為情緒，或別人對「他們的家」的感覺，而受到影響。他們會找出滿足客戶基本需求的房子，例如好的學區，或在某一個合理的價位區等等。他們了解什麼對客戶而言是重要的因素。他們也擅長以創意方式安排交易，即使在不可能的情況下完成。

從投資的層面來說，他們擅長尋找「極佳的不動產投資標的」，重新裝修將之出租。他們藉此開展他們的業務，並達到他們希望的水準。他們知道如何將資產的經濟效益最大化，例如將一棟大房子分割成數間獨立的公寓並出租。但是，他們對不動產的慧眼，只能運用在已稍具建築結構的產品。

◆歸屬感

這些人在過去好幾次前世，為了外在因素努力，今生，在他們的內在有一部分缺乏歸屬感。他們永遠都在前進、尋找下一個努力的目標、或承擔某項計畫的狀態。他們最需要是歸屬感，讓自己舒適自在及放鬆。但是對他們來說，要真正「屬於」某處極為困難，即使是與家人在一起，他們也常常感到與家庭有點「格格不入」。要改變這種狀況，並於自己的內在取得歸屬感，他們可以從誠實面對自己內在的直覺做起。

例如，如果北交點巨蟹座的人聽到別人說朋友的閒話，他最好先了解自己的直覺。他「覺得」這項資訊是不是真的，或有沒有理由為這些閒話生氣。如果他感覺平靜，他大可以相信這種感覺。事實上，北交點巨蟹座的人相信自己且按照直覺行事時，就可以得到歸屬感。他們也需要體驗歸屬於他人的感覺。他們藉著讓別人了解自己的脆弱，得到歸屬別人的感覺。這麼做可以讓別人有展開雙臂、擁抱北交點巨蟹座人的機會，讓他們了解自己是被人愛著的。

今生，北交點巨蟹座人需要注意到感受，需要與敏感及支持自己的人在一起。對些人而言，必須發展出一種很重要的能力，分辨維給予自己關切，並在情緒上支持自己，而誰不會這麼做。最好的方法是在別人行為影響到自己時，誠實表達自己的感受，再看看別人的反應。

例如，如果北交點巨蟹座人的朋友舉辦聚會，但沒有邀請他們，最好的處理方式是直接告訴這位朋友：「你沒有邀請我參加這個聚會，讓我覺得被遺忘了。」不要辯白、不要試圖操縱，只要誠實告訴對方他們對這件事的情緒反應。如果這位朋友說：「你不應該感到被冷落，我去年就邀請你參加過三場聚會了！」並忽略他們的感覺，他們就應該從這件事中，認清這位朋友並不是真正在乎自己的感受。

從另一個角度來說，如果他們的朋友說：「很抱歉你會有這種感覺，我了解你的感受，但這次的狀況比較特殊……」並解釋事情原委，那麼北交點巨蟹座的人就可以知道這是一位重視自己感覺的朋友。

他們通常會在親密關係中，隱藏自己的感情。但有趣的是，這麼一來，他們就無法與別人發展自己希望的親密關係，同時也會阻礙他們建立讓自己充實的互動關係。親密關係是在表達個人感覺、讓他人了解及接受後，產生的副產品。「感覺」使生命更充實，而北交點巨蟹座的人生來就有開放自己從較深、較個人的層面，體驗因彼此關切而帶來滿足感的權利。

人際關係

控制

對北交點巨蟹座的人而言，想要掌控的傾向是他們親密關係中的主要陷阱。這種傾向很自然，他們根本不知道自己在做什麼。他們永遠領先兩步，企圖壓抑，並以退為進來控制別人的行為。例如，如果他們發現伴侶感覺受困而想要脫離現有的關係時，他們會休一個假，讓對方擁有較大的空間，並因此願意留下來。他們願意犧牲自己的感覺及需求，只求能滿足周遭的人，並維持在「控制之中」。但當他們這麼做，其實沒有人是真正的贏家。

◆控制自己

他們其實對情緒極度敏感，不論是自己的或是別人的。他人以為他們是不敏感的，但實際上，他們極為敏感，他們不知道如何處理發生於自己內在，或與他人之間的情緒問題。在他們仍無法自信及輕鬆地體會與別人之間的「感覺」之前，最自然的反應是試圖控制自己及別人，因為如此才能將感覺的問題壓抑至最小。他們試圖重組合作夥伴來控制關係，但是這樣就忽略了關心的要素。最後，產生疏離感。

當北交點巨蟹座的人無意識地行動時，通常將維持圓潤的工作關係，看得比實際狀況中瞬間的交互作用來得重要。他們會對自己的行為設下嚴苛的限制，按照他們自以為的搭檔希望的模式行事，藉以掌控整個狀況。他們下意識是這樣的：「我允許你來控制我，因此你會成為我希望的樣子。」行為的動機都是為了創造一種可預測、穩定的狀態，而這種狀態是他們能依賴的。但他們必出的代價是，犧牲和他人間真實情緒的分享、聯繫，以及維持親密關係的活力。

有時候，他們將情緒視為弱點。當別人情緒化時，他們會退縮並感到內在疏離，因為別人的情緒觸發他們想要利用所有機會的本能。當這種情況發生最好盡量避免利用這個機會。對他們來說，這時的挑戰就是停在原處，不要嘗試取得掌控權。如此一來，在他們放鬆之後，自然就會知道該如何做真正有助益的事。

由於他們習慣承擔責任，很容易認為自己應該為別人的感受負責。他們認為所有的事情都必須依賴他們。此外，這種習慣會使他們刻意壓抑自己的情緒，避免另一個人不愉快。但是把真實的自我及感覺隱藏起來，對任何人都沒有好處。事實上，隱藏自己的感覺及恐懼，會使情況無法恢復正常。北交點巨蟹座的人今生最重要的課題，就是為了另一個人學習不壓抑自己的感情。

事實上，他們想要確認自己的感覺受人肯定，同時自己的需求也要能滿足。而他們如果不關照自己的需求就無法幫助別人。其實，他們做事如果是為了追尋快樂，以及內在的充實感，就能同時讓他們的伴侶自由，而他們間的關係也更蓬勃發展。

◆控制別人

在北交點巨蟹座的人建立自己的情緒認知之前，會內化別人的情緒反應並融入自我意識。當他們周遭的人生氣時，他們也會生氣。然後他們試著控制別人，覺得這樣才能掌控自己。通常危機發生時，他們能提供即時的建議，事實上，他們有幫助別人釐清狀況的特殊能力。但是，由於習慣壓抑自己情緒，所以也有壓抑別人感覺的傾向。當有人生氣時，這些人原始的反應是否定對方，要求對方保持平靜及理性。他們有不可抗拒的衝動，想掌握主控權，重新建立秩序，而且通常是在還沒有搞清楚狀況之前。他們必須盡量避免誘惑，不在別人還沒開口之前提供不成熟的建議。他們應該做的是，將焦點集中與別人分享滋養、情緒的能量。他們必須肯定並接受人們波動的情緒，視之為非常自然的現象。

有時候，他們會過度耽溺發洩情緒，例如生氣、大罵、受到侮辱等等，藉此逃避他們內在的感覺，並讓狀況結束。他們破口大罵後會立刻恢復正常，但此時每一個人都已嚇到，並回到原來的位置，而他們也就不需要處理潛在的感覺問題了。情緒性的宣洩是他們掌控局面的另一種方法。由於他人不希望陷入衝突，所以他們覺得如履薄冰且被孤立，但卻不知道為什麼。

潛意識裡，北交點巨蟹座的人試圖避免情緒波動，因為他們不知道如何處理。他們必須面對的挑戰是，學習在不動怒的情況下，面對並處理他們認為不適當的狀況。他們可以更有耐心地面對眼前的人，如此就會對另一個人感到好奇，並問些可以幫助自己更了解狀況的問題。當他們能以宏觀的角度看待問題時，通常可以在不觸犯任何人情緒的狀況下獲得協議。有時候，他們對另一個人立場的關切，可以紓解抗爭，而另一個人也可以幫他們搞清楚狀況，找到他們想要的東西。由於今生，北交點巨蟹座的人是要學習如何連結別人的「感覺」層面，而不是精神的層面，所以他們需要放慢腳步。為了提供別人願意傾聽的建議，他們首先必須建立密切的感情連結。這需要相當的時間。當另一個人覺得他的情緒獲得理解，自然而然地便會接受他們提出的建議。

北交點巨蟹座的人是長期的目標達成者，他們提供極佳的建議。當他們聽到問題時，會專注於達到成功及解決的手段。但有趣的是，他們會吸引特定的人，而這些人具有的問題正好與他們今生必須學習的事物相同。藉著傾聽自己告訴別人由內而生的解答，他們了解自己必須做的事，也可以使他們感到與人建立了關係。

北交點巨蟹座的人面對的抉擇是控制與關懷。每當他們以控制為出發點，對某種情況做出反應時，他們就失敗了。反之，每當他們以關懷或希望能有幫助為出發點，他們就能得到勝利。因此，當他們要打一通讓他們缺乏安全感的電話之前，或是涉入某種狀況之前，應該先做一件重要的事：那就是暫停一下，想清楚自己的動機。這麼一來，他們就可以知道自己的行動是不是立足於穩固的立場。如果他們是以真正關懷另一個人的立場出發，在他們們互動間，對方可以感受到關懷，並做適當的反應。

◆目標修正

北交點巨蟹座的人不了解在別人眼中的自己多麼喜歡控制全局。今生，如果他們仍執著於完成應該完成的工作，會因為過度投入而完全忽略身旁人的感受。接著當別人生氣時，他們覺得孤立無援，不知道發生了什麼事。

例如，我有一位客戶是北交點巨蟹座的人。她在某社區買了房子，希望能協助社區運作順利，所以自願擔任廣場視察工作。工作內容是每星期「巡邏廣場」一次，發現住戶違反社區規定，如任意停車、播放收音機聲音過大時，要開立罰單。她認真的執行工作，很快地，她為自己樹立了許多敵人。由於她專注於工作上，完全忘了考慮別人接到罰單時的感覺。北交點巨蟹座的人今生要學習了解別人的觀點，了解與別人易地而處的感覺。這可以幫助他們，成功地在與別人進行互動時獲得信心。

由於前世的權威經驗，有時候對別人而言他們看似「公事公辦」的人。這對雙方來說都是一種損失。雙方在與對方接觸時都不自在。北交點巨蟹座的人以為每個人想要的目標，都與自己的相同，所以只要目標達成，他們會不計一切代價。但其實別人並不這麼想，大大地出乎他們的意料之外。而且別人搞不清楚為什麼他們會這麼認為。他們可能需要更清楚的解釋，說明他們的工作在計畫中扮演的角色。別人不像北交點巨蟹座的人一樣，在過去的好幾次前世一直是目標導向的，而且也無法看見對這些人極為明顯的策略。因此，北交點巨蟹座的人必須放慢自己的腳步，花點時間溝通。有時候，他們必須寧願不要知道答案。

例如，前面那位社區的女士，她或許可以不要在發現違規時立即開罰單，使自己成為別人憤怒的目標，而是再次向違規者說明社區規定，並與他們討論為什麼這些規定合每個人利益。她可以請教「違規者」如何執行這些規則。北交點巨蟹座的人需要願意不用「高高在上」的姿態，他們應該允許別人提供意見，使工作圓滿達成。在這種情況之下，「違規者」可能會說：「不要擔心，我會馬上把車開走，這樣妳就不用開罰單。謝謝妳讓我知道。」生命中有許多比「達成任務」更重要的東西，例如以雙贏方式與人溝通帶來的滿足。

情緒危機

北交點巨蟹座的人在關係中真正想要的是安全感，而且知道別人愛的是真正的自己。然而，由於他們不願意展露自己的感受，所以別人無從了解他們，甚至於愛他們，這幾乎是不可能的事。他們面臨最大的挑戰是允許自己軟弱，並願意冒險展露自己的感覺，建立屬於自己及別人的情感認同。但對他們而言，這樣會危及到自己的生存，而且感覺極為強烈。不過，這些都是讓自己快樂及成功與別人建立關係，且讓自己自在必須採取的步驟。

◆溝通感受

他們可能是真正孤獨的人。由於他們害怕承認自己的感覺，所以也不敢冒險親近別人。他們不希望受傷。不過，他們現在要學習，擔心受傷比實際體驗自己最緊張的感覺糟糕。他們因為不熟悉所以迴避感覺，但是實際上，只要練習展露感受，他們會發現生命有新的深度以及滿足感。感受增添生命許多色彩及內容；這是個人私有的喜悅泉源，沒有這道活水，這個星球上的生命會枯燥無光、平淡無奇、孤獨無依的。

北交點巨蟹座的人擔心被感覺淹沒並失去控制。但是，他們永遠不必擔心被自己的感覺打敗，因為他們沒有逃避責任的想法。即使他們發現自己朝反方向前進，也都可以藉著內在的能力而掙脫。他們正在學習相信感覺是暫時的，如同大海的潮汐。當實際經驗並釋放，就會產生不同的情緒及感覺。

感覺為生命增加另一個層次，這個層面可以使他們與他人完全連結。只從心靈面與別人連結，將使彼此的關係呈現不足。今生，他們必須學習開始重視別人的感覺時，可以欣賞對方各個微妙的層面。而藉著與別人分享自己的感覺，北交點巨蟹座的人讓對方更能欣賞自己。

例如，如果北交點巨蟹座的人對某人充滿熱情，卻又不表現出來，兩人間就沒有溝通。但如果他勇敢表達自己的感情，那麼兩個人就有溝通的機會。感覺除了透過肢體語言表達外，亦可用言語傳遞。如果他們覺得熱情澎湃，那麼根據自己的直覺擁抱別人，或是牽他的手都不會有問題。

他們潛意識裡的控制慾會讓他們在「檢視」的狀態，希望總是做「正確」的事情，但這只會擱置他們真實的感受。他們可能花許多時間思考如何操控：「如果我這麼做，會發生這樣的結果；如果我那麼做，會發生那樣的結果。」所有的事情都是一種策略。但是他們終將失去操控，錯過享受生命中「感覺」的部分，除非他們信任自己的感受，讓它帶領他們在關係中遨遊。

今生中，北交點巨蟹座人的關鍵是誠實，而不是所謂「容於社會」的事物。他們必須明白當感覺無法溝通與作用時，就沒有所謂的「無窮機會」。他們必須認同情緒。他們不要以為可以不根據感覺行事。這可能是一條孤獨的路，絕大多數的人不會建議誠實交代這一路發生的狀況，但是對他們而言真誠是唯一的途徑。

◆ 親密

北交點巨蟹座的人需要自問：「如果一段關係不是建立在真誠溝通上，那麼困難時刻看到的伴侶核心是什麼？」這些人希望也需要體驗親密關係，而建立這種關係的方法是呈現自己脆弱的一面，而不是試圖控制。或許表達正面的感受比較容易，但是他們必須記得，他們展現恐懼、悲傷、關切、沮喪、憤怒或不安等感覺的動機，並不是為要證實或延伸這些感覺，而是方便將之呈現後釋放。當這些人壓抑自己的感覺時，是沒有用的。

其他交點的人在做自己和讓別人了解自己感受可能沒什麼問題，但對北交點巨蟹座的人而言，這卻是一項需要極大勇氣的挑戰。他們需要展現和傳達自己真實的感受。他們必須言語表達出自己的感受。動機必只能是展現他們的內在。之後，如果有人以任何方式否定他們，他們就可以知道這人不是能與自己分享親密關係的人。但這個方式卻有機會讓人認識他們，哪些可以與他們一同成長、提供溫暖支持的人。

前世，由於北交點巨蟹座的人一直都是負責的人，所以他們必須證明自己的所言所為。他們會考慮所有可能的反應後再謹慎說話。好消息是這輩子，他們不需要再證明什麼了，他們有宇宙賦予的特權，只要簡單做自己和分享感受，毋須再為他人的反應負責了。他們甚至不需要知道為什麼會有某種感覺。但有時溝通感覺的過程讓他們清楚知道發生的狀況，或者也可以讓另一個人對他們更加了解，都是建設性的回饋。

所有北交點巨蟹座的人都必須做一件事，傳遞自己當時知道的訊息。例如，「你說的話讓我不太自在，但是我不清楚為什麼。」「當你這麼說，我覺得很生氣。我不知道為什麼，但我希望你知道我的感覺。」「我很緊張，好像會讓我變得話很多。」「我知道這是我們的共識，但隨著事情發展，我覺得不安。」不論他們害怕發生什麼，當這些人真的願意冒險與人分享自己的感覺，並讓別人了解自己反應背後的緣由，問題會以雙方都有利的方式解決。北交點巨蟹座的人過去幾世的模式複雜，但是今生對他們來說，做正確的事易如反掌。

支持與平等

◆父母角色

對他們來說，安全感及信心源於自覺支持別人的動機。當這種支持明顯以平等為根據，他們的關係會蓬勃發展。但是，由於前幾世他們幾乎沒有體驗過傳統家庭，所以傾向只能「困於」一種角色的扮演：權威、獨裁、「父親」型。因為他們習慣承擔責任、組織及控制，以為別人無法如自己一般。當緊急狀況，甚至可能是緊急狀況的徵兆發生時，他們會立刻介入組織動員每個人；這是自動的反應。

北交點巨蟹座的人老是想知道別人要去哪裡或在做什麼，因為他們習慣為每種情況負責。但是今生他們要學習，支持與剝奪別人的生命責任是兩回事。他們這輩子最大的挑戰，是在不批判或者不嘗試導正的狀況下，了解別人的弱點。

為了抵銷扮演「父親」角色的傾向，不論男女最好的選擇是扮演負責滋養、支持的「母親」角色。為了保持平衡，他們需要學習扮演女性化的角色：接收能量並發自內心地真誠反應。這麼做可以軟化他們，並允許其他人從他們的能量中受益。北交點巨蟹座的人需要從自己的不安全感了解其他人，而不只是透過權威角度去看。如此，他們就不會覺得威脅，並平等相處。

以下是個父母對比的例子。當別人生氣時，北交點巨蟹座的人具「支配父親」傾向的部分，會告訴這個人怎麼做才能驅除負面情緒。他們無意間否定了別人的感覺（這也是他們對待自己的方式），讓人覺得自己不受肯定與滋養。在今生，北交點巨蟹座的人要學習發展自己的同理心。他們一定要傾聽別人的聲音，並了解別人的痛苦，如同母親了解孩子的痛苦般；他們的理解有助於療傷。對孩子說：「親親，痛痛飛。」其實不如下面的話符合邏輯：「下一次，不要讓自己再在相同的狀況下，就不會受傷了。」然而，第一句的安慰是別人需要的，以及別人希望從自己身上得到的東西。先肯定痛苦的存在，讓痛苦的人知道他們的關心後，就可以給點有用、實際的建議了。

前幾世，他人因為他們的成就而肯定及認同他們。今生，他們需要將這個過程倒轉過來，並提供別人支持及鼓勵。他們今生是來滿足別人的需求的，當他們這麼做時，自己也能獲得成長及安全感。在走出去幫助別人，他們的需求也自動滿足。他們滋養別人的同時，自己也可以獲得滋潤及充實。

在所有的感受中，北交點巨蟹座的人絕對無法接受拒絕。雖然他們正學習對人的感覺敏感，但由於他們來到地球上時卻對自己的感覺敏感，所以對任何拒絕意味的暗示都有誇張的反應，他們認為一切都關乎個人。他們應該更客觀，將焦點從自己轉移出去，並了解如何反應他人的立即需求。

例如，我有一位北交點巨蟹座的客戶，他是牛排店的股東。如果有客人因為牛排做得不好時，他常會把事看成是個人的問題。他的立場是：「我烹調的方式沒有錯呀，這個客人是不是有問題？」當他們將任何情況下的焦點放在他們的能力上時，總會充滿防衛性。他們一定要跳脫自我，並清楚了解他們能如何使別人獲得成長。當他們把焦點放在如何使別人覺得支持及關懷時，每一個人都是贏家，而且能量會大增。

感覺在自我認同中是重要的部分。讓你哭的原因，可能和讓你姊或朋友落淚的理由完全不同。我們的感覺是一種個人特質，當北交點巨蟹座的人表達出自己的感受時，也是開始讓人認識自己的時候。通常他們認為別人不能了解他們，也不允許他們做自己。其實是他們不給別人真正認識自己的機會，因為他們擔心自己看起來與別人不同。奇妙的是，當他們終於顯現出真實自我，而且願意冒被排斥的風險時，會發現自己真正的歸屬。

當他們發自內心地說話、說出內在氾濫的情緒時，對別人而言那是極為迷人的行為。所以別人通常會回應以同理心及支持。有趣的是，對北交點巨蟹座的人而言，最個人的感受實際上卻最不具個人色彩。世界是以何種角度看待事物，或別人眼中的他們，對他們來說似乎是極為個人的問題，因為自我是這些問題的中心點。但是當他們表達自己的感覺及直覺時，自我其實完全置身度外。這完全是一種本能，所以他們怎麼能夠居功呢？這不在他們思考過程獲得的結論，只是誠實的反應罷了。

目標

相信直覺

◆微調

北交點巨蟹座的人從前幾世以來獲得許多誠信。他們需要堅持誠實，但展露他們內在思考的過程，讓別人了解他們的感受。由於過去曾有許多世在社會扮演極為重要的角色，他們習慣自己「是一號人物」的狀況，假裝「擁有一切」滿足社會需要。但是今生，他們的感覺如此強烈，因此他們需要肯定。對別人來說，他們可能看起來冷漠或嚴肅，但這是因為他們潛意識試圖否認自己的感覺，希望自己看起來能夠「高人一等」。直到現在為止，壓抑感覺是他們非常內化的反應，但是為了要讓今生快樂，他們的反應迴路需要重新設計。

要達到這個目標的方法是放慢腳步，花時間傾聽自己的聲音。一般而言他們開始有感覺，會忽視這種感覺的存在，也可能會直接反對。現在他們應該刻意重新訓練自己，不要迫使自己立即說明自己的感受，而是等待足夠的時間，讓感覺出現之後再溝通。這對北交點巨蟹座的人而言，是全新的經驗，就好像練習走路或講話一樣，所以他們一定要有耐心。當他們進行實驗時，會發現身邊的人，很奇妙地支持他們的新行為。這種方式可以刺激別人，拉近彼此的距離，建立真正的親密關係，而不是一種膚淺、長期的關連。

由於北交點巨蟹座的人在過去許多世，一直因為鼓勵壓抑自己的感情，所以把感覺視為弱點。但是感覺其實與脆弱間一點關係也沒有，它們只是肉體的反應罷了。北交點巨蟹座的人可以說「因為我快樂極了，所以我脆弱」嗎？當然不，因為這只是另一種感覺罷了。

本能絕對不會誤導這些人脫離軌道。通常他們情緒的反應會促進他們與人團結，或是預言未來。北交點巨蟹座的人害怕無法掌握主控權，或自己是錯的。但是他們不應該讓這種恐懼阻止自己，他們應該說：「這是我目前的想法，這是我的感受。」他們的直覺永遠是對的。當他們允許自己表達情緒就是一種「善因」。對他們來說，情緒是正面具療效的。讓自己的感情流露出來，可以使他們產生迷人的魅力，使所有相關問題迎刃而解。

◆溝通

北交點巨蟹座的人對成就有種直覺，所以將設定的目標視為最大的挑戰，誠實透露出自己的感覺、恐懼、弱點，可以充分利用這種直覺。他們一定要學習這麼做，因為能建立與別人之間的同理心。如果最初他們不好意思讓人知道他們的感受，可以嘗試寫信的方式。或者，如果關鍵時刻突然「忘了」應該說什麼，可以做一些筆記幫助記憶。

他們的目標必須以負責、不埋怨的方式與別人誠實交流他們的「感受」。如，「你昨天沒有如約打電話給我，讓我沒有安全感和沮喪。為了等你的電話我回拒了別的邀約。」這些人需要說明實際發生的狀況，然後再轉達自己在這些狀況產生的感覺。之後，他們應該閉嘴，讓另一個人有反應的機會。他們必須放慢速度，給雙方互動適當的開始，那是一個允許兩個人互相調適的空間，而不是立刻將焦點放在結果上。

通常北交點巨蟹座的人很厭煩自己必須堅強，而其他人仰賴幫助的狀況。他們可能由於自己有需要卻找不到人可以給自己建議，而忿忿不平。讓自己一直處於「高人一等」的地位，會使他們覺得距離別人愈來愈遠。他們必須允許自己接受別人的協助，同時也允許自己幫助別人。

然而，當他們真的接受協助，通常以戲劇性的方式呈現：「好吧，我今天想用你的車，但是不要擔心，我一定會在兩個小時內把車子還你，絕對不會遲到。」他們過度強調歸還車子的強烈責任感，而沒有注意到自己正在接受別人的幫助，也沒有對這些協助表示感激。他們要學習用感謝與愛接受別人的幫助及關心。他們要學習的是彼此依賴並非脆弱，相反地，它可以幫助他們建立與別人的歸屬感，並增加生活的深度。

如果這些人不告訴別人自己的不安全感，其實是剝奪別人提供自己支持及回饋的機會。只有在他們願意將自己的恐懼及不安告訴別人時，別人才能了解他們的需要。這時人們才有機會協助他們、照顧他們、寵愛他們，這些都是北交點巨蟹座的人今生最需要的。對於其他交點族群來說，被別人照顧是一次自我之旅。但是對北交點巨蟹座的人而言，其實是一次真正的滿足自我之旅。改變這點讓人體驗到謙卑，以及所有相關人等都受惠的能量交換。

在接受協助時，北交點巨蟹座的人可能不太自在，因為他們認為自己盡到完全的責任。實際上，藉著把別人包括在內，以及允許別人協助自己，就是肯定別人存在的價值。一旦了解別人願意幫忙，他們的整個世界觀會發生極大的轉變。

專注於過程

北交點巨蟹座的人在前世有太多目標的經驗，所以今生他們往往忙著追求一個接一個的目標，完全忽略過程帶來的喜悅，導致不論得到什麼都不能從中獲得滿足。他們的表現永遠超過預期，但他們總忽略這一刻或對身邊的豐富事務投以激賞的眼光，就不斷向前追求下一個目標。

他們前世已獲得最高境界的成功，所以今生的重點並非經由達成目標而快樂。今生，過程是最重要的，快樂會從抵達目的地之前的愉悅過程獲得。他們一定要對開始、成長及觀察的過程多付出一點關心。他們還是能以遠超越他人水準的達成目標，但是要以「正確」的方式完成，而這種方式既充滿樂趣也促使自己及身邊的人成長。

◆結果與手段

今生不是北交點巨蟹座的人「結果使手段合理化」的世代。要有安全感，他們需要時時觀照過程，而不是掙扎著達成目標。這麼做可以避免讓他們在無意中在情緒上不當地利用、剝削或傷害他人。或許有時候，企圖掌握控制權的欲望占據心頭，他們試圖從頭腦管理自己的生活，但他們應該記住這麼做會帶來多大的痛苦。

北交點巨蟹座的人有犧牲過程換取結果的傾向，造成缺乏能量、活力及個人快樂。例如，與其專注在成功婚姻的目標，不如將重點擺在創造成功婚姻的過程。他們需要花一點時間了解他們的伴侶是否享受彼此的關係。目標可以透過表達感覺、製造親密關係，讓彼此都清楚了解對方等方式，來擁有彼此支持、快樂的婚姻。最後的結果（成功的婚姻）就是他們每天生活過程所帶來的自然成果。

他們今生會學到，如果他們關照小事，大事自然也會有很好的發展。別人可能不了解他們為什麼要全神貫注過程的每個步驟（也許別人要學習的是達到長期的目標），但是北交點巨蟹座的人一向是成功達到目標的高手，他們的目標是必須對自己及過程坦誠。當他們關照「小事」時，例如坦誠表達感覺、了解別人的感受、情緒保持與狀況聯繫、以關懷的方式一次一個步驟，他們就真的走上正確的道路了。

北交點巨蟹座的人必須時刻記得，不論他們的所做所為能不能被別人了解、肯定或尊敬，他們精神上是正確的。只有他們了解呈現脆弱的一面多麼困難，而當他們以這種方式真實面對自己時，不論別人的意見如何，還是值得尊重自己。這可以培養新的力量，為他們帶來不可思議、平和的勇氣，來處理世俗的生活。只要他們在過程之中保持真誠，他們達成目標帶來情緒上的滿足，將遠超過原本的想像。

◆滿足的目標

由於北交點巨蟹座的人擁有極強的能力達到目標，所以對他們來說，區分自己的目標及社會或早期環境加諸於他們的目標很重要。他們的目標可以藉由過程本身讓他們快樂，承認「一鳥在手勝兩鳥在林」，可以幫助他們以快樂取代沮喪，欣賞生命之中的事物。他們潛意識傾向目標導向，經常促使他們在「下一個目標」中尋求滿足，結果他們往往不能享受已經擁有的東西。當他們有意識地承認並欣賞擁有的東西時，自然就會得到足夠的能量，使他們平衡地邁向進一步的成就。另一個可以大大滿足北交點巨蟹座的人的目標，是專注於關係上的情感連結與親密。這可以使他們放慢朝目標進行的腳步，並時時意識到自己及其他人。這表示，隨時意識到生命充實的感覺非常重要。

幫助他們做到這點的方法，是專注轉移體內能量的中心；在他們不熟悉環境帶來更大的安全感。北交點巨蟹座的人通常將能量集中於肩膀至頭頂的部位，導致他們「頭重腳輕」缺乏內在意識。他們要將能量轉移到下方的部位，例如腹部（肚臍以下的部分）。白日作息間隨時意識能量中心，讓他們的價值意識成為內在安靜的因素，無論其他人的意見怎樣，這個因素都會在他們內在持久、滋養和完善。當他們把能量由上往下移到腹部時，就會開放能量中心與他們的心。這使他們學習全新的方式應對他人的情緒挫敗。他們總是對負面情緒不自在，而且不知如何安撫他人。他們的第一個反應是忽視或壓抑這些感受，並直接朝目標前進，所以他們會回到「高高在上」的情況。但是最奇妙的是，如果他們把目標設定為確認別人的感覺，或肯定並強調情緒的存在，那麼他們就會看到適當的反應出現，這種反應可以真正地支持別人，加強彼此間的關係。

例如，我曾有一位北交點巨蟹座的客戶，她與一位心儀的對象約會。他們兩人都住在社交活動很多的紐約。有一次對方出差到明尼阿波利斯時，在煩悶、沮喪的心情下打電話給她。她不知道該說什麼來令他開心，所以說不到幾句話，電話就結束了。當時對於煩躁的他，她應該可以說：「我好難過聽你這樣說。」只要這些人認同並重視另一個人的感受，立刻就會知道適當的話該怎麼說。她還可以說：「或許這個週末我應該飛過去陪你。」這種反應創造出雙贏的局面。但是這些人永遠不會知道牽涉到情感時，應該說什麼才「正確」，除非他們先承認並肯定其他人的感覺。

遺產

北交點巨蟹座的人要學習以安慰及支持的方式與人溝通。他們必須姑且相信人性本善，這樣才能引發每個人最好的一面。例如，我的一位北交點巨蟹座客戶曾有類似的問題。這位客戶是美國西南部一家餐廳的股東，而餐廳的主廚有酗酒問題（當初雇用時，問題並不明顯），在上班幾個月之後，這名主廚竟入獄拘禁了三天。被釋之後又回到餐廳工作。好廚師不好找，所以我的客戶很需要他，另一位股東看到主廚時，也極熱情歡迎他：「嗨，約翰！很高興你回來了。」但我的客戶卻冷漠站在一邊。如果他希望廚師回來，為什麼不讓對方覺得自己受到重視呢？這些人要學習當自己需要某人時承認這個事實。

◆教導

北交點巨蟹座的人先天就清楚如何在物質世界中達成目標，清楚需要做什麼、世界怎麼運轉、生意如何做等。他們也以為別人有同樣的認知。但事實上，對於達成目標還沒有其他交點族群的人與他們有同感。北交點巨蟹座的人這輩子投生的使命，就是教導別人達成目標。

由於這方面，這些人擁有許多前世累積的經驗，所以只要別人無意識地妨礙自己前進、沉迷於具反效果的行為，或是允許自己被微不足道的事情分散注意力時，他們都會立即察覺。他們也清楚地了解問題解決辦法，而別人又該如何為了達成目標而定位自己。當他們看出另一個人的需求時，可以運用自己先天的務實協助別人實現夢想。

當北交點巨蟹座的人發現某人的行為適得其反時，不應「懲罰」他，而是應以滋養的方式教導他達成目標。這些人參與的最佳方法，是協助別人確定目標，再鼓勵他們「追求目標」。

當他們以這種方式敏感地感受別人需求時，他們就從一位「獨裁的父親」轉換成「滋養的母親」，同時更有效地與人接觸。當他們更諒解及支持他人，他們的信心可以使別人發揮最大的潛能。

以前面的主廚為例，我的客戶可以花點時間更了解他。他為什麼當廚師？他想完成什麼？他想透過餐廳工作獲得什麼？如果廚師的動機是希望提供妻小更好的生活，而他在這餐廳工作的理由是希望建立良好聲譽，那麼我的客戶就知道如何以支持方式激勵廚師。

耐性是北交點巨蟹座的人應該培養的另一項特質。他們的工作是透過示範教導與鼓勵身邊的人。他們前幾世是成功的大師，所以扮演善解人意的導師時，別人會願意傾聽。

◆敏感及分享

由於前世壓抑了個人情感，北交點巨蟹座人「感覺」的天性已經淨化。他們沒有「隱藏的事項」，他們的情緒是天真、自然的反應。往往他們表達感受時，其他人頓時輕鬆起來。他們「感覺」的天性非常開放，也常常「了解」周遭人的感覺。這正是為什麼他們與人分享感覺有好處。「我在這種情況下會不自在。」「當你那麼說，我覺得不舒服。考慮到每個人的需求，感覺上並不是適當的反應。」當他們鼓起勇氣說出自己的感覺時，每一個人壓抑的情緒上都因而獲得治療及釋放。在團體中，其他人可能走上前對他說：「我很高興你這麼說！這正是我的感受，但我一直不知道怎麼表達。」當這種情況發生，就好像整個宇宙都在肯定他們是「走在正確的路上」。負責地說說他們的感受，不帶責備的口吻，是排除存在目標路上障礙最需要的要素。

北交點巨蟹座的人前世否定自己的情緒，也失去成為一個人類應有的優勢。從某個角度來說，他們甚至覺得自己不是人類的一份子。他們了解目的、成就、責任，但這些所為何來？做為一個人類經驗中，回饋及真正的價值在哪裡？其實來自情緒自身的滋養及經微感覺。每一種外在經驗若沒有內在情緒維持將一無所有。而與人分享這些感覺，是各種經驗中最強烈、最令人興奮的經驗。

當這些人與自己的感受脫節時，就會失去確認自我主張時產生的滿足及歸屬感，也就是與人類情緒面的連結關係。他們有權做為人類大家族的成員，並享有好處及喜悅，而不是承擔責任。對他們來說，放慢腳步，享受擁有人類身體帶來的滋養獎勵——體驗感覺，是非常恰當的。

療癒主題曲

由於音樂在是一種情緒上支持我們冒險的力量，因此我為每個交點族群各寫了一首療癒主題曲，希望能幫助他們將能量轉換到積極正面的方向。

我已經上路

這首歌要傳達的訊息，是鼓勵北交點巨蟹座的人勇於冒險及呈現自己的弱點，表達自己的感受，並讓自己更開放的面對希望充實情感的互動。

♪節錄部分歌詞

看起來，我唯一可以找出自己所在的方法，
就是誠實告訴身邊的親友。
自己眞實的感受，
這種改變可以使一切事情更爲清晰，

冒個險，看看會有什麼魔法發生！

回家是一條漫長的路；
回到我所來的地方。
但是我已經上路了！
過去，成長是推翻
所有我以爲自己早已知道的事，
再次匯入潮水之中……
走上回家的路！

第五章

北交點獅子座——或北交點在第五宮

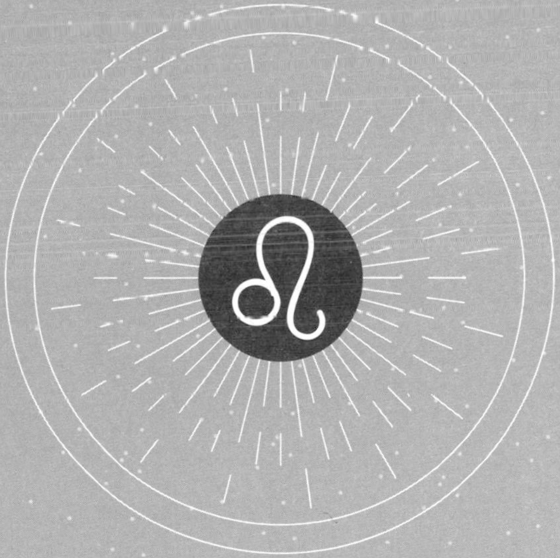

星座箴言

自己的快樂必須自己創造。

總論

♌ 應發展特質

針對這個部分努力，可以幫助他們找出隱藏的天賦與才能。

- 個別性
- 願意站在「舞台中央」
- 遵循心中的渴望
- 加強意志力
- 熱情
- 自信
- 冒險
- 與別人內在的赤子之心共鳴
- 享受生活、開心
- 視生命為一場遊戲
- 發展「取決在我」的態度

♌ **應擺脫傾向**

努力降低這些傾向造成的影響，可以使生活更輕鬆愉快。

- 屈服同儕壓力，得到「歸屬感」
- 擺脫情緒化
- 超然
- 等待別人促使自己行動
- 「忽略」實際情況
- 採取行動前等待「更多」的知識
- 沉淪白日夢
- 逃避正面對抗

致命傷／應規避陷阱／重點關鍵

對北交點獅子座的人而言，他們必需意識到的致命傷是太過希望同儕接受自己。「只要我與生命合作並『順勢而為』，同儕就自動支持我也讓我快樂。」但這是一個無底洞，他們的朋友永遠無法給他們充分的支持，使他們突破個人的角色，並享受生命中令人興奮的機會。他們應該成為自己最好的朋友，鼓勵自己追求可以為他們帶來幸福的目標。

他們需要規避的陷阱是漫無止境地追尋知識，「如果我的知識足夠，就能採取創造性的行動和更具信心。」他們永遠覺得自己知識不足以確保創造性行動成功，所以他們繼續「順勢而為」，等待快樂找到他們。但從某個角度來說，他們必須開始冒險創造自己的幸福。有趣的是，他們一旦採取行動創造幸福，他們成功需要的知識就會自然來到他們手邊。

真心渴望

北交點獅子座的人真心渴望接收愛。他們對體驗別人愛之能量的需求，幾乎無法滿足。若要成功將這種能量帶到他們的生命中，他們應該以鼓勵他人的方式先付出自己的愛，因為他們知道如何利用聚光燈令人快樂。運用他們的創造力使人快樂，將創造支持他們、接受他們、愛他們的「觀眾」或同儕團體。北交點獅子座的人要判斷自己是否於「正確的道路」上，最好的指標是來自他人的讚美與掌聲。在令別人快樂的過程中，只要能維持與自己人道主義理想一致的路線，就可以得到報酬——了解自己是生命潮流中重要的參與者。

才能與職業

透過個人創意努力得到回報的職業最適合他們，如演唱、表演等娛樂事業或經營企業，只要可以讓他們在舞台中央，以積極方式釋放他們創造力，為別人帶來歡愉的職業，都很適合。還有一些其他不錯的選擇，如與兒童有關、投資、遊戲、運動等活動，亦頗適合。

北交點獅子座的人也具有客觀的天賦，可以精確掌握職業的內容。當這項客觀觀察事情的能力，運用在娛樂別人的背景時，就成為一種資產。但若做為主要目標，如科學家、發明家、工程師、X光技術人員，他們的生命會缺乏活力與歡愉。他們最好將這種天賦運用於高度創造性的計畫上。

療癒肯定句

- 「唯一能為我創造快樂的人，就是我自己。」
- 「如果我能很開心，就走在正確的道路上。」
- 「當我跟隨內在小孩的直覺，就能成功。」
- 「當我積極創造自己想要的結果，我就成功了。」
- 「當我與別人的內在小孩連結，每個人都會成功。」
- 「當我為別人帶來喜悅，會有參與感。」

性格

前世

北交點獅子座的人曾有過許多前世都在一旁觀看別人交流。他們過去曾是科學家、觀察家，或犧牲個人自我促進人道主義目標與理想的人。他們習慣將創造性的能量與別人的夢想或靈感連結，而完全不顧自己的需求與渴望。

因此過去幾世，他們無法接觸自己內在小孩的重要能量。今生，他們仍潛意識地選擇否定內在小孩的環境。為了解決這個問題，他們最好能重新連結重要的能量。也許他們出生在有暴力傾向的家庭，這樣的環境中，能否客觀觀察父母的行為便攸關他們的生存。或許他們出生在雙親之一或兩者皆有酗酒問題的家庭，由於這種父母喜怒不定，而且他們無法相信照顧他們的人，所以唯一安全的辦法是壓抑自己的感覺。也可能經歷早年失怙，所以他們產生強過他人的責任感，而且覺得「只是個孩子」是不行的。

他們好幾世都是客觀的人，而且以科學的角度觀察事情，所以很怕參與其中。他們擔心失去客觀，他們的潛意識認為那是前世裡唯一維持安全的東西。但是這輩子是要參與和學習玩要的時候。他們太多前世是投身刻板、科學的研究，他們在地球上幾乎不知道應該如何享受，所以今生他們要學習如何享受人生。當他們與孩子一起，他們的內在小孩會重新反射在他們身上。當他們看見孩子玩耍，表現出真實的自我時，這個族群的人會受到鼓舞，開始玩樂，並投入生活之中。而他們要面對的挑戰是：回到生命活力的中心。

由於他們前世科學的傾向，北交點獅子座的人進入今生時，仍具有「實驗室的客觀性」。他們持續觀察而不尋求改變，或以任何可能的方式干涉數據。這種特質使他們可以清楚且精確的了解當下發生的事物。但是，如果他們過於認同「重要觀察者」一角，這輩子就只會自吹自擂，他們會自覺高人一等，保持好距離批判他人。

他們可能會採取這樣的方式處理事情：「我們廢話少說，直接切入主題吧！」然後，當他們看到別人的表情時又覺得不舒服。但是他們的心會說：「嗯，我說了！我就是支持這個論點！」然後堅持自己的立場。然而今生他們要面對的挑戰，是以正面的方式告訴別人當下發生的事。這種方式讓他們開懷或幫助他們改變觀點並減輕負擔。今生北交點獅子座的人應該不只需要看見當下發生的狀況，也應該積極參與將「現況」轉變為對所有相關人（包括自己），具有正面效果的事。這輩子，他們的生命目的是密集地參與而非超然的態度，學習得到自己想要的東西。

◆觀察vs.行動

北交點獅子座的人有時候會覺得自己捲入別人的戲碼。雖然他們可以明顯看出預兆，但卻只能坐壁上觀，無能為力。他們認為別人可以調整他們的行動方向，「搶風行船」，並仗著超越的條件獲勝。但是他們又常覺得自己彷彿看到風向改變，也注意到浪頭，卻無法使出所有的力量，並利用自己的優勢。

他們一方面「受困」於創造力。如果要成功實現一個夢想，過程必須包括觀察與行動，有時候還必須用力拉船上的繩索，才能操縱這艘船。在這艘船改變方向時，他們又必須努力維持平衡，如移動沉重的物體使船平衡，或「以板條抵牢艙口，防備急救的情勢」，為改變做好準備；這將使他們耗費極大的能量。精確觀察優勢力量在創意過程中相當重要，因為能讓他們使用所有能量與正確的方向。北交點獅子座的人有出色的觀察力，但是必須記住要付諸實行，才能在真實的世界創造改變。

◆科學研究vs.創造性

有時候，北交點獅子座的人常會想事情想到「絞盡腦汁」的程度。他們對每一件事情都會加以分析，找出每一種可能出錯的因素，了解身邊每一個人的情緒，並盡可能獲取各種知識，使自己在決定做某件事情之後，不會犯錯。但是，有太多不同的事情需要思考，所以他們會感到被淹沒與癱瘓。他們這種透過「特定知識」追尋安全感的傾向，會使他們無法嘗試增加他們活力的事，而且會使他們陷入停滯、被動的生活。

他們要學習更多變。他們一定要相信他們的直覺，而不應該執著邏輯策略。他們應該願意承認自己的基本前提可能有錯誤的存在。不過，他們常以為自己擁有過人的知識，即使所謂的「知識」無法實現他們的夢想，他們可能還是會固執地堅持己見，「為了讓我能遵循心的方向，並嘗試創造我想要的東西，我必須先滿足X、Y與Z等條件。」但是實際上，這些條件從未符合過標準。他們應該要放棄他們的執念，那就是：他們完全掌控自己夢想的成敗。其實，生命與他們是站在同一邊的，當他們放下憂慮，開始在每一刻做自己能做的事時，一步一步地，他們的夢想就會成真。如果他們不願意，而他們所謂的「適當的條件」又不能滿足時，就可能拖延做任何嘗試的時間，直到來不及，或是機會之窗已經關閉時，還沒有任何動作。

北交點獅子座的人今生要學習突破科學方法的限制，達到真正有創意的目標。事實上，創意並無法規畫，或是列入計畫。那是配合存在瞬間的直覺與能量，並運用手中的每一種資源的過程。這與決定要往哪兒去，配合宇宙的脈動達成目標相關。雖然最後的結果未必是他們預期的，但他們仍可以開心且成功地得到滿足。

北交點獅子座的人必須接受宇宙協助他們實現理想的事物。如果他們對宇宙說：「我想要這個的答案。」當宇宙提供他們答案時，他們的腦袋又浮現：「不！這不是答案。」他們不採取行動就否定了自己的答案。他們不斷繞圈圈，並覺得與生命力量疏離。當這種情況發生時，就表示他們應該採取行動。他們需要對生命做出某種形式的貢獻，如拿起電話撥給某位朋友、寄一份禮物給自己喜愛的人、登記參加某種運動或是活動，使他們與自己的能量再次連結。當他們與自己的能量搭上線時，他們會有參與感，而且情緒或理智兩方都可以與他人相連。他們會覺得棒透了！

順勢而為

北交點獅子座的人缺乏對個人力量的肯定，這種力量足以創意改變他們的生活。他們認為隨順就擁有所有的力量，因此感到自己無能為力。他們甚至常常忍受虐待情況，相信「事情本來就是這個樣子」，這是因為他們不認為自己有力量做任何改變。他們今生最重要的課題，是肯定自己的確擁有以宏觀為依據而進行建設性改變的力量。事實上，他們擁有的是一種特殊的才能。

前世，這個族群的人會使自己調整到順應宇宙能量的流向，並接受它的指引。以往這麼做的效果很好。今生，只要他們積極追求自己的目標（與內在小孩產生共鳴的目標），就可以再次相信「潮流」帶領他們朝正確的方向前進。當他們無法感受自己內在與這個目標有任何聯繫時，就會產生危險。由於他們今生的命運，是要學習與他人以創意的方式建立關係，所以他們選擇的潮流，其實就是別人的能量，而不是「宇宙的指引」。在這種時候，當他們「順勢而為」，這個「勢」就是別人渴求與希望的，而這些渴求與希望根據的可能是極為自私的考量。

北交點獅子座的人有時隨波逐流是為了取悅他人。這是他們與別人合作與被人接受的方式，這樣他們才不會涉入也不會受到情緒干擾的危險。唯一的問題是當他們順勢而為，通常最後會在別人的堅持下扮演副手。當他們感受到別人強烈的欲望旋渦，最好退後一步暫時離開現場，讓他們承認並肯定自己當時的感覺，之後只要相信自己的想法就可以了。他們今生的課題就是跟著讓自己內在小孩快樂的步調走。當感覺變強時，他們就知道自己走在正確的路上。

他們的頭腦一向都用在以「科學評估方法」判斷何者對每個人都好，但是今生，卻不是北交點獅子座的最佳指標。他們需要將焦點放在內在小孩身上。當他們選擇朝某個方向走，某些依賴他們滿足個人需求的人，可能覺得受傷或失望。但是他們要記住，從宏觀角度來看，或許正是那個人需要學習負起他個人責任的時候了。北交點獅子座的人不知道別人今生的課題是什麼。他們只知道自己內在純粹的快樂，而這種感覺是他們在正途的唯一指標。

當北交點獅子座的人根據自己的思緒，而不是心中的渴望行事時，就會遠離今生到這個世界的主要目標——讓自己快樂。許多前世裡，這個族群的人做的工作一直都是以人道主義為目的，所以他們內在小孩非常純潔。任何令他們內心感到快樂的事，就是他們需要追隨的目標，這是唯一帶領他們走出別人能量造成的混亂，並進入自己鮮明個體的光輝中的聲音。

這個族群絕大部分的人，都願意付出一切的代價，得到今生的這份處方：玩得開心！因為他們自動採取負責任的行動，所以可以這麼做。但現在，他們通往「正確行為」的道路，是追尋個人的自主性，在不讓別人造成阻礙的情況下，實現他們的夢想。

◆同儕

他們今生的「朋友運」不甚理想，可能加劇他們與別人的能量混淆。他們在前世，常會與一群人密切互動，因此他們失去了個人的特質。在今生中，他們還是會傾向讓自己加入一個社會團體，之後再「讓自己」歸屬這個團體。他們仿傚那群人的穿著、使用相同的表達方式、模仿他們的行為舉止、採用他們的觀點等等。當這個團體真的接受他們之後，卻因為致力於自己與這個團體的人同化，而失去了真正的自我。他們最大的問題是他們做反了。他們用頭腦決定自己要與誰做朋友，而不是做自己，也就是說他們不是以自己的特質，根據內在真實的喜好來選擇朋友。即使是在兒童時期，他們也會有類似的問題，很容易就與「速成」的同儕建立關係，但很快地又陷入相當的麻煩中，因為他們依從的是朋友而不是自己的判斷。

在全部的團體生活中，北交點獅子座的人面對的挑戰是表達自己的特質。就像前述的狀況，通常他們最終會成為團體中的一份子，別人也認為他們屬於這個團體，但在關鍵時刻他們的偽裝會崩潰，身邊的人發現他們並沒有表現出真實的自己，因此無法彼此信賴。

了解一個團體真實特質，對這個族群而言有好處。可以真正提供援助的團體，各個成員都是自然而然聚集在一起的，而且這些成員都了解各自的原始天性，並對於重要的事物，擁有個人的看法。這種團體是因為彼此間自然的吸引力而形成。這也是北交點獅子座的人若想要有健康的人際關係，就必須隨時與他們的內在連結的理由。在維護他們自主性的過程中，他們會發現且尊重別人的個性。他們的聯合是以彼此對個人獨特特質的尊重為根據，而不是放棄自己的意願與期待來屈就對方。

◆白日夢vs.實現

北交點獅子座的人常常在白日夢未來時迷失自己。這是由於他們對自己未能創造追尋已久的活力，感到悲傷所致。他們對每一件事情都會做白日夢：「稍後」情況會怎樣？他們再次碰到的人會如何？他們認識的某人或未來又會如何如何？一個接著一個的白日夢，填滿了他們的意識。但是，浪費太多的能量在做白日夢，會澆熄他們的創意火花。他們應該花較多的時間在行動，而不是將時間浪費在白日夢。

這輩子他們自己做決定會有所幫助：「我想創造什麼呢？我覺得什麼是有趣的呢？」他們可以從中得到許多點子，而他們的內在小孩也會說：「好耶！我們來做那個！」唯一的問題是他們可能會坐在那裡花上好幾年的時間思考問題，卻什麼都不做。當他們浪費好幾年的時間，還搞不清楚自己的夢想時，內心深處會感到深沉的悲哀。

實現夢想是非常重要一個問題。這輩子北交點獅子座的人有力量創造自己的命運，但是否對自己的生命負責並採取實際的行動，都完全取決於他們自己。他們一定要選擇可以讓自己發生共鳴的夢想，並在外在世界採取行動使夢想成真。或許這可能是令人沮喪的過程。在他們的夢想與現實之間存在極大的差距，從表面看似不可能讓兩者合而為一。但是他們就是擁有那種獨特的能力，可以在物質世界實現他們的任何夢想。第一步就是肯定參與這場創意遊戲是有趣而令人滿意的。他們應該要享受創造夢想的過程，而且不要延後快樂。

不過，北交點獅子座的人有時又對自己的夢想不耐煩，並急迫實現這些夢想。但由於他們的夢想往往與現差距過大，太急躁常使他們遭遇挫敗，最後終致放棄。這對他們並不好，因為他們的心仍然繼續嚮往著夢想，並對身邊的各種現實不滿。他們一定要放慢腳步，允許創意的過程來引導他們前進。當他們成功邁向目標的第一步時，第二個步驟就會自然出現在他們的眼前。如果他們在行動之前一直「等待」，希望掌握較完整的狀況，那麼他們永遠無法獲得足夠的「知識」，使他們有行動信心。對他們而言，活力就存在於冒險之中。

◆專注vs.分心

北交點獅子座的人今生要學習是記住目標。他們容易被生命中的多姿多采分散注意力，無法持續將焦點放在一開始令他們興奮的目標上。他們要學習意志力，無視任何分心的事物或障礙堅持到底。要做到這一點，他們應該把自己看成下場的球員，而不是置身場外的觀眾。

有時候他們一開始看到體驗夢想的機會時，就會馬上陷入快樂的能量並開始朝那個方向前進。但是之後又會發現，從他們當時所在的地點到他們想要抵達的地點間，並沒有一條筆直、易行的路。當事情開始變得不穩定，且未能如他們想像般地演變時，他們可能選擇放棄。他們會因為其他長期看來只能帶來較低能量的路徑，而分散注意力。

北交點獅子座的人要學習的是，若要創造生命憧憬的快樂，不一定能夠一馬當先。當他們朝目標前進，通常會出現「第二力量」，那也是對抗他們夢想的一種力量。這時，他們必須先退後並突破這種阻力，如此享受能帶領他們進入新境界性格的成長。這有點像神話故事，在獲得戰利品之前，王子必須通過各種性格上的考驗，如殺死惡魔等。他們遭遇到的第二種力量，實際上是他們性格中的一部分，這個部分一直阻礙著他們前進，但是只有在他們努力爭取自己想要的東西時，才會突顯出來。如果他們想要得到獎品，就必須經歷性格上的各種考驗，如獲得力量、自我紀律、克服最大的恐懼等，而且要能不退縮。

創造力

北交點獅子座的人要學習的主要課題，是感受創造過程中產生的喜悅。但是他們可能遭遇很大的挫折，而這個挫折可能存在他們夢想與現實間的極大差距。雖然他們已經習慣遵循別人創造出來的模式「順勢而為」，但是今生他們理應要創造自己想要的環境。不過，他們不知道從何著手。誠然，一個向來如此習慣跟隨他人腳步，從來都在旁觀看的人，要如何突然做一百八十度大轉變，成為一個創造者？他應該從哪裡著手？對無知的恐懼，正是使北交點獅子座的人陷入不斷追尋更多知識，並尋找可以促使他們採取行動的理由。不過，最後他們會發現答案就在於他們的意圖。當他們將焦點完全集中於他們想創造的東西時，他們所需要的知識，就會在他們積極創造的過程中，自動向他們報到。在今生這個生命中，他們的任務就是創造夢想。

◆知識vs.經驗

北交點獅子座的人總是希望得到足夠的知識，使他們覺得有採取行動的信心。但是他們可能活到兩百歲，還覺得他們的知識不足以支持自己的行動。他們絕不能用知識做為延後行動的藉口，他們應該明白，即使有時出錯也沒有關係。事實上，透過犯錯，我們才能「真正」了解有關生命實際運作的更多知識。

在某些特定的情況之下，北交點獅子座的人其實擁有堅強的自信。但是他們的自信是根據自己資訊的信心而建立。對於他們知道的事物，他們擁有完全的自信，但是他們對「了解」的定義，多是以過去的經驗與觀察做為根據。當他們只根據過去的知識建立刻板的想法時，也同時侷限了未來的可能性。他們必須願意「不知道」，願意像個孩子放手實驗。他們需要跟隨他們的心，就算別人不願意但他們還是要嘗試，搞清楚發生的事。這樣使他們的生命再度充滿活力，而且他們會發現，即使他們不「知道」應該怎麼做，還是可以創造出正面積極的結果。

他們喜歡等待知識的肯定，避免犯錯造成的痛苦。但是他們需要學習遵循內在小孩的原動力，這種動力帶領他們進入充滿喜悅、刺激、探索、浪漫，以與創意、創新、未知的領域。如果他們不這麼做，他們會覺得不滿、與世隔絕。同時對他們跟隨前進的鼓聲，為什麼沒有引領他們進入更快樂的境界感到困惑。任何對「知識」或「條件」的執著，將成為他們的障礙。例如，我一位北交點獅子座的客戶，過去二十二年來，一直試著離開他的太太，以便開創新生活。但是他執著於一個想法：如果要離開他太太，必須賺很多錢，先在經濟方面滿足太太。在這二十二年間，他賺的錢愈多她花的錢就愈多，而他永遠都無法累積到符合他預定目標的水準。但是他的太太其實很有創造力、獨立，且很聰明的一個人。由於他不給她自主的力量，而且採取任何實際行動之前，他只是一味地朝自己的「條件」努力，深深地陷入這段不愉快的婚姻當中。

若想增加他們生命的活力與樂趣，北交點獅子座的人必須勇敢跨向未知，直接透過經驗找尋自己的真相。在不知道可能反應的情況下冒險需要信任；而要得到創新的知識，則需要內在小孩天真無邪的勇氣。他們一定要相信內在的活力，只要他們持續將目標放在腦海中，就可以了解在朝目標前進的途中，應該做哪些調整，使自己可以到達想要去的地方。

◆遊戲策略

北交點獅子座的人非常精通遊戲，可以扮演好每個他們選擇的角色。他們的客觀使他們可以執行絕佳的策略。一旦他們心中有堅定的目標，就可以了解如何與其他參與者扮演好自己的角色，使他們的夢想成真。這種能力會在當他們沒有安全感時特別好用。如果他們允許自己將整件事情視為一場「遊戲」，他們天生角色扮演的能力，就會適時地出現。

一旦他們認清自己的角色，就可以制定致勝的策略。這個策略可能會要求他們，在不同的進展過程中扮演不同的角色。在某個階段，他們可能是「治療者吉姆」；在另一個階段，他們則可能是「理想中的男人：吉姆」。重點在於了解他們需要扮演的角色，之後再精確地扮演這個角色。他們在這方面的能力很強，同時他們也從中獲得極大的愉悅。他們唯一需要小心的是，要記得公平的重要性，以及只扮演可以對每個相關人都有利的角色。

北交點獅子座的人還能利用戲劇天分，強調自己想表達的重點，使別人清楚地聽到他們的聲音。由於他們很好相處，所以人們常利用他們的親和力。而他們會因為別人都不把他們的話當一回事而生氣，也會憤怒別人沒有給他們適當的尊重。所以他們在表達重點時，一定要很堅定：「我現在有一通非常重要的電話，不能與你說話，我會在十五分鐘後結束。」其實重要的不是他們所說的內容，而是他們說話的態度，這才能引起別人的注意。他們也可以運用戲劇方面的天分，滿足日常生活的立即性需求。

他們是出色的賭徒，因為他們在自我為中心的情緒層次中並不熱衷於「獲勝」。由於他們明白「潮流」具有更大、更優勢的能量，所以知道何時該大膽下注，何時該收手；他們在追求目標也是同樣的情況。今生，他們要學習，即使是「錯誤的」行動，如果是隨著內心快樂的能量前進，還是比完全沒有行動要來得好。然而，他們一定要持續認為那是一場「遊戲」。他們如果想要贏，就一定要再有新的動作之前，不斷重新評估他們的策略。

需求

個人成長

他們極迫需要受人肯定。由於他們有太多前世是在分離的狀態，或只是「無名小卒」，所以這輩子，他們害怕成為「大人物」，也怕成為他們自己。雖然有很多世，他們是為了更偉大的理由，將自己的自我昇華，但是他們因此失去了自己的方向。他們願意扮演別人，獲取他們極為渴望的肯定，因為那正是使他們成為極佳演員的主要理由。事實上，因為積極參與而被肯定，對他們而言是極為有益的，它可以使他們建立自己的積極性格。

◆發展自我

自我的功能是清楚表達渴望，將自己的希望與需求與世界的其他部分交織為一。自我以言語表達個人想要去的方向；它是決策者，也是意志的執行者。北交點獅子座的人有許多前世都熱中於「超我」的思考模式，這種模式是以「應該」、「義務」，與社會、家庭、宗教或對人道主義的認識而闡述的道德觀為基礎。結論是，他們失去了與個人自我的連結，和感覺自己是一個獨立個體，擁有個人需求與方向的機會。他們很清楚自己的「本我」（對事物自然的「直覺反應」），與超我的心靈，但是他們並沒有以中間調解者的立場與他們的自我接觸。因此，他們可能有兩種極端的表現：不是太過屈就，允許別人爬到自己頭上，就是覺得自己的「公平原則」受到侵犯，而突然暴跳如雷。他們常常不知道到底發生了什麼事，也發現不論是想對自己或別人解釋憤怒的原因，都很困難。

如果不是靠自我意識協助自己做決定，他們往往變得特別頑固。即使直覺告訴他們，繼續留下來是無益的，但如果他們根據某種知識，如義務、道德或精神上的信仰，而認為自己不應該離開時，不論如何，他們還是會留下來。這種固執若可以轉化為積極追求目標的決心，還是可以發揮正面的效果，但是如果他們仍任自己停滯與受限，這種固執則會為他們帶來負面的效果。他們停滯不前的另一個原因，可能是基於安全、保證與擔心改變。通常他們藉著在舊環境中找出新挑戰，使他們覺得自己有創造性，將他們的慣性轉化為較積極的行動。但事實是，如果他們只能達到這樣的水準，最後將會限制自己的發展。如果他們為自己設定時間限制，或許可以找到突破現狀的勇氣。他們利用預定的時間讓自己做好躍入新生活的準備。當他們下定決心，並拒絕考慮其他任何的選擇時，將使他們的意志活絡起來，而且突然間就擁有了改變的力量與精力。

在今生，北交點獅子座的人必須有意識地發展健康的自我。他們面對的挑戰是經由肯定自我、以言語表達自己、從超我中得到訊息，以在本我（他們的直覺反應）中得到的體驗，來加強自我。例如，他們可以說：「我知道我不應該生氣，因為你今天上班很辛苦。你很累了，也不想再與任何人打交道。但是你一回家，就拿起報紙、坐在電視前面，一句話都不跟我說，這種態度讓我很不開心。我希望我們每天晚上都可以花點時間，彼此關懷的談笑，重新建立我們的關係。」

一旦這個族群的人說出自己心中的話，表達出自己的感覺與希望，而不時時批判自己，就可以發展出獨特的特質。這需要極大的勇氣，但這是他們可以在重要、堅固層級立足並整合自己的唯一方法。當他們以關愛但堅定的方式，與自己的超我和本我的觀點溝通時，他們的自我會變得比較強，而他人亦會開始注意他們所說的。如果他們不以強而有力的方式，把自己的感覺告訴別人，別人怎麼能真的了解他們，並給他們想要的東西呢？

有意識地透過成就發展自我，可以維持他們在正確的道路上，同時讓別人更接近他們的超我。藉著與別人分享他們看到的宏觀角度與說明本我的直覺反應，他們可以幫助別人以每個人最佳利益為考量，擁有更廣闊的展望。

◆開發意志

北交點獅子座的人今生還有一個使命，就是發展他們的意志，激勵、建立他們內在的力量，並積極追尋夢想。他們擁有的內在力量，遠大於他們想像的程度，他們要學習的是肯定並整合這種力量。不過，他們必須先有個認知，想實現有價值的事物是需要時間的。如果他們希望某個夢想能夠實現，他們一定要願意給這個夢想一點時間。相關的其他人需要在一段時間後，才能與北交點獅子座的人達成共識，而預備的步驟必須在實際的領域中完成。所有的事情都需要時間，所以他們必須做好長期抗戰的準備。

如果他們願意放慢動作，一步一步完成每個階段，並同意揭露下一步驟時，他們將實現心中的夢想。如果他們專注目標，並隨時關照內在快樂的感覺，這個過程建立他們的個人強項，增加處理和充分欣賞他們的努力成果。但是若要與內在的力量連結，北交點獅子座的人必須先越過自我懷疑的高山，「如果我失敗了怎麼辦？如果我做不到怎麼辦？」他們不需要考慮失敗的問題，只要願意嘗試。他們花相當長的時間，才能肯定他們內在的力量，但是他們一旦接受了，就沒有什麼可以阻擋他們了。意志是他們實現夢想時需要的工具。他們追尋的東西，其實也在找尋他們，他們應該記住這件事，這樣他們的力量才能增強。在他們持續努力追求夢想的同時，夢想也在召喚他們，並拉著他們往前走。

◆自我激勵

北交點獅子座的人若要採取行動，通常必須「被推動」朝某特定的方向前進。他們會感受到來自某人或某種情況的推動，當他們跟著這種力量行動，會發現自己走在正確的路上。但是在今生中，他們一定要記得隨時了解自己內在的動機，而不只是做別人想做的事。

有時候，他們因為過於執著與懶散，而不願參與任何事情。這對與他們互擔責任的人來說特別困難，如配偶或事業上的搭檔。因當危機發生，這些人常會突然消失不見，把問題留給身邊的人處理。當發生家庭危機時，他們可能不願介入，他們是真的什麼都不想做。別人會覺得必須驅策這些人，給他們當頭棒喝，或是威脅他們，才能迫使他們伸出援手。

然而，這些刺激通常會使北交點獅子座的人退得更遠。他們感受到身邊的人的全部情緒能量，但是他們不知如何是好。他們應該做的是只能短暫撤退，並與自己的內心對談：他們希望看到當下的情況發生何種變化？怎麼樣可以讓他們感到快樂？一旦了解狀況，他們就必須負起自己應該負的責任，盡自己的力量創造積極的結果。

當他們根據自己內在鼓勵行事時，並不需要任何人逼迫或激勵他們，因為他們已經開始積極追求自己的目標。就個體而言，他們可能希望處理人際關係中的某個部分，而不是其他的部分；或是解決某一種型態的危機，而不是其他的危機。若要對每個人都有幫助與公平，他們應該界定自己願意參與的部分，並讓人知道他們何時可以或不可以依賴自己。例如，他們喜歡與孩子玩，但也希望能在每天晚上下班後一個小時內，擁有獨處的時間，回到自己的中心。那麼，他們應該找出配偶的需要，並找出可以滿足彼此需求的解決之道。

由於他們正在學習與內在自我對話，清楚界定自己想要的東西，所以他們必須記得：只做自己希望，或是自己真正覺得公平的承諾；而一旦做了承諾，就必須遵守。如果他們說將介入某一特定的層次，那麼他們就應該貫徹實行。從另一個角度來說，如果他們選擇不參與某件事情，就應該誠實與其他相關人溝通。在開放溝通的過程之中，更高程度的秩序會因而產生，而這將為所有相關的人帶來更多的歡愉。

牽涉

北交點獅子座的人十分依賴來自他人的愛。當他們冒險分享自己的感覺與渴望，如果別人未能立即給予肯定，他們通常就會放棄。他們很快就變得靜寂無聲。但是他們必須在溝通中注入一些能量，一些戲劇效果，這樣別人才會了解這件事對他們而言是重要的。他們表達自己的需求時，一定要非常堅定，這樣別人才會正視。而他們的動機不應該只是「堅持己見」，而應該是表達自己的完整性，使他們的特質與自我得以發展。他們的自我表達是他們內在界線的自然設計師。當他們沒有誠實與堅定地表達內在真實反應時，無意間就是對別人不公平，等於否定了讓別人真正了解自己、與自己交流，與滿足自己需求的機會。

他們在激發別人的熱情，令別人快樂等方面，具有不可思議的天分。他們可以將這種天分運用在事業與人際關係兩方面。關鍵在於他們是否願意參與，例如願意涉入別人的事務，並願意用心與頭腦進行溝通。當他們因為某種情況感到失望並退縮時，每個人都會失敗。但是當他們提昇自己的興趣，並持續注入建設性的能量時，每個人都可以成功。

北交點獅子座的人非常了解周遭人的情緒與意願。他們感受到別人想要的是什麼，與這種情況下，每個人不同的意願，還有別人努力創造的種種。然而當他們涉入所有情緒產生的能量中，他們不知該如何處理。往往會逃離現場，最後選擇不參與。但是實際上，他們擁有處理別人的意願與情緒的能力。

因為他們的意願沒有附帶自我，所以他們客觀地看清楚，某種特定的情況可以如何達到公平的效果，使每個人不同的需求與希望都獲得認同。他們要學習只短暫脫離，而脫離時間的長度，大約是讓他們了解目前狀況的程度，之後，再運用他們的力量精確評估當時的情況。這時，他們就可以運用自己的能量，扮演某個創造出正面積極結果的角色。

他們必須願意介入某種情況之中，開始與人們「玩耍」。藉此可以創造適當的能量，聯合每個人不同的意願，為整體情況帶來正面效果、正義、公平、平等與和諧。這是他們利用超然能力的方法中最快樂的一種。這種超然能力可以將之轉化為有意意識的參與，以真正富創造性的方式訓練他們的意志。他們也必須記住，要將他們的意志視為平等的一部分，否則就長期而言，將無法發揮效果。

北交點獅子座的人很有自我意識，這其實會削弱他們力量。實際上，當他們的焦點向外、企圖提高周遭人的精神，是他們最有自信，也是最快樂的時候。而當他們開始自我反省，就會「陷入」缺乏安全感的情況，他們的能量開始在四周打轉，而不是向前移動。這時，參與就成了他們快樂與活力最重要的因素。

◆承諾

北交點獅子座的人在承諾時，會出現嚴重障礙。當他們讓自己深深涉入某件事情，尤其是愛情關係時，通常就會發生問題。如果突然間，有位極具吸引力的人進入他們的生命，他們會說：「好吧，我要冒險試一試。」他們是真的想試試。戀愛的能量對他們來說是很健康的，可以刺激他們基本的活力，使他們想要活著，並讓他們充滿喜悅。所以他們會「勇往直前」進入被激發出來的全部情緒能量之中。

由於他們可以洞察對方的思緒，清楚知道對方想要的東西，所以他們可以扮演對方理想伴侶。他們吸引另一個人，並說出他想聽的每一件事情。他們會創造許多快樂浪漫的能量，而對方則回應以愛與熱情。一開始雙方都很歡樂，每一件事情都非常順利。但是一段時間後對方開始放鬆，或更堅持並執行自己的意願時，北交點獅子座的人就很容易生氣。他們覺得如果自己努力做「理想伴侶」，他們的對象也應該為他們做同樣的努力。當伴侶開始展現自我時，他們會變得非常生氣，而且通常因此而退縮，繼續隨波逐流。他們永遠不會真的以承諾來維持長期為彼此帶來能量互惠的關係。

北交點獅子座的人需要在比較深的層次承諾，而不是只在事情順利的時候。當北交點獅子座的人改變心意，並決定在情緒或肉體上離開時，徒留對方獨自心碎是不公平的，尤其當這個人對北交點獅子座的行動做出回應因而開放自己，使自己處於脆弱狀態。由於這些人強烈意識到公平，所以他們必須願意仔細監督關係，並利用創造力使它成功。

他們要面對的挑戰是將想要創造的情境，與別人的創造意願交織成一幅清晰的景象。要達到這個目的，第一個步驟是了解另一個人真實的面目。對方的理想、夢想或目標到底是什麼？對他來說，今輩子創造與經歷的事物中最重要的是什麼？另外，這個人對北交點獅子座的人，願意在哪一個部分讓步，以配合北交點獅子座的個人需求？這些都是必須討論的事，以確定雙方的性格特質是否可以融合。如果北交點獅子座的人附和對方的價值觀與渴望，雙方就有支持性的互動。這兩個個體亦可以共同朝他們的目標前進。他們要肯定愛情帶來的活力，那未必只存在於兩個擁有相同理想、希望與需求的人之間。事實上，通常他們追尋的那把火，有時是由兩種迥然不同的氣質創造。透過鼓勵個別特質的過程，這把火會燒得更旺。

◆負起責任

北交點獅子座的人可能忽略很多身邊發生的事，因為他們容易受到外界干擾。他們最大的問題，是當他們忽略某種情況中的特定角度，就不能了解事情對他們可能造成的影響。相反地，他們會忽略任何的不愉快，因為這樣他們就不用負責，也不需清楚表達自己的感受。他們並不誠實，行為表現也不夠清楚，所以有些問題無法解決。這種傾向通常會對他們的親密關係造成最壞的影響。當他們忽略了別人想要的東西時，別人會失望或生氣，而北交點獅子座的人則會因為沒有預期到對方的激烈情緒反應而窘迫。這時，他們會遭到打擊，他們不知道自己到底做了什麼，竟會使對方如此憤怒。根據他們的想法，他們只不過忽略了整件事情，並繼續他們的日子罷了！

然而當他們回顧過往，就會覺得不應該忽略自己的感受，而且希望自己當時曾以真誠的溝通方式給對方回應的機會。

為了避免類似的問題，他們需要特別注意另一個人真正想要的東西。他們不應該以草率、取悅或安撫的方式去關心，而應該真正了解關係對方的價值與夢想。他們可以學習放開他們的心胸，並負起個人的責任。

◆信任

許多責任相關的問題都與信任有關。北交點獅子座的人常會因為非蓄意的情況，或不承認自己曾經做過的行為，而傷害了別人對自己的信任。這也是別人有時激烈地與他們產生衝突的主要原因。如果他們可以看到別人的內在小孩，就可以了解每個人都是根據某種信任在運作的。這裡所謂的信任就是指相信每個人都會遵守他們的諾言；如果違背了這種信賴，必然會有嚴重的後果。他們一旦做出承諾，就必須像對孩子守信一般，遵守這個諾言，以加強別人對他們的信賴。如果他們改變計畫，就必須讓那些依賴自己的人，事先明白可能會發生什麼情況，而不是自顧自地走下去。

他們還需要讓別人明白他們在玩什麼「遊戲」，而且彼此都知道遊戲規則。他們一旦接受這些規則，或是讓別人以為他們同意這些規則，就應該負起責任，並遵守這些規則。例如，如果他們在關係中，而遊戲規則是一夫一妻制，他們就應該遵守一夫一妻制。他們不能只是「隨波逐流，順勢而為」，並讓暫時的分心引導到其他方向。他們必須真實信守自己說過的話，並創造他們說要創造的東西。

由於他們前世已經學會保持超然，無法了解別人如何與自己連結，但是當他們未對自己的行為注意時，他人往往會產生激烈的反應。北交點獅子座的人今生要有一個認知：屬於其他交點族群的人，對生命的看法遠比他們要來得個人化的多。

◆刻板 vs. 活力

北交點獅子座的人常「受困」於自以為「知道」的事。他們採取幾個客觀的事實，之後就根據他們對這個情況、他們的目標與他們自己的需求等了解，而推算出結論。通常他們僵硬地執著自己的立場，拒絕任何改變。然後，他們開始根據自己的決定計畫未來，因為他們認為這個決定是「客觀、不可改變的事實」。

這個過程中最大的問題是，他們常會還未與其他相關的人討論之前，就得到他們的「結論」與「特定的知識」。他們可能記得對方曾經說過的一句話，並以此做為他們「知識」的根據，而不是與對方坐下來好好談一談，在彼此的交流之間發展新的事實。他們應該要以開放的心，與別人分享他們的感受、恐懼和結論，並願意接受新的意見。

敏感地了解別人的感受，可以使北交點獅子座的人在不引發預期外阻力情況下，有展開行動的能力。如果他們在事前可以意識到別人對自己的感覺，讓自己從另一個角度觀察、了解別人的感受，就可以用別人能接受的方式，提出自己的決定。如果他們願意放棄邏輯，並進入感覺與熱情的領域，會發現自己擁有提出計畫的獨特能力，並可以讓對方了解他們的計畫如何獲得成功。

例如，有一個北交點獅子座的人正在與某人交往，但是愛情的火花逐漸熄滅，或根本還沒開始，他的本能反應是不解釋就離開這段關係。這種行為會造成對方情緒受挫的反應，如混亂、對異性失去信心、感覺自己不夠好等等。有時候，北交點獅子座的人根本意識不到自己有多麼不公平，對人造成很大的傷害。公開承認他們的想法，可能為雙方帶來力量：「我感受不到熱情，所以我認為該是我離開的時候了，我明白告訴你，因為我希望你知道是怎麼一回事。這樣你就可以重新開大門，讓能使你更快樂的人進入你的生活。」

他們擁有極為出色的能力，可以借深入了解別人的感覺而去「提升情緒」。當他們以可激發別人以熱情的方式表達事情時，所產生的能量會促使他們採取行動。他人的感覺與情緒能量，實際上真的可以成為他們力量的來源，那也是可以推動他們促使夢想實現的燃料。

人際關係

驅力

◆參與

北交點獅子座的人不喜歡打架。他們可能是挑釁專家，但是當事情白熱化並惡化到情緒激動的問題時，他們傾向退縮。他們可能會安靜地坐在那裡，讓另一個人搞不清楚當時的情況，而這會使他們的伴侶憤怒；他們也可能離開這個環境，避免處理這個問題。他們可能像鴕鳥一樣，把頭埋在沙堆裡，希望問題自動解決。他們認為，因為並未參與身邊上演的戲碼，所以如果這段關係失敗也不是他們的錯。然而，他們不願意參與的態度，往往傷害那些想要愛他們的人。

當他們脫離某種情況時，他們會變得不易接近。之後，當他們認為情緒緊張已經消失時，他們會再回來，假裝從來沒有任何事情發生。問題在於，他們已與身邊的人累積一段不好的紀錄。未解決的問題不斷增加，最後，他們的伴侶會因為這些沒有解決的壓力，選擇在情緒或肉體上退出這段關係。他人會因為他們並未熱情回應情緒上的需求，而認為他們並不關心。

有時候，這種情況發生是由於他們認為理想的關係應該是：「沒有戲劇效果、沒什麼好討論、沒有需要解決的問題，這樣的關係就沒有任何問題。」他們不認為危機會使兩個人因彼此了解而更加接近。願意協助對方克服憤怒與沮喪，可以帶來彼此欣賞、開放式的付出與高忠誠度的結果，這是無法在其他情況下建立的。的確，當兩個人承諾更深入分享彼此的付出與接受，並願意將起初看起來極為不利的情況，扭轉為比較有利的情勢，就會發生奇特的結果。如果他們把退縮與令自己悲慘的能量，轉投入積極與創造快樂，那麼每個相關的人，都可以成為贏家。

◆公平

對北交點獅子座的人而言，他們超然的態度有部分是來自於他們天生的公平觀念。他們會支持別人的獨特性，而且不干涉或壓抑別人。但是，今生他們應該要學習畫出界線，學會說：「不。」或學會說：「這種行為傷害了我。如果你繼續我就離開。」他們必須掌握自己的命運，並給另一個人改變的機會。這很簡單，對他們來說，誠實表達自己的獨特性，遠比未經通知便結束一段關係，要來得有益多了。

由於他們非常了解如何取悅對方，所以會認為別人也了解如何取悅他們。當別人沒有「回饋」、令自己高興時，他們認為這是不公平的，並開始撤退。事實上，他人並不如北交點獅子座的人一般具有客觀或敏銳的觀察力，而且除非給對方一點線索，否則他人通常不知道如何取悅他們。

北交點獅子座的人有許多前世，都是了解自己與別人渴望的人，所以當他們想要某樣東西時，會考慮到這個東西將有利於自己與身邊所有的人。因為一般人常以為別人的想法與自己差不多，所以他們認為別人的渴望，也會照顧到每一個人。但是事實卻不是如此。別人通常不會檢視自己的渴望是否「公平」地照顧到每一個人，而且他們的渴望之中，可能大部分都是自私而短視的。所以當北交點獅子座的人順著別人的渴望前進時，最後都會覺得失去了些什麼，這時他們會怨恨對方為什麼沒有關照自己。他們今生要學習關照自己，當他們發現自己在某種不公平的情況，務必要讓對方了解自己的感受。

◆處理情緒能量

北交點獅子座的人不喜歡高亢的情緒。他們會因為不希望遭遇正面對抗而逃避溝通。一旦他們下了決定，如不願繼續一段關係，就會去做。他們甚至會逃避與對方的任何接觸，而對方會因此覺得懸在半空中，不知道發生了什麼事。為什麼北交點獅子座的人就這樣遠離了。

私底下，北交點獅子座的人非常清楚自己的伴侶內心的感覺，所以反而很難表達自己的感受。如果他們能與伴侶客觀地分享他們對事件較宏觀的觀察，同時也表達出他們的感覺，將對他們的溝通有所幫助。但他們通常不願告訴對方哪裡「出錯」。他們擔心這可能傷害對方，但是實際上，他們真誠的溝通可以讓對方享受到擁有客觀觀點的好處。

每一件事都應視動機而定，他們的意圖必須十分明確。如果他們與伴侶分享彼此行為的想法，出發點是為了表達愛，與真誠希望能對關係帶來正面的影響，伴侶將感受到這種充滿愛的意圖。但是如果他們是因為生氣而提出這個話題，必將失敗。他們客觀的觀點真的可以為另一個人帶來極大的幫助。但是如果他們過於固執於自己的認知，或是不管別人的反應，都堅持自己是「對的」，這樣就會有問題了。

北交點獅子座的人常有不能將能量放在關係的傾向。他們否定實際發生的狀況，即使當這段關係變得惡劣，他們還是會告訴自己：「本來就是這樣，每一個人都會經歷這個階段。」他們繼續堅持對關係應有的理想、夢想與期待，他們不會把能量放在主動創造他們想要的，直到有一天，當他們感到真的幻滅時就會放棄。他們會「關掉開關」離去。其實他們必須學習利用他們的創造能量，將事情改變成他們想要的樣子，而不是從實際的狀況中撤離。

當他們忽略掉戀愛、玩樂與付出愛給別人時，就會失去生命中很多的機會。他們在生命之中，常會被愛所包圍，但是最後又往往失去所有的愛。通常因為他們不願意經營關係時投入足夠的能量，使關係能夠成功，才會使他們失去愛與浪漫關係。

對北交點獅子座的人而言，答案在於積極參與。尤其是在關係一開始的時候，他們一定要願意百分之百地投入，以使自己與對方的理想能夠真正地結合。在他們了解另一個人想要的東西之後，他們一定要表達自己想要的東西。特別是在談戀愛的時候，他們需要了解另一個人理想中的愛情是什麼樣子。之後，北交點獅子座的人才能決定，另一個人的想法是否能配合自己。如果可以配合，北交點獅子座的人就可以信心十足地展開這段關係，運用自己絕佳的天賦創造快樂。

◆孩子

北交點獅子座的人對小孩子很有一套，而孩子與他們也很有「緣分」。與孩子們一起，可以使他們隨時連結自己內在小孩。事實上，北交點獅子座的人今生的主要任務：允許內在小孩盡情地玩耍與表達自己。玩耍帶來的喜悅與活力，讓他們悸動並讓他們與孩子共鳴。孩子與北交點獅子座的成人在一起，通常都會覺得比較好玩。

他們會肯定每個孩子的獨特性，並了解孩子對外在刺激的反應。他們把孩子當做成人看待，在容許他們獨特性的同時，還要求他們節制。他們對孩子有特殊的天賦。如果他們透過文字或語言分享他們對待孩子的知識，或是選擇一份與孩子相處的職業，都對他們有好處。可以幫助別人了解應該如何對待孩子，並讓每一個人更快樂。

付出與接受

北交點獅子座的人看似冷漠，但是他們其實很渴望擁有浪漫、熱情的關係，以充實他們的活力。愛情關係是以付出為基礎的；誠然，唯有彼此相互付出，才能維持愛情之火燃燒。付出可以有很多種不同的形態：讚美、鼓勵、禮物、肯定、諒解、讓對方開心，以及其他大大小小的方式。當他們記得走出去，注意他們生命中「非常特別的那個人」時，他們非常清楚應該付出什麼，以及應該怎麼付出。

◆記錄分數

對北交點獅子座的人而言，動機是極為重要的課題。如果他們根據純淨的動機付出，也就是貢獻與維持能量流動，那麼快樂就是自然發生的副產品。但是如果他們因為期待回饋，或是「記錄分數」而付出，那麼他們就會失望。

接受別人的禮物與支持，對北交點獅子座的人而言，是再容易不過的事了。他們在前幾世非常習慣接受，他們當時的工作就是允許自己優雅地接受別人的愛與協助。但是，由於許多前世都曾經歷這個過程，所以形成了慣性。他們變得無法動彈，「受到過度滋養」導致他們無法連結活力、刺激與創造性等，而這些都是唯有付出愛才能獲得的結果。這輩子，他們希望重新得到他們的創造性力量。但只有透過付出，他們才能體驗到這種高能量。

雖然不考慮回報的付出，並不是這個族群人的本能，但是這種付出讓他們得到更多。當他們把焦點放在不論任何情況，都盡自己可能地付出時，其實開放了一個管道，讓他們可以接受遠超出他們預期水準的回饋。但是，當他們為了接受而付出時，他們只能根據自己的期待得到回報，而這種回報自然是受到限制的。

對於別人應該如何回報的刻板想法會形成一種狀況，就是別人不斷付出，但北交點獅子座的人卻沒有發現。例如，一位女士請她的朋友吃了一頓晚餐。一個月之後，當這位女士碰到一個嚴重問題時，她的朋友花了好幾個小時在電話上和她談話，撫平她的情緒，並協助她以較樂觀的角度去看這個問題。但是她不認同這位朋友投入的時間與精力，可能還會期待朋友回請她吃一頓飯。當這位朋友沒有這麼做時，她可能會覺得受傷。慷慨地付出，不期待回饋，可以讓她從沒有期待，得到生命中各種美好的事物。這也幫助她感謝別人為自己做的任何事情，而這些都是以往她未曾注意過的事。

他們也可能討厭別人接受自己付出東西的方式。如果他們突發性付出，對他們而言是件大事，而且希望對方感謝自己的付出。他們要學習培養持續、付出的精神，也就是以各種不起眼的方式付出，最後這種付出通常都會是最重要的。

如果北交點獅子座的人不斷注意到自己的付出，而沒有發現其實在過程中，他們也獲得提升、重新灌注活力時，就會覺得自己好像是犧牲品；而當他們只注意自己的付出或是愛，這些動作就成為自吹自擂，而不是自我的真實延伸。有時候，他們以為自己正在把能量注入另一個人身上，使對方快樂，但其實只是記錄分數的另一種形式。若因此而得到他人回饋，他們也不會感到興奮或充實。真正帶給他們喜悅的，其實是不求回報的付出，與對方回應的愛與感謝等。這才是他們充滿活力時需要的東西。當他們學習付出的藝術，並感受到因別人付出而產生的快樂時，就會覺得自己生活在真正滋養的環境中，並感到滿足。

◆肯定別人

北交點獅子座的人會在別人提供援手時回應冷笑。他們常低估別人的協助，抗拒幫助自己進一步達成目標的人。當他們不鼓勵也不認同他人的鼓勵與給予時，他人也不會繼續了。這個族群的人過於相信「潮流」帶給他們任何編織美夢時需要的東西，因此他們忘記肯定那些在自己身邊、為自己做特殊貢獻的人。

如果從接受別人幫助卻不給予回報這方面來說，他們算是很貪心的。他們應該慷慨地肯定並讚揚幫助他們的人，這樣他們就與對方更密切的結合，令對方在他們需要進一步協助或支持時，願意提供援手。與其將注意力集中在別人沒有為自己做的事上，不如每天刻意撥一點時間肯定別人對自己的付出，以做為平衡。北交點獅子座的人，應該知道別人給自己的是什麼，因為這種思考模式可以為他們的關係帶來更多的歡愉與愛。

北交點獅子座的人有時候會忘記肯定激發自己能量之人的特殊性，以為可以與任何符合他們基本原則的人建立良好的關係。他們今生要學習肯定這種「特殊」的內在吸引力，而不只是一般的天性。肯定這些特殊的聯結也可以幫助北交點獅子座的人欣賞自己的特殊性。

低估那些與自己有特殊關係的人，常會使他們疏忽戀愛對象。他們以為「他們都一樣」（異性），與誰在一起都沒有關係，因此也不會因為某人讓自己感到活力十足，而特別用心經營彼此關係。相對地，他們可能選擇與自己距離較近的、背景較相當的對象。

從另一個角度來說，當北交點獅子座的人發揮他們的能量，並投入百分之百的力量希望讓這段關係成功時，會不計一切地付出而淹沒對方。對方會「掉入愛河」，但也會將他們的付出視為理所當然，不了解他們為了關係成功投入了多少的能量。他們其實非常需要感謝的能量，來肯定他們所做的努力並激發他們創造力。

愛情

愛情對他們而言重要且健康，但是他們不能期待任何人提供維持他們活力與歡愉所需要的刺激。他們有責任要培養各種可以充電、使他們快樂的創意興趣與計畫。例如與孩子們在一起，就可以提供他們刺激，演戲、繪畫、雕刻、音樂或任何有創意與趣味的事情，也有相同效果。他們最大喜悅來自全力投入創意的過程，不論是計畫或是戀愛。

由於他們有許多前世深具客觀、敏銳的觀察力，北交點獅子座的人很清楚什麼可以讓他們歡愉，與生命過客會產生怎樣的共鳴。當他們碰到極具吸引力的人時，如果撥動了他們的心弦，他們的肉體也會有感覺，他們的大腦就當機了。通常他們被某個人具有的活力或某種生活的火花吸引。由於他們有辨識真正浪漫吸引力的天賦，因此以為別人也擁有同樣的天賦：然而，事實卻非如此。

當他們感覺心中有強大的力量時，他們會看看對方是否也有同樣的感覺，如果這種感覺不是相互的，對他們就沒有意義。但一般而言，對方通常不會注意到這種吸引力，而且一開始都一副興致缺缺的樣子。然而，如果北交點獅子座的人太快放棄，在對方還來不及感受連結之前就放棄，那麼兩人就失敗了。因此，他們需要相信自己辨識真愛的能力，並放慢腳步，讓對方有較多的時間確認關係的深度。建議他們接近對方時最好以不具威脅的友誼為基礎，並投入時間建立真正的關係。

他們非常喜歡談戀愛，實際上，他們需要戀愛刺激他們的活力與創意。他們清楚該怎麼玩這場遊戲，該如何開始一段浪漫的關係，與如何引發熱情，讓這段關係充滿樂趣。問題是，展開浪漫關係不久，他們的熱度可能減退。他們對於自己老是扮演點燃火花、激勵對方最佳狀態的角色厭煩。他們一直忙著肯定對方的特質，卻忘了創造肯定自己特質的情況。他們一直把對方放在「舞台中央」，而忽略了自己對創作表達與注意力的需求。

愛情裡他們必須負起建立關係的責任。他們不僅要付出愛，尊重對方的特質，也要使自己被尊重與被愛，這樣雙方才能交流。如果他們忽略表達自己的需求，會無意間製造不平衡。當他們發現這段關係完全繞著對方轉，沒有任何能量回到他們身上時，就會失去興趣。更糟糕的是，他們可能會讓當初自己心動的對象轉化為怪物，使對方產生自我膨脹的情況，自以為擁有「神授權力」。

例如，我有一位屬於這個族群的客戶，她努力地想讓男朋友快樂，總是做對方喜歡的事，時時為他製造小驚喜。她經常鼓勵他說出對彼此關係的期待，並放棄自我配合他的需求。等到對方深陷愛情之網，她卻發現自己的興趣逐漸消失，因為她沒有任何能量「回流」到自己身上。但她並沒有因此結束這段關係，這些人通常不會如此就結束，相反地，她決定採取主動，讓他知道她需要什麼才會快樂。

她需要浪漫的感覺，所以她為他買了一本《一〇一種說我愛你的方法》的書。她要他知道充滿愛意的小卡片和美麗的花都對她很重要，可以讓愛的能量持續運作。她告訴他當她情緒不佳時該如何因應：「只要逗我笑一笑，就都沒事了。」實際上，她等於給他一本令她快樂的「說明手冊」。她用正確的方法，直接積極創造自己需要的幸福。但是這個例子中的男朋友，仍然無法了解她的想法，最後只好分手。由於她「盡了本分」，算是為這段關係畫下了美好的句點。

◆ 選擇

北交點獅子座的人認為幸福婚姻的一半過程都是在選擇「正確的伴侶」。問題在於，他們嘗試用理智選擇，而不是相信他們與別人的能量結合。這種傾向使他們遲遲無法步入婚姻，或讓他們深陷不快樂的婚姻中，因為他們不是根據的心而是頭腦做的選擇。他們對自己說：「這個人的社會背景很好，也有經濟基礎，都是我希望伴侶具備的特質。他很有吸引力，頗具為人父母的資格，年齡、身高、體重也都很適合。整體而言他『合乎規範』。」他們會因為這些條件而結婚。但是當他們根據理智上「邏輯」做選擇關係時，幾乎都不能維持他們長期的快樂。

生命有些經歷後，他們通常變得比較能夠接受另一種關係，這種關係建立在對另一個人感受到持續性的快樂上。當他們找到這樣的關係時，這個對象可能與他們心儀的對象有很大的不同，但這個人才是真正使他們快樂歡唱的人。

只要他們與真正能在重要、真實的層次（不是以頭腦為基礎），激發他們創作靈感的人連結，就能獲得北交點獅子座人追求的關係中的浪漫交流。這樣的關係中，他們擁有維持愛情的絕佳能力，也唯有如此，他們才能覺得自己生活愉快。

若能與對方更深入的交流，他們會知道什麼讓自己快樂，而什麼不能。但是他們一定要放棄限制自己快樂的事，用更開放的態度對自己實際的體驗。當他們嘗試追求真正讓他們快樂的目標時，別人最初的抗拒可能令他們不安，但最後其他人還是能了解他們的智慧，並配合他們的選擇。

友誼

在北交點獅子座人過去許多前世友誼極為重要，無形中建立了彼此的相互依賴。然而，在認同朋友的過程中，他們失去了自己的特質。今生，當他們企圖尋求與自己有相同興趣的同儕協助時常會失望。因為他們今生要學習的是，不要以自己的特質與創造力為代價而依賴友誼。

當他們學習做自己時，朋友其實不是資產而是負債。例如，當他們的愛情出了問題，尋求朋友諮詢時，通常會得到行不通的建議。朋友並不是故意讓他們不快樂，只是經常提出不客觀的建議，那是朋友自己會用到的方法，但卻未必適合北交點獅子座。這些人應該學習不要依賴別人的建議。他們自己就是絕佳的謀士，只要跟隨自己的直覺走，總會成功。

當他們依賴朋友，而朋友卻讓他們失望時，或他們覺得自己被利用時，就是宇宙在告訴他們：「你不能這麼做。你不能妥協。你要開始真正做自己。」由於他們過於認同朋友，所以他們的付出往往超過友誼中適當的界線。之後他們又期待對方有相同的回報，而事情若不如他們預期般發展，他們又會失望。他們要認清友誼的界線，那界線應該在不預期別人回報，不違反自己基本能力與能量的情況下，盡可能地付出。當他們朝自己特定的方向前進並成長，表達自己的創造力並獨立，他們發現將吸引來更值得信賴的朋友。

這輩子他們最主要的任務就是，相信別人有能力與潛力創造自己生命中的勝利。當這麼做時他們就不會讓自己產生不必要的依賴。他們常執著別人沒有他們就無法成功的想法，因而自滿。然而，如果他們能肯定別人的獨特性、力量與信心時，他們也會對自己有能力成為獨立個體更具信心，並追尋自己的夢想。接受內在那個喜歡玩耍、享受的小孩引領，不要對團體的壓力或同儕接受度有太多的顧慮。

目標

自我決定

北交點獅子座的人這輩子不會出現在別人的夢想。他們要學習創造自己的夢想，而且完全由自己決定。並不是因為找不到別人幫忙，而是因為其他人不能掌握這種權力。

他們能預知發生什麼事，他們「看得見失敗或災厄的徵兆」，而且他們以為別人也都能看到。但是事實上並非如此。通常人們太過投入所扮演的角色，而無法了解造成自己與別人不快樂的模式。但是當這個族群的人掌握主控權時，每一個人都會成功。他們擁有特殊的天賦，可以預見可能發生的狀況，並轉化為建設性的領導。他們一定要參與，而不是坐在那裡，眼睜睜看著自己早已預見的災難發生。他們可以利用他們自身參與改變事情進行的軌跡，以獲得更積極的結果。

◆自我接受

北交點獅子座的人要學習接受自己，接納並擁抱自己的內在小孩。他們也要學習承認自己的需求，肯定與追求令他們快樂的事物。一旦他們承認自己的希望與需要，而且接受自己，別人也會接受他們，並幫助他們獲得想要的東西。

他們多半律己苛刻，因為雖然他們預見即將發生的事，但是當事情真的發生時，他們還是會覺得完全沒有準備。他們應該確定這是正常的現象。對新的狀況，任何人都不可能事先做好準備；這正是生命中刺激、歡愉與熱情的來源。處理完全不熟悉的人事物，正是獲得知識、考驗個人力量與創意的最佳機會。

◆號召他人

一旦北交點獅子座的人決定自己要走的方向，剩下的問題就是如何號召身邊的人共襄盛舉。最好的辦法是直接表明自己的方向，與別人分享他們做這個決定的根據，之後再邀請別人加入。例如，「從長遠的角度來看，這是我認為可能發生的狀況。因此我決定要朝這個方向前進。在這種情況之下，你願意加入嗎？或是你認為其他更好的進行方向？」

我有一位屬於這個族群的客戶，他的工作是推動產業電腦化。要達到這個目標，他必須爭取工廠經理的合作。所以他到每一間工廠，說服每一位經理說明電腦化是現代趨勢，已無第二選擇。當時那些經理都同意他的理論，但真的開始安裝電腦並改變生產流程時，每一位經理卻又高聲反對，且仍然按照昔日的老方法行事。他動不動就遭各方反對和抗爭。

其實如果他少花點時間解釋，多花點時間表達自己的意願，事情會變得比較單純。例如，他可以說：「我相信大家都很清楚，電腦化的時代已經來臨。因此，預計將在明年六月之前達成完全電腦化。現在我們需要可以配合的工廠經理。你認為你有能力適應並學習新的系統嗎？你認為你有能力配合我們的需要繼續與我們的共同合作嗎？」這麼一來，工廠經理的能量會引導至合作的方向，而不是反對。

◆未來方向

北交點獅子座的人擁有與生俱來的能力，可以在事情發生之前預見結果；在別人發現某項藝術品的價值之前就鑑賞出它的特點；在別人還沒有想到之前，就遇見某個有增值的空間的不動產；在蔚為流行之前，就能注意到趨勢的形成。他們面對的挑戰是利用他們遇見的機會。這正是他們看起來常能掌握「良好時機」的原因。他們預見事情會怎樣發展，若他們走在正確的道路上時，他們會讓自己處在利於情況發展的位置。

但是，他們容易退縮的傾向會使他們抗拒利用潛能。機會可能激發他們的熱情，但他們又因為看到了「誇大的宣傳」，或是認為相關的人動機不如他們般純正而退縮。他們要學習接受自己獨特遇見這場「遊戲」的能力，可以增加他們贏得這場遊戲的機會！由於他們充滿道德與果斷的處理方式，他們的參與會改善這場遊戲的品質。

對他們而言這輩子註定是領導者。他們的工作是要參與並透過健康的領導，避免原來可能發生的不公平。他們考慮情況後說：「遊戲是這樣的，若我玩他們就會試著……如此……這般……」北交點獅子座的人今生要學習訓練他們的力量，並了解當他們預見某些狀況發生時，可以在事情影響到他們之前調解和改變路線。

利用創造性能量

◆透過行動傳輸能量

北交點獅子座的人是天生的演員。由於他們沒有強烈的獨特性，所以扮演任何的角色時，都不會有強烈的自我色彩或是認同問題。他們天生的客觀使他們得以注意到扮演的角色所有明顯的細節，他們可以進入角色並完全投入。不論他們將演出看做職業或嗜好，對這個族群的人而言，絕對是健康的釋放方式，對他們的觀眾而言，則是一種感人、豐富的經驗。

任何形式的表演對北交點獅子座的人而言都很棒。他們是天生的娛樂高手。當他們站在舞台上整個人都會亮起來。他們最愛令人快樂而出現的愛與能量。的確，以個人的層次給予別人關愛，正是他們今生要做的事。由於娛樂與觀眾間的關係是個人的，所以他們在這個範疇蓬勃發展。

只要他們可以找到讓自己在「舞台中央」的方法，每個相關的人都可以成功。然而，他們常會擔心自己看起來很呆或因同儕觀感而抗拒。他們許多前世都是站在一旁，看著別人佔住舞台中央的位置。今生，他們對害怕成功，因為他們從未獨自達成目標過。但是，總得有人站在鎂光燈下接受掌聲。如果他們就是這個焦點人物時，每個人都會覺得很美好，今生，他們本來就屬於舞台中的主角，因為他們的自我需要培養，需要這種能量平衡自己。事實上如果他們不站到台前扮演主角，就會阻礙他們的發展。

北交點獅子座的人擅長藉著情緒傳遞來左右觀眾。他們感受觀眾的能量，同時也讓觀眾感受自己的能量。不論他們的心裡有什麼，他們都可以向外投射出來。他們可以控制觀眾的情緒，引導他們進入新的方向，自己的身體上幾乎也感受到能量的流動，就好像觀眾的情緒與他們緊密結合一樣。這是控制與力量的感覺，但它又製造熱情、同理心與情緒結合的正面效果。他們會因為這個過程得到極大的能量。雖然事後覺得被榨乾，但他們還感到自己生氣盎然。當他們提供這些情緒經驗傳遞給別人時，雙方面都感到彼此連結帶來的活力與安撫力量，而每個人最後都有收穫。

當他們將這種才能縮小運用範圍，如孩子或伴侶時仍然會很成功。即使在日常生活北交點獅子座的人還是有用武之地，他們透過鼓勵或幽默來為他人加油並減輕負擔。但有時他們低估了自己的天賦。他們認為寫歌的人比較重要，但是事實上歌手才是選擇曲子、直接影響觀眾的人，而且他們很愛這麼做。當他們激發別人的積極能量與熱情時，會變得很興奮並積極投入。

與天使連結的更高意識

北交點獅子座的人擁有連結守護天使天賦，是他們創造夢想時顯示下一步的意識層次。由於這些人對未來具備清晰、客觀的看法，同時事前預見事情可能的發展，所以關於未來可能會有的狀態，與如何創造未來的想法，常會突如其來地浮現腦海。他們必須選擇想做的事，然後做出積極創造的決定。

只要他們做好決定，要如何成功地實現夢想，自然會有許多點子出現在他們的腦海，連行事步驟都會自然依序出現。當他們跟著一個步驟走，下一個適當的步驟就會展現在他們的眼前。各步驟出現的時機，絕對可以說是奇蹟。在他們採取每一個步驟時，大門會自動為他們開啟，而正確的機會也自動呈現在他們的面前。但是，是否回應這種天賜的恩典，則完全取決他們自己。

這個過程非常類似衝浪。衝浪者在風平浪靜中準備就緒。不久，大浪在他們身邊形成。在大浪襲來的瞬間，他們必須決定是否迎向浪頭。如果他們及時決定並掌握正確的波浪，就可以踏浪而來並享受很大的樂趣。如果沒有趕上正確的波浪，或許就不能站在浪上享受衝浪，但是至少還是在美妙的浪花中，而且仍感受到衝浪的刺激。然而，如果他們整天只是坐在衝浪板上，從不嘗試乘風破浪，得到的將只是安全但乏味的時光，而且只能帶著錯失機會的懊惱回憶回家。

北交點獅子座的人有敏銳的眼光，然而是否願意迎向大浪，則完全由自己決定。他們是否有成功掌握時機的能力與技巧？除非他們願意嘗試冒險，否則永遠不會知道答案。唯有他們嘗試過後，才會發現自己擁有完全不容質疑懷疑的創造力，這種能力只有當他們踏在浪上才會表現出來的。他們必須置身於冒險、刺激或戀愛的緊張狀態，才能真正顯現創造力。只有這種時候他們最有活力。

但即使他們掌握了每一次波浪，北交點獅子座的人仍需要遵循某種超越個人生命的原則或理想。他們需要一顆指引方向的星星，那可以增加他們力量、引導他們走過創造過程，並達成目標的精神保證。這個理想或價值觀，應該合乎他們所有行為的中庸原則。例如，它可以是不論任何恐懼或不安，仍堅持「跟隨他們的快樂」的承諾。它可能是不理會別人的反應，仍說出自己真實面貌的堅持。也或許關乎其他原因，如人權、世界和平或環保等等。如果他們的「目標」正確，不會令他們悲哀或緘默，就具有提升情緒的效果。藉著使自己與延伸至個人範圍以外的理由聯合，他們應該有更大的舞台願意嘗試冒險，做出真正的改變。

北交點獅子座的人擁有透過想像力的絕佳創造力，這是具體化他們與天使連結的成果。他們只要祈禱就可以吸引他們想要的人或情況出現。如果他們真正下定決心，不論向宇宙要求什麼（如果要求的是符合他們利益的東西）都會得到。他們的生命會突然發生改變，出現新的人或情況，並從不同的方向吸引著他們，這會讓他們祈求的事物成真。他們的任務就是接納眼前的新機會。如果他們嘗試分析並判斷這些機會，問題就會產生，而且他們也會錯過最佳的時機。他們必須學習直接朝著夢想的方向前進，即使不知道前方的路線也要承擔風險，並投入創造力使其發生。北交點獅子座的人應該全神貫注於目標，並做任何讓自己突破創造力過程中「第二力量」（請參看本章「性格」）的阻力。慣性永遠不滅，在創造新的、重要的東西時，慣性成為阻力。有時需要大量努力才能突破第二力量，並超越這種古老、永恆的模式。要創造新的模式，除了大量的能量之外，還需要意志、紀律與堅強的意圖。突破阻力創造新的現實，可使北交點獅子座的人真誠地欣賞自己擁有的夢想。

要實現心中的夢想絕對不容易。事實上，這正是我們擁有夢想的理由，夢想如同吸引我們突破極限，超越自己設定自我的那根「胡蘿蔔」。當我們脫離自滿與自我的狀態，並努力完成心中的獨特夢想時，我們就會成長並自由。他們最終想要的是自由與活力，有創意地追求夢想，將可以帶領他們到達夢的樂土。

活力

北交點獅子座的人非常渴望連結內在的活力與喜悅。他們渴望感受活著的感覺，而宇宙提供他們足以刺激並恢復生命力的情境。如果他們接受這個機會經歷過程，那麼他們在過程進行可以得到更多的成長、活力與愉悅。他們本能追求這些生活經驗，但通常他們的頭腦介入並否定他們創造的衝動。在這輩子他們的任務不是聽從頭腦，而是跟著內在小孩的興奮前進。

這個族群的人常在理智與心之間產生衝突。在創造熱情與安全之間難以抉擇。但是如果他們選擇創造熱情就可以成功，若是選擇安全就會失敗。回顧他們過去的經驗，他們會發現這是正確的選擇，因為他們的「理智」是根據過去的經驗產生對未來的邏輯推論。不過，他們若願意負起改變現在方向的責任，對於未來還是有許多不同的選擇。

北交點獅子座的人應該自問：根據他們「知道」的正確方向前進，而降低個人活力，那麼在虛擲多年光陰前，他們要重新思考自己的方向。他們應該接收自我真實的回應，依據回應行動。也就是說，相信熱情足以推動他們通過考驗保障生存，且提供建構新生活所需要的能量。

我以前曾在「退休者之家」旁邊住過。有一次，我請教許多資深市民，有關他們生活的問題。我問他們：「回顧過去，你認為什麼最重要？有什麼事情是你希望當時能有不同做法的？」雖然對於這些問題，每個人有各自不相同的答案，但是每個人都告訴我，他們從不會對已經盡力，但最後證實做錯的事後悔。他們最懊悔的事都是曾經想做但沒做的事，也就是未能嘗試的機會。這就是北交點獅子座的人應該要學習的課題——掌握機會。

這並不是要他們以不負責任的方式處理生活。他們可以遵循自己活力方向的決定，然後聰明地決策，並考慮他人。例如，「為了孩子」勉強維持一段具破壞性與充滿虐待的婚姻，就不是聰明的做法。這種婚姻在告訴孩子：「我可以忍耐、受苦。生活不快樂也沒有關係。」但若以負責任的方式結束這段婚姻，則更顯現出他們的謹慎，例如事前告訴孩子他們的婚姻發生問題了，並與孩子溝通目前的狀況。這樣，孩子才不致在最後關頭遭受震撼。北交點獅子座的人必須優先考慮別人的感覺，以負責任的態度實行他們的計畫。

◆採取行動

有時候，北交點獅子座的人要面對的最大挑戰，是讓自己快樂的行為。由於他們習慣為他人效力，往往把自己內在小孩的歡樂放在次要的位置。今生，他們要學習為自己的需求效力。有趣的是他們獨自採取行動後，總會出現提供援手的人。如果他們停滯不前、等待，或不敢在得到需要的東西之前行動，將永遠不會有人幫助。他們採取的行動可能對別人來說並不具意義，但是如果他們的內心因此快樂，不論別人是否給予援手，都應該放手去做。

對北交點獅子座的人而言，所有前世中累積的知識，都已經蒐集到他們內在小孩身上，這也是跟隨內在小孩前進可以令他們快樂生活的理由。相反地，當他們追尋「知識」確認自己選擇「安全」的路時，他們永遠無法得到足夠能量，而且所有的機會將自他們身邊閃過。他們內在小孩是歡樂、愛玩、愛冒險的，會做任何令自己快樂的事。例如，如果他們有種想法：「哇！我今天想去游泳！」他們對此感到興奮，就應該跟隨他們內在小孩行動。每當他們跟隨有趣與興奮的感覺行動，他們自己內在的那部分就獲得了肯定，變得更強壯。連結內在小孩，評估自己是否走在正確的道路，正是他們邁向成功的關鍵。

療癒主題曲

我分別為各個交點族群寫了一首治療歌曲，希望能協助他們轉化能量至積極正面的方向，這是由於音樂是情緒上支持我們冒險的好用工具。

做你內在的小孩

這首歌要傳達的訊息，是讓北交點獅子座的人可以與內在小孩保持聯繫。從內在小孩身上可以得到開創自己命運需要的自信與動力。

♪節錄部分歌詞

有時我想知道：我們出生的時候，是否能預知，
展開在前方的命運：如水晶般透徹？
有時我想知道：在世界成爲我們的導師之前，
如果我們已知道要跟隨內在小孩前進。

做你內在的小孩，做你原來就是的孩子。
在世界湧向你，
告訴你似是而非之前，
做你內在的小孩，做你原來就是的孩子。

第六章

北交點處女座——或北交點在第六宮

星座箴言

今生，你不是一個受害者。

總論

♍ 應發展特質

針對這個部分努力，可以幫助找出隱藏的天賦及才能。

- 參與
- 為混亂帶來秩序
- 建立規律
- 專注在當下
- 依感覺行動
- 為他人服務
- 分析及分類
- 從經驗中獲得自信
- 適量
- 即便恐懼也勇於冒險
- 注重細節

♍ 應擺脫傾向

努力降低這些傾向造成的影響，可以使生活更輕鬆愉快。

- 受害者情結
- 混淆與定向力障礙
- 規避計畫
- 逃避現實／上癮傾向（如藥物、酒精、嗜睡、做白日夢等）
- 極端主義
- 過度敏感
- 自我懷疑
- 覺得自己能力不足
- 退縮
- 茫然（不願承認）、懶散
- 放棄

致命傷／應規避陷阱／重點關鍵

北交點處女座的致命傷是他們覺得自己是受害者。「如果我沒有得到他人持續、熱情的注意及了解，可能有人想佔我便宜。」但這是一個無底洞，因為他人勢必無法提供他們足以克服內在徬徨及妄想的保證。只有在他們檢視自己的內在時，才能了解自己需要創造什麼樣的外在結構，方能為自己帶來力量及目的。

他們必須規避的陷阱是無止境地追尋救世主及精神導師。他們總是在找可以盲從或交付自己的對象，「只要我充分地臣服，上帝會照料一切。」但是，他們的生命證實了，內在的放棄並不能使外在世界變得更有秩序或更有生產力。

他們達到目標的關鍵，是以自己需要的方式組織他們的生活，這樣才能感到安全與堅強。他們永遠不覺得自己擁有足夠的自信，得以在世界做一些有意義的事。他們應該從積極參與生活做起。有趣的是，當他們真的開始參與，了解什麼能為自己帶來成功時，就可以得到追尋已久的信心。

真心渴望

他們真正希望的是沉醉在個人與宇宙之間，可讓人感到舒適、安全的熟悉物品之中。他們希望能被放在比自己大的範圍中，這樣他們才能擁有較大的自主感。北交點處女座的人對平和及合一的體驗，有無法滿足的需求。但是為了成功達到這個目標，他們必須進入這個世界，並為他人服務。當他們把注意力由自己的恐懼轉移，並將焦點放在當下時，就可以輕易地了解如何在混亂的情況中重建秩序。

才能與職業

他們可以是出色的醫生、牙醫、護士或護士助理，因為這種職業提供他們利用自身治療的能量，並以實際的方式來服務人群。心理學家、信仰治療者、營養學家、會計師、創辦人及技工等，也都是很好的選擇。北交點處女座的人事業運不錯，他們能與工作夥伴或員工合作愉快。他們可以在一個小時裡，做好他人可能需要五個鐘頭才能完成的工作。他們應該要在「完成工作」時獲得尊重，而不只是為了鐘點費而工作。

醫療性的職業之所以特別適合他們還有另一個理由，這些工作主要內容是與生命中肉體的各個細節有關。由於這是一個必須依賴鉅細彌遺地專注力才能達到成功的領域，所以北交點處女座的人必須活在當下。對他們來說，肉體上創造秩序的過程可以減輕心理上的壓力。

北交點處女座的人亦擁有掌握全局的熱情及能力。這些承襲自前世心靈意識的天賦，在北交點處女座的人積極參與創造實質成果時，是一項資產。但是，為了心靈意識及寬恕為目標的職業很容易會破壞他們需要感到堅強及完整的基礎。

療癒肯定句

◆「我是唯一可以讓狀況恢復秩序的人，所以我最好這麼做。」

◆「這輩子我不是受害者。」

◆「當我退縮就失敗了；而當我參與創造正面結果就會成功。」

◆「當我集中心力並有計畫時，整個宇宙會打開通往成功的大道。」

性格

前世

他們天生擁有對生命、精神、精神層面的意識，也相當了解自己天性中較高層次、較愉快的區域。他們極為敏感、容易受傷，也汼意不去傷害別人。事實上，他們注意或關心別人的程度，反而甚於自己。

◆自我消融

北交點處女座的人花了許多前世在自我消融的歷史上。可能透過冥想與精神追尋，也可能濫用藥物或酗酒，或在修道院、監獄或庇護所的拘禁及反省時光，或是沉迷音樂、詩歌或藝術等等。不論過程如何，這輩子他們必須應付的是結果。如果自我消融來自精神導向，在他們找到與前世類似原則的道路之前，這輩子將處於完全混亂的狀態。如果藉由藥物或酗酒，他們今生有成癮的傾向，而這種傾向再次造成問題，並必須經由精神層面克服，諸如戒酒十二步驟等。而他們在詩歌、音樂與藝術方面的天分，仍是連結崇高情緒狀態的方式。

前世，他們曾有空靈的經驗與生命，而且為了與更高的能量匯合，在過程中漸漸地放棄了自己的獨立本質。但是他們已經完成這個過程了，這輩子再讓自己繼續消融會有反效果。這輩子他們希望在物質世界中實現個人願景。

◆謙虛

前世經驗中，他們透過質疑自己的動機與確認自己缺乏的美德來淨化自己，因此他們得到極高的洞察力，使他們不會對他人妄下斷語。這輩子，他們認為自己任何方面都不比別人「優越」，他們的內省令他們擁有真正的謙虛。

北交點處女座的人因為在許多前世裡扮演受害者，通常他們容易放棄。他們在與別人面對面溝通、競爭，或處理強烈反對時，都不太靈光。他們的心靈極為敏感，生命對他們來說極為嚴苛。整體而言，他們不相信「東西」愈多就愈快樂。由於他們生活的動機不是獲得實質的東西，所以如果他們覺得世界抵制他們參與的努力，他們就會傾向放棄。

因為前世他們常被人利用，所以當他們發想創意時，常發現自己允許這個點子無償地公開，或任由他人掠奪原本屬於自己的功勞與財富。通常他們根本不在意。畢竟，發想本身已經達到服務的目的了。另外，前世在修道院生活中，可能曾經許諾清貧過日子，所以當他們這一輩子累積財富會覺得不自在。潛意識裡，他們覺得累積財富是「不純潔」的事。他們要知道金錢是服務的副產品，也是他們參與貢獻的指標。

北交點處女座的人很有同情心，而且希望能提供任何幫助。在這輩子，他們需要承認：藉由創造紮實的物質基礎，允許自己的生命茁壯，他們才能提供範圍更廣的協助。今生，已經不再適用允許自己再成為「被害者」的模式。對他們而言拒絕這種傾向，是更高層次的一條路。

擴散 vs. 聚焦

他們曾有許多前世遠離社會。他們不習慣生活在這個世界。可以想像一下，他們在修道院生活了好幾輩子，鐘聲代表起床、冥想、祈禱、運動、吃飯、工作及睡覺的時刻，且有專人負責敲鐘提醒他們。修道院依循這種方式運作，使參與者都不受時間、形式意識到平凡生活中細節流動。雖然這種方式在修道院非常有效，但北交點處女座的人必須學習如何在這個世界生存。

他們必須學著為自己設定生活的規律，如何為自己打鐘。過去，他們習慣有人安排時間，所以他們有守時的問題。不過，當他們遵守社會規則的自我紀律時，將獲得在這個世界生存需要的力量及自信。對他們來說，扛起責任、準時赴每一次約會是非常重要的事。這樣透過促進成長及支持的方式，提供生命的秩序及穩定。

由於他們前世的蟄居狀態，北交點處女座的人知道利用心靈及想像力自娛。但是前世有用的因素，卻會危害今生。他們需要在今生的實質世界中創造積極、實際及確實的成果。因此，各種形式的逃避對他們而言都具有反效果。做白日夢、吸毒、酗酒、孤僻、嗜睡等自生活中退縮的任何型態都傷害他們的信心。

這並不是說他們不可以偶爾享受、放鬆一下，或在處理生活瑣碎之間來個短暫的「休息」，但他們必須要小心，不能過度否則可能出現癮頭。

◆想像、白日夢和幻想

他們承襲了前世對心靈及想像的領域，擁有非常敏銳的感覺。如果這種才能未適當引導，就會造成他們的偏執妄想、恐懼及焦慮。但是，當北交點處女座的人朝著一個目標努力，他們神祕的才能就是使工作有效完成的工具。如果他們富創意的想像力有了出口，例如提供別人服務，那麼他們幻想力可以是絕佳的資產。

北交點處女座的人要讓他們豐富的想像力，藉服務他人及產生實際成果的方式，不斷向外釋放，而不應該未經引導地自我檢視後又往內流。他們需要透過必要的努力讓想像付諸實現，例如研究、組織計劃、生產，然後看到它開花結果。今生只要他們確定自己的目標，那麼努力做好工作是簡單且愉快的一件事。他們需要避免的是白日夢及幻想。藉著白日夢，他們可以與精微、空靈的意識連結，那種感覺就好像在洶湧的巨浪中服下「搖頭丸」。但是這種狀況會摧毀他們在現實世界中運作的能力。

如果他們不滿現況，會利用幻想逃回自己的世界，而不努力改變現況。如果加以節制，這些幻想其實讓他們更清楚地知道自己想要什麼。但是，要打斷與幻想之間的能量連結，需要高度自制力。因為容易成癮，對他們而言最好避免耽溺在幻想中。他們執著於超脫塵世的幸福，往往使他們無法建立日常生活的秩序與成就，而這些都是享受真實幸福必須的東西。例如，他們可能沉迷於對家庭的幻想中，致使自己無法在生活中建立滿意的家庭關係。

我有一位屬於這個族群、四十八歲的男性客戶，他心中有一個「理想女性」的美好影像，在他幻想力下，這位女性幾乎成為實質的人物。他曾談過數次戀愛，但最後都沒有結果，因為這幾個交往過的女性中，沒有人符合他幻想。這種情況持續了三十年，而他仍然單身且極為沮喪。很不幸地由於他耽溺幻想，失去學習真正的男女關係的機會。他從來沒有注意過曾交往的女性；幻想使他們無法採取建設性的行動，阻礙他們的美夢在現實世界中成真。

◆混亂vs.協商

北交點處女座的人有時會陷入混亂的意識狀態。對許多人來說混亂可能是好事；它是邁向較高層次秩序的序曲。但是對他們而言，混亂並不是「正途」。當他們混亂會開始質疑自己，並懷疑自己做的每一件事，這種疑慮會危害他們目前的行進路線。他們應該自混亂的能量抽離，重新將焦點對準造成混亂的外在世界，之後再重新進入這種情況，再次建立秩序。

例如，如果他們對尚未處理的文書工作感到混亂，最好坐下來著手開始處理，實際處理這些工作，以自己覺得合理的方式整頓這些工作。如果他們困惑於對合作夥伴的行為時，必須直接面對這個問題，也就是找對方談一談，並找出對方改變行為的原因。

當經歷問題時，北交點處女座的人若能找心理醫師或朋友傾訴會很有幫助，因為交流可以使他們得到更實際的看法。由於他們擁有豐富的想像力，所以如果他們讓問題留在心中而不處理，就會把問題誇大，並想像出各種無法解決的狀況。想像出來的恐懼會使他們沒有能力重整生活。所以獲得別人的反饋，了解自己的恐懼到底是根據現實或只是過度想像力的副產品，對他們很有用。北交點處女座的人如果能在實際層面，積極嘗試什麼對自己有用，什麼又對自己不具效果，將會更成功。他們不該嘗試在腦海中解決一切。

如果他們覺得自己在某段關係中失去界線，與伴侶溝通也無法正確表達出自己的沮喪情緒，可能讓第三者有插足的機會。他們可能因為太敏感、不願傷害伴侶，而避免較實際的處理方法。他們的伴侶需要聽到：「停下來！我不能接受這種行為！如果你繼續這種行為，會逼我到必須離開的地步！」婚姻顧問在他們與伴侶溝通時，扮演非常寶貴的盟友。

他們自己其實就是很棒極佳的諮商師，不論是專業還是朋友間。別人感受到他們豐沛的同情心，會自然而然地相信他們。北交點處女座的人就是擁有讓人信賴的能力，他們卓越的分析能力也使他們提供別人實際的建議，他們還擁有組合直覺與普通常識的出色天賦。

◆含糊 vs. 清晰

由於他們習慣從宏觀的角度看待事情，很容易忽略當下的細節。這會使他們採取不符合他們最大利益的行動。但是只要他們注意實際的細節，通常就不會被欺騙。

當他們允許自己生活在散漫狀態下，常常不明所以地焦慮。他們甚至覺得無法抵抗攻擊，或對別人過度的懷疑及恐懼。這種時候，只要他們記得聚焦在身邊發生事物的細節上，如某人穿的衣服、某家商店櫥窗展示的東西、外在環境的溫度在他們臉上造成的感覺等等，就會平靜下來並有安全感。

◆前世恐懼vs.活在當下

北交點處女座的人前世已經學到觸犯法律的後果，所以這輩子他們會有強烈的是非觀，而且極度恐懼違法。他們迷信很久了，而且對特定預兆出現，如何行事避免可怕的懲罰擁有很多看法。但追尋預兆往往誤導他們忽略常識中的細節。由於前世太多心靈的「訊息」，所以當他們進入這一生時，他們仍繼續追尋預兆，而忽略了當下實質層面發生的狀況。與其守候各種徵兆，不如觀察實際的事實，並直接獲取別人的直接反應，以確定他們在正確的軌跡上。如果他們擔心「出狀況」，就不應退縮，更要勇敢向前直接參與，設法得到別人的支持，面對恐懼，創造足以預防最壞情況的環境。舉個簡單的例子，與其擔心坐等電話斷話，不如每個月規定自己在一定時間繳費。

當他們做可使他們進入當下的活動時，將有出色的表現。記帳對他們頗有好處，因為在任何時間他們都能知道自己的財務狀況。對他們而言，隨時可以調出紀錄查看以往資料，並與現今的數據比較，將賦予他們極大的力量。他們因此感到紮實的基礎、明確的方向與充沛的信心。

任何維持北交點處女座的人專注當下的事，都是他們樂意做的事。他們的工作應該要有這種效果，如果沒有，就應該重新考慮工作路線。電腦很適合他們，因為實際介入電腦需要的細節，可以讓他們專注當下。他們善於且樂意做任何要求細節而獲得成功結果的工作。

自我懷疑vs.信心與行動

北交點處女座的人有非常內向及內省的一面。當他們焦慮時，會轉向內在尋求安慰及了解。不幸地，他們對這種內在的過程並沒有外在的檢視，而他們接觸到的焦慮、懷疑及猜疑等情緒，並沒有終點。他們還有種孤僻的傾向，老是回顧過去自己哪裡「出錯」。但是這種傾向完全與事實不符，而且產生嚴重的挫敗感。當他們退縮思考的時候，總試圖想要了解，但這種方式對他們根本沒有效果。他們應該盡一切可能避免自我懷疑。

北交點處女座的人最糟的一件事，就是質疑自己目標的純潔。在他們明了自己的目標之前，早在心中經過嚴格審核，他們早就認定自己的動機純正無害而且有利他人。今生，他們要讓想法在實際的層面發揮效用。對他們來說，嘗試錯誤的過程幫助他們了解物質領域中推動事情發揮效果的原動力。

他們堅信混亂局面可以向內超越與終結，而外在情況自然而然解決。這會讓別人失望，因為別人總預期北交點處女座的人積極地著手解決問題。別人不了解這些人在何時退出。同樣地，北交點處女座的人也會沮喪，因為他們覺得自己被誤解了，他們也無法理解為什麼他們的系統無法作用。但是，今生他們不能在內心自行解決問題。從占星學的角度來說，解決之道必須透過外在的行動。

北交點處女座的人還有因不適任而否定自己的傾向，這會形成惡性循環。有時候，他們在事前直覺「找出」問題，或是對自己與某人的關係，或某種情況的結果焦慮，但完全不知道為什麼。如果他們把焦點放在焦慮的情緒，就會想像出各種「最嚴重的情況」，並開始選擇性地詮譯外在世界發生的事情，進一步證實自己的妄想。之後，為了重新得到內在的平衡，與對抗他們的恐懼，會開始質疑自己的直覺反應。不論他們是利用自己的心靈肯定或否定恐懼，都不管用。真正有用的辦法是：向外伸展獲得更多客觀的意見。

事實上，他們的直覺通常是種警訊。例如，他們上班時忘了關窗戶；這他們不會刻意注意，但會用眼角餘光瞄到的事情。突然開始下雨了，他們可能很不理性地焦慮起來，想像有個小偷已經潛入他們家中，或是家裡失火了。他們很擔心自己的家，卻不知道為什麼。這時最好的解決辦法就是：直接回家。回家後，他們會發現原來是窗戶忘了關，而雨正從窗戶打進來。令他們焦慮的情況是一種警訊，當他們客觀檢視細節就能解決，例如把窗戶關起來。他們既不該否認直覺也不該耽溺恐懼，而應該實際面對問題分析事實，如果需要進一步資訊，就主動蒐集。

北交點處女座的人應該對自己想做的事更有信心一點。對他們來說，建立信心的最佳方法是透過行動。信心是他們得自前世的禮物。透過他們的臣服及宏觀的經驗，他們可以從日常生活中的每一刻得到信心。今生，他們內心知道「一切都很好，每件事恰如其分地發生」，他們因為記得這一點，而得到心靈的平靜及信心。

例如，我有一位北交點在處女座的客戶。她失業以後，將焦慮做為促使自己採取行動的動力。雖然她還有三個月的餘裕去找新工作，但她幾乎立刻就展開行動。於是她找到了兩個工作機會，選擇了其中一個可以實現她想在郊區閒適環境中上班的理想工作。但是，在工作了十天後，她發現自己的選錯了，所以又打電話重新申請另一份工作。經過一番折騰，那家公司終於接受她。她很高興經歷了這些。「如果我一開始便接受城市的診所工作，可能不會感激。我一定以為在郊區的另一個工作會比較快樂。」他們能夠了解每件事情都為自己帶來最大的助益，而這因為他們抱持的信念：「生命站在我這一邊，每一件事情都朝為我帶來最大快樂的方向前進。」

「服務或受苦」的生命

對北交點處女座的人而言，服務是解決內在痛苦的良方。他們與人類密切關連，對別人的痛苦也有深切的同情。即使當某人誤解了另一人時，他們通常可以了解雙方的立場。他們生來就不具批判色彩，他們的心容易與別人的痛苦共鳴。

他們今生要學習的是根據同情心行事。他們內心明白，今生是到這個世上來服務別人。然而，當他們開始這麼做時又會舉棋不定。當產生不安全感時他們要提醒自己，他們服務他人的動機是純正的，他們唯一的意圖是為別人服務並重建秩序。當他們開始把焦點放在別人，與自己如何幫助別人時，就會充滿平靜的信心。他們總是需要「修理」某些東西，才能維持自己的快樂。當義工，或是協助朋友及家人，讓他們覺得自己很有用而且充實。擁有許多外在導向的活動，對他們而言是有益的。

通常他們不會推動抽象觀念，例如消除世界飢荒、追求世界和平或支持環保等等。他們的動機是幫助別人。當某人說：「我很餓」或是「我對家附近的環境會過敏」時，他們反而無法拒絕。當某人進入他們個人範圍並觸動他們時，他們的心充滿付出的喜悅。但是他們需要直接的交流，他們的「助人之泉」才因而源源不絕地流出。

有時候，北交點處女座的人將渴望協助的焦點放在自己身上。他們會變得過度專注自己的事務而造成很多問題。他們比較擔心某件事對自己造成什麼影響，而不是對別人有何種影響。例如：辦公室中的某人生氣了，他們比較關心的可能是：「他們想對我怎樣？」而不是「我怎樣才能讓他們好過一點？」他們以為其他的人總知道自己的行為動機，他們認為：「我處於不利的位置。別人必須盡全力來幫助我，因為他們比較聰明、比較強壯、比較世故，而且應該知道我這麼敏感。」其實，他們以為自己「不如」別人的觀念不正確。由於過去他們有許多前世花費在淨化自我，所以很多方面來說他們比別人都更具整體感。

即使別人態度優越，也不表示總知道自己在做些什麼。因此當北交點處女座的人以為，別人明知他們如此敏感卻又傷害他們時，其實是個錯誤。事實上，絕大部分的人都不如這個族群的人敏感，而且他們根本不曉得自己很「粗糙」。北交點處女座的人不該再將焦點放在自己身上，應將他們關心的目標轉移到另一個人身上。試著利用他們的能力改善情況，因為別人需要且歡迎北交點處女座的人撫慰性、療癒的能量。

有時候，他們會扭轉「不如」的觀念，自認為別人優秀，然後必須盡全力幫助別人。當他們認為自己比較優秀時，就可以和善待人；當他們覺得自己比較差時，會期待別人對自己和善。但前述兩種態度都過於極端，兩者都不管用，因為兩者都以「自我」而不是服務為中心。

他們要學習的是根據同情心服務他人，而不是義務。當他們因為愛的感覺而做某件事時，就可以產生精神上嚮往與宇宙的關係。當他們根據基於義務行事，根據的是他們的頭腦，而當他們基於同情做事，根據的是他們的心。如果他們不得不思考幫助別人這件事，那就不對了。真正的幫助慾來自於對自己的認識與自己的感覺連結。這讓他們洞察人類天性，與他人建立如家人般的關係，並與所有人類連結。當北交點處女座的人處於這種精神、同情的情緒時，會有不可思議的事發生在身邊的人身上，那是很神奇且療癒的事。

◆付出 vs. 枯竭

他們天生非常敏感、脆弱、關愛、富同情心並容易原諒別人，這些特質的確讓他們有容易被騙的風險。

在人際關係中，北交點處女座的人根據互動的能量失去或獲得，判斷正確的道路。有時，人們會感受到他們的同情心而如飛蛾撲火般受他們吸引。而他們也不帶批判用同理心傾聽他人的問題，然而他們通常感到精力筋疲力盡。他們今生必須學習，辨別誰真的想找出解決之道，誰又只是想找一個可以依靠的肩膀。他們應該讓真正找尋解決之道的人，進入他們的生命，那些人對北交點處女座的人有好處。可以讓這些人相信自己解決問題的能力，而這種能力在他們這輩子是不虞匱乏的。當他們與真正尋求解決之道的人分享自己的想法，每個人都會成功。

但是當他們允許只是尋求同情或無盡問題單行道的人進入生命時，這些人就會開始失去能量與自信。對方通常離開時感覺很棒（暫時性地），但是北交點處女座的人則遭遇能量大損失。他們因為無法成功找到有效的解決之道，而無力把自己拖上床休息，還會降低他們幫助真正尋求解決之道者的能力。當這種方式剝削北交點處女座的人時，每一個人都會失敗。

允許榨乾他們的能量，傳達出的訊息是：「可以將其他人的快樂建築在他們的痛苦上。」當他們不允許濫用情況發生，別人就會停止、檢視自己的行為並學習對人保持靈敏。

他們允許自己被人利用其實有個動機。由於他們許多前世在受害、自我犧牲、痛苦等情況，他們認為：「沒有人真正了解我所經歷過的痛苦。」潛意識裡，他們希望能肯定自己的苦難，所以願意忍受其他人傾訴所有的問題，因為他們在等待「輪到」討論自己的痛苦與焦慮的機會。

然而，別人通常不會以傾聽他們的聲音做為「回報」。當他們終於找到願意傾聽的人時，反而陷入無盡的恐懼與焦慮。何況他們會把對方也拖下水。的確，細細深究無法解決的問題，不論是自己的或是別人的，都不是他們今生的課題。所有前世的痛苦、殉道、傷害，最好能緊緊鎖在潘朵拉的盒子裡，絕對不要打開蓋子。

◆把愛轉為服務

前世，北交點處女座的人得到了大量的理解與愛，希望與別人分享。因此今生，他們要專注、參與並提供他們的智慧。他們要學習將愛轉化為服務與重新連結內在無盡的愛與同情。

只要接上線，其實他們還是有依據龐大信仰力量的療癒天賦。在他們自己的生命中，常常也會出現奇蹟式的治療效果。他們了解身體疾病通常有深層的心靈依據或更高的精神層次。當他們了解疾病背後的「理由」，通常會自動痊癒。這就是他們的信仰與對整體的了解所結合產生的力量，可以加快治療的速度。他們是優秀的醫生護士，因為他們的存在就可以喚起他人的信心。

他們也是「行動派」治療者。這正是他們實際參與生命、接觸物體、寵物或人，幫助自己扎根的理由。當他們完全投入實質的領域，他們所有的心靈、靈性能力就能顯現出來。

當他們開始療癒別人，也就是停留在當下觀察能量流向與對方的細微反應時，他們敞開靈魂，而且他們明確知道應該從何處著手，達到最大的效果。當他們進行療癒工作，能看出對方與內在能量是在何處失去連結。他們渴望刺激這些能量的活性，使對方可以開放完整的自己。

透過深入內省與自我檢視，他們真的不會對別人妄下斷語。他們深切了解人類的共同困境，知道每個人在盡當下所能付出的努力。這種了解使他們同情並接受別人。但是，他們必須學習區分在道德範圍內的不批判與實際上必要的辨別力。很多時候，他們基於同情或想要治療時，會退縮並屈服在更果決的性格下。

例如，我有一位屬於這個族群的客戶，她在職場遭到嚴重的騷擾長達九個月之久。她是一位護佐，與醫院裡一位男士發生了點問題。但她一直沉默地對他付出愛，試圖改善彼此的關係，卻一點效果都沒有。

在極度的沮喪之下，她決定辭掉這份十分熱愛的工作。之後一個晚上，這名男子又跑來威脅她的性命安全，最後她只得向外求助。最後這名男子失去了工作，而我的客戶遭受了長達九個月的極度痛苦。

以上就是怎樣對北交點處女座的人有幫助，怎麼做則毫無幫助的例證。這位女士讓自己遭到迫害長達九個月，不積極改善，卻沉默地將傳出的「光」、同情、諒解與愛給那侵犯者。在前世，這種方法或許有效，但是今生就不行了。當然，傳送「光」給別人永遠是很好的想法，但是對他們而言，真正有用的策略是採取實質的行動改變負面的環境。

需求

自信

北交點處女座的人今生需要建立自信。由於他們敏感的天性，常感覺潛在的無助與持續的脆弱，這些容易造成他們莫名的焦慮。在沒搞清楚原因之前，他們無法釋放這些感覺。而搞清楚之後，他們通常承認自己的憂慮幾乎無關現實；或者，他們了解避免讓潛意識引發這種焦慮。這個過程得到外在協助的話，如顧問或值得信賴的朋友，會更為順利，別人的觀點使他們穩定，並避免轉向內在。

例如，我有一位屬於這個族群的客戶，急迫接受一份看起來非常棒的工作。這份工作正是他想要的，而提供他這份工作的人承諾了一切。但是，他不知道為什麼就是感到焦慮。當他向我說明，提到以前曾在那個地區工作過，結果是喜樂參半——他賺了很多錢，卻覺得自己孤立於社會外，因為當地人對他的生活型態有強烈偏見。這個階段對他而言，社交生活與財務成功一樣重要。一旦他了解造成焦慮情況的根源後，就回到現實的世界做個有自信的決定：拒絕這份工作。

對北交點處女座的人而言，自信並非與生俱來。由於他們缺乏在俗世的實務經驗，所以擁有深切的焦慮。自信是成功經驗的副產品，而他們欠缺的前世經驗不足以讓他們了解自己達到的高效水準。但是，他們發現對自己生命各方面的信心都突飛猛進，在這些方面他們都設有目標。

當他們避開情緒利用強大的能力專注達成一個目標時，可以精確地辨別對自己有用與無用的東西，而且在令人訝異的極短時間內達成。一旦他們掌握重點，就沒有什麼可以阻止他們了。

◆透過世俗的經驗建立信心

由於北交點處女座的人潛意識中並沒有多少「世俗成功的記憶」，所以世俗的事物對他們來說，並不是他們的第二個天性。有時他們擔心如果「做錯某事」，就不能獲得想要的東西。實際上，這是真的，但卻與道德或倫理無關，那只是實際的問題。對他們來說，實踐是最好的方式。他們學習透過自己實際的身體力行、實驗，與找出什麼適合、什麼不適合自己。北交點處女座的人不是「以理論為根據」的人，理論為根據的人視書本為最高權威，而這些人需要的是實際的結果。他們希望完成他們的想法，並使在現實世界中付諸實現，只有他們能做到這一點。

他們不會執著於自我必須是「正確的」，而且尋找成功達成目標的方法時，他們願意在過程中犯錯。這種自然的開放與謙遜的態度對他們有利，因為錯誤是學習的必要過程。成功告訴他們，使用的技巧與追求的道路是正確的，錯誤則表示他們「偏離正道」。他們通常可以「迅速適應」，所以不需要多久時間，就掌握住什麼有用，而什麼又是無用的事物。

前世在療養院的經驗也與北交點處女座人的命運有很大的關連。可能他們心理某部分前世曾失衡，而這正是他們這輩子會擔心「失去」或發狂的原因。工作是他們今生的絕佳解藥。當他們把重心放在他們的工作並積極取得結果，不論他們心底的哪部分失衡，都透過將工作做好的實際必要而獲得永遠的平衡。

他們必須願意不惜一切代價，獲得來自積極參與生活所產生的信心。例如，他們會對找工作感到惶恐與恐懼，但是只要他們踏出一步，就不會再害怕。他們不可能單靠想像就解決焦慮，唯有行動才能使他們克服天生的缺乏自信。

◆脆弱

北交點處女座的人極度敏感，也傾向以為別人與自己一樣敏感。當他們仔細觀察，可以看穿每一個面具背後的真面目，了解實際的狀況，例如別人的動機、欲望與不安。由於他們不帶批判的眼光，因此能做到這一點。他們的同情心使他們擁有了解別人內在世界的能力。

由於他們擁有這種能力，所以他們以為別人也能做到。因此，當他們進入這個世界，會覺得非常脆弱。他們必須明白別人無法看穿他們，因為別人前世並沒有自我淨化的過程，而這正是深入看清人們真實面貌的必要過程。他們擔心別人批評自己，但是批判的眼光與成見正是別人無法擁有這種能力的主要原因。了解這一點可以解放這些人。他們可以表現得似乎很有信心，而別人也會相信這一點。

當北交點處女座的人注視別人，可以深入別人的靈魂深處，因此對別人產生高度的同情。但是當別人看他們時，只能在他們身上看到自我的投射。所以北交點處女座的人若藉建設性的方法，也就是做出強而有力的「架勢」，就能掌控生命中絕大部分的事情。

他們會假設別人知道自己是多麼地敏感，明白他們為了避免傷害他人放棄與壓抑的多少的自己，然而這種假設並不正確。這也是為什麼他們必須建立明確的界線，並在自己受傷時讓別人知道。他們要向對方清楚說明發生的狀況，並設定清楚且建設性的共同行動的路線。

外在焦點：參與

北交點處女座的人往往太過關注內在。我有一位這個族群的客戶，他常愛說：「只要我能好好想一想，就可以克服這個問題。」我給他的建議永遠都是：「不！你要積極地參與才能使情況恢復秩序。」

很難了解他們心裡在想些什麼，因為他們第一個直覺是退縮。別人可能不太容易了解這些人，所以有時候不會顧及他們的感覺。若要有效地吸引他們參與，需要問他們特定的問題，確定他們對這種狀況的看法感覺與他們想要的東西。一旦他們了解自己希望創造的東西，就會開始展開行動。

他們內向的傾向不利社交活動。當他們與某人建立關係時，如果只意識到自己看不見對方，會變得焦慮與畏縮。他們今生的目的是為人服務，當他們將重點放在提供幫助時，會因為自己在「正確」的路上而信心十足。但是當他們質疑自己的意圖或別人眼中的形象時，焦點就轉移到他們自己身上，而他們也會開始感到焦慮。

北交點處女座的人應注重與別人建立關係並解決問題。經由協助別人積極地恢復秩序，他們也幫助了自己。只要他們記得自己的目的是幫助別人，就可以充滿與別人快樂交流的自信。畢竟，如果他們主要的動機是為了服務，就立於不敗之地。隨時記住這一點，可以為他們帶來力量。藉著專注於對方，並透過有秩序的結構解決問題，他們的焦點可以為他們創造具生產力的結果。

他們擁有將生命流向轉換為具組織形態的巨大能力。一旦他們設定特定目標，每件事情彷彿「各就各位」。對他們而言最重要的就是專注，只要專注他們的目標，在他們眼前展現出來的步驟，就是完美有次序的，這也是最有效達成目標的方法。困難的情況中，他們看到波動的部分，而藉著開始時將能量灌注於創造更穩定的基礎，他們可以避免以後事情失敗。

使事情在實際的領域中趨於完美是他們與生俱來的天分。他們做得比世界上任何人都好。但這是一種新的天賦，他們可能根本不知道自己擁有這種天賦。這就好像在他們內心中的一個「新房間」，房間裡存在可以將事物重建秩序、分析，與在物質世界成功運用精神道德的天賦。如果他們打開這個新房間的門，就可以將精神上的愛與秩序的願景，帶入身邊的環境。

◆辨識

北交點處女座的人前世對生命有精神上的了解。雖然學到的絕大部分都是正確的，但是仍有少部分的教導不正確或不完整。他們可以藉著真實情況下實驗什麼真正有效，來學習辨識。例如，他們被教導：對所有生命懷抱同情的愛是真理。但他們可能並沒有被教導如何將這種真理，用不傷害自己與別人的方式，運用在實際的世界上。他們必須自己學習如何做，一旦知道這是自己應該做的事之後，就可以成為實際運用的專家。

他們今生要學習的是在生命中每個部分維持清晰與辨識，例如什麼是真實的、什麼又是虛幻的；什麼是有益的、什麼是毀滅的；什麼人真的需要他們的幫助、什麼人只是想要同情；什麼時候他們是在服務、什麼時候他們成為受害者。他們需要區分，這樣才能清楚他們的意識並開始創造有效率的秩序，為他們的生命帶來力量、穩定與信心。

這個族群的人通常都有準確的直覺，但是在其他細節佐證直覺之前，他們都不相信自己。於是導致他們呈現「選擇性觀察」——只能看到可支持他們直覺的事物。例如，他們認為如果在某人身上預設某種看法，最後這個人將做證實自己的理論的事。這是他們斷章取義的方式，而其實整個過程只發生在他們的心裡。

從另一個角度來說，如果他們對某人不舒服，先把這種感覺放在一邊，並觀查那個人的真實面貌，就可以了解實際發生的情況。但是他們一定要維持客觀。例如，如果他們認為某人一直在貶抑他們，最好先站到一旁，並觀察那個人對待別人的行為。如果那個人同樣貶抑別人，那麼他們就會知道自己的感覺是正常的。

◆採取行動vs.放棄

北交點處女座的人必須對抗自己的放棄傾向。克服放棄是他們在獲得內在力量與自信時必要的過程之一。我們每個人都會對自己缺乏經驗的部分沒有信心。差別在於，絕大部分的人不會在面對反對時就立刻投降。北交點處女座的人今生要學習的課程之一，就是不要放棄。

有一種辦法能解決退縮與投降的習慣型態，那就是認清一個事實：生命不會因為他們退回自己的內在，而變得比較美好。對象雖然可能不同，但是宇宙會不斷讓他們碰到相同的情況，因為唯有如此，他們才能突破這個障礙體驗生命的活力。與他們產生關係的人們應該了解，當北交點處女座的人退縮，並非有意傷害別人。有時候，他們需要伴侶把自己從自我孤僻中解放出來。但是，這必須以溫柔的方式進行，並配合接納與愛，而不是嚴苛的方式。有時候，接受援助對這個族群的人而言有好處。

當發生危機時，他們必須反抗自己的傾向，並以建設性的方式增加參與度。這麼一來，他們就可以成功，而他們身邊的人也都受惠。我有一位北交點處女座的客戶，她與一位男士相知相戀了五年，這位男士也很愛她。他們看起來非常匹配。但是，她比男方年長七歲，這讓他頗為頭痛，但是她並不知道這是問題。有一天，男士來找她痛苦地要求分手，他解釋年齡是他想分手的唯一理由。我的這位客戶受到極大的傷害，但是並沒有異議且立刻退縮、同意分手。他去了歐洲，娶了一位比他年輕的女子，並生了一個孩子。有一次他從歐洲回來，邀請我的客戶共進晚餐。他的狀況極差，仍然深愛著她，但木已成舟他不能攪亂所有人的生活。其實，這位客戶當年不應該退縮，而該勇敢面對並共同努力、創造出她期待的結果。她當時應該說：「讓我們試試看，或許可以解決這個問題。」結果可能是雙贏的局面。

◆極端vs.中庸

北交點處女座的人有時對別人的反應呈兩種極端，不是過度注意，就是完全不注意；不是過度相信，就是過度懷疑；不是唯唯諾諾，就是完全冷漠或刀槍不入。他們的情緒可能過於緊張。為了避免問題，他們應該專注每種情況的實際情況，對相關人員精確評估，之後再決定「適當的」能量與最有生產力的處理方式。

極端的問題也與他們愛做白日夢，不注意當下變化的細節有關。例如，如果北交點處女座人的關係令他們受傷，往往需要花費長的時間才能了解發生了什麼事。他們迷失在白日夢中，而不存在於每個片刻。當他們「回過神」，並了解發生了什麼事時就會退縮。但是他們往往退縮得太遠、太久，而沒有注意到情況是否已經變得更符合他們的需要。他們在無意間發出錯誤的訊息給伴侶或合作夥伴。一開始他們讓別人以為他們毫無異議地任憑他人利用，但是突然之間他們又變得完全無法靠近。他們藉著隨時觀照當下發生的情況，調整實際狀況的反應，並建立更積極的關係。

北交點處女座的人要學習以中庸之道經營生命中的各個部分。當他們以客觀的角度觀察事物時，是非常容易的事。他們只有在全神貫注於面對外界刺激因素時，才會有極端反應。中庸之道是將別人列入考慮範圍，將焦點放在當下發生事物的細節上，並找出解決問題的實際對策。他們必須學習在實際、目標導向的層面，經營自己的生活。

例如，假設他們擁有一間企業但對員工不滿，他們不應該因同情而忽略實際情況；或採取自我犧牲讓自己成為工作狂；或對員工發脾氣。他們應該客觀觀察問題的細微之處，並制定一套工作環境的規章制度。只有遵守規則的員工才能留下來。實際上，他們的事業運極佳，員工或工作夥伴都很愛他們。但是為了避免被人占便宜，他們必須畫分清楚的工作界線，並把各項規定化為白紙黑字。這可以改變他們對員工的觀感，並允許每一個人共同合作，朝共同的目標邁進。

秩序

◆重建秩序

北交點處女座的人常被需要解決的問題吸引。由於他們擁有在混亂與被忽略情況下解決問題的能力，所以他們的工作是藉投入物質世界導正事物創造秩序。當他們看到身邊的混亂時，第一個反應（前世的傾向）是退縮，但是他們一退縮，整個狀況就崩潰了。今生，當某件事情不順利時，他們應該捲起袖子加把勁努力。當他們放棄時，每個人都會失敗，因為別人潛意識裡要靠他們才能進入狀況。當發生問題時，就是宇宙在對他們說：「嘿！我們在物質世界中需要幫助！」

對於北交點處女座的人而言，不論在家中或職場維持秩序都非常重要。維持身邊環境的秩序與組織，可以使他們的日常生活更清楚也更有活力。相較其他北交點族群，這些人更應該花點時間，使自己能在實質的外界維持有組織的狀態。

在心裡層面，混亂與混淆是格外有害，它們危害他們在世界運作時的信心。而維持他們實質外在環境的秩序，也可以提供他們心理上的秩序，這種感覺增強他們的力量，使他們行動時更有信心。

實際上，促使環境秩序化的過程，對北交點處女座的人而言有好處。不論男女，當他們感到由內在產生的焦慮時，最好的辦法就是拿起吸塵器。對他們來說，做些簡單的工作，如處理文書、洗洗碗盤、撢撢灰塵、整理環境維持秩序化等工作，都極具心理療效。在實質上以建設性的方式向前邁進，可以使他們內在的焦慮轉化為生產力。

◆結構與計畫

做計畫時他們偶爾走向極端。他們會花很多的時間規劃生活，卻忘記按照計畫過日子。這種狀況會以過度謹慎、工作狂的形態呈現。之後，他們完全不做任何計畫，做為自己的補償；他們失去力量，並融入沒有界線的生活。這其實是一枚銅幣的兩面，一面是對迷失的渴望，不論是活動或是無形式的狀態，另一面則是不願負起創造生命平衡的責任。這種傾向絕大部分應歸因於前世的經驗；前世都是由別人負責制定他們的行程。但是，今生一切都要靠自己了。

北交點處女座的人應該有意識地定義目標，並據此調整時間，賦予生命更恰當的結構與意義。最好的辦法是分配時間，比如每天早上半小時，或是每周兩個小時，如此不斷重新評估時間表。例如，他們會決定需要工作、運動、交友、玩樂、談戀愛、冥想、欣賞音樂等等的時間。對他們最好的方法：製作清單，列出對他們較重要的生活各層面，並有意識的做出每週的行事曆，為每種活動分配時間。這樣可以幫助他們充實與平衡的生活。

另外，當他們以實際的方式組織自己，更清楚看到自己在生命不同部分的「所在位置」。例如，我有一位屬於這個族群的客戶，她對股票經紀人隱約感到莫名的懷疑。為了消除這種恐懼，她拿出所有在他那裡往來的股票交易紀錄，每一筆交易都仔細核算一遍，算出自己應賺的金額，與對方應得的佣金金額。一旦她把所有的事實與紀錄都擺在眼前，清楚掌握真實的情況後，她的焦慮就消失了。

人際關係

他們這輩子不是受害者。北交點處女座的人要學習說「不」，與不讓自己在關係中遭到迫害。還有，當他們說「不」的時候太溫柔，而讓迫害他們的人接收不到訊息。這個族群的人在彼此付出失衡，或當需要更多的支援時，應該要讓對方知道，而且要在他們退出這段關係前採取行動。如果對方接收不到這項訊息，就表示北交點處女座的人要改變表達方式。我們每個人都有不同層面的敏感，有些人很高，有些人則需要給予當頭棒喝！因此，如果迫害的情況繼續，北交點處女座的人應該持續加強他們說「不」的強度，直到對方聽到為止。

愛情

在愛情方面，北交點處女座的人仍走極端路線，不是完全冷漠、毫不投入，就是對另一個人完全臣服。同樣地，走中庸路線才能引導他們走向成功。他們無法找到中庸之道的主要理由：當他們第一眼看到心動對象的那一刻，他們就開始讓步了。起初是一吋，再來是一呎，然後不知不覺地，失去了自我。當他們與某人談戀愛，如果對方沒有讓他們得到想要的東西，他們就會開始說服自己放棄標準：「好吧，或許是我太呆板了。」然後，他們會讓自己進入混亂狀態，隨波逐流，完全失去自己。這種情況並不常發生在友誼中，因為他們不會害怕失去朋友。而當工作干擾到自己的健康或幸福時，他們也能做出正確的決定。唯有在親密關係、私生活面臨危機時，他們會極度害怕失去。

另一個他們面對的陷阱就是放棄自尊。他們對親密關係中的另一人，重視程度往往甚於自己。他們讓別人成為自己的中心，而一旦這麼做就滿盤皆輸。若要使親密關係成功，他們必須更重視關係而不是關係中的那個人。

當他們談戀愛時，也會傾向將心中理想形象投射在對方身上，自以為那是真的，然後就此生活下去。這是讓別人成為自己的「中心」時，需付出的代價。他們藉著調適自己的心靈與豐富的想像力，創造幸福的氣氛，就好像在自己心中談戀愛。但是，當幻象距離現實太遠時，這種幸福的假象就會崩潰。所以，若想鞏固現實基礎避免大失所望，他們需要不斷邀請對方加入自己的幻想。

他們應該只允許自己適度的綺念，或者給幻想分配給一定的時間。「你可以幻想五分鐘，之後就要做下一件事了。」這裡的「下一件事」是指與幻想正好相反，必須專心的事，例如計算收支、支付帳款等與數學有關的事；或洗碗、拖地等勞力事務；或任何需要精確、客觀思考的事。這樣可以幫他們切斷幻想的能量，回歸平衡。

北交點處女座的人需要持續監看關係。他們是否投入過多或過少的能量？付出與接受間是否達平衡？他們的參與會讓他們信心十足或能力不足？他們必須願意讓另一個人知道他們的界線。這樣可以加強他們的自尊，讓他們體驗參與及合作的樂趣。一旦他們做了承諾，雙方都寫下對彼此關係的目標，將很有幫助。他們愈清楚希望創造的東西，成功的機會就愈大。這些目標隨著關係變化而時時重新評估。

例如婚姻中，共同目標可能包括彼此支持、每個月共進燭光晚餐兩次、鼓勵達成個人目標、以快樂的方式共同處理金錢、為彼此建立信心、每年去看婚姻顧問一次，隨時調整彼此的關係等。寫下這些目標，可以幫助他們建立實際的處理方式。

當北交點處女座的人對關係困惑，可能因為實際狀況與預期待間有極大的落差。如果有這種情況，他們必須先搞清楚對目標與希望在關係中創造的想法。表明自己心中的極限產生的力量武裝，就可以與接近伴侶得到明確的關係。

一旦開始這樣的對話，他們最好不要先說出自己的目標與極限。相對地，他們應該積極傾聽另一個人對這段關係的看法，這樣才能了解自己是否適合那個人。如果他們先說明自己的目標與極限，無疑把自己放在一個可以讓人愚弄、誘騙、安撫的地位，因為另一個人會在表面迎合他們以維持雙方的關係。

如果北交點處女座的人判斷這段關係「適合」時（雙方的目標確實一致），就可以表明自己的極限展開談判。但如果他們認為對方實際上並不「適合」時（雙方的看法與極限不一致），北交點處女座的人則必須用紀律中斷這段關係，或將它改變為可能成功的形態，例如以友誼代替婚姻。然而他們常幻想關係最後終將成功，所以往往會「堅持到底」，希望改變對方。但這是不會成功的。帶來的不只是時間與精力的浪費，甚至造成更大的失望與傷害。

當他們真的展開一段戀愛時，最初的幾個星期一定要特別注意互動。當他們發現仍在努力爭取充分參與時，卻意識到關係不會成功，他們應該立即抽身。他們一定要對自己誠實，承認這不是理想的情況，並判別自己設定的極限在這段關係實際狀況下能否能成功。讓他們生活中的每個部分都能維持與現實的接觸，將使他們的生命邁向成功。對他們而言，不要生活在幻想中是相當重要的一件事。

◆吸引

會吸引他們的人通常擁有他們自覺不足的部分，例如力量、堅持、果決等特質。他們會跟在這個人的後面，嘗試效法對方並吸收這些特質。他們會強烈地以為自己想要的是這個人，而不願承認他們想要的其實只是那種特質。當他們建立親密關係時需要注意這個問題。有時他們會允許他人惡劣地對待自己，取得自以為想得到的東西。在他們得到自己「缺乏」的特質前，他們不敢反抗對方，或冒著失去的危險。

一旦明白吸引他們的是對方的特質，可以有意識地把這段關係的重心放在「發展自己內在這種特質」，而不是那個人身上。這種處理方式讓他們更客觀，與充分的情緒距離維持他們的獨立性，有助於雙方關係進展得更順利與誠實。它也幫助這些人時時注意或供應。如同許多潛在的友誼能夠滿足他們，與很多他們享受的潛在工作一樣，他們可能找到許多令他們滿意的親密關係。因此，如果他們的關係具傷害性，就不能忘記他們絕對有能力繼續前進的機會。

◆幻想vs.現實

職業生涯中北交點處女座的人務實而現實。如果他們將同樣的技巧運用在戀愛上，他們私生活可能會非常成功並進展順利。但是，他們的私生活常生活在幻想的世界裡，而且過度發揮想像力，致使最後遭到失望的打擊。當他們發現某人看起來很對眼時，常幻想對方的種種，塑造一個幻想中的對象，再把幻象投射到那個人身上。之後，當與這個人發展關係時，就會以對方接近幻想的程度，做為評估的標準；而他們總是失望。事實上他們可能沒有真正認識過那個人。其實那個人或許比幻想更適合北交點處女座的人，但是當那個人的行為距離塑造出的幻想人物太遠，他們就會退縮。他們收回自己的投射，並變得完全無法溝通，而他們的伴侶永遠都不能知道他們為什麼突然變得遙不可及。北交點處女座的人感到迷惑與失望，而對方則會生氣與憤怒。

要跳脫這種困境必須藉助辨識。北交點處女座的人必須刻意延後幻想的時間，直到他們已經有時間仔細了解對方的真實面貌。經由客觀分析對方的價值、行為與信仰等等，他們可以對那個人給予自己當下的感受做出反應了。就長期來說，現實比一層又一層的投射更令人滿意。

◆浪漫迷霧、仰慕與盲目信仰

他們展開戀愛時都會戴上玫瑰色的眼鏡。他們處於「浪漫迷霧」之中，使他們看不到彼此關係中存在的殘酷現實。對他人而言這些「障礙」非常明顯，但對北交點處女座的人而言則不然。他們會把他們的伴侶理想化，並與心中的理想對象談戀愛，假想未來會是「王子與公主從此過著幸福快樂的日子」。

他們的白日夢與幻想極為真實，甚至根據它們制定實際的計畫，直到理想與現實間的差距愈來愈大為止。或許，有一天突然發生某件顯示實際情況的事情，而瞬間使他們整個幻想崩解。

例如，北交點處女座的人在看到雙方關係進展極為順利時，會假設婚姻是自然的結果。對方可能從來沒有直接否定這種可能性，也可能允許有關婚姻的話題在彼此間討論，但從不表示意見。之後青天霹靂般，那個人突然宣布，他並不想與任何人結婚，也從來沒有想過要結婚。北交點處女座的人此時受到極大的震撼手足無措，並開始懷疑自己。這個事件徹底摧毀她對自己認知的信心，可能需要花上好幾年才能走出傷痛。

若要防止嚴重的後果，這個族群的人應該專注於當下，觀察關係的發展，並在必要的時候加以修正。只要他們把關係建立在堅固與實際的基礎，就可以享受浪漫與幻想帶來的喜悅。但是他們絕不能沉迷於浪漫幻想不負責任與缺乏反省的盲目依賴。

他們擁有使夢想成真與實際層面滿足自己幻想的特殊能力。浪漫的愛情如此，職涯亦是如此。他們應該在實際層面達成他們的目標。

◆互動的實際策略

過度沉醉愛河之前，北交點處女座的人應該明確定義對方與自己的目標和目的。他們一定要設定限制：「我要的是什麼？我願意接受什麼？什麼又是我不願意接受的？」在適當的時機詢問實際、重要的問題，避免欺騙（即使是無意的），對這個族群而言有好處。比如說，對方是否結婚或與人同居？以前結過婚嗎？若有，為什麼結束？他對做承諾的感覺如何？有些答案會因為彼此關係的發展而改變，所以不時提問這類問題有好處。

他們需要大量的空間與獨處時間，以便自俗世中撤退。只是單純地「存在」，他們就可以與自身的力量、能量和遠見重生並重新建立連結。雖然他們無法解釋，但他們就是知道應該這麼做。有時他們發現很難讓親密的人了解這種需求。

當他們確實試著表達自己退回原點的需求時，通常對方會想盡辦法說服他們放棄，或以其他方法不尊重他們的界線。這麼一來，他們就會拒絕溝通，或是不做解釋就退出等。這種行為疏遠並激怒另一個人，而他們根本不知道發生了什麼事。最好的方法是按照時間表制定計畫，例如需要多少獨處時間，何時可以再加入另一個人？這樣一來，他們就可以帶著更清晰的建議案接近伴侶。

以下就是實用的方法：

(1)分享願景：「這是我希望能爲我倆創造的……一段讓我們眞正全神貫注彼此的快樂時光。」

(2)分享實際的細節：「現在，我必須處理某些事情，之後就可以與你共度美好時光。在見你之前，我需要買點東西、撥些時間給家人，與一點獨處的時間，好重新充電。」

(3)分享計畫：「所以，我需要三天的時間處理這些事情。我星期四會打電話給你，我希望週五能跟你約。」

做這種溝通時，北交點處女座的人必須在由他們掌控的「聚焦」立場上。他們善於制定計劃。他們了解組織所有的細節，達到每個人的最大利益。如果他們立於「主控大局」之地，而不是無助的立場，別人都會跟隨他們。

當北交點處女座的人被他們生命中大量事件淹沒時，有時候會採取「中斷」的反應，也就是將自己由某種情況中抽離，直到他們更清楚了解狀況或能更有效率地處理。但是，如果他們沒有事先通知對方貿然進入「中斷期」，很容易會出現信心危機，尤其是在毫無跡象顯示這個中斷期將會持續多久的情況下，彼此信賴的裂縫會更大。但是，不論多麼困難，勇敢說明他們的計畫，是建立積極關係的關鍵。

由於前世他們都是隱居狀態，所以並非天生就知道如何維繫長期關係。做為僧侶，他們會知曉別人的私密經驗，但缺乏個人體驗的直接知識。因此，當人際關係「出錯」時會避免對抗或表達任何強烈的情緒。他們不了解，這種緊張的關係往往是伴侶發出的召喚，要求他們更靠近一點和更積極參與，運用他們不可思議的才能在混亂中創造秩序。

北交點處女座的人必須願意捲起袖子，直接走入混亂重組秩序。他們必須承認當關係出現混亂時，就表示該提高日常生活「實際細節」的效率，與發展親密關係更好感覺的時候了。只要他們願意百分之百的參與實際的解決對策，這個族群的人就是解決問題的能手。

目標

自我發展

北交點處女座的人要學習「重新配置電線」於自己的內在機制，使他們與別人的交流更快樂與更富生產力。他們喜愛自助式的計畫，而且在任何與分析、技術有關的方面都有傑出的表現。他們擁有可以獨立工作的特殊能力，因此他們的作風就可激發出全世界的積極結果。他們天生就了解深入和療癒層面的心理學，這使他們有改變自己的力量。當他們練習這種才能時，例如使他們的「房子整潔有秩序」，他們會變得活力十足、快樂與有生產力。

為了協助自己由甲殼中走出來，他們應該發展慷慨特質。他們擁有與生俱來的能力，可以幫助別人了解世界的結構。

自給自足

北交點處女座的人需要發展自給自足，這樣才有信心創造健康增加彼此的能力。因為他們過去有太多次的前世，處於無助與依賴大型組織方能生存的狀態中。

在努力自給自足的過程中，他們允許自己在平衡中呈現脆弱的一面，而如果他們在幸福、經濟或其他方面都依賴他人，最後會導致他們完全失去力量。另一個問題：他們天生有崇拜與奉獻的傾向。當他們在修道院生活時，對精神理想奉獻是恰當的，但是今生，對錯誤的人犧牲奉獻，將會造成他們的失敗。所以這個族群的人必須辨別清楚，誰是值得奉獻的對象、什麼是可以奉獻的東西等。當對象正確時，他們的奉獻可以被了解與感謝，若是對象錯誤，則會導致迫害行為的發生。

他們要學習依賴別人做自己。他們應該觀察並了解別人的真實面貌，然後在符合自己天性的部分依賴別人。例如，如果某個人本性支持一大一妻制，那麼北交點處女座的人就可相信一夫一妻制；如果某人正在做他曾說要做的事時，北交點處女座的人則可以相信對方會信守承諾；而如果某人遲鈍，北交點處女座的人也可以相信這種特質會持續下去。只要北交點處女座的人維持自給自足就是完整的。在每種關係中，他們都能以「完整」的身分運作。對他們來說，自給自足並不意味他們不會依賴別人，而是意味著若別人不如自己的期待，他們並不會崩潰。

創造常規

由於前世都是由別人掌控他們的時間與行程表，所以北交點處女座的人不習慣組織自己，使自己生各方面都井然有序。然而今生，他們必須計畫以建設性的方式利用時間。現在，他們是自由的！他們必須制定屬於自己的規則並自願遵循。

常規絕對是他們生活避免崩潰的必要條件，這對他們來說代表無限的恐懼與不安全感。他們需要親自負責與安排自己的時間，這樣才能在各個方面滿足他們的需求。

◆飲食

飲食與健康對這個族群的人極為重要。在前幾世，修道院或是其他組織會負起維持他們均衡飲食的責任；這輩子要靠自己了。他們對食物極度敏感也容易受到食物的影響。他們要注意特定食物的效果，並據此調整他們的飲食。

例如，「營養價值低」的食物今生並不適合他們。他們需要吃能幫助他們扎根、紮實與自信的食物。如果他們發現糖會引起焦慮或注意力不集中，就把它從生活中刪掉。他們還需要規律的運動計畫，可以讓他們覺得體能十足，從而增加自信心。

這個族群的人必需比其他交點族群的人更要注意，絕對不要耽溺酒精或藥物，因為他們的耐藥力極差。他們的心態已經不易專注了，藥物或是酒精更以不健康、誇張的方式影響他們。

◆有秩序的環境

有秩序的環境對北交點處女座的人而言很必要。他們無法在混亂中有好的表現。他們必須維持家中與辦公室環境的整潔。同樣地，潛在的問題仍是信心。當他們的環境是整齊與有秩序的時候，他們對自己在外在世界創造秩序的能力感到更加堅定與更有信心。

◆付帳

準時付帳對北交點處女座人的另一個「必要」常規。維持對細節的關注，可以創造內在的安全感，如果他們希望充滿信心輕鬆地於世俗運作，這種安全感不可或缺。事實上，他們是精力充沛的人，他們可以用一個小時完成別人五個小時的工作量。他們的問題不在缺乏能力，而是如何舒緩他們的心理狀態，使他們準備好面對外在世界的挑戰。

◆列清單

列清單協助他們順利組織思緒。計畫能讓他們集中精神能量，在物質世界中獲得有秩序的參與感和力量。在決策過程，實際白紙黑字寫下問題所有利弊，將有助突顯正確的道路。

北交點處女座的人可以做好日常的規畫，並精心組織系統。組織細節可以讓他們對達成夢想的能力更有信心。

◆運動

規律的身體運動計畫對他們也極為重要。每星期到健身房鍛鍊三次，似乎小事一樁，但對他們來說，這種規律的運動可以給他們紮實的自我價值與幸福。規律運動帶來的正面回響，可以加強他們情緒、心靈與精神方面的力量，當然還有身體上的能量。

◆寵物

寵物對北交點處女座的人具有真正的好處。養寵物迫使他們必須建立固定的生活模式，因為牠切實需要他們的照顧。寵物可以成為北交點處女座的人，渴望無限付出無條件的愛之安全出口。有了寵物，他們就可以在無條件的愛與紀律間找到適當平衡。如果運用在他們的關係上，可能要花很長的時間才能學會擁有快樂、健康的關係。

◆準時

他們很少能夠準時，因為前世會有人不斷催促他們。但是這輩子對他們而言學習準時很重要。主要因為這會讓他們的自信程度有所不同。例如與人約會時，如果他們遲到了，通常會產生罪惡感，有「不如」別人的感覺。若想要自信十足，他們要細緻處理好自己的部份。如果他們準時，就是根據規則參與而且應付自此以後的每種狀況；但是他們的遲到，會讓他們一整天都失去平衡，而且陷在沒有安全感的狀態。

問題是他們非常習慣生活在無時間意識的狀態，所以他們必須刻意地計畫出門的時間，以便準時抵達目的地。否則，一件接著一件的事情將會使他們分心。他們一定要給予準時這個部分極高的注意力。

有種有效的辦法就是事前規畫。他們先算好舒適又準時抵達目的地需要的時間，把計算出來的時間再加上十分鐘。知道何時應該從家中出發對他們有很大的幫助。在他們的心中，把時間設得較彈性也很有好處：「我必須在五點零七分離開這裡，不能再晚了。」

另一種極端的例子，部分北交點處女座的人會過度「提前」彌補這種傾向。他們會給自己極大的壓力，只是為了確認自己一定可以在約定時間以前抵達目的地。這種行為會讓自己處於持續性的壓力之中，危害他們的神經系統。也會使他們對遲到的人，採取無法容忍與批判的態度。同樣地，中庸之道仍是最健康的道路。

療癒主題曲

由於音樂是可以支持我們冒險的情緒力量，因此我為每個交點族群都各寫了一首歌，希望能幫助他們將能量轉換到積極正面的方向。

用你手邊的

這首歌所傳達的訊息是希望能輕鬆讓北交點處女座的人，把焦點轉換到他們身邊上的細節，協助他們扎根在物質世界。這會增加他們的信心，並提供支持的基礎，促使他們當下就採取建設性的行動。

♪節錄部分歌詞

當你必須往回走，爲什麼要灰心？
這只是把你帶到更近的地方——
生命一向帶給我們需要的

是要放棄與受苦，還是突破得到自由。

你說……

用你手邊的，就是現在！

你掌握了工具——就在你應該出現的地方，

注視唯一，而不是你或我，

跨出前方的那一步——去做，你就自由了！

第七章

北交點天秤座——
或北交點在第七宮

星座箴言

如果與別人分享，就可以得到更多。

總論

♎應發展特質

針對這個部分努力，可以幫助找出隱藏的天賦與才能。

- 合作
- 外交與謀略
- 增加別人需求的了解
- 無私，不預期回報地提供支援
- 創造雙贏的局面
- 分享
- 透過他人角度觀察
- 與自我溝通

♎應擺脫傾向

努力降低這些傾向造成的影響，可以使生活更輕鬆愉快。

- 衝動
- 未經深思熟慮的堅持己見
- 缺乏對別人需求的意識
- 自我中心
- 自私
- 對財務缺乏良好的判斷力
- 期待別人與自己一樣
- 不關心別人的眼光
- 拒絕妥協
- 容易暴怒
- 過度關切生存問題

致命傷／應規避陷阱／重點關鍵

北交點天秤座的人的致命傷是自私。「我必須先注意自己才能確保生存，不論任何人有什麼問題，務必確定滿足我的需求。」但這是無底洞，如果他們覺得只有別人不斷滿足自己的需求，才能有安全感與維持關係，那他們永遠需要更多的關注與能量才會足夠。他們需要找到可以讓自己付出的伴侶，對方會因此覺得能量飽滿並自然地付出感激。當他們與一位能了解自己、欣賞自己，與希望給自己回饋的人建立關係時，就會滿足。

他們應該避免的陷阱是漫無止境地尋求獨立，「只要我能自給自足，就可以成功與人建立關係，而且不會孤單。」生命已經證明給北交點天秤座的人看，成就與獨立並不能令他們完整。最重要的是，他們在成為團體的一員時，永遠感受不到足夠的自我意識。有時他們需要冒著失去自我的危險嘗試支持他人。有趣的是，一旦他們開始無私地支持別人，就會因為真實的自我而喜悅與榮耀。

真心渴望

他們真心渴望成為自己的主人、成為受關注的中心，從不同的生活環節發現自我，並和能為他們提供能量的人相處。要達到這個目標，北交點天秤座的人需要將注意力從自身上移除，並發掘自然被自己吸引來的人的本質。一旦他們分辨出那些人真正賞識自己、想要支持自己；一旦他們開始將能量灌注給這些人時，回饋給自己的能量就會創造他們想要的情況。

才能與職業

他們是絕佳的顧問、外交官與和平大使。他們的天賦可以清楚了解A與B不同的本質，並成功地為兩者進行溝通。他們採取可以促進雙方共識、公平與和平妥協的方式。北交點天秤座的人在美與藝術方面也有過人的天賦。

當他們的目標是提振觀眾的士氣、激勵大眾，或是增加觀眾信心時，他們會成為著名的藝人或是演說家，而且極為成功，不論是物質或個人方面都可以透過與扮演支持角色相關的職業中大獲成功。

北交點天秤座的人有非常強烈的獨立個體意識，所以擁有與生俱來的獨立與領導能力。當他們以前世累積的自信建立和平，並協助別人建立公平正義時，他們的天賦可以創造出正面的結果。但是，如果他們的職業是以自己的獨立為目會感到不滿，而且老覺得無法達到目標。只要他們以強烈的自我意識支持別人，北交點天秤座的人就能得到內在的滿足與完整。

療癒肯定句

◆「當我專注支持他人，會覺得自信十足。」

◆「當我成功激發他人自信時，我們一起成功。」

◆「團隊成功，我也贏了。」

◆「與人分享我會得到更多。」

性格

防禦特質

前世累積的個人成就、自給自足與獨立行為，使這個族群的人對團隊努力與合作關係沒什麼概念。北交點天秤座的人過去有太多前世扮演戰士的角色。沙場上的戰士不關心任何人，唯一在乎的是生存並殺敵。如果多看同僚一眼都可能帶來殺身之禍。因此，他們所有的精神都集中在自己，自己的身體、自己的戰鬥能力、可以求生的位置等等。

他們現在有誇大的求生欲望，和「我與你」的心理。這是他們知道的一切。他們具競爭力、目標導向與謀略；他們永遠都能清楚知道他們做的事，或是當時發生的事，將會對自己造成何種影響。他們渴望與別人在一起，愛人、也被人所愛，但是他們不知道怎麼做。他們很怕放掉對自我意識堅實的掌握，因為他們擔心「戰役」隨時會開始。他們必須保持堅強與警戒的狀態才能生存下去。

但是他們需要意識到這輩子不是一場戰役。沒有人會催毀他們或搶劫他們。他們應該明白任何地方都有同伴。他們今生的工作是協助別人贏得戰役。透過協助別人，北交點天秤座的人也可以獲得勝利。

經過所有扮演戰士角色的前世後，他們已經失去與愛的連繫，也失去與他人合作的能力。因此他們這輩子，覺得與別人合作或與別人發生關係，是很奇怪的事。但是他們不應該擔心，因為他們的整張星盤都是以與人的關係為基礎。只要清楚自己要去的地方，過去的老習慣就不會阻礙他們。事實上，他們這輩子完全與合作有關。永遠不缺乏導正錯誤的機會，因為諸如婚姻、合夥等機會，都會很快地到來。

◆嚴格的紀律

由於前世做為戰士的經驗，北交點天秤座的人發展出「不能問問題，不容許荒謬」的紀律。這種紀律對其他交點族群的人簡直天方夜譚。他們在軍旅中的前世強調全體一致的服裝與個人物品，所以他們進入今生後，仍然非常重視周遭環境與生活的組織架構。他們對紀律與嚴格的限制，都有強韌的耐力與容忍力。他們認為別人也應該與自己一樣，願意忍受同等的懲罰或奪某些權利。他們無法了解為什麼別人不願意和他們一樣，接受同樣的限制和犧牲；這是傷害他們關係的最大因素。

沒有其他交點族群的人可以像他們一樣，能在嚴格的個人紀律與限制下，仍採取建設性的行動。實際上，北交點天秤座的人在不利的條件下，面對生存的挑戰是他們最成功的時候。對他們來說，這是最興奮的時刻。透過個人犧牲、利用所有的資源、面對考驗、逐步邁向成功等等緊張刺激的狀況，可以為他們帶來自我肯定。

他們的自我意識極強，以為每一個人都跟自己一樣。同時，他們潛意識裡總想找跟自己一樣的伴侶。當發現另一個人沒有與他們相同的特質會非常沮喪，而且覺得上當受騙。

今生，北交點天秤座的人要學習的另一課題是每個獨立個體的差異之美。他們是誰、他們可以貢獻什麼？可能完全不同於另外一個人是誰，或那人可以貢獻什麼？他們面對的挑戰是了解個體間的差異，並欣賞對方為關係帶來的力量。要達到這個境界，他們必須重新檢視力量的定義。

因為他們許多前世處於戰士的狀態，所以對力量的定義通常只有以下幾項：勇氣、不斷努力、願意犧牲、忍受限制、百分之百目標導向、堅持立竿見影的結果、紀律、衝動的主動（英雄式的心理）、精力充沛模式與願意承擔個人風險的意願。

但是，他們還是缺失某些力量，會隨著伴侶帶入他們的生命。例如，欣賞目標前的過程之美（讓北交點天秤座的人放慢腳步，更有承受能力）、溝通技巧（可以創造和睦的關係與理解）、同理心（使北交點天秤座的人找到歸屬）、趣味（在抵達目標前的過程變得較有趣）、分析與處理細節工作的能力、外交手腕，對別人需求的敏感、建立聯盟合作的能力（大量增強雙方的能量）、冒險精神、管理技巧、創造和發明，與同情心的能力（療癒北交點天秤座的人）。

這輩子北交點天秤座的人需要與別人合作追求成功與充實。若要受惠於合作關係，他們要面對的挑戰是欣賞別人與自己不同之處。

◆脾氣暴躁

北交點天秤座的人容易爆怒，這是他們必須戒除的惡習。他們的脾氣就像孩子，當事情不能順應心意就會大發雷霆，迫使對方就範。如果對方反抗，他們就會加強緊張情勢，直到達成他們的目的為止。

但是這種輸贏對他們而言沒有用處。就長期來說，只會使他們與真正想建立親密關係的人漸行漸遠。當他們犧牲別人達到勝利的目的，也必須付出代價——另一個人會封閉並退縮，而不想繼續這種暴力戰術的傷害。北交點天秤座的人可能臉上堆滿笑容，絲毫沒有意識到已經對另一個人造成傷害。他們認為對方也應該為自己感到高興，因為畢竟他們「贏了」。除非他們學到以威脅或發怒的手段行事不會有真正的贏家，否則他們必然嘗到許多苦果。藉攻擊別人而獲得的勝利，將使他人不願再與北交點天秤座的人有任何瓜葛。也因此，雙方交流、能量與愛慕等他們渴望的東西，會從他們的關係中消失。

◆下決定

這些人大多是迅速的決策者。他們習慣立即行動，因為他們只考慮自己與自己的目標。他們通常不清楚自己對他人的影響，若不能意識到這點，他們可能利用別人實現自己的目標。但是，這種行為會為北交點天秤座的人帶來不良的影響，因為這對其他人極為痛苦。

當他們在不讓別人支持的情況下做決定時，會忽略別人的能量或想法帶來的好處，而無法得到自己想要的東西。在行動前他們要記住決策過程務必要讓別人參與。他們不願意讓別人參與自己決策過程的原因是，前世的沙場生涯讓他們有「大家基本上都反對我」的心理。這種不正確的想法，可以透過適當的溝通解決，即便以互利的方式與對方交流。我曾經有一位屬於這個族群的客戶，她對我坦白：「我為了婚姻忙碌不堪。我不了解我的丈夫、聽不懂他說的話、也不知道他到底是誰！」其實，這個族群的人只要願意與另一個人共同檢視事物，事情會容易得多。

決策過程缺乏深思熟慮會使北交點天秤座的人，遭遇許多不必要的痛苦。他們由於過度擔心不能得到自己想要的，而不擇手段爭取。他們擔心如果與某人訂定計畫時稍有遲疑，就會有另一個人出現阻礙自己的行動。他們不明白，其實為別人考慮並不意味放棄自己的計劃，而是代表關心對方在乎的事，且願意接受有利於雙方的妥協。

例如，我以前有位客戶，與一位北交點天秤座的人同居了約一年。有一天，北交點天秤座的這位先生說，他必須出去，晚上會很晚回來。她直覺到不對勁，腦海馬上浮現不太好的景象。於是她說：「大衛，你想跟別人上床！」他聽了馬上生氣（他們不會隨便撒謊，但當他們被逮到時往往惱羞成怒）。她又問他一些問題，試著了解什麼事，但由於他極為執著於目標，所以不願花時間與她交談。他不希望與另一位女士會面遲到，所以他沒有解決事情就走了。不久之後，他打電話回來一再道歉，他說他錯了，他愛她，她是他唯一想要的人，這種情況以後不會再發生。但是為時已晚，她的心已經對他封閉而且決定離去。

根據我客戶的說法，並不是事情本身讓她心寒，而是北交點天秤座的人處理事情的方式。她不能原諒他根本不關心她的感受，不和她把事情說清楚。當這個族群的人將自己阻絕於伴侶的付出時，每個人都不好過。

◆生存

北交點天秤座的人對生存問題可能過度憂慮，但在今生，這樣的擔憂不太好。他們已經學會如何求生，他們這輩子是為了幫助其他人，給他人能量與信心使得他人茁壯。北交點天秤座的人透過付出而收獲極大的自信與平和。他們需要運用做為戰士時學到的每樣東西，以建設性的方式運用在與他人的關係中。也就是說，放下武器看看身旁的同僚情況：他們身旁的人是不是進入戰場前，需要人在後面推一把？他們的工作是給予其他人足以勝利的能量；除了北交點天秤座的人之外，再沒有任何人更勝任這份工作了。

自戀

北交點天秤座的人必須警惕自戀的傾向。他們外在表現出來是一切都在掌握中，且擁有令人欣賞的特質。別人讚美他們時會覺得很棒，但私底下老是擔心，他們真實的面貌、真正喜歡的人或物，可能與自己的人設形象相反。有時，他們不會讓對自己「外表」想法不同的人相遇。例如，我一位屬於這個族群的客戶，他喜歡重量級女性，但從來不敢讓他的朋友知道，因為他怕朋友嘲笑；由於他認為自己的喜好不符合自己的形象設定，只好將真正渴望深藏心底。

他們喜歡別人稱讚他們的外表，因此努力扮演自己希望呈現人前的面貌，期待他人看見這個樣貌來滿足小我。由於希望自己有吸引力，所以刻意將自己的形象調整成自己認為能吸引人的樣子，但是他們永遠不明白，別人愛與接受的其實是真實的他們，他們無法透過這個認知得到內在的信心；除非他們冒險表達自己，否則永遠無法學到這點。

北交點天秤座的人有深陷自戀的危險，並排斥增強他們真正安全感的人。他們傾向只關心自己的快樂或成為虛榮心的受害者，例如使自己的身體維持最佳狀態，爭取生命所能提供最好的東西。他們的價值觀單純而膚淺。但這輩子，他們要透過如同愛自己般地真正愛一個人，來擴大對自己靈魂的認知。

◆「我優先！」

在他們更有自覺之前，專注於自己、自給自足、自我保護等，都是北交點天秤座人的行事準則。然而，他們必須考慮遊戲中還有誰。他們常常習慣將所有的注意力放在自己身上，而連另一個人是誰都搞不清楚。每當他們衝動地大叫：「我先來！」其他的人就會遠離他們。但由於他們天生有協商、輔導的才能，所以人們自動對他們產生信心；那是與生俱來的天賦，能協助他們將注意力由自己順利移轉到別人身上。但是當他們花時間聆聽別人傾訴時，常常思考自己是否得到「公平的對待」，如果沒有就覺得自己被利用了，然後生氣地把別人推開。

其實一切取決他們傾聽他人時的動機。他們是否為了將注意力最後仍回到自己身上而惹毛對方？除了實際參與協助產生的快樂外，他們是不是真誠地希望能幫得上忙，而不是期待回饋？北交點天秤座的人若要獲得勝利，需要與內在社會和諧的感覺接觸，幫助他們把注意力放在別人身上，不再把自己放在第一優先的地位。

◆自我意識

北交點天秤座的人會痛苦地意識到自己「負面」的特質，並且加以批判。這正是他們將焦點放在自己身上時會失去力量的原因。他們看到的都是自己「不能被接受」的特質，也是自己竭力隱藏的部分。這個階段會阻止他人與他們自己接近。由於不知道他們隱瞞些什麼，所以他人無法相信他們，並因而離開。之後，北交點天秤座的人會產生「自己有問題」的訊息，而這正是他們一開始就懷疑的事。

同時，隱藏自我的過程中，他們並未完全開放接受別人，因此也無法與人充分合作。他們害怕放下武裝，因為擔心他人看到自己的真實面貌，然後嚴厲批判並拒絕自己。相反地，如果他們可以把焦點放在他人身上，並專注於自己可以協助他人發揮力量與潛能這件事，北交點天秤座的自我將可以坦然地接受他人。

只要不再評斷自己、單純地做自己，將帶給北交點天秤座的人極大的好處。如果他們有些「不太正確」的特質，他人會回饋、協助他們。畢竟，他們過去世裡做為戰士的生命經驗，無法教他們多少社會美德；他們不能期待自己知道經驗未曾教過他們的東西。他們需要曾在社會生活過許多世的人，協助他們學習社會規則。藉著做誠實的人，他們學習如何改變、如何與人接觸，並發展積極的關係。他們需要習慣這個世界與其他的人，而不是他們自己。當他們只以自己為焦點、觀察別人給自己什麼回饋時，他們看到的只是自己的不完整；他們的自信亦因而減低。但當他們將焦點放在支持並協助別人時，就不會只專注自我的存在；當他們給予別人能量，亦會得到自己需要的肯定與能量。實際上，他們自信的關鍵就是來自激發別人的信心與熱情。

做假設

北交點天秤座的人常會以為自己知道別人的狀況，所以時常未經溝通便直接行動。這往往會破壞他們的關係，不過從他們前世軍旅的經驗來看，這是可以理解的。他們被教導要在遠方觀察「敵人」；他們觀察對方的行動，但是戰爭未爆發之前，他們不會與之交鋒。現在，這輩子，他們也會在遠處觀察別人，猜測他人的本質、行為模式、好惡與其他的特質。對他們來說眼見為實，他們據此認定對方的「真面目」，之後根據這些「事實」行動。他們不會聽對方的話，並根據自己的想法與經驗，去解釋對方的行為。

當別人無法像北交點天秤座的人一樣，解決自己的問題或迅速達成目標時，他們也會對這些人採取批判的態度。如果別人沒有以他們的方式行事，他們會認定：「他們沒有按照我說的做，他們沒有負好責任處理這件事。」但或許別人是以自己的方式處理問題，而北交點天秤座的人就是不去檢視實際狀況。

當他們發現別人自我傷害時，他們也會批判，因為不了解為什麼有人願意做對自己不利的事。他們想不通為什麼他人不能遵守紀律使自己保持健康、完成計畫或維持周遭環境的整潔。由於北交點天秤座的人認為行動勝於雄辯，所以他們常只是因為別人還未行動，而低估對方克服障礙的能力。

北交點天秤座的人今生必須學習，每一個人都擁有獨特的風格。他們的思緒專一而且目標導向，所以把自認為重要的目標投射在別人身上，然後建議別人如何用最快速、最直接的方式達成目標。當別人不根據他們的建議行事，他們會批判。他們不會考慮別人可能也有自己的計劃，更不會想到或許還有比最快達到目標更有價值的事。他們這輩子，應該從別人身上找出自己的弱點，而不是批評或不寬容別人。

如果另一個人說她無法做某事，北交點天秤座的人可以想想自己，在他們的生命中，是不是也曾經有過無法勝任某事的時刻，這樣他們就會對她產生更多的同情心。今生北交點天秤座的人需要學習，如何成功與別人建立關係，如何激發與給予別人生命中獲得勝利的力量。但是，要能成功做到這點，他們需要學習發現他人的目標、價值觀與行為風格。

規則

北交點天秤座的人建立了自己的價值體系，並僅因為對他們合理，就以為其他人也會符合他們的標準，遵守他們的規則。這是潘朵拉的盒子。如果他們固執堅守「規則」，只會有不好的事發生。例如別人不按照他們的「規則」行事，他們會很失望；別人抗拒他們的「規則」時，他們的肝火急遽上升。他們沒有發現，別人根本就沒有參與的機會，別人也沒有被告知這些「規則」的內容。

有時候，當北交點天秤座的人認為別人不公平，是因為別人沒有遵守這些無形的規則。但是，他們的公平觀點本質上很自私，因為這種觀點根據他們自己的規則。北交點天秤座的人必須認清，世界上還有別的規則。他們的規則並不比其他人的規則神聖。

對他們來說，規則問題並不是他們的錯。他們的潛意識還在軍隊中。軍隊裡每個人都受過高度紀律訓練；遵守明確的規定、教條與行為。從北交點天秤座人的觀點來看，軍隊的好處是無關個人。當他們說應該怎麼做時，並非傷害別人的感情，只是下達命令罷了！如果另一個人不合作，他們會覺得：「嗯！你不是好的團隊成員。」

每一個人都有自己的規則：標準、想法與價值觀。絕大多數的人了解想法只是「想法」，而不是絕對。但是對北交點天秤座的人而言，他們的規則就是他們生活的憑據，就是「法律」。他人可以擁有自己的標準與構想的同時，亦接受別人的觀點，但是北交點天秤座的人卻往往看不到除了自己觀點以外的東西。

以下的例子說明這種行為帶來多大的傷害。我一位客戶的父親是北交點天秤座。這位客戶的婚禮當天，她父親認為應該由祖父挽著新娘走進禮堂。然而，客戶因為在孩童時期曾受祖父虐待，所以非常恨她祖父，但她的父親認為「規則」比自己的女兒重要，所以堅持由祖父挽新娘進入禮堂，以表示「尊敬」。這些就是「規則」，沒有討論的餘地。他前世軍旅的經驗使他粗魯地對待自己的女兒，即使是在她的婚禮上。

北交點天秤座的人必須與朋友和伴侶坐下來，討論雙方都能接受的規則。只有在規則能同時被雙方接受的條件下，別人才能與他們共同生活。同時，當北交點天秤座的人與人共享規則時，別人的反應將透露他們關係的狀況，並看得出關係是否適當。

北交點天秤座的人藉著發現別人的標準與規則，擴大自己的價值體系。事實上，他們發展內在自由的能力便仰賴於此。當關係中有雙方都接受的規則，結果將極具威力、充分，並可以回饋給個人。而這種關係將建立在永久的基礎上。

投射

由於北交點天秤座的人注意力集中於自己的本質，所以他們搞不清楚在關係之中，他們面對的是誰。他們將自己的本質投射到另一個人的身上，然後試著與那個人建立關係，但這種關係不會成功。

當對方沒有出現他們預想的變化時，他們感到吃驚。當他們想像另一個人應扮演何種角色，而對方不如此時，他們就會生氣。他們因為對方沒有忠實扮演這個角色，而認為對他們「不公平」。再一次地，他們根據自己前世於軍旅的經驗，與人建立關係。他們把每一個人視為一個物體，並根據他們如何完成自己的工作來評斷。

他們很難從投射對方的那個角色觀點以外的方式看待對方。例如，我有一位北交點天秤座的客戶，結婚二十三年以後才發現，她的先生性騷擾了他們的女兒好幾年。在女兒接受心理治療之前，她完全沒有發現這件事。對於這種「不知道」的情況有許多解釋，但就北交點天秤座的人來說，這是因為他們從來沒有真正看清楚別人的真面目。

將自己的本質投射到別人身上會產生副作用，那就是他們期待別人與自己一樣堅強、慷慨、自信、紀律，而且當他們的伴侶不能展現這些特質時，他們覺得受到欺騙。他們需要為另一個人設身處地的著想，這樣他們才可以發現別人天生的力量、慷慨、信心與紀律等層面，也才可以有較實際的期待。同時，他們發現某些由對方帶進關係裡的正面特質，正是北交點天秤座的人缺乏的。他們要學習，我們每個人都有不同的本質，並在預料之外和有益的方向有成長的空間。

需求

讚許

北交點天秤座的人渴望肯定，並希望能被納入另一個人的能量範圍之內。當別人給他們「愛」時，他們覺得放鬆與快樂。這是一種正確的需求：這輩子來自別人的愛將帶來他們需要的精神平衡。問題在於他們獲取他人關注與能量的方法。他們會以競爭、優越表現與在未和對方協商下採取主動等方式。他們炫耀、試圖以光鮮外表吸引注意與愛，都是他們渴望得到的東西。由於他們渴望成為焦點，所以當其他人談話時，他們常會說些與自己有關的事，使焦點再次回到自己身上。他們並不是真正關心另一個人，他們只關心自己對愛與肯定的需求。這些需求也會導致北交點天秤座的人在合作可以為他們帶來更大的好處時，採取競爭的手段。

解決之道在於將焦點由如何使自己有很好的外表，轉移到如何令另一個人感覺舒服。當他們調整自己的腳步，並將伴侶的感覺列入考慮時，就會了解如何以伴侶接受的方式進一步實現共同目標。如果北交點天秤座的人幫助身邊的人而使自己快樂，自然而然也會接收到好的回響。他們並不一定需要「吸取」別人的能量，因為接受、愛與肯定會自然湧向他們。這是當他們保持敏感並做令人快樂的事時自然過程的一部分。他們需要的能量，正是當他們肯定別人的自我時感受到的能量。

對關係的信心

他們由於前世缺少與人合夥或是分享的經驗，而對關係沒有什麼信心。他們也容易因為過於注意自己而危及他們的自信。例如，當關係出現誤解時，北交點天秤座的人不會檢視另一個人的想法與感覺，而立刻將焦點放在自己身上，導致他們看到的只是自己受傷的感情與自己的錯誤。他們從不考慮超出自己思考模式以外的部分，判斷對方出了什麼狀況，這種做法損害他們對關係的信心。他們也會以為對方不喜歡自己的某個部分，最後覺得自己「不被接受」。或者，他們會對伴侶做嚴厲的批判，導致他們覺得世界上幾乎沒有人可以溝通。

北交點天秤座的人其實擁有很強的自信，但是他們並未在社會層次與自己的自信接觸，直到他們開始與別人分享。把焦點放在幫助別人增加自信時，他們自己也會更有自信。他們擁有的「建立」關係的能力，事實上是奇妙的才能，但是他們並不知道自己擁有這樣的能力。當關係不順利時，他們覺得氣餒。他們希望得到的並沒有錯，只是方法值得商榷。他們內在知道如何「建立」關係的部分，就好像一個內在的房間，裡面有很棒的工具創造成功的關係，但是他們先要記得開這扇門。

◆支持別人

他們是真正的「鼓勵者」。例如，強尼發明了一種設備，可以清除空氣中因排放廢氣造成的汙染物質。但他沒有進一步的行動。別人可能對他說：「強尼，你應該把發明拿去賣！想想看，你可以賺多少鈔票，對環境有多大的幫助。」但是強尼卻有一百萬個理由按兵不動：「這個產品還不是很完善。」然後，北交點天秤座的人出現時，他只對強尼說了幾句話，就輕易地打動了強尼的心。他們擁有很大的能力促使別人成為戰士，他們給予別人足夠上陣的信心與能量。但是他們又擔心別人因此而依賴他們。他們不希望別人榨乾自己的能量、靈感或生命力量。其實，別人會回饋他們，但真的回饋時，他們又必須面對如何接受別人的禮物。這需要謙虛與讚賞，而這些都是北交點天秤座的人無法自給自足的。這也是學習付出與接受的一部份──成為團隊的一部分。

◆分享與無私

分享對北交點天秤座的人而言很重要。他們過去許多前世都是孤立的狀態，而且未能享有伴侶的愉悅。這輩子他們極度渴望擁有一個伴侶，這個渴求必須尊重，他們才能完整無缺，與得到情緒上的滋潤。一份不要求回報無私的愛，是實現親密與和諧的關鍵，亦可充實他們的心靈。他們的付出必須只為了與伴侶分享財富，並為伴侶帶來支持與快樂。這時，當他們的伴侶獲得力量時，他的快樂將反過來充斥在北交點天秤座人的心，使他們滿足。

他們熱愛生命，今生他們要學習如何擴大這份愛，將他人列入熱愛的對象中。他們需要將另一個人列入考慮的範圍，發現對方的極限，再走出去分享他們的經驗。他們應該記得與這個特殊的人分享經驗，遠比他們的目標更能使人成長。

北交點天秤座的人需要學習無私的藝術，為了支持別人將自己的感覺先放一旁。當他們在沒有考慮回報的情況下付出，他們會成為付出的管道；宇宙將給予他們更多，因為他們正積極傳遞能量給別人。當他們無私地給予別人時，同時也清出一條路，使伴侶與生命本身可以回饋給他們。沒有必要記錄付出與回收是否公平的帳冊，因為當北交點天秤座的人對別人付出時，實際上，他們也是對自己付出。

接受

◆自我保護

由於前幾世都是戰士，所以他們發展出不易親近的特質。他們對於投射的形象十分挑剔，如果別人認為他們不是這樣的人，他們會憤怒。他們試圖控制別人對自己的看法：「你怎麼能這麼說我？這不是我認為的自己！」這種防衛的心態，讓他人不易接近。

北交點天秤座的人會有預料外的行為，因為他們不希望別人一眼看穿自己。這是策略的運用。由於擔心他人發現自己不那麼有趣，所以他們抗拒被完全地「認識」。這些人認為其他交點族群都相同，唯有自己是獨特的。但是又害怕若暴露自己的感情，附和他人將使自己與他人一樣。如此一來，自己就不再是特殊且令人驚奇的人了。

◆獨立vs.互相依賴

北交點天秤座人內在的戰士，希望自己有敏銳的智慧、獨立性，而且沒有情緒羈絆，便可以依自己的意願前進。在他們的靈魂中，獨立在前世已經過度訓練，所以它會在最不適當的時刻昂起醜陋的頭顱，破壞滋養他們的關係。

對於北交點天秤座的人而言，附和他人並支持他人會讓人失去勇氣。他們擔心如果對某人付出，會開始覺得對那個人有責任，而這種狀況違背他們「上路」的戰士精神。潛意識裡他們不希望被束縛。

他們必須記得，這是人的一生。他們能得到最佳的回饋都來自互相依賴，而不是自我孤立式的獨立。他們已經有極端的獨立經驗，重新走上那條路只會失去與其他人有深入關係的機會，而這種機會是自己渴望的。當他們真的克服恐懼支持別人時，除了創造與人的關係之外，還可以獲得他們渴望的讚賞與肯定。以真誠的關心支持別人的同時，也治癒了他們的孤獨問題。

當北交點天秤座的人支持別人時，會自動增強別人的力量。所以實際上，不是他們製造他人依賴，而是在幫助別人達到較高層次的自給自足。但是，有時他們會憤怒，他們心想：「為什麼他人不像我一樣獨立？如果每個人都像我的話，這個世界就會是美好的地方。」他們不是故意炫耀，但是前世累積的習慣太根深柢固，而戰士的紀律則是不易打破的思考模式。

由於他們有太多前世，孤立於社會與平和的滿足之外，所以對他們來說，即使只是考慮嘗試與加入，便會令他們害怕。但這並不表示他們不知道如何去做。一旦他們下定決心，他們可以完成任何工作。事實上，他們一旦投入就會發現自己擁有創造成功關係的能力。但是先決條件是：他們必須清楚地決定，互相依賴絕對是比孤立更好的一條路。

和諧

北交點天秤座的人厭倦了戰爭，今生他們希望體驗和平的關係。然而，若他們的感情關係非常緊張、情緒激動、缺乏溝通，會惡化這種關係。但是他們已經準備要進入下個層次——更多關心、更多互相依賴與更多熱情的境界。他們應該選擇和平、放下盾甲並參與可以放心顯露自己弱點的關係。

◆耐心

今生北交點天秤座的人要學習耐心。地球上還有許多其他人，而北交點天秤座的人只有花時間把別人納入自己的計劃中時，才能快樂的發展。易怒正是他們缺乏耐心的證明。通常，如果他們不能立刻進入狀況就會掉頭離開，其實那正是讓他們最快樂的時候。

他們的衝動能量過剩。前世，他們的衝動被視為勇氣，而這種勇氣為他們帶來成功與自我榮耀，因為他們是英雄。但是「英雄主義」也製造了優越感，使他們隔絕於人群中。今生，衝動為他們帶來的不是勝利而是挫敗。當北交點天秤座的人根據衝動行事，會為了追求自己的欲望而踐踏別人的感情，嚴重傷害別人對他們的好意。

由於他們的衝動，所以北交點天秤座的人需要培養耐心，並了解要實現他們的計劃必須有相當的過程。通常他們極為直接，且希望事情能密集地進行，所以每段過程對他們來說，都是不可忍受地漫長。他們常常高速奔跑，但是現在已經沒有戰爭，所以放慢腳步仔細全盤思考，對他們實現這輩子的成就是必要的。

由於他們的衝動，他們可能不完全了解為什麼會想要某些東西。如果他們更有耐性一點，就可以有較寬廣的視野。這時，他們就可以向另一位相關的人詳細解釋，而許多問題亦可迎刃而解。

◆敏感與體貼

北交點天秤座的人事實上非常敏感，但表現於外的卻是不敏感的方式。他們對事物感受極為深刻，但在了解別人的感受時，卻很膚淺。他們體驗過很深層的傷害，但由於感受深刻，所以他們認為自己很瞭解其他人。然而，這個過程並未考慮他人的特質，或北交點天秤座人的行動會負面影響其他人。這正是他們關係之中有許多誤解的原因。北交點天秤座的人應該主動尋求與別人更深入的連結。

適應某人表示暫時離開自己。這就好像聽廣播一樣，若要聽清楚播放的音樂，必須停止自己心中哼唱歌曲。同樣地，他們應該放開自己的思考模式，調整進入別人的旋律。當他們「聽見」別人的感覺與觀點時，可以決定是否與這個人唱同樣的旋律。

他們必須提醒自己注意別人的需要與感覺。例如，如果兩位朋友在街上走，一個人提著沉重的包裹，另一個人兩手空空，那個空手的人很可能就是北交點天秤座的人，因為沒有人會像他們一般對別人不甚注意。對每個人極為明顯的事，他們卻視而不見。他們不是有意要傷害他人，只是沒有注意到只專注於自己的狀況，對別人會帶來多大的傷害。今生，如果他們希望享受成功、快樂的關係，一定要努力培養不自私和關心他人的需求與感覺。

人際關係

缺乏經驗

◆戰士的生活型態——只有我！

由於前世的軍旅生活環境，北交點天秤座的人極度缺乏處理人際關係的經驗。在軍隊裡，人際關係是由每個人了解的教條與嚴密、主觀的規則監督。但當與外界接觸，就不知道應該如何是好。對其他北交點族群的人而言，人際關係中簡單的東西諸如分享、互相協助、彼此相關等，對北交點天秤座的人來說是全新的領域。當他們在人際關係中犯錯時，其實並不是他們蓄意如此或懷有惡意，應該歸咎於過去只遵守「規則」，而沒有與人接觸的習慣。

另一個問題是，戰士通常不會停留下來建立家庭。他們馬不停蹄地從戰場轉至另一個戰場。他們是「一夜情」的典型，征服之後立刻尋找下一個目標。對他們來說，愛與性是具有競爭的。他們喜歡愛情遊戲，一旦他們成功了（另一個人被「擄獲」），就需要面對下一個挑戰。這是他們唯一知道的事。然而就生活型態而言，這種追求快速、膚淺的關係，只會讓他們更空虛。

有趣的是，當北交點天秤座的人了解關係如何運作時，就能成為箇中高手。一旦他們了解切入並運用，就可以發揮靈敏度與外交方面過人的潛能。因為他們今生的目的，是藉與他人合作平衡前世的不足，所以他們永遠都會吸引到許多人。

這個族群中有部分的人不敢愛任何人，因為他們不習慣與人交換愛。今生，他們早期的嘗試，可能因為還沒有學會交流愛而失敗；因此他們封閉了自己的感情。但是他們今生要學習的，就是有些人會因為他們天生獨特的心靈而愛他們，有些則不會。畢竟人人不同。固然，這些人的表現決定了他人的反應，但他人的天性也有影響。因此，他們應該更開放並讓人看見真實的自己。這時，他們可以因為清楚知道誰愛的是真實的自己而有安全感，他們也知道對那些不能接受自己的人，應該抱持謹慎的態度。

◆眼力——你知道還有其他人嗎？

他們希望能有伴侶，可以在平等的基礎上與他們分享生命的喜悅，也會以欣賞做為回饋。但是若希望這種能量回到自己本身，必須選對伴侶。成功的關係有部分與眼力相關，找出誰是可能的伴侶，而不只是看誰能滿足北交點天秤座人的需求。

有時候，他們太過於將自己的觀點投射在別人身上，以致別人與他們在一起時覺得不自在。北交點天秤座的人認為自己反正不被人瞭解或接納，所以任何努力都沒有用。這個問題會剝奪他們真正的親密關係。

舉個例子，一位客戶的母親是北交點天秤座的人。當這位客戶在職場升遷，因此買些適合自己新職務的昂貴套裝時，她知道母親一定會反對。由於她不希望媽媽掃她的興，所以把買來的新衣服藏在大廳的衣櫃裡，想等適當的機會再搬到自己的房間。這剝奪了她和母親兩人共同欣賞採購成果的樂趣，而共同欣賞正是讓她們兩人更親近的方法。

他們誤判人際關係的另一種理由，是他們只注意到對方身上自己喜歡的特質。或許他們並不喜歡對方的的全部，但他們會阻絕較不中意的特質，因而忽略掉實際發生的狀況。

北交點天秤座人的第一步應該要願意認識另一個人。這個人是不是擁有與他們相似的目標或理想?這個人是付出者還是接受者?這個人的價值觀為何?這個人希望建立怎樣的自我認同?北交點天秤座的人務必要有謙虛的精神，真誠對另一個人的特質好奇，不要把自己的想法投射在別人身上。

想了解別人的價值觀，必須發問並把自己的特質拋在一旁，容許另一個人暫時地吞沒自己的意識。

通常，如果北交點天秤座的人先問對方問題，再發表自己的意見會比較好。他們傾向立刻說：「嗯!我想要不生孩子的婚姻，夫妻兩人都上班，賺很多的錢。妳呢?」如果對方想要取悅他們，她會有支持北交點天秤座人論點的反應。

但這正是他們惹上麻煩的理由。他們的自我認同力量強大，所以使對方刻意避開直接的對立，因為會導致關係的結束。他人通常採取的方式，可能是了解他們立場的重要性，也可能是「附和」北交點天秤座人的想法。

我有一位北交點天秤座的客戶，他的經驗是很好的例子。他的第二次婚姻中，他非常珍愛小他十二歲的妻子。他第一次婚姻有一個兒子，於是與他第二任太太協議不再生孩子。其實這是他的想法，但她說服自己接受，因為她太愛他了。達成協議（他以為是「雙方」同意的協議）後，他做了結紮。這段婚姻在前四年看似「美滿」，他覺得很快樂。然而令他心碎的週末降臨，她希望離婚，因為她想要小孩。這段婚姻充斥著他的需要，而沒有她的。他受了很大的創傷，花了好幾年才從這次的打擊復原。如果這位客戶在開始時，花時間了解伴侶真正的需求，其實可以避免雙方的傷害。這樣，他也可以決定自己愛她的程度，是否足以為了滿足她想要孩子的願望，而妥協或讓步。

北交點天秤座的人在選擇伴侶時，應該相信自己內在的快樂感受。他們無法仰賴邏輯，但可以相信自己對愛與吸引力的直覺，以此為精確的指標。一旦他們選定一位適當的伴侶並進入關係中，他們面對的挑戰，將是注意伴侶不斷變化的需求。當他們培養附和與接觸的習慣，他們會對伴侶產生極深的愛意，獲得極豐盛的成果。

◆期望——而且他們離開我了嗎？

他們通常對關係都會失望，因為他們在沒有精確評估別人的需求、想法、喜好或適當時機的情況下，產生不適合的期待。他們認為，由他們決定藉由自己努力達成「目標」。在關係中，他們找尋可以幫助他們與對方達成目標的相關事實，然後再回頭制定策略，而這個策略是以他們所認定的伴侶特徵、需求、渴望等為根據。唯一的問題是他們從來不要求對方參與。

北交點天秤座的人常自以為知道別人行為背的「性格特質」。但是當他們弄錯時，往往造成讓雙方痛苦的誤解。他們也自以為別人不欣賞他們而非常生氣。他們期待伴侶能了解他們的能力可以改善生活。有時候他們會很傲慢低估對方的智慧，以為對方根本不知道他們付出了什麼。他們會築起一道充滿批判想法的高牆，使人望之卻步。

他們要透過溝通擴大視野，以得到更客觀的觀點。通常當他們覺得別人不欣賞自己時，其實就表示他們並不了解對方關心的事物。為了避免被孤立與背叛，他們應該要求對方以對方的觀點定義對方本身，幫助北交點天秤座的人更精確了解與更實際的預測。

◆缺乏覺知——我還要考慮到別人？

他們看似很不體貼。當他們做決定時，不會考慮別人的反應、渴望或需求。他們的行動不會得到對方的任何回饋。

舉個例子，我一位客戶的先生就是這個族群的人。當他們度假時，他會把時間都花在觀賞景色與探險上。我的客戶老是抗議，要求安排較輕鬆的行程，但是每次回到家，她都很興奮地告訴朋友旅途中的新奇景物。根據她的行為，先生認為按照他規劃的行程，她還是很愉快。於是他就不把她的抗議放在心上，因為他認為「這樣計畫對她非常好」。北交點天秤座的人常以為他知道什麼是對另一個人好，不論對方的反應如何。

有趣的是，這些人真的知道另一個人喜歡什麼，但是需要以回饋緩和這種了解。上面的例子來說，先生應該傾聽太太的抗議，了解她焦慮的理由。一旦知道她的顧慮，就可以設計適合自己又符合太太需求的計畫，而他亦因此得到對方的感激。這正是團隊合作可以為這個族群帶來的最大好處。

◆時機——他們有這個需要嗎？

在付出方面，北交點天秤座的人必須更注意時機。當伴侶表達需求時，就是他們應該付出的時機。他們應該把手邊的事放在一旁，並了解伴侶當時的需要。如果他們等到自己準備好了以後再開始付出，早與機會擦身而過了。

例如，伴侶要求他們幫忙專案。北交點天秤座的人會說：「噢！拜託！這個你自己就可以搞定。」他不希望因為伴侶分散自己的能量，也不希望因此分心。這種本能的自私對雙方的關係造成微妙且具破壞的後果。北交點天秤座的人若沒有相對的付出，無法享受到合作關係帶來的好處。當他們找到希望常相左右的人，如果不想失去這個伴侶，應該要根據伴侶的暗示選擇適當的「時機」付出。這是充滿關係的一生，當他們首重主要關係時，每個人都是贏家。

恐懼

◆害怕尷尬情緒

雖然這輩子北交點天秤座的人渴望並需要伴侶，但是他們的某部分卻非常害怕。他們害怕尷尬，但由於他們迫切需要與另一個人建立特殊關係，所以必須冒險嘗試。他們的恐懼是讓自己陷入「進退維谷」的局面，若選擇錯誤又無法自其中脫離。由於他們是完美主義者，所以希望自己的重要關係是最完美的。不過，若選擇了錯誤的伴侶，他們還是必須承認自己遇到問題了。事實上，他們真正會說的是：「我不想建立關係，因為我不希望遭遇不順，看起來跟別人一樣愚蠢。」

因為「看起來不錯」對他們極為重要，所以伴侶「看起來不錯」也很重要。如果他們發現伴侶的某些特質並不那麼吸引人，他們會希望對方做些改變或開始嘴碎不休。如果北交點天秤座的人找具吸引力的伴侶，動機是為了「看起來不錯」，那麼關係必定不會成功。因為，他們的動機仍然在自己身上。不過，如果他們的伴侶正好希望做點改變，而北交點天秤座的他們又願意提供支持與協助，則還是可以順利雙贏的。

通常北交點天秤座的人付出力量與協助對方突破極限之前，這位伴侶的情況會惡化。例如，如果北交點天秤座的人發現她的伴侶變胖，且因此不快樂時，她應該做的第一件事是與對方討論了解對方的需要。她可以說類似的話：「我發現你很擔心自己的體重，而也注意到你確實吃得有點多，能否告訴我有什麼事情惹到你了嗎？好讓我知道怎麼幫助你。」從這種關心與試圖了解對方的過程中，她就會得到答案。這些人今生要學習，對關係的關心要高於自己的形象。

北交點天秤座的人不了解別人為什麼願意忍受惡劣地對待。他們不了解人可以愛得有多深；他們害怕熱情與束縛。他們擔心如果真的愛上某人，會被迫面對不利於他們的情況。他們必須相信自己的心，也要相信與對方合作可以發展健康的關係。這輩子他們可以發現，將過去只對自己付出的愛擴及至另一個人時，將是很快樂的事情。

◆恐懼相互依賴

他們極端害怕「相互依賴」。但是好笑的是，由於他們希望自己永遠是接受的一方，所以自然依賴伴侶的付出。但是他們的伴侶不能也依賴，因為對方無法自北交點天秤座的人身上得到任何回饋。當伴侶於肉體或精神上離開時，他們覺得自己徹底被摧毀，而且完全搞不清楚關係為什麼會觸礁。

如果他們希望能在一段關係中真正的獨立，應該試著付出比得到的更多。這樣他們會成為較「強」的一方，可以體驗示弱和與人相互依賴的快樂，而不用擔心被對方拋棄。他們在親密關係中，有意識地協助與付出非常重要。他們常常不願意完全付出，唯恐因此失去自我。但這根本不需要擔心，因為他們的自我根深柢固絕對跑不掉。

北交點天秤座的人應注意，不要將獨立的需求做為拒絕際關係的藉口。他們對獨立的要求通常都會在很不適宜的時機出現，而且看似突兀、富侵略性和疏離。這種要求令伴侶覺得北交點天秤座的人不關心自己，雙方不是彼此的焦點。自然雙方不會希望自己是這段關係中唯一脆弱的人，所以情感上會開始脫離。這種獨立的需求會對親密關係造成傷害。如果沒有適當處理，與他們最親近的人感覺不到愛、欣賞、保護，還會失去「特殊的相互了解」。這種了解可以幫助他們克服長期關係所產生的挑戰。

北交點天秤座的人由於太習慣維持獨立與神祕，所以當人開始真正認識他們時會尷尬。他們擔心在他人面前呈現軟弱會讓自己脆弱。他們希望永遠保持獨立，但又希望建立關係，是不可兼得的魚與熊掌。當他們居領導地位，所有的焦點都在他們身上，他們會感覺很好。但是當別人掌控全局，他們因為不了解自己的角色而尷尬。他們應該明白，如果花些時間融入狀況並溝通，通常別人會允許他們領導。其他人不一定想負責，他們只是不希望在自己的感覺沒有被顧及的情況下，受別人指揮做事。

北交點天秤座的人很重視獨立，相對也支持伴侶獨立。他們認為：「每個人都遵守規則才叫做公平。」但是當他們的優先順序改變時，他們的規則也隨之改變，而他們期待每個人都能跟隨新規則。由於過去幾世他們一直都是領導者，所以認為自己這輩子的工作也是領導。事實上，他們這輩子的工作是協助別人成長進入領導的階層。

◆恐懼妥協與改變

妥協在幸福關係中是必要的一個部分。唯有承認並肯定他人的需求，才能創造雙贏的局面。當北交點天秤座的人只在乎自己的欲望時，他們在關係裡必爭個輸贏。最後，「輸掉」的一方會選擇離去，而他們會去找可以公平對待自己的人。北交點天秤座的人必須做的第一件事情，肯定伴侶的性格，並了解對方的需求與不安全感。

然而，有時他們並不想妥協。他們不想花時間了解另一個人。他們擔心，如果他們了解對方的立場就必須犧牲自己。然而，由於拒絕承認妥協的必要，他們否定了對方的重要性，又一次種下了孤獨終老的種子。對另一個人的敏感度很必要。當伴侶表示沒有安全感時，就應該放下一切並盡全力重建關係的和諧。

由心底真誠付出與保持紀錄

◆以其人之道還治其人之身

北交點天秤座的人比較有「以其人之道還治其人之身」的想法。他們希望每件事情都是公平的，也希望伴侶分擔他們必須的犧牲。例如，如果他們必須在早上五點起床，他們也希望對方與他們一起同時起床。北交點天秤座的男人希望另一半起床做早餐或幫忙，才覺得平衡。他們不會考慮她的睡眠需求，也不關心她的內在是否平衡。但是真正的平衡是每個人在自己覺得平衡與快樂時，百分之百的彼此支持。幸福感受是關係中自然產生的。只要北交點天秤座的人不再錙銖必較自己「應有的額度」，關係將會蓬勃的發展。

當他們真的付出時不要「自吹自擂」。這些人傾向清楚記住自己付出多少，也希望能得到同量的回報。至少，他們希望獲得伴侶的肯定與大量的感謝，如果沒有還會主動提醒對方自己做了多少。當然，要求肯定的同時，北交點天秤座的人已經收取了他們的回禮並視之為交易，這正是戰士的風格。如果他們單純地付出不求回報，其實他人回饋的一定遠超出他們的預期。如果他們把自己的能量集中在對方身上，對方獲得的快樂可以填滿他們的心，並使他們也擁有同等快樂。

他們希望能體驗與人交流和兩人同時分擔責任的喜悅。但是問題是根據他們的想法，每個人應該分攤百分之五十的責任。事實上，每個人的強弱處各不相同，硬要以「百分之五十的標準」來衡量各個領域將會破壞彼此的關係。當他們學會在需要時百分之百地付出，就會發現伴侶也在他們需要的地方提供百分之百的支持。他們願意做自己份外工作的善意將獲得回報，而且得到的會比付出的更多。

◆競爭性

他們前世做為戰士的經驗使他們習慣了競爭狀態，但今生這種競爭的精神，會阻礙他們獲得自己想要的東西。他們習慣對任何看似戰鬥的事物宣戰。他們會在沒有對立狀況時假設別人反對自己，而後真的引發擔心的對立狀態。例如，他們突然不知會伴侶展開冒險活動，而這種行為會激發負面的情緒。其他危及關係的行為，還包括疏忽、魯莽、防衛性暴怒、缺乏溝通與其他複雜、不可捉摸或不怎麼精巧的策略。這些行為都是他們必須打敗對方，達到自己的目標為基礎。

他們今生要學習的是伴侶想支持並協助他們，而非為他們製造問題。他們的觀點必須調整：伴侶是「自己這一邊」的且準備好支援。就定義上特殊關係代表願意讓彼此進入最深的層面，從較軟弱與親密的立場分享一切。兩個人彼此協助，克服單獨一人無法征服的障礙，就是所謂的伴侶關係。

◆互惠

關係應該是互惠且累積的。當某人持續對另一人付出，唯一的目的是促進對方的利益不求回報，接受的這一方可以感受到對方純淨的動機，並對付出者產生更大的善意。基於感激的心理，接受者會自動希望回饋伴侶。這是自然的過程，無法強迫別人甘願付出，就好像我們不能強迫別人去愛。所以，真正的給予是關愛對方。

北交點天秤座的人常常會抱著交易的心態付出，而不是真誠、無目的付出。他們認為：「如果你做這件事，你應該讓我做那件事。」這讓他們的伴侶沒有接受的喜悅，反而覺得是必須付出才能得到的禮物。但是當北交點天秤座的人把伴侶關係放在第一位，並真正關心幫助對方時，雙方都會真誠地渴望回報。

◆無私

他們今生要學習如同《聖經》所說：「施比受有福。」其實不只比較有福，付出者還更有智慧。當一個人付出時會產生一個空間，而生命會立即為這個空間注入新的能量。問題是北交點天秤座的人會尋求某種形式出現的回饋。

例如，我有一位客戶，她在朋友經歷離婚的打擊時常安慰對方。她帶這位朋友吃了兩次晚餐，花了很多時間開導她、鼓勵她，並幫助她重建自信。兩年後，這位客戶要搬家，她需要暫住一個星期的住所，但是當年接受她協助的朋友卻不幫助她。她因此打擊很大。她認為自己一直與朋友維持友好的關係，現在只是需要對方幫個小忙而已，卻得不到回饋。由於她的視野局限在有條件的付出，所以忽略了其他生命中可以幫助、支持她的可能性。

當北交點天秤座的人不斷紀錄自己在人際關係中付出多少時，就會對他們可能得到的東西、來源等設限。有時候，即使他們的內心正享受這個過程，但他們仍在時機尚未成熟時就停止付出。他們的行事只根據記分表，而不是根據他們的心。他們停下的時機，可能是別人正準備回饋的時候。所以，只要他們能在過程中感到愉悅，那麼跟隨快樂走就對了。

由於他們對別人的回饋有特定的想法，所以往往得不到回饋；這種回饋是關係中自然產生的副產品。為了要快樂，他們必須學習對沿途收到的、預料外的禮物，表示欣賞與感激。

命定的伴侶

北交點天秤座的人常常吸引擁有強大潛能，但缺乏自信發揮潛能並達成目標的人。通常他們正是這個族群前世的「債主」。或許那些人前世曾犧牲自我協助他們某方面的勝利，現在是他們回報的時候了。

從某些層次來說，他們知道今生注定「與人作夥」，他們也積極尋找伴侶。但是他們持續吸引比自己弱的人，這種情況令他們生氣與怨恨。由於他們前世擁有許多戰士經驗，有過人的自我紀律、專注，並有效率達成目標，因此他們認為別人也應該一樣。他們鄙視別人的弱點，嘲笑別人缺乏紀律並瞧不起懦弱的人。他們必須了解如果今生仍吸引戰士做為伴侶，那麼將又是一次競爭的生命，而不是和平分享的歲月。

事實上，由於北交點天秤座的人擁有極強的自我意識，所以往往在自己與別人間築起一道牆。他們應該努力化解，最有效的方法是將能量提供給真正需要的人。他們需要釋放環繞在自我意識上過剩的能量，吸引需要較多自我意識的人。別人的自我意識可以在這段關係中充電，而北交點天秤座的人則可以適度地放電，這樣雙方都有好處，而且北交點天秤座的人四周會出現一個開口，對方可以從開口接受到更多的愛與能量。

互相依賴

對北交點天秤座的人而言，學習有意義地與別人建立關係，是這輩子最主要的挑戰。在他們生活中任何獲勝的領域，背後都有強勁的合作關係做為支撐。而他們挫敗的部分，不論專業或是快樂程度都是他們還未學會建立關係的必修學分。

不論如何，他們今生的命運注定要了解，將另一個人的能量納入自己計畫的價值。他們或許以痛苦的方式學習，例如透過鬥爭與失望；或是輕鬆的方式學習，例如遵照他們的生命課題進行。每次當他們貿然單飛時不是無法達成目標，就是當他們達到目標時感到空虛與不滿。他們要學習承認：「哈囉！這顆星球還有人嗎？你是誰？」他們也要學習接受別人的能量，才有助自己的幸福與達成目標。

◆同僚或是愛人

由於他們對他人的支持與增加力量擁有過人的能力，所以有時可能經歷一連串無法長久的關係。那些與他們親近的人，在自我意識強壯之後，基於各種不同的理由選擇離開。這是因為北交點天秤座的人下意識裡，致力建立對方的自主能力，達到他們所謂的「平等」。然而，他們必須了解這並不是組建團隊。他們可以看出另一個人缺乏信心的地方，因此增加夥伴的力量。一旦這位夥伴自信十足時，就不再需要北交點天秤座的人了。另外，由於重心在建立雙方的自主，所以兩造個體各走各的路極為正常。但是北交點天秤座的人因此受到極大的傷害，因為夥伴一旦羽翼豐滿就轉身離去，看起來似乎不太公平。

對北交點天秤座的人而言，關係不應該以兩個完全自給自足的同伴，分別在獨立的自我下分享經驗。如果這個制度是一種交易、一人一半的分享並僅關注自己，會讓他們喪失情緒上的敏感，那是長期關係中最讓人滿意的部分。

當缺乏情感交流、敏感地意識到另一個人的存在，與讓對方快樂的渴望時，北交點天秤座的伴侶通常選擇離開。對伴侶來說，彼此關係會枯萎而缺乏愛，因為這種關係純粹以期待、回報、要求與「公平」為基礎，他們的伴侶會因此去其他的地方尋求滋潤。

他們最重要的問題是必須在伴侶需要時，注意到並採取必要的行動。這樣伴侶就會覺得彼此關連而留下來，而北交點天秤座的人也因而可以重新獲得快樂的能量。這是雙贏的情況。

◆傾聽與敏感

如果北交點天秤座的人想要建立成功的關係，首重關注對方並凡事考慮到對方。要一致保持溝通與了解基礎，會花費的時間比他們習慣的更多，因為過去他們習慣只考慮自己。如果他們希望能維持長期合作關係，就必須學習對夥伴的需求保持敏感並傾聽。他們也應該要小心不傷害別人，不論是肉體、心理或情感上。夥伴或許不會要求很多，所以北交點天秤座的人常會忽略夥伴的想法。當可能的合作對象退出時，他們通常很吃驚，但那是因為他們一直沒有考慮到別人的自我中的特質與需求。

一個團隊是兩個獨立個體彼此照顧，彼此注意，彼此強弱互補，而且在對方未提出要求前就能彼此協助有默契。例如，如果我的腳趾頭受傷了，會貼ＯＫ繃。我不會思考也不會問：「我的腳趾頭怎麼了？」我也不會期待腳趾頭讚許貼它ＯＫ繃的行為。我不假思索地處理了。團隊運作也是如此，他們會對夥伴保持敏感，而且在有問題時本能地協助，因為夥伴就是他們的一部分。

北交點天秤座的人必須隨時注意夥伴的不安，有時甚至只是為了緩解對方的恐懼而做出反應。其實不是每個問題都需要精確切實的解答。有時候，在合作關係中，某個人會因為想要再次保證或是親切的動機而提出問題。例如，如果新婚丈夫問妻子：「妳想我們會不會永遠如此相愛？」他其實並不想聽到：「喔！我希望如此，但我想沒有人能預知未來。」（這正是典型北交點天秤座的人的回答）他想聽的回答是：「當然，我們一定會的。」

目標

他們可能很自私。他們行事衝動完全不顧及他人。他們常常會在目標沒有迅速達成時，出人意料地控制局面。他們傾向按照自己的假設行事，而不先確認對方的情況。即使他們的動機是為了每個相關人士的利益，但是他人因無法參與而感覺自己被剝奪了權力並忿忿不平。因此破壞了對他們而言最重要的信任。

雖然與夥伴相互確認是排除許多障礙的簡單手段，但他們就是怕這麼做。他們的一部分認為：「如果我與他們對照檢查，他們會以為我不信任他們。」實際上，並不是確認本身讓另一個人質疑自己的信任。最後，北交點天秤座的人會覺得自己被孤立、誤解與不被欣賞。

例如，我有一位這個族群的客戶從事餐飲業。他採取典型的戰士「命令式」作法，對經理下達指示：「今天有一個特別的聚會，我要餐桌、座位在七點以前擺好。」到了六點四十分，他發現一切尚未就緒，而客人陸續抵達。我這位客戶心想：「喔！我的天啊！來不及了！」所以就自己一個人全部搞定。後來這位經理來找他，毫不感激地對他說：「你不信任我。」他非常震驚與生氣。這就是老戰士沒有考慮時機或對方感受就貿然造成的後果。

他們需要花點時間溝通，而不是強迫用自己的方式進行。我的客戶可以對他的經理說：「史坦，桌子到現在還沒有準備好，讓我有點擔心。會不會有問題？還是有我可以幫忙的地方？」藉著與經理確認現況，他可以讓自己了解事情一定會妥善完成，還能創造這個族群最渴望的團隊關係。只要他們願意花時間處理，其實他們會有難得的外交能力。他們可以建立雙方深厚感情的同時順利達成目標。

北交點天秤座的人在下達命令的過程中需要與人建立連結。只單純「陳述事實」是不夠的，對方需要在情況下了解自己的力量。這些人必須解釋為什麼命令在整體情況下非常重要，而且要告訴夥伴，對他成功做好這個工作很有信心。北交點天秤座的人認為自己的指示非常簡單，所以任何人都可以順利達成。然而事實是對他們非常容易的事，對別人則可能極為艱鉅。

在下達命令之前，他們應該要注意到另一個人的感受。例如，如果另一個人已經很慌亂了，再給新的命令會使他瀕臨崩潰。他們最好在下命令前先認同夥伴，不論是情緒上的弱點或全部。花些時間鞏固彼此的關係，可以使對方在執行命令時心情較愉快，並增加了目標正確達成的保證。

另外還有一個好方法，尤其是目標導向的情況：「這是我們要做的事，這是我希望採取的方式，但你想怎麼做呢？如果你有不同的想法，請讓我知道。」

◆承認個別差異

北交點天秤座的人發現自由與創造力很難融入自己的生活。他們喜歡事物直接而有秩序，對他們來說順勢而為很困難。其他發生衝突的領域是因為他們喜歡「測試命運」。在某種層次上他們相信：「我就是世界的中心！無人可及！」通常就算在很危險的狀況下他們也不會受傷。

這種獨特的運作方式非常適合他們。然而問題發生在他們決定別人應該採取相同方法時。他們的建議是：「突破你的極限。」但適用他們的方式未必適用別人。他們的工作是考慮他人的獨特風格，幫助他人實現自己的目標。

體驗自我的延伸

◆聯合作用

同樣的，這個族群的藥方是合作關係。即使在達成個人目標時，成功在與別人合作時受到雙重的保證。例如，如果一位北交點天秤座的人想要在極短的時間內減去九公斤的體重，最好找有同樣問題的朋友一起減肥。在協助另一個人堅持節食或計劃運動的過程，北交點天秤座的人體重也會同時下降。同樣的方法可以運用在任何難以達成的個人目標。如果可以找到另一個人一起做，對兩個人都有好處。

他們擁有將勇氣「移植」給別人的能力。他們可以給別人信心主動做事。如果沒有他們的幫助，另一個人永遠不會有這種想法。他們有肯定別人自我讓人充滿信心的能力，會讓人相信自己。他們是非常成功的企業顧問、心理醫師、老師、教練或任何激發他人的信心與勇氣的行業，他們都極為適合。

但是，北交點天秤座的人需要確定協助別人沒有涉及自私的動機，否則過程會適得其反。因此，維持客觀的能力也極為重要。他們需要看清楚對方的目標。

◆親切與脆弱

北交點天秤座的人需要發展呈現自己脆弱的能力。他們要學習對別人敏感、願意接受別人的感覺與看法；更要學習允許其他人體驗他們，分享他們的感覺與恐懼。他們對脆弱抱強烈的防衛態度，他們強硬的程序說：「絕對不可讓人知道自己的弱點。」但他們要學習脆弱本身具有強大的力量。誠然，最好的戰士是知道何時該戰、何時該和的人，但是如果他們不與另一個人對照，就不知道什麼是什麼了。

為了使他們的關係維持長久發展，他們必需學習更親切。親切是做到對另一個人的不安敏感、願意表達自己弱點等後的副產品。當他們親切待人，他們就可以成長。否則仍然是遙不可及無法接近的。

當他們受傷時，北交點天秤座的人本能就是退縮，不讓他人知道自己受到影響。這輩子他們要學習，了解開放自己的價值，允許別人照顧自己。在分享自己的脆弱時，原來他們深引以為恥的事會轉變成值得慶祝，而且他們發現自己與別人正以真誠的方式連結。現在他們可以讓別人認識自己了，而不是那個他們投射出的形象。他們與生俱來誠實、勇敢與直接等特質。當他們允許自己在人前呈現脆弱的一面，就是在發現自我方面跨出了一大步。

北交點天秤座的人擔心如果暴露自己的弱點，如果他們還沒有「開誠布公」，就會失去這位他們想要讓對方印象深刻的朋友。其實相反地，暴露自己的弱點可以拉近他們與別人的距離。其次，這可以幫助別人了解如何支持他們並給予信心。他們藉此將對方更深入地納入生活，同時亦接受這個人的接納。消融舊有的孤獨感受。

當他們允許別人分享自己的恐懼，他們天生的勇氣可以激勵每個人進行更深的連結。他們發現別人其實也曾經歷過類似的情況，甚至犯過比更嚴重的錯誤。犯錯、學習與成長，都是每個人必經的過程，這是與北交點天秤座人前世「戰爭機器」的經驗完全不同。對他們來說，推倒存在於別人與自己之間的那道圍牆如同戰士放下盾牌，相當令人害怕。但為了實踐這點，他們必須願意拿開盾牌，並呈現脆弱的一面。

團隊合作

北交點天秤座的人不懂團隊合作。他們沒有這種的前世經驗。作為戰士，他們一個人負責全部的工作。當有人要分擔時他們會很困擾，因為他們擔心別人會把事情「搞砸」，所以希望獨自處理，而且覺得因別人沒有做好份內的事而無法達成目標。另外，他們無法忍受自己一天做好的事他人需要個兩、三天，或許自己做的效果還比較好。

雖然早知道自己可以做，但是他們這輩子不是來這裡自己完成工作的。他們對完成短期目標極度自信，但是現在，當他們獨自完成卻無法感到預期的喜悅。這輩子，他們注定仰賴團隊合作，而在合作過程，他們會將信心轉移到需要的人身上。

所以當他們與其他六個人合作時，一定要記住團隊裡有七個人。北交點天秤座的人擁有不可思議的能力，他們可以賦予別人力量，並看出每位夥伴各自需要增加信心的地方。他們很開心能夠看出他人缺乏信心的「故障」處，因為他們可以「激勵」別人，同時也讓自己成為團隊裡最受歡迎的無價之寶。他們總是思考何者對團隊最好。成員間缺乏溝通是行不通的；需要成員彼此維持良好溝通，以培養交互依賴的感受。為此，每位成員都必須願意客觀表達自己的需求，而不是忿忿不平或「針鋒相對」，而是藉接納對方的需求，增進合作關係各成員彼此的力量。這是呈現脆弱的另一種方式。

◆合作關係

對北交點天秤座的人來說，他們自我認同中最重要的部分，是為關係帶來益處的特質。而他們的夥伴帶來不同的禮物剛好是他們需要的。透過這種合作關係，他們可以找到與人之間的平衡，並達到自己以往不可接近的部分。擁有夥伴之後，生命不再枯燥乏味，而會積極地能量交流，這可以使發現自我、實現自我等，都成為雙方更輕鬆快樂的過程。

由於另一位帶到這段關係中的特質，可能是北交點天秤座的人缺乏的，所以北交點天秤座的人必須客觀了解另一個人真實面貌，包括對方提供的東西，與他促進團隊進步帶來的能力與特質。他們帶來的可能不是信心或主動，而是敏銳情感和滋養、好玩與有趣，或將生命視為一場冒險、慈悲地寬恕等等。如果北交點天秤座的人了解另一個人帶來的禮物，就可以更開放的接受與這份禮物的活力。

北交點天秤座的人真正想要的是與別人聯合起來，並使對方擁有實現夢想與計畫的力量。因此，他們的責任是仔細了解另一個人追尋的目標，如此他們亦可發現是否與自己的靈魂相呼應。他們必須學習承認他們個人生存的基礎，是對團隊最有利的事情。當他們全心全意關照他們的夥伴時，才能夠體會喜悅與成就。

◆抗拒

他們過去幾世是偉大的戰士，而且很習慣戰鬥的能量。在關係中，他們會因為太過習慣這種能量而主動挑起戰鬥。他們不惜一切代價想要贏，因此有時會推開最珍貴的關係。他們在根本沒有必要的時候戰鬥，而且通常最後會輸。如果他們將關係視為兩個個體而非一個完整的實體，那麼他們的關係將會成為「你的需求對上我的需要」這樣一場競賽。事實上，能強化合作關係的東西，才能回饋滋養當事雙方。

他們需要學習將關係的目標放在自己的征服欲望之前。他們如果透過外交、謀略，與對考慮另一個人的立場等方式，將更可以得到他們想要的東西。但是他們也要學習不要利用外交手腕操縱，也就是說，為了達到自己的目的，使另一個人覺得某件事情看似「公平」。他們會發現成為外交官的真正價值，亦即傾聽對方並分享自己的觀點，看看是否能妥協。這是讓雙方都能滿意的長期方式。

北交點天秤座的人也在學習表達自己的衝動。他們必須衡量自己想要說的話與想做的事，並思考對別人可能的影響。他們要學的是「思而後言」。

◆創造雙贏局面

北交點天秤座的人是十二星座中天生的調停者。他們擁有清楚看見雙方狀況或衝突的天賦，並可以將A與B的立場有效溝通。和諧是透過對另一個人立場的客觀了解而形成的。這種能力使他們可以成為成功的婚姻與家庭顧問，或需要平衡兩種不同觀點的工作，包括外交工作。當北交點天秤座的人協助別人客觀的同時，可以順帶獲得一種副作用，那就是可以增進自己尊重別人自我認同的能力，而他們訓練精神方面的能力，可以協助他們找到個人的平衡、和平與幸福。

他們有促使關係成功邁向和諧、理解、團隊合作和滿足的天分，如果他們記得鍛鍊這方面的能力，幾乎總是創造出雙贏的局面。例如，一位北交點天秤座的人假設喜歡飆摩托車。他有太太與三個小孩，他太太很擔心他飆車會遭遇危險。但他不願了解她的想法，反而不高興；他覺得自己的獨立性受到威脅，還因此動怒（這是「我對上妳」的心態）。這個問題造成了他們關係中的「僵局」。經過幾年後，這種情況變成許多無法溝通、也沒有辦法解決的僵局之一。這兩位後來決定分手，結束這段婚姻（如果實際上沒有，也會是情感層面）。

讓我們來看看雙贏的方式。當太太第一次對他的摩托車表示關切時，北交點天秤座的人可以深深吸一口氣，並坐下來與她談談。當時他或許問她一些問題，了解她真正擔心的是什麼。就算只是花點時間，與她一起坐下來，試著了解她的想法，就可以創造出和諧、關懷與支持的氣氛。一旦了解了她的憂慮，他們就有機會找出解決之道。

關鍵在於「共同」找出解決的辦法，畢竟，對北交點天秤座的人來說，這輩子這不是「自己動手做」的一生。如果例子中的太太擔心他發生致命意外，她可能面臨撫育三個孩子的經濟問題。這時，或許他買一份保險會讓她較有安全感，之後，她可能就會願意支持他享受飆摩托車的樂趣了。這些人天生有正面面對事情的能力。他們一定要發展出了解伴侶關切的事物，以及與他們合作的意願，這樣才能將每一次的挑戰都化為雙贏的局面。

療癒主題曲

我分別為各個交點族群寫了一首治療歌曲，希望能協助他們轉化能量至積極正面的方向，這是由於音樂是情緒上支持我們冒險的好用工具。

來吧！人們！

這首歌傳達的訊息，是希望溫和地讓北交點天秤座更深地意識到他人。這可以在潛意識中激勵他們，使他們獲得長久以來渴望的愛與滿足，並協助他人。

♪節錄部分歌詞

你的兄弟在努力，將岩石推向山巔，
但是他已經逐漸疲憊。
他的岩石沉重，即將崩塌，
他需要一點幫助，

你撐住岩石的雙手，能否挪出一隻手，
減輕他的重擔，他已瀕臨崩潰……

過來吧！人們！——承續他的志業，
醒來吧！人們！——了解他的想法，
過來吧！人們！今天盡你所有的力量幫忙，……因爲
你可以得到的就是你曾付出的！

第八章

北交點天蠍座——
或北交點在第八宮

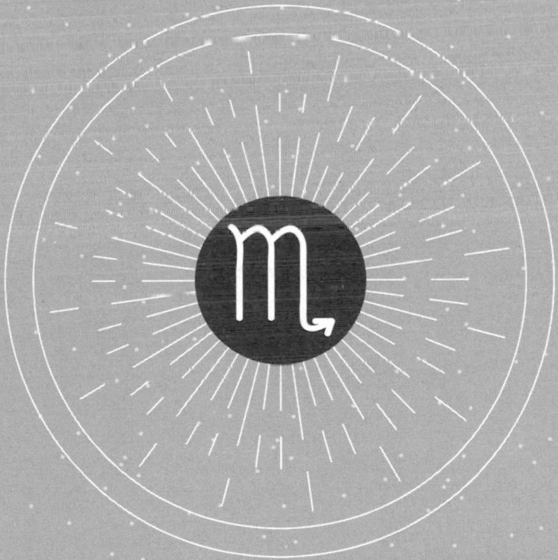

星座箴言

擁抱變化，可帶來活力。

總論

♏ 應發展特質

針對這個部分努力，可以幫助他們找出隱藏的天賦與才能。

- 自律
- 選擇有建設性的改變
- 釋放造成停滯與低能量的因素
- 清除無用的財產
- 不必擁有亦可享受事物
- 接受他人的支援，如構想、錢財與機會等
- 享受讓人活力十足的高風險狀況
- 了解別人的心態，如他們的渴求、欲望、需求與動機
- 開放地與別人合作、支持與合併

♏ 應擺脫傾向

努力降低這些傾向造成的影響，可以使生活更輕鬆愉快。

- 重視舒適與現況
- 占有欲
- 過度關切累積的金錢與所有權
- 質疑過去的決定
- 固執
- 陷入肉慾之中
- 即使有較簡單的方法，卻重複同樣的（較難）模式
- 抗拒改變與別人的意見

致命傷／應規避陷阱／重點關鍵

北交點天蠍座的人致命傷是舒適。「生命的目標在於舒適，我需要占有許多東西才能生存。」這將使他們陷入永無止境地追求財物累積，「當我擁有足夠的金錢與財物，就會對自己

滿意，然後就能與人建立關係。」這種想法使他們停滯在所有層面，如物質、肉體、心靈、情感與精神等層次。生活經驗顯示，北交點天蠍座的人永遠得不到足夠的「東西」，無法做出讓自己的生活增加生命力的改變。然而改變可以為他們的生活增加活力，他們應該冒失去現有舒適的風險，得到更高層級的力量與活力。

最重要的是，他們得到的錢或個人產業，永遠不足以讓他們與別人建立關係，或讓他們可以滿足自己的所有需求。在某些時候，他們必須放下自我中心，並將所有的力量投入合作關係中。有趣的是，當他們最終與人聯盟時，這種增加彼此力量的關係將使他們更富有。

真心渴望

北交點天蠍座的人真心渴望金錢；他們想累積錢財方面的資源與實質的產業，以得到舒適與穩定的感覺，這樣他們才能開始「真正地活著」。要達到這個目的，他們應該與人合作，尋找與他們擁有類似價值與資源（金錢或才能）的人分享。

如果北交點天蠍座的人運用他們的才能增加夥伴的能量，並真誠地與他人結合成團隊，而不是維持分離的狀態，如我的錢或你的錢、我的資源或你的資源等，那麼雙方的經濟回報將大有斬獲。根據財務協議他們會獲取一定比例的利潤，北交點天蠍座的人將更有餘裕專注加強夥伴能量與力量上，並使用讓對方覺得有助整個團隊成功的方式。在財務方面的安排，北交點天蠍座的人最好問問他們的夥伴怎樣才算公平，因為其他人會比他們自己更欣賞他們的價值。

才能與職業

他們是絕佳的編輯，因為他們擁有探究他人心靈、辨識他人意圖，並將素材在大眾前清楚呈現的能力。他們擁有補強別人計畫與事業的能力，當他們這麼做，對方常慷慨地回報他們；尤其是幫助別人運用錢財時更是如此，例如銀行業、保險業或投資等。他們也是出色的心理學家（協助別人改變的過程中，他們自己也會同時改變）、私家偵探，或是其他類似研究祕密的工作。

北交點天蠍座的人具天生的決絕與果斷，這些特質可以創造長遠的結果。當他們運用這些前世的天賦，做為危機時穩定的工具時，他們的可靠會製造令所有相關人舒適與安全的環境。但是，如果他們的職業是以現況為導向，也就是要求維持而毋需成長，那麼他們很快就會停滯、陷入困境與缺乏活力。他們最適合危機導向或與持續變化及成長有關的職業，因為這類職業可以為他們帶來個人發展的刺激與潛力。

療癒肯定句

- 「擁抱變化帶來活力。」
- 「選擇充滿活力的改變，就會成功；而維持現況就輸了。」
- 「改變之外的選擇是停滯。」
- 「當我給予他人力量時，他人就會肯定我的價值。」
- 「當我深入觀察別人的價值觀與動機時，就知道可以相信誰。」

性格

前世

◆固執、設限的價值

北交點天蠍座的人這輩子承襲許多前世固執的觀念，而這些觀念是有關他們必須做什麼才會令自己滿意。然而，這對他們而言是沉重的負擔。

大部分嬰兒赤裸裸地降生，但是北交點天蠍座的人卻不然。他們好像穿著十件襯衫、十四件運動服、十二條褲子，以及六件外套出生似的。他們帶著前世所有的負擔來到世間，使他們背負這輩子旅途中不必要的困難；他們今生最大的挑戰就是放手。否則，過多的物質、對前世價值觀（「事物應循的軌跡」）不合理地執著，以及不願與別人交往都將使他們停滯不前。

他們應該敞開生活的能量並傾聽別人的意見。當某人說：「你看，那件外套並不好看。如果把它脫掉，只穿裡面那件應該會比較好。」這些人對這句話的第一個反應是堅持自己既有的東西。但是如果他們聽從別人的建議，拋開那件外套（老舊價值觀），他們會輕鬆許多。如果他們觀察某個價值觀，並發現他們的能量水準開始下降，那就表示這是應該拋棄的價值觀。

例如，如果他們的某個價值觀要求自己每天早上起床，一定要點燃蠟燭並觸摸臥室中的每個角落後，才能開始自己的一天，那麼這種儀式會使他們受陷。他們前世對事情應有面貌的觀念，會使他們「被困住」，但他們要學習承認這些價值觀已經不再正確，還會耗盡他們的能量。

他們可以做兩件事來幫助自己放下。第一件事是他們應該重新評估使自己停滯不前的價值觀與理想，不論是工作、宗教、人際關係、自我價值、道德、創造力、家庭與目標等等，所有關於人們怎麼做才算是「可以」的價值觀。當他們想「我需要這麼做才可以」時，如果有沉重的感受，就表示他們可以放掉這個觀念，這樣也會變得輕鬆一點。第二件事是他們應該對別人的價值觀更有興趣一點。他們需要傾聽別人認為重要的事，因為別人可以提供他們寶貴的觀點，而觀點可以為北交點天蠍座的人帶入能量並減輕負擔。

北交點天蠍座的人在協助他人達成目標同時也可以獲利，因為過程顯示他們認為重要的事物；今生他人對這個族群價值觀的認識，往往比北交點天蠍座的人本身還更清楚、更深入。北交點天蠍座的工作是協助他人建立有形的成果，而他人則知道他們需要北交點天蠍座的人那些部分，協助自己達到目的。當他們賦予他人力量，協助他人實現夢想時，他人會注入足以讓這些人改變與成長的能量做為回饋。他們應該接納他人與他人的價值觀，協助他們突破有限的世界範圍，為當下注入活力。

北交點天蠍座的人甚至因為過度執著精神上的價值觀，以致無法擴展。例如，假設這些人重視誠實、正值與忠實，這些價值觀運用於當下永遠都正確，但如果北交點天蠍座的人從事一份工作的第一個五年時，就感到這份工作嚴重壓抑生命力，而卻仍堅持二十年之久，就是不忠於自己的感覺。即使是他們精神上的價值觀，也需要即時更新。何謂忠實？忠實表示坦率面對深層的自我，且隨著生命的退進而改變。

◆井蛙之見

不要一心一意或過於專注，對他們來說也很有用。一旦他們確定目標，就應該謹慎從容地藉著擴大觀點來完成計畫。當他們允許別人與其他創造風格加入，達成目標的努力將成為更吸引人且有趣的事。這時，目的將是享受與他人連結的親密人際關係，以達到共同的目標。這幫助北交點天蠍座的人將重點放在相關的人身上，而不只是工作本身。

如果他們不審慎地嘗試擴大想法，可能礙於眼界只看到「一種做事的方式」，他們將周身的事物用特定方式處理，造成一股壓迫的能量。這會讓他們受到的痛苦甚於他人，而且也會讓他們的工作量大增。

解決問題的關鍵在意識到他們的「井蛙之見」。一旦他們意識到自己在做什麼後，就可以喊停，做個深呼吸，拓展思維並了解或許他們的方式並沒有那麼重要。

要克服「井蛙之見」的傾向，需要極大的心力。對他們而言，由情緒的空間（嘗試證明他們的方法正確），跳脫到他們可以傾聽的空間，極為困難。這是新的習慣，但他們一旦開始真正將焦點集中在對方的動機、需要與渴望上，就可以擁有比任何其他交點族群更出色的能力，讓他們可以與他人結合，並為雙方創造更大的力量與活力。

◆感官享受

北交點天蠍座的人在過去幾世經歷過舒適與享樂的生活。他們對於生命中的肉慾並不陌生。實際上，這種前世傾向，會讓他們過度耽溺於食物、美酒與財富累積。由於他們本能習慣肉慾的享受，所以認為，如果某件事情讓他們很舒服，只要不斷重複就能保有這種舒服感。但是這輩子，這種想法行不通。對他們來說重複享樂引導他們走向累積負擔，這種負擔包括財物、大量贅肉、工作習慣或停滯不前。

例如，如果他們喜歡軟殼蟹，他們會毫無節制地吃下去。或者，如果放在他們面前的是醇美葡萄酒或波本威士忌，他們可以永遠地喝個沒完。最終唯一控制他們口腹之慾的方法，是戒除過量的習慣，並認識到不值得為短暫的歡愉承擔長期的不良後果。對這些人而言沒有中間的緩衝地帶；他們必須完全戒除足以阻礙他們不前的事，絕對不能沉迷。他們這種感官與肉體上的樂趣應該藉自律而昇華，讓他們獲取自我的力量。

有時候，他們需要一點外在的危機促使他們改變過量的習慣。例如，如果他們開始擔心自己的心臟可能出問題，就立刻改採取健康食譜。之後，他們就會進入對他們有益的新模式。

他們可以從所有的肉體感官獲得許多真切的樂趣，如撫觸、味覺與嗅覺等。他們生來就極為親近大自然，而肉體領域極大地滋養他們。這正是他們常享受園藝的理由。他們喜歡以雙手工作，並在與土地相關的工作上獲得滿足。當他們與自然的能量連結，而無關於萬物應該如何成長時，就可以得到平靜與喜悅。當他們知道每一種植物生存所需的要素，並供應這些要素時，各個植物將教導他們調動外在的能量來決定各別需要的價值。

「我的方式，較困難的方式」

◆自力更生

北交點天蠍座的人前世是辛勤的工作者，如農夫、地主或營造商。前幾世，他們必須自給自足，開創自己的方向並建構他們當時認為有價值的事物才能生存。他們靠自己的努力開創未來，而財產與財富的累積正是肯定他們自我價值的獎賞。

他們是建築大師。因此，這一生他們做的每件事根據建築師的思考模式，步調緩慢而穩健，不錯過任何一個步驟。他們自豪於自己的工作、堅持以「他們吃力不討好的方式」行動態度，確保結果符合自己的要求。雖然這在他們的前幾世是適用的，但這輩子他們則會陷入困境，且減緩進度，甚至迫使他們放棄，因為這對他們而言改變太大了。

財富、財產、充足的食物和物質享受，都是他們前世的目標。若要專心滿足家人的物質需求，他們必須忽視自己的心理需求，導致他們養成只考慮手頭事物的習慣。

他們的自我價值觀念是根據他們的行為，而不是他們個體的身分。有趣的是，這輩子直到他們與伴侶連結，他們才獲得真正的物質成功。前世建構他們認為重要的東西，但現在他們必須建構對社會有用的東西，為此他們需要與別人連結。他們不再被允許「獨自」做事，因為這只會增加他們孤立、無力與停滯感。

雖然他們前世並未注意到身邊人的價值，但現在他們面對的挑戰是肯定別人的力量與才能，並與他人共同努力，增強彼此的力量。在這輩子，他們應該放棄對合作與分享資源的抗拒。他們要學習融合自己與他人的力量，重新為他們的生命注入活力，並讓他們的人生道路更為輕鬆。他們透過支持本身就具有力量的人並接受支持，以及透過蒐集彼此交換能量所產生的物質與精神好處，重新獲得他們的力量。

◆工作導向

北交點天蠍座的人執著於「我的方式；較困難的方式」。今生，他人會給他們新的點子、物質、金錢等等來協助他們。但他們不希望別人幫助他們，即使像除草般簡單的事，他們也有獨特的方式。他們會讓生命變得不必要地困難，因為當時他們認為「沒有其他更好的辦法了」，到最後他們會精疲力盡。

雖然一般來說他們意識不到，但他們極端工作導向的傾向，可能會挫敗周遭的人。他們要學習賦予別人力量並支持別人創造力的方式分派工作。例如，如果他們教女兒做蛋糕，而他們允許她以自己的方式去做，這個孩子就有機會練習屬於自己的技術，發揮自己的創作力，並建立自己信心。

創作力是能量。如果一個人想要把能量投入某事，必須要感覺到自己正在發揮創作力，而且可以按照自己的方式進行；這種觀念對北交點天蠍座的人來說是全新的。他們通常不會考慮孩子的創作力，而會把焦點放在：「我們有一項工作，要做一個蛋糕，你當然要按照食譜，而且一定要用正確的用具。」他們的焦點是在任務而不是人。現在他們要學習重新把焦點放在人身上，以及支持他，幫助他完成任務需要的信心。將焦點由任務轉移到人的身上，會得到極為可觀的回饋。

◆接受幫助

這些人在許多前世中生存極為困難。到了這輩子，他們會認為生命本來就是一個漫長艱難的過程，因為他們的潛意識習慣了這種生活。雖然感覺似乎如此但並不然。北交點天蠍座的人應該要為了與人合作時的興奮與活力而「自在」。

另外，他們拒絕來自別人協助，是由於認為自己早就「什麼都知道了」，因此不願傾聽別人。他們堅持根據他們的方式做事，透過自己的努力肯定自己。不幸地，這是無底深淵。在這輩子，他們永遠無法獨立建構自我的價值，或對自己滿意。

認知這個模式就是逃離它的第一步。但是當他們根據前世經驗而預先規畫好的行動「狹道」中，就很難傾聽別人的意見，即使是適用於前世的答案，通常無法解決現在的問題。保持開放的態度面對別人的想法、他們的能量與改變現況的方式，會使他們了解將前世學到的經驗運用於目前的問題上，而且讓他們的努力更為有效。

北交點天蠍座的人善良而簡單，只要願意接受就有其他人樂意幫助他們。讓別人介入並願意釋出唯一所有權，需要謙遜。這種能力來自於欣賞別人的善良，當他們開始重視別人，自然就會開放自己接受別人提供的幫助。

他們對於過去幾世還有這輩子的辛勤工作已經厭煩，但是他們認為改變現狀需要更多的努力，所以抗拒。實際上，變化是他們重獲活力、自由與歡樂的關鍵。所以願意冒險嘗試並經歷變革，即使意味著失去控制與舒適，都是絕對正確的路。

他們的生命可能變得艱辛，因為他們想要事必躬親，而且不想面對其他意見。實際上，他們甚至聽不見對方說什麼（他們不想聽），因為別人說的話，可能是會讓他們的負擔更為沉重的「另一個意見」。他們認為別人想向他們索取更多能量，但其實如果他們願意接受別人的參與，別人將會提供他們需要的能量。事實上，他們需要別人的知識才能跳脫困境擺脫繁重的工作。

抗拒

◆固執

就某個程度來說，北交點天蠍座的人天生抗拒那些「正確」的人，這種態度會造成極大的傷害。如果沒有意識到這一點，他們會推開那些試著增強他們能量與資源的人。

他們有固執的傾向，這種特質對他們自己與身邊的人造成同樣的傷害。前世，他們必須鼓起絕對的決心與專注來實現自己的目標。然而濫用這個特質，他們的決心變成不理性的固執。現在固執阻絕他們接受振興自己能量與擺脫障礙的新觀點。

固執可能是他們最主要的路障。如果某人叫他們做某件事，他們可能故意不去做；如果某人說：「不要做！」他們會只因不願聽人指揮而故意去做。他們非常固執，因為他們看事情是從「我的方式對抗他們的方式」的角度出發，這種態度會讓每件事情都變成一較高下的情況。其實，當別人告知他們做某事時，最好先了解一下狀況，並問對方：「為什麼你叫我這麼做？你有什麼目標和想法？」固執能量讓他們抗拒對方。但是當些人發出問題：「你這麼做的目標是什麼？」競爭與固執的氛圍就會消失。

一旦他們了解對方的目的，北交點天蠍座的人更願意支持對方。當他們問對方動機，以及他希望達成的目標時，就會有比較開闊的想法：「等等，或許我們可以一起做，並且創造出雙贏的局面。」

通常他們的固執有關於時機。他們做事喜歡慢慢、一步步地進行，認為這是達到目標最好的方式。當別人提出幫助他們加快達成目標的建議時，他們會害怕加快速度、提前達成目標。他們擔心速度太快，擔心疏忽某個步驟，同時也擔心失去控制。而且結果將不再百分之百屬於「他們自己」。他們極為執著於所有權，覺得與人分享會沒有安全感。

從某個角度來說，他們可能是對的。如果他們不分青紅皂白地相信別人的所有參與，其中部分可能引導他們走向不同的方向，而不能簡化過程。所以他們需要順應他人的動機，暫時允許自己進入別人的勢力範圍，讓自己體會聯合後，是否覺得力量增強或能量更大。如果答案肯定，那就應該放棄獨自掌控的局面與對方的時機配合，共同創造彼此互惠的合作關係。

當他們緩慢進行會覺得有信心，也很舒適自在，因為他們了解，只要一步步地走將以可預期的方式達成目標。當擁有較快時間表的人進入整體畫面時，他們害怕加快速度，擔心會使他們不穩定與失敗。但是他們忽略了對方的力量。

例如，即使知道與他們同行的夥伴擁有私人飛機，他們還是不希望誤了那班從紐約到德拉瓦的火車，因為下一班車要等到第二天。他們應該這麼想：那個擁有較快時間表的人，可能具備很多幫助自己快速又正確抵達目標的才能與資源。在他人的路線可能有許多令人興奮的奇遇。雖然他們會捨不得沉重的掌控權，但他們可以更快且更容易地使得到達成共同目標的活力，而且這個過程將會更有趣。

◆改變、成長與更新

只要他們認為自己什麼都知道，就會對自己體驗的範圍設限；這是他們陷入固定模式的理由。另外，因為他們從自己的角度看待事情，所以認為自己無所不知。他們明白自己的需求，認為他們知道怎樣對他們與對方最好，而當對方不主動同意時會十分意外。當他們忘記用對方的觀點看待事物，如他人的價值觀與需求，等到他們的計畫被對方拒絕時會相當震驚。祕訣是假設對方知道如何進行之前，採取額外的步驟研究對方的來歷。

北交點天蠍座的人在建構事物，如關係、事業等方面，的確有特殊的了解。他們會以持續久遠的方式建構事物。但是，他們變得過分執著建立有形實質的東西，而錯失變化帶來的刺激，以及欣賞因突破老舊界線，帶來的喜悅與強烈的能量。可以激發自由、愛、力量與自信。

北交點天蠍座的人需要兩種安全感：一種是擁有許多物質財產使自己免於改變；另一種是超越個人極限獲得權力的安全感。從這個立場，個人的安全同時得到保證。因為不論發生何種變化，他們的內在都是安全、自信、強大的。為此北交點天蠍座的人需要別人的專業知識以及自己的謙遜，感謝他人或許帶來比過去擁有物品中都珍貴的知識。

需求

釋放執著

只要北交點天蠍座的人還將焦點放在物質需求，他們的需求就似乎永無止境。有趣的是，當他們停止供應他們內在機制想擁有的渴求，就會開始放掉他們擁有的東西，而且感覺舒服多了，感到一種新的能量進入他們的生命。他們追尋的平和與滿足，會以全新而無法預期的方式出現，是一種精神層面的方式。今生，他們要放棄嘗試以物質填補內心的空虛。相對地，他們要追求帶領他們滿足精神需求的道路。承認他們無形、精神的部分，可以幫助他們肯定自我價值。任何他們為了洞察力而採取的步驟，都會獲得立即的回饋，例如日記、接受精神治療，或透過冒險和革命性經驗學習自我控制。

◆金錢問題

他們最關心的金錢問題。他們對錢有種危機感，總會有錢愈多愈好的渴望。他們也會對錢缺乏邏輯觀念，不是抓得太緊就是花得太多。他們常常覺得自己在掙扎，他們長時間的工作

「只是為了過日子」。

他們的「金錢運」不佳，而且他們很多關於錢的觀念都不正確。如果他們能讓別人提供處理錢的意見，或許可以減輕很多壓力。但是他們非常固執，而且希望以「他們的方式」，也就是困難模式進行。然而，每次他們這麼做必然失敗。例如，某人對他們說：「你只要丟掉那個電熱爐，每個月的電費就減少五十元。」然而，北交點天蠍座的人會說：「不！不！那個電熱爐是我女兒用過的東西，所以我一定要留著它。」這種執著使他們貧困。如果他們想要榮華富貴與輕鬆必須放棄這種觀念。

累積財富的祕訣在於適當分配。如果他們想要更富有，必須學習成為金錢的管理人，而不是守財奴。他們以為想要擁有錢財就是抓住它，但事實上恰恰相反。金錢喜愛流通，而且受那些讓錢不斷流動的人吸引。如果他們不讓金錢透過他們流向別人，那麼只會有一點點的金額回到他們手上，因為他們並不是很暢通的管道。

他們必須學習當他們懷著愛並放掉錢，也就是心甘情願利用自己的錢增加別人的財富時，這樣就會有更多的錢流向他們。這是對金錢的態度也是適當的行動。他們要愛上金錢的兩種過程—接收與付出，這樣金錢才會比較容易為他們所吸引。但是，他們通常都很難放掉任何東西，尤其是金錢。

北交點天蠍座的人可以做許多事，養成自己用愛釋放金錢的習慣。當他們支付帳單，可以感覺到過程中包含的愛；反正一定要用錢，不妨用愛的感覺支付。當他們開支票付房租或貸款時，也可以有意識地將豐盛的愛與祝福送給房東或銀行。如果他們在付錢時加上感恩：「感謝老天爺，讓我有足夠的錢支付帳單。」而不是吝惜他們的支出，就會獲得更多的錢，讓他們足以支付所有的費用，改善他們的財運。另一個增加吸引金錢的關鍵，是有意識地讚美宇宙賜給他們現有不虞匱乏的財力。即使他們目前擁有的很少，但重點在欣賞並感謝手中現有的東西，而不是渴求更多；這種渴求在能量上，會因為無法擁有足夠的東西而恐懼與焦慮。感激他們現在所擁有的，可以釋放焦慮，而且不再阻礙金錢或其他物質湧向他們。如果他們讓金錢與財產帶著愛通過他們，總會出現更多的財物。

◆積蓄與擁有

他們對前幾世的積蓄十分習慣，甚至以為解決問題的辦法是累積更多的錢財。他們認為如果可以描述自己的問題，就可以擁有。他們了解自己具有的作用，包括功能失常的部分，所以他們以為沒有其他東西需要了解了。

如果他們把問題告訴朋友，即使朋友提供了解決問題的辦法，但是當他們離去時，往往還是只帶走問題而不是解決問題的辦法。他們並不想要解決辦法。他們要的是累積的感覺，也就是說他們寧願抓住有問題的模式不放。他們不了解，透過累積與擁有的過程，他們就是接受了一個又一個的限制，最後他們的生命變得乏味與停滯。對北交點天蠍座的人而言，獲得與放掉限制性觀念是相等的。今生，他們要學習珍惜他人的給予，並感激允許他人提供解決問題的方法，解除他們的自我限制。這樣一來，他們才能自由並享受生命的活力。

積蓄的主題是他們前幾世最重要的焦點，並延續到今生的各個層面。這輩子，他們常會保存一切沒有用處和需求的東西。他們要學習，太多的財物其實是一種負擔，會減緩他們的流動性與做改變的活力。擁有過多的財物就好像超重二十公斤一樣，是很累人的。

《聖經》有云：「裝新酒之前，老酒必須先倒出。」如果北交點天蠍座的人希望他們的生命中有新的活動，那就必須拋棄多餘的東西。例如，他們的衣櫥裡有些超過十五年沒穿過的衣服，甚至還有同款不同尺寸的，但是他們還是認為：「有一天或許會穿。」而捨不得丟掉。這時，他們最好徹底檢查衣櫥，整理出自己不需要的衣服送到慈善機構，如此他們將能更信任生命。如果他們有需要，宇宙必然會滿足。他們不需要緊抓住各種東西來確保自己不虞匱乏。

他們會很驚訝地發現，這將使他們的生命重新充滿活力。一旦他們決定放棄某樣東西或離開某種事物，他們就不能回頭。由於他們強烈的積蓄傾向，如果回頭看他們結束的一段關係，或是回想他們決定放棄的財物，就完蛋了。他們會把這些東西重新搬回屋子裡。

當他們不再執著於各種層面的所有權，北交點天蠍座的人就可以讓生活更簡單些。他們甚至因為希望掌握完全的所有權，包括觀念與物質的東西，而不願意接受別人的給予。他們不想說：「那是他的主意。」因為他們想要那份歸屬與功勞。另外，他們希望自己也是約定的一部分。他們擔心如果不完全是「他們的東西」，他們會被排除在外。事實上，只要他們是某個計畫的力量來源之一，其他人就不會忽略他們，因為別人會非常依賴他們。

新生

不論是想要新生、賺錢或權力，北交點天蠍座的人都需要別人的協助。通常需要謙遜的態度：「嗯，你擁有我需要的能量。我應該做些什麼才能和你互動？」他們必須經過多次測試才能知道，如何實際地獲取自己需要的能量。在現實的世界中，辨識並感受這種能量是一種新的體驗。他們對此並不熟悉，因為過去他們不習慣依賴別人滿足自己的需求。但是他們需要的能量只能來自別人，而那個人只會在這些人提供他需要的東西時，才會給他們必需的能量。北交點天蠍座的人應該認真傾聽他人，並依照別人的方式提供支持。如果他們有陷入困境的感覺，那麼可以換另一個願意投資時間、能量或金錢的人，重新組合；很快地，他們生命的那個部分將會充滿活力。

◆自律

北交點天蠍座的人可能以為擁有自律的能力，但實際上，這是他們今生應該發展的特質。他們常有凡事過度的傾向，無法設定生活中健康的限度。實際上，他們必須接受外在的紀律規定，因為他們內在並沒有。有時候，他們會把「被驅使」誤以為自律，但是他們強迫性的誇張行為，實際上就是過度的跡象。自律是以平衡、自覺的方式，帶領自己邁向預定的目標；它是構思並執行計劃的能力。

一旦他們決定自律就會立即行動。或許一開始，他們會不太認真地拖延很久，之後突然間，他們就去做了，這時他們不會給自己其他選擇。不過要注意他們很容易迷失，當他們迷失時會再次沉迷於過度的行為，然後又覺得自己不可救藥。最後，維持自律將使他們學到更多的自尊自重。

對他們而言，自律也意味導正自己進入最符合自身利益的路。他們開始對待自己像對待別人一樣，更加友善、更敏感、少點驅策。他們應該定期自問：「這種情況下，怎麼做才能給我力量，並讓我感受自由與活力？」與其一項工作接著另一項工作，他們應該注意自己對休息與恢復活力的需求，並做一些重新獲得活力的事情。重點是對外界的力量(不論人或自然)保持開放的態度，才能重新引導他們進入使工作與生活更簡單的道路。

所謂的阻礙，事實上是幫助他們突破固執，改善過度專注的有效方法。例如，如果下雨而使他們無法修理小屋，這就是宇宙告訴他們應該放慢速度休息一下。當別人表示「反對」他們時，宇宙可能在說：「你工作得太辛苦了。這是讓你喘口氣的外來干擾。」如果他們從這個角度看待事情，就可以放鬆過度集中的能量並接受別人的參與。

有時候，北交點天蠍座的人聽到別人給他們的建議，雖知是自己「應該」做的事，但內在會莫名的產生抗拒。當他們把焦點放在立即滿足自己的需求上，這種需求會被誇大，而他們的感覺就會完全失控。為了避免這種情況，他們必須集中精神於真正想要的東西，這給他們力量突破需要立即滿足的陷阱，而且他們將自動得到協助他們完成目標的自律。

通常北交點天蠍座的人必須受到外界的壓力才會做出改變。當他們面對危機時，會刺激他們採取行動。但與其坐視危機發生，像是健康問題或破產等，不如早些接受改變。藉著「規劃」危機的發生，例如賣房時給自己三個月的準備期間，或用一個月的時間規劃減肥食譜等，他們將得到轉變需要的能量，而不用面對可能危及他們幸福的威脅。但是不論哪種方式，他們都需要做出決定與承諾，為了脫離舊有的窠臼願意接受暫時的辛苦與不適。當他們願意讓別人協助自己，而不是執意以自己那種困難的方式進行時，就可以達到很好的效果。

◆價值

北交點天蠍座的人需要重建整個價值系統，因為舊有的使他們筋疲力盡。宇宙協助他們捨棄過去的方式：帶領他們接觸那些信仰與價值觀完全不同，而他們應該改變特定部分的人。他們過去相信，當交通號誌變綠應該再等三秒才走。由於信念限制了他們的發展，所以他們應該放棄這種觀念；這時，他們會吸引到相信「時間就是金錢，只要燈號轉綠表示宇宙催促我們立即行動」的人。

當提出新的價值觀或是信仰，北交點天蠍座人的對立價值觀就會浮出水面。就在這時，他們開始緊張：他們應該如何是好？應該遵循哪一條路？如果他們「轉向」新的價值觀，並覺得新價值觀真的更有用且正確，那麼他們就應該立刻拋棄舊有的價值觀，擁抱新價值觀，並以此為行動的根據，永遠不要回頭。這就是他們改變的方法。改變需要正直、勇氣、自律與行動。

當他們選擇改變時就能成功；當他們選擇老方法行事則會失敗。

他們必須學習更開放地接受對自己有用的事物，因為他們過於執著前世的價值體系。他們堅持的原則通常是對的，但是如果他們執著應該符合這些原則的形式，那就失去這種精神且受行為牽制。例如，他們很重視美觀、精神上的特質，因此要求他們環境中的每件事物，都維持「完美的秩序」。或許他們很重視婚姻中的忠實，因此執著於特定形式的忠實。他們通常不會考慮別人對形式的意見，但其實如果他們能把別人的意見與自己的融合，將可以增加他們追尋價值的經驗。

例如，與其堅持「家中絕對完美的秩序等於美觀」，不如對室友說：「我很重視美觀。你有沒有什麼想法可以讓我們的家更美？」這可以讓北交點天蠍座的人擴大美的概念，超越舊有想法。他們要記得，今生他們的滋養來源不是價值或工作，而是與他人彼此合作。

北交點天蠍座的人也要學習，如何滿足他們的需求而不偏激。例如，他們非常重視美與秩序，於是將能量放在創造美好與秩序上。這樣雖然可以激勵自己，讓自己的目標達到某種程度，但之後就會出現效用遞減法則。他們不斷突破界線，並感到被自己創造的東西束縛。或者他們期待別人繼續努力（以他們的方式），認為這樣事情才能既美好又有秩序；這樣的想法會使他們犧牲他人利益為代價持續投入工作。

從另一個角度來說，如果他們想要將同樣的能量給予他們想要支持的人，對方最後也會開始回饋他們能量，使這些人有能力再回饋更多。北交點天蠍座的人總以為自己不知道如何將這種重要的能量傳遞給另一個人，但實際上是再簡單不過的事了。別人知道他們的需要，他們只要謙和地問需要什麼，傾聽他們並把東西給他們就可以了。

合作關係

◆混合與肯定

北交點天蠍座的人正在學習拋棄老舊模式。他們需要一或多位夥伴，與他們建立良好的關係，並彼此賦予力量。通常他們在團體中表現得很好，但在進行一對一交流時就會害怕，因為他們不會自問：「對方需要什麼？什麼可以支持他？什麼可以增加他的力量？」當他們把焦點由自己身上移開，真誠地傾聽另一個人的需要，和諧就自然地出現了。

要做到這樣，他們必須克服自己不受歡迎的擔憂，或別人可能會生他們的氣。事實上，別人若有這種反應，只會在北交點天蠍座的人沒有發揮天生增強彼此力量的能力時，才會出現。如果他們的動機是不論對方的反應，都願意支持對方，就不會受到傷害。如果他們在誠懇探索什麼有利對方的過程敞開心胸，那就是他們與對方交流，提振自己需要能量的時候了。

北交點天蠍座的人會被認為是親切的、謙和、菁英，但真正的謙遜是指接受別人的給予，但不企圖控制整個情況。面具之下的他們傲慢而固執，在自我表面上覆蓋著前世的外殼，而這些都需要釋放。他們要學習釋放對結果的控制，並放手壓迫自己的前世價值觀。

北交點天蠍座的人需要別人的肯定，這是使他們開放與改變的力量。別人肯定與重視他們的價值而產生的能量，讓他們成長，同時還是測量他們是否走上對路的精確指標。這也是他們會如此辛苦工作的另一個理由。他們認為如果遵循辛苦工作的倫理，他人就會注意到他們並重視他們，所以為了達成目標，他們會在工作上投入極為可觀的時間與精力。然而，別人通常不會回饋他們所需的肯定。原因在他們獲得肯定的方法上。如果他們想要藉著被動的方式取得肯定，以避免觸怒他人，他們內在會失去平衡，這對任何一方都沒有好處。工作本身也不能回饋他們能量，如果他們以自己的方式行事，而沒有整合別人的需求與貢獻，將無法得到他們追尋的肯定。想解決這個問題，他們必須花些時間自問：「那個人需要什麼？在這個情況中，對他來說重要的是什麼？」如果他們考慮其他人，那麼當他們做出自己的貢獻時，必然會受到感激。

在這一生之中，北交點天蠍座的人不必是「正確」的，也不必證明自己行事方式是最好的。他們早已做到了。更高的價值觀是指：學習與別人結合，獲得比雙方中任何一人獨力達到程度更大的成功。他們必須接受別人的意見，並真誠支持對方的精神。北交點天蠍座的人一定要小心，不能把自己的價值觀強加別人身上，要盡可能地增進並幫助對方的價值觀更有效地發揮作用。如此一來，將可以創造出這些人要完成工作時，所需要的聯合作用。

◆自我價值

北交點天蠍座的人對自我價值擁有堅定的信心。從某些角度來說確實是如此，但往往他們誇大自己的價值，而有時卻又會低估自己。由於他們習慣獨自行事，所以看起來他們非常獨立。他們相信自己的應變能力，不論任何狀況都可以應付。他們了解自己的天賦、能力，和願意辛勤工作的意願，並切珍惜自己的足智多謀。

問題在於他們只從自己的角度看待自己，同時還會低估自己的價值。這是他們有金錢問題的一個理由。他們無意中給自己設限，因為根據別人的標準，他們的實際價值常常遠高於自己的了解。因此，他們應花點時間了解對方認為自己有價值的地方，然後加強這些特質。

私底下，北交點天蠍座的人有極深的自卑。但是，這種感覺只有在北交點天蠍座的人開始將自己與別人比較時才會浮現，如才華、美麗、金錢、能力、受歡迎程度等方面。每當他們拿自己與別人比較，就會覺得自己能力不足。但是，當他們把焦點放在他們擁有的天賦與才能，藉著讓他人發現他們的能力而加強這些天賦，突然他們也會開始意識到自己的價值。在實際的方法協助別人達成夢想時，他們會閃閃發光。他們知道自己在協助對方的成功，扮演重要的角色，而且如果對方的價值觀與他們相似，那麼他們認為重要的事也獲得實現。

但是這些人必須避免過度注重工作，而使他人成為次要角色。他們可能不了解那正是他們發出的訊息。他們的自我價值大半是根據他們所做的事情，而不是他們扮演的角色，所以他們認為如果要對自己滿意，必須常常證明自己的能力。這輩子，他們要重新調整自我價值的定義。他們要學習，自我價值與他們做為一個人的樣子、擁有的特質，以及如何與他人建立關係有關。

創造性的轉型

這輩子，北交點天蠍座的人命中注定要有重大的改變。唯有透過完整的轉型，才能脫離極易陷入的窠臼，同時重新得到自己渴望的活力與朝氣。對他們來說，轉型與他人有關，例如接觸別人認為重要的東西，或追求帶來刺激興奮的新方向。

他們需要高度創造能量促使他們離開日常舒適生活。危機以積極的方式刺激他們脫離已經變得沉悶的穩定可靠。他們冒險嘗試探索未知的世界時生命就會發生改變、成長，並出現刺激。如果他們想享受生命，必須經常表達對創意的刺激與「邊緣生活」的需求。

北交點天蠍座的人曾經是為大的建築師。但是，這輩子，建造前他們必須先為嶄新的結構打下基礎。他們不能期望在摩天大廈上蓋另一棟摩天大廈。今生是時候放棄任何壓抑他們的東西，如過往、太多的財物，以及任何不適用於現在的東西。

但是除非他們忘掉過去，否則會害怕拋棄任何東西。實際上，他們做得到。這是很好的現象，也是轉變的一部分。當誤解發生轉變時，它就消失了，就好像毛毛蟲蛻變為蝴蝶一樣。蝴蝶為什麼要回顧毛毛蟲的日子？牠要飛向藍天，享受新發現的美好世界與自由。同樣地，北交點天蠍座的人應該放掉過往，好好地享受當下的自己。

◆冒險

在冒險時，北交點天蠍座的人務必要辨識清楚他們所冒的險。不適當的嘗試帶來的疏忽，與適當的嘗試帶來的成長，兩者是完全不同的。如果北交點天蠍座的人有疑問，最好能請別人評估情況。

例如，我有一位屬於這個族群的客戶，她找到一棟極為喜愛的房子。這間房子的每一個地方都很棒，但是在某個層面，她覺得有點不舒服。所以她向她公公請益。她公公說他不喜歡房子是因為後方的森林。因為她有兩個小孩，幾乎是全職的家庭主婦，這片森林讓他緊張。所以她又開車到房子附近繞一繞，看看房子的能量會給她什麼影響，結果她還是感覺不到快樂。之後，她又打聽該地區的學校，而聽到一些令她不舒服的課程。在所有調查過程，她得到的回應都不能激發她的生命力，反而是恐懼。但是，由於她非常渴望擁有自己的資產，所以又做了一份工程研究，結果顯示這棟房子有結構上的問題。最後，她依照他人的意見幫助自己做出決定，放棄了她的原始渴望，不要冒這個險。這是一個很好的例子，顯示了他們如何以建設性的方式，將他們習慣的「舒適」感，與外界客觀的資訊結合。

但是，在心理與肉體的舒適度是有區別的。當他們根據身體舒適，也就是較容易、較可預測而下決定時，通常並不能激勵他們邁向改變與快樂的路。然而，當他們與外在的某人或某個計畫結合時，精神上的快樂且活力充沛，卻往往是他們可以相信的訊號。

◆精神上的需求

這輩子，北交點天蠍座的人有強烈的精神需求必須尊重，如安靜、反省的時間、創造與更新等。由於前幾世的工作讓他們極度疲憊，所以今生他們需要休息。然而，問題是他們不習慣休息！他們習慣維持自己的物質世界，因此全神貫注於生存問題。

他們應該要承認，這輩子他們精神與心理的需求，與肉體物質需求相同重要。事實上，他們的精神需求更為重要。他們已經掌控物質的部分，現在則是開發精神領域的時候了。他們應該讓自己著重促進個人轉變，參加心理探索、擴大認知或自我協助等類的課程。他們應該追求可以幫助自己擺脫物質束縛的事物。

只要他們將自我價值感建立在物質結果上，就必須依賴外在世界維持他們的幸福。這會讓他們有極深的無力感，就好像無法避免改變一樣。然而，改變是所有物質存在的絕對要件。北交點天蠍座的人有項主要課題，就是擁抱改變。因為企圖緊抓著某樣物質不放是毫無希望的，每一樣實質的東西都會誕生、成熟、解體與死亡。

但是精神永遠不死。這些人必須學習讓自己與生活中的精神面合作。他們不應該說：「我想要事情以我的方式進行。」他們會發現，如果說：「我希望這件事以其應有的方式進行。」

就可以帶來精神上的力量。只有在這個時候，他們會成功。他們知道應該採取何種行動，而他們的生命會變得非常神奇。他們必須學習依附宇宙的能量，並信任生命的自然發展。

北交點天蠍座的人將發現：「上天關了一扇門時，另一扇門就會打開。」在他們允許事物自他們的生命流出，而沒有產生枯竭或情緒的執著時，就會獲得前所未有的獨立、力量與自由。他們的負擔大減輕，他們可以體驗生活而不會被物質環境改變而「吞沒」。當他們調適自己配合精神層面，把握機會配合宇宙計劃，就是走上「正途」了。

在物質世界裡他們的需求永無止境，不論他們累積多少財富或做多少事情，都得不到完成的感受。唯有精神領域可以提供他們追求的滿足。所以他們必須停止追求更多的物質，開始追尋增加他們精神意識的目標。如果可以與別人一起追求精神層面的事物，別人的參與將提供他們改變的能量。

人際關係

缺乏認知

北交點天蠍座的人以他們做每一件事的方式發展關係，也就是建築師的觀點。從前幾世來看，他們非常習慣季節變化、時間自然進展，並相信努力會帶來可預期且持續久遠的結果。在感情關係中，他們願意花時間在對方身上，牽牽手、談談天，並發掘兩人一起喜歡做的事。每一件事都變成一塊積木，而這段關係不論成功與否，都是根據他們是否享受每個階段，以及是否尊重彼此為獨立個體而定。

然而同時，北交點天蠍座的人大部分的時間注意不到對方，而且不處理對方的需求。我以前有一位北交點天蠍座的客戶，他是一位工作狂。他被生活逼迫拼命賺錢，提供家人高水準的生活，並將他的四個孩子都送進最好的大學讀書。但他深愛的太太不斷告訴他，她並不需要豪華的房子，她需要的是他多花點時間與她相處。他無法了解，為什麼太太不珍惜他投入如此多的時間拼命賺錢。畢竟他必須支付四個孩子昂貴的學費，而這才重要的事。

所以他還是沒有花太多時間與太太相處，他認為當四個孩子大學畢業之後，夫婦兩人就可以開始享受自己的生活了，他滿懷希望地期待那一天。然而，他們第四個孩子大學都還沒有畢業時，他的太太去世了。他傷痛欲絕悔恨不已。或許他太太潛意識了解自己時日無多。她想花更多時間與他相處的需求，可能是根據某種認知，但是他無法了解的領域，除非他重視她認為重要的事。

有時候，他們會因為過度專注而沒有意識到自己變得粗魯。我有一位屬於這些人的客戶。她每天有忙不完的家事，但是效率極高。她還有一個孫子，不過卻非常沉默寡言。原來這位阿嬤每天照顧身邊的每個人，要做的事情很多，所以她的聲音通常都很不耐煩：「快點，快點！我們得快點！」而她這個孫子因此變得非常安靜。在和孫子相處一段時間後，她注意到自己的行為，並向孫子說：「你要知道，有時候阿嬤快抓狂，但這跟你沒關係。那是因為我急著做事，所以忽略和你說話的態度與語調。」當她說完之後，她的孫子就開始願意和她說話了。

北交點天蠍座的人要意識到，當他們過度專注於目標，會對造成他人負面的影響。他們並不是有意如此，在他們注意之前，根本不會意識到自己的言行舉止。但是當他們開始與身邊的人溝通，別人就不會當成是針對個人的問題了。

◆他人的價值觀

他們習慣某些特定的行為模式與特定價值觀。他們不希望受到別人價值觀體系的挑戰。如果他們發現自己尊重的人，根據不同於自己的價值觀生活時，他們第一個直覺是做出針對個人的反應並顯露失望。他們不會擴展自己的胸襟，而進一步了解對方。

他們要學習別人的價值觀並不會威脅到自己。價值觀反應出內在的個人的需求與品味。例如，一個很瘦又容易感冒的人會覺得厚重的冬季外套很重要，而另一個人則可能會認為別種款式的外套更適合自己。某個人喜歡精緻優雅，但另一個人則覺得華麗的環境比較自在。某個人重視感情中的身體契合，但另一個人則更強調精神交融。

各種價值觀並沒有所謂的「對」或「錯」。這些人愈開放學習別人的價值觀，就愈能了解並欣賞對方和對方的真實面貌。之後，他們會更容易接受別人提供的東西，而不認為他們必須改變別人或自己，才能促進建設性的溝通。

北交點天蠍座的人有很好的事業運。那是因為他們在商業的世界裡比較能開放自己接受新的觀點。在商業中，每個人都有一個共同的目標，那就是賺錢。當談到賺錢時，北交點天蠍座人的價值體系，幾乎不會發生衝突，因為他們可以把焦點放在較大的目標。或許某人帶來一個商業上的新想法，根據與他們極不相同的理念，但他們還是願意傾聽，因為他們也重視新想法的結果。這就是關鍵。在他們生命中的任何領域，這些人要將焦點放在共同的價值觀，願意調適他們的過程與另一個人共同合作。

如果他們在任一部分的價值觀有限或太狹隘，就會因為維持自己的地盤，而經常地與人發生衝突，例如，如果他們的宗教侷限於一個信仰體系，他們必須隨時保持警覺，抗拒所有不同的信仰。但是，如果他們探索更深入的價值，如宗教目的是為了促進愛、寬恕、和諧、自我了解、倫理等的普世價值，那麼他們就可以依循不同的通路達到更大的目標，而這個大目標很可能使他們的生命更豐富。

◆與人交往

在關係中，北交點天蠍座的人喜歡掌握團隊的決策。他們的夥伴會抱怨：「你為什麼不能好好與我合作?你每次都自顧自地、以自己喜歡的方式做事。」北交點天蠍座的人沒有發現，當他們不讓夥伴參與決策的過程，無意間已經否定了對方的價值。

他們常有「推開」別人的傾向。他們利用別人的能量，做為以自己的方式做事的動機。他們會用或半的能量幫助自己，但卻不承認力量是夥伴提供的。他們應該察覺並謙虛肯定夥伴的幫助。一旦他們了解夥伴對自己的貢獻，就比較容易記得邀請夥伴加入決策的過程。有時候，北交點天蠍座的人就是想一個人獨處且不考慮別人，但是他們如果能把夥伴納入計畫，或許可以擁有更高品質的獨處時間，因為那個時候夥伴也會支持他們。

如果他們有問題，第一個直覺是自行處理，不會徵詢別人的觀點，而且往往認為其他人也是如此。他們假設別人不希望他們管別人的事，然而事實可能相反。當他們與人協調，看看他們如何提供真正的協助，其他人就會歡迎他們的看法、觀點與建議。北交點天蠍座的人因此獲得肯定，這時每個人都是贏家。就在他們有力量幫助別人時，別人也會在他們願意謙虛接受時，擁有幫助他們的力量。

在介入別人的事情時，動機扮演極為重要的角色。如果北交點天蠍座人的動機是評斷或「修理」對方，讓對方按照他們的方式做事，別人一定會察覺到並且憤恨不平。或者他們會保持緘默，但背後的訊息是：「你應該做得更多。」對方還是感受得到因而沮喪，並拒絕北交點天蠍座的人。但是如果他們的動機是真的關切對方，對方也能感覺到並感激回應。

這些人必須控制潛在的動機。如果不確定是否要聯繫他人並且詢問對方周身的事情，可以先問自己：「我提問的動機是什麼？」如果是為了改變對方，最好回頭離去，因為他們將會失敗。如果他們的動機是進一步了解對方，可以確信自己將受到歡迎。他們是天生的治療師，藉由傾聽與分享他們深刻的理解治癒人們。

當北交點天蠍座的人接近對方，真誠希望減輕對方負擔時，總是知道如何幫助別人。有時候，他們可以將對方小部分的負擔轉移到自己的肩頭，如為對方洗衣服、填寫表格或跑跑腿。但他們如果提供建議，教對方怎麼做的話，就「偏離軌道」了。例如，他們說：「如果你每周固定一天洗衣服，就不會有時間緊迫的問題了！」當對方憤怒以對，他們就應該知道建議並沒有幫助。但若是他們說：「我還幾分鐘的時間，如果幫你洗衣服，能幫到你嗎？」而對方回應感激，就表示這正是對方需要的幫助。

當他們的動機是支持性的，北交點天蠍座的人就會發現，對他們輕而易舉的事，對別人則是極大的解脫。當他們表示願意幫忙，對方回應極度的感激。如果他們不確定怎麼做，永遠可以問：「我怎麼做才能幫到你？」對方會告訴他們，這很簡單且實際。透過這樣的溝通，他們就可以與對方建立相互關愛的關係，而帶來的回饋將遠超過他們的預期。

以這種方式與人們接觸，對這些人而言是一種全新的習慣，但他們做得愈多就會愈簡單。他們的生命會獲得充實與愛，因為他們與人緊密連結，從而得到獨特的滿足。

合併

◆適應別人

要增加他們的力量，北交點天蠍座的人要學習的是肯定別人的價值，這樣才能對成功的合併持開放的態度。然而，有時候他們會顛倒過程，摧毀別人的重要性、價值與優點等的方式，表現自己的價值。就好像他們潛意識覺得貶低他人可以使自己更有價值。但是事實從來不是這樣，這只會讓他們孤立無援。

例如工作場合，有人稱讚會計部門的主管表現絕佳，那麼一位屬於這個族群的人可能會說：「我知道另一位會計部門主管比這個傢伙好得多了！」當一位員工做得很棒，北交點天蠍座的人可能吝於讚美她的成功，反而指責她其他的錯誤。根據他們評估，別人的工作總可以找到錯處，或是「不足」。最後他們旁邊的人都會沮喪氣餒。其他人覺得自己的光芒熄滅，而價值也被忽視了。北交點天蠍座的人不知道他們對身邊的人造成多大的傷害，也不知道在他們最希望有所表現的人眼中失去多少分數。意識到他們貶低別人的這個問題，徹底揚棄這種習慣，可以為他們帶來最大的好處。

有一種練習可以幫助他們破除這個習慣，那就是每天發現一個別人的優點。例如發現祕書悅耳的聲音，讓客戶在預約時間前的等待舒適自在；或是發現會計刻意做出讓決策者迅速掌握商機的數據。重點在於，他們要每天有意識地欣賞每個人的一項優點。這幫助他們改變前世貶抑他人的傾向，同時增進他們欣賞別人的能力。

北交點天蠍座的人今生需要別人的肯定，才能對自己滿意。合作關係很適合他們，他們需要這種能量，而且他們必須學習謙虛地認識這一點。基本上他們很實際，所以他們可以對自己說：「好吧！事實是我需要別人的肯定才會快樂。現在，我應該怎麼做，才能得到別人的肯定呢？我最好先搞清楚別人覺得什麼是重要的，再將這些東西給他們。另外，如果我把人參與我的行動過程，讓他們覺得自己很重要，他們也會讓我覺得我很重要！」這種方式很適合北交點天蠍座的人，因為他們記得關注、欣賞、肯定別人的優點與成績。當他們忘記自己需要別人的肯定，而讓自己滿意時，就會忽略掉這個重要的步驟。

在他們生命的每一個部分，最好能有一位強人的夥伴，擁有讓他們仰慕的力量和他們認可的才華。當他們學習欣賞對方獨特的才能、知識與觀點時，北交點天蠍座的人就會了解，應該如何將自己的資源與才能和對方的結合，創造出不同任何單方獨立能做到的東西。這就是聯合作用。結合雙方能夠展現：「團結就是力量。」一表達各白獨特的才華。北交點天蠍座的人這輩子注定會碰到神奇的事，表現在聯合作用、賦予能力與驚人的創意。

北交點天蠍座的人認為自己知道每件事情，所以不接受別人提供能讓他們人生更順暢的真知灼見。也就是說，他們常常錯過不少破除限制的機會。

◆傾聽

有時候，他們「受困」於自認能力不足的內在感覺。例如，我有一位北交點天蠍座的客戶是發聲訓練師。起初，因為她良好的教育背景與豐富經驗，所以有很多客戶。但是，一段時間後，客戶人數明顯下降，沒有人告訴她為什麼。事實上，人們找她是為了改善他們的歌喉，但是她總要她的客戶花好幾個星期練習呼吸，增進他們的肺活量。她給的不是客戶們想要的，對於這點她有各種不同的藉口。然而最主要的原因是她覺得自己的鋼琴能力不足，她擔心沒辦法彈奏客戶帶來的伴奏樂譜。當她終於說出她的憂慮時，立刻得到很多建議。最後，她聘請一位音樂系的學生為她的客戶伴奏，而她也就能專心改善客戶的唱歌方法。

只有當他們終於承認自認能力不足的地方，他人才能提供援手。但是如果他們認為自己什麼都知道，就無法學習新的事物，而且會繼續陷在困境之中。當別人帶著嶄新但相悖他們某種價值觀的意見來找他們時，即使他們覺得建議很棒，還是會立即推翻新點子。這是他們犯的最大的錯誤。最後別人不再提供他們解決問題的新想法，因為知道他們無法接受。

他們願意接受解決問題的辦法受到極大的限制，所以他們的阻礙得永遠無法解決。例如他們想賣車，但又很捨不得，所以設定了極不合理的條件：買主必須是金髮，至少讀過兩年大學，不吸菸。不用說，這輛車永遠賣不出去。

北交點天蠍座的人受困於這種題狀況的時間，往往遠長於其他族群的人。他們應該聽聽不同價值體系的人保持的不同觀點，然後將自己的憂慮反應給對方：「我對這輛車的深厚感情怎麼辦？如果下個人沒有好好對待這輛車怎麼辦？」在他們了解別人根據本身的價值體系，解決這些憂慮後，他們就可以重新思考自己的立場。有時候，聽從陌生人的意見，可能比聽從他們的意見更容易。

因為他們可能對伴侶有成見，因而忽略他的想法，但是通常最親近他們的人，可以提供最精確的回饋，而且是最能肯定他們優點的人。所以他們應該真正傾聽最熟識自己的人，並在當他們覺得其中感受到真實與能量時，允許自己受到別人的影響。

當他們認為自己什麼都知道時，他們的關係只能滿足基本的身體需求。但是即使需求已經滿足，他們還是會覺得平淡索然無味。他們應該要超越身體上的需求，體驗生命力、賦予能力、個人成長與轉型。這是他們追尋的快樂，除此之外，沒有其他東西可以滿足他們。

◆辨識

北交點天蠍座的人害怕如果別人的意見正確，自己而必須改變。伴隨變化的必定是恐懼與興奮；這很正常。在內心深處他們其實希望改變。他們想要拋棄使生活如此艱難的沉重負擔，他們知道自己應該對開放接受別人的建議與知識。他們要學習不把別人看成侵入者，而是急救人員。當他們決定開放自己，就應該注意辨識的問題了。他們的成功通常靠他們謹慎選擇夥伴。不是任何一個人都是「急救人員」，所以他們需要辨別並決定誰能大大影響自己，甚至改變自己。關鍵在於了解對方的能量場。如果他們了解對方的動機後感得失落，可能表示該人對他們具傷害意圖或想利用他們達到個人的目。

正確的夥伴可以激盪出新的想法，而這些想法可以點燃他們的精力、創意與熱情。他們在與某些人連結產生巨大的力量，當他們覺得與某人一起時格外起勁，最後將願意放棄自己過時的價值觀。現在他們要對付的是比價值觀還要強大的力量，當他們跟隨這股力量，關係就能成功。但如果與金錢有關，他們要提醒自己：如果與他人的金錢能量合作，可以賺取更多的錢。這樣他們就願意冒險了。

結合

北交點天蠍座的人注定要體驗一對一的與另一個人完全結合。問題是，雖然他們渴望結合，但與此同時他們也非常害怕。他們擔心如果放棄自己知道的，就掌握不住些什麼了。有趣的是，當他們開始嘗試新的想法，他們會自然降低控制的欲望，因為刺激就足以滿足他們了。

這些人擁有令人驚訝的結合能力，這主要因為他們讓別人覺得自己獲得理解。當他們仔細傾聽並了解另一個人時，他們專注的傾聽讓對方感受到被愛與被接受。他們傾聽的才能同時也允許與對方心靈能量連結，並在他們決定選擇該人的情況下，與對方結合；這正是他們得以更新並掙脫停滯不前困境的憑藉。

◆心靈敏感度

北交點天蠍座的人具「了解」別人隱藏想法的能力。當他們站在某人身邊，如果開放自己接收對方的能量，就會知道對方的性格或動機。如果他們錯估某人的性格，是因為他們將自己的價值觀投射到別人身上。當他們這麼做就會上當。但是，只要他們真的「了解」，並相信他們由別人身上感受到的，就不會被上當了。

當這些人感受到別人內心的混亂時，常希望提供援手。但如果沒有反饋，他們不會知道應該怎麼做。當他們關心的人生氣且無助時，他們最適當的反應是問對方：「我應該怎樣做才能支持你？」對方可能回答他們一些聽起來愚蠢的答案：「我需要你每天早上九點打電話給我，提醒我起床與鋪床。」但是支持對方正是增加對方力量的方式，對方也因此而肯定他們的價值。這將使他們的關係順利。

如果發生問題，那是因為北交點天蠍座的人想要以自己的方式「修理」對方。對於減輕對方痛苦與改善情況，他們有很多意見。他們投射自己在這種情況會採取的對策，而忽略了對方的需求。這當然不是好辦法，他們應該做的是：接納對方告訴他們的事。

然而，這並不是說北交點天蠍座的人必須犧牲自己。如果對方說他要結婚才能在關係中保有安全感，並不表示北交點天蠍座的人要不顧自己意願而嫁給他。這個時候，他們不應該試圖說服對方打消結婚的念頭，或是告訴他成功的婚姻該怎麼辦。他們最好直接問他需要什麼樣的協助。他們可以說：「我可以感到你的混亂，而且我想幫忙。我希望維持我們的關係，但是我目前還不想結婚。所以我應該怎麼支持你呢？你是不是希望我鼓勵你追求已經想結婚的對象？或是你希望我能支持你，解決你認為藉由結婚就可以解決的恐懼？」

北交點天蠍座的人應該讓對方告訴自己，紓緩對方內在衝突的方法以及需要。他們藉著對方的反應了解自己是否走在正確的路上。只要是真正的有幫助，別人一定會熱情肯定他們的支持。

◆焦慮

當北交點天蠍座的人焦慮時，可能不願意表達真正的感覺。他們不希望介入衝突，所以隱藏了自己的情緒，但各種溝通亦因而停止。相反地，他們應該學習與對方討論的方式，突破這個障礙。他們應該冒著面對面衝突的風險，願意接受誠實溝通、建立更親密的結合時可能發生的不快，超越他們對別人做的假設。如果他們的動機是為了更了解對方的價值觀與需求，這種方式將很有效果。這正是與對方建立關係的方法，他們不應該嘗試單獨做整件事。

當他們不知道如何建立關係而焦慮時，就是來自宇宙的訊息：「你需要更了解對方的心理。」當北交點天蠍座的人感到這種害怕時，會習慣性地退縮，這是絕對失敗的方式。他們應該更深入了解對方的渴望、動機與價值觀，才能解決他們的焦慮。

例如，當某人反對他們說的話時，他們自動地產生防衛反應。這個時候，如果他們從容地反過來檢視對方的觀點，也就是轉變他們的焦點，這樣原有的壓力就會消失了。他們可以說：「我不確定你的觀點來自何處。我希望能進一步了解。」他們本能的反應總是針對自己，但是他們應該要重新對焦，以對方為焦點。

◆靈魂伴侶

對北交點天蠍座的人來說，這輩子需要與人做伴。不論是配偶或是事業上的合作夥伴，他們需要一位伴侶為他們提供能量，使他們受到刺激並擺脫停滯的困境。他們這被子需要靈魂伴侶，所以生命本身帶給他們一個接著一個的機會，體驗與靈魂伴侶的關係。靈魂伴侶與他們的關係，真的是一種能量連結，而連結的對象可以是與他們產生正確「化學作用」的人，也可以是提供他們刺激的人。當他們賦予伴侶力量，這位伴侶會藉著肯定、關照他們來回應。這種相互的能量，可使北交點天蠍座的人在前幾世陷入停頓的部分，重新獲得活力。

靈魂伴侶不一定侷限於性關係。如果兩個人擁有共同的目標，例如創作、經營餐廳，或創業，這都歸屬於靈魂伴侶的關係。雙方在能量或心靈面成為一體時，能更有力量地完成他們的計劃。每個人都必須願意了解對方提供的是什麼，或有什麼樣的資源可利用，聯合並達到最高程度的相互利益。這就是他們發光的舞台。

在戀愛或人際關係中原則也相同。如果北交點天蠍座的人將焦點放在「我的價值觀對他們的價值觀」，那麼他們就會失敗。換一個角度來說，如果他們清楚自己希望與對方共同達到更進一步的目標，而且獲得雙方的同識，那麼他們就願意調整自己與對方合作獲取經驗。

這可能與他們希望創造什麼樣的關係，彼此互相支持達到目標等的基本有關。當他們和伴侶年紀尚輕時，目標可能是生養小孩。稍長，他們的目標可能轉變為根據某些精神理想共同生活，透過自立或轉化的經驗一同成長，或彼此支援達成共同的健康目標。

創造個人關係的最佳方法，是努力了解另一個人，了解對方的價值觀、渴望與動機是否能與自己配合。分享價值觀很重要，而北交點天蠍座的人容易耍蠢。如果他們本能地過度保護自己的價值觀，他們就無法了解正確的情況。但是，如果他們真的願意與別人分享，可以感覺到是否因另一個人的價值觀而獲得激勵；那些北交點天蠍座的人從來沒有想過的價值觀，將是他們人生道路的下一步。

由於他們前世非常了解肉體的感覺，北交點天蠍座的人通常很喜歡性與肉體表達熱情。他們對自己的身體非常了解，而且知道如何享受。但是，他們可能過於注意感官的享受，而忽略透過較高能量層面的性交流產生的轉化。

如果他們了解伴侶心靈方面的能量，也就是說，有意識感謝對方的資源與能量，那麼當他們在性方面結合時，他們的體驗將遠超過他們想像的程度。只要他們能意識到心靈、精神的融合與連結，以及配合肉體結合的價值，北交點天蠍座的人就可以發揮這方面的潛在能力。透過他們對伴侶能量的開放態度，就可以分享超越感官樂趣的喜悅，擴展進入精神治煉與賦予力量的層面。

目標

互惠

因為北交點天蠍座人的常傾向極端思考：「我的方式或是你的方式。」所以有時為了與別人聯合會完全放棄自己的價值標準。他們變成「馬屁精」，但這種方式行不通。今生，他們必須停止從「我、你」的立場與人建立關係，而從「什麼對我們雙方最有利」的立場出發，建立與他人的關係。之後，他們就可以分享給予彼此力量、互惠動機的感謝及尊敬的力量。

他們具有提供伴侶鼓勵、熱情與支持的能力，可以療癒對方並讓對方生活得更容易。當對方感覺到北交點天蠍座人為靈魂伴侶與力量的來源，將會以愛、欣賞與感激做為回應。

但是，當別人反問北交點天蠍座的人需要什麼做為回應時，他們可能會封閉自己，並表現似乎「每件事情都在掌控中」的樣子。實際上，他們應該讓別人了解自己的情況，並提出讓自己生活更輕鬆的建議。這是一種互惠關係。當這些人看到別人如何接受支援，並因此增強他們的能力時，就可以學到如何優雅地接受別人的援助。

他們只知道把自己當成付出或接受者。他們完全不了解透過付出得到互惠過程，如何得到豐富他們並幫助成長的能量。例如，如果他們自願舉辦一場慈善活動，在他們心中只是付出他們的時間與能量，使活動成功罷了。他們可能會忽略從這場活動中得到的東西。

◆接受繼承

對北交點天蠍座的人而言，今生是接受來自別人贈予的時候。繼承對他們有好處。人們會給他們金錢、能量、意見等等。他們的工作就是釋放執著的東西，把自己掏空，同時願意接受別人能量帶來的好處。這適用於他們生命中的每個領域。

如果某人提供他們「知道是對的」，但對於行動卻有抗拒時，可能表示他們應該要練習自律了。為了達成目標他們應該控制自己對立即滿足的需要。如果心存懷疑，他們可以嘗試這項建議，看看它在實際層面是否有效，例如一個星期內，不再對男友頤指氣使，看看他是否會停止冷淡的態度。

當他們求教於在他們感興趣領域中成功的人時，他們會愉快地傾聽對方的意見與觀點，因此而更強壯。這與檢視有效的東西與採用該方式的實際有關，這也與得利於他人的經驗，與不需獨自以較困難的方式學習有關。他人應該幫助他們產生新的想法與能量。

◆謙虛與接納

北交點天蠍座的人看似常以自己為重心。當他們不了解別人時，從他們的話就可以聽出來。要與別人建立自在的關係，他們需要真誠地尋求，本著建立更深入了解的動機，與他人連結；之後他們將自然說出讓人相信他們的話。

其實這些人若把聚焦自身會非常沮喪，因為從這個位置，他們不能真的了解事情發生。唯有透過放棄自己的立場，並將心比心站在對方立場思考不做任何判斷，他們才能了解。

他們今生要學習，謙虛的看到他們的確需要其他人，而且也能夠連結其他人的能量振幅，增加自己的力量。重要的是辨識誰能激發自己的能量而誰不行。之後，他們還需要虛心肯定那些人的價值。

北交點天蠍座人的工作是連結另一個激發自己能量的人，並自問：「我該如何回饋另一個人力量達成他自己的目標呢？」當北交點天蠍座的人的注意力集中在提升對方的能量時，自然而然就會知道應該怎麼說及怎麼做，讓另一個人有成功的自信。

當北交點天蠍座的人協助他人完成目標，彷佛是自己完成了某件事，同時也因此有信心。因為他們將自己的創意與力量和他人結合，所以能量與成功的喜悅程度，有加倍的效果。他人知道沒有他們的幫助，自己無法成功，所以他們自然希望能有所回饋。這是北交點天蠍座的人以帶給自己活力與自由的方式，增進自我價值的關鍵。

然而不幸地，北交點天蠍座的人，通常不會珍惜這種帶領他們擺脫自我中心束縛的天賦。如果他們不重視並尊重這些天賦，就不能真正地使用它們。這麼一來，他們的自我將阻絕他們發現機會，得到天賦帶來的好處，而這些都是生命透過他人帶給他們的東西。

如果他們只珍惜透過自己辛勤工作而得來的東西，就等於對天賜恩典封閉自己。只有天賜恩典才能帶領他們超越自己的食古不化。他們的任務是謙虛地放手，並透過他人讓天賜恩典在他們的生命中發揮作用。

成功合作

北交點天蠍座的人在將自己的才能運用到他人的計畫中，或是參與以他人構想為根據的計畫上時，會比較好。唯一的例外是他們的構想有無形或精神資源的時候。他們最好能追尋有別於他們刻板、傳統的價值體系的計畫與途徑。

◆賦予他人力量

由於北交點天蠍座的人花了許多前世，建立自我價值的意識，所以當身邊的人不肯定他們的價值時，會極為吃驚。當其他人不懂得欣賞他們的天賦，並務實的盡其所能地發揮其所天賦讓之滿足時，他們無法理解。北交點天蠍座的人最大的挑戰，是成功地將力量授權給他們的伴侶，或與自己其他形式親密的人。

他們很容易積極對待伴侶。他們「吹捧」對方的才華並鼓勵對方。但問題是他們吸引的戀愛對象，好像沒有採取行動完成某種結果的意願。他們通常沒有實際實踐、增加自我力量目標的動機，而且缺乏這麼做的特質。

如果他們的伴侶沒有內在的動力驅策，他們不知道應該怎麼樣使伴侶前進。所以他們轉向自己的資源並利用伴侶的能量，發揮自己的能力創造務實的結果。不幸的是，這又回到以往相同的老套：「我必須親自做每一件事。」而這種模式讓他們的伴侶失去力量，同時感到排除在創作過程之外。

如果北交點天蠍座的人發現自己正處這樣的情況，應該花點時間與自己的伴侶做更深入的連結。如果他們對伴侶的動機產生興趣而接近對方，就可以發現對方的渴望與需要。人們只有受到某些自己想要的東西刺激時，才會有主動展開行動的熱情。由於北交點天蠍座的人天生受到金錢與舒適的驅使，所以他們以為每個人也都受這些渴望而行動，但情況並非如此。他們需要幫助伴侶了解什麼會觸動他們。

例如，另一個人可能希望突破成功產生的壓抑與恐懼。這種人因為要突破自己的侷限而驅使去採取行動，然北交點天蠍座的人可以提醒他，從事新工作是採取克服恐懼的行動。或許足以驅策另一個人行動的力量，是貢獻社會的期許、或希望引人注目且吸引他人注意的渴望。北交點天蠍座的人非常善於發掘別人隱藏的渴望或衝動，而且使伴侶了解他們內在的動機。這個動作本身就具有賦予力量的作用。當伴侶受到北交點天蠍座人的天賦支持時，他可以進入行動的階段，而最後的結果將包括金錢的回饋。他們正是想要協助伴侶建立自尊，讓雙方都能擁有安全與舒適自在。

北交點天蠍座的人從前幾世來，就自滿於自己具完成工作的能力。現在他們要教導別人如何重視自己。由於他們充分地尊重別人，盡力地協助對方，所以自然就讓對方有了力量。

然而，在他們企圖告訴別人如何行事時，通常會發生問題。因為他們不了解對方的才能與力量，所以永遠無法達到效果；他們只能了解自己的才能與力量。例如，如果北交點天蠍座的人決定參加四十五公尺的賽跑，他精確地知道他的步伐應該跨多大，才能配合自己的身高、腿長，以及需要贏得賽跑的速度。現在，或許他給予力量的對象很矮，腿也很短，而對方嘗試採取與北交點天蠍座的人相同的步幅，必不能配合對方的身材，也不可能贏得這場比賽。

因此，他們應該盡量避免一直告訴別人怎麼做比較好，並做出另一個人的方式錯誤的結論。這種自我中心的性格是他們不容易掌握的部分，但是，他們今生的工作就是應用別人價值體系的了解，協助對方贏得勝利。

例如，如果前例較矮的人想要參加比賽，可以說：「我想要搞清楚，我的身高與腿長，應該配合怎樣的步幅。」北交點天蠍座的人知道他如何估算適合自己的步幅，所以用相同的公式可以套用在對方身上，考慮對方的身材、體質、弱點與能力等因素，再計算適合對方的數字。他們可以幫助制定適合他人的計畫，而不是單純按照北交點天蠍座人的方式行事。

◆發展心理意識

北交點天蠍座的人是優秀的心理學家。他們天生就能了解別人的憂愁與渴望。這是他們前世沒有的特殊天賦。當他們讓自己的思緒不再受限自己的價值觀而產生的偏見時，他們就擁有不可思議的能力，進入另一個人的思維模式了解對方的動機、需要與價值觀。

他們知道如何造就成功。他們要學習幫助別人創造成功，他們必須考量對方的心理。有時候，人們會利用北交點天蠍座人付出的天性，而他們事後才會意識到這個事實。其實這種情況是可以避免的，他們可以花點時間仔細思考這件事，並了解對方的動機，再接受對方的建議。他們可以說：「噢！聽起來很棒！讓我想想看，我會盡快回復你的。」他們往往反應太快。如果他們花點時間實際了解對方與真實的情況，應該會比較好。如果他們覺得精力充沛，就可以勇往直前。但是如果他們得到的感覺不舒服或是開始失去能量，那就是警訊了。

他們應該要注意他人的動機，這對他們很重要。由於他們很少想到這一點，所以有時會覺得失望或沮喪。他們以為別人也是根據相同的價值標準行事，而且永遠誠實。但如果他們花一點時間檢視他人的動機，可以分辨出那些人的偽裝，以及他們的真實面貌。重點是真實調查可能的伴侶候選人。北交點天蠍座的人是最好的偵探！對他們來說，這輩子是屬於一對一作伙的時代，所以他們本來就應該更深入地檢視對方的想法、動機、目的與價值觀。

◆綜合

他們很難改變方向。當他們設定了目標，想出達成目標的辦法，他們的能量變得極為集中，以致幾乎沒有轉圜的餘地。即使是在半路上發現他們走錯路，也不太可能回頭了。

我有一位北交點天蠍座的客戶，是一位老師。她參加高中的「建立領導小組」，而這個小組預計要做一個改變。她參加會議時，心中已經有一個明確的計畫。當某人提出不同的計劃時，她就變得非常沒有耐心。她企圖說服別人自己的計畫才正確，又說別人的想法無關痛癢，不可能成功，說團體不會有這麼多時間考慮別人的計畫等等。在她的心中，已經有一個既定的「唯一方法」，而其他的計畫都代表對她的威脅。

「綜合」對他們來說可能很困難，因為他們放棄自己立場的時間，不夠長到足以讓他們真正接受別人的話。他們需要訓練自己將聚焦在與人的共同目標，也就是結果上面，思考如何將自己與別人的構想結合達到最大的成功。

他們今生要學習聯合作用的藝術。第一步要記得參與的人必須比目標重要。北交點天蠍座的人也應該時時提醒自己。在前述那位老師的例子，我的客戶應該要聚焦在他人身上。這樣當他人提出意見，她就可以傾聽他們的觀點，並發覺別人對計畫提供的創意禮物。

對北交點天蠍座的人而言，把別人看作更重要的部分很困難，這需要花點功夫。通常他們在半途才發現對某人已經造成傷害。然而，這時他們可以停下來並向對方道歉：「我剛剛才發現我太專注自己的想法，所以沒有聽清楚你的建議。如果我傷害到你，很抱歉。」然後再慎重仔細聆聽對方的意見。

避免停滯

◆改變的力量

北交點天蠍座的人突破自己停滯的習性常遭遇極大的困難。他們會「陷入」令他們不滿的情況之中。他們必須真的對突破舊習興奮。而當別人提出令他們興奮的東西時，他們必須充分地自律，貫徹並堅持可以為他們帶來能量的道路。他們必須願意放棄使他們停滯不前的因素。

從某種意義而言，北交點天蠍座的人喜歡固定的模式，因為會讓他們覺得舒適與熟悉。另一個方面，他們知道自己並沒有享受到真正的生命，也沒有得到他們想要的經驗。但是，一定要有相當程度的不滿，他們才會想要以不同的方式做事。不適與不滿足，可以刺激他們做改變，並擴大他們的視野。

例如，一位北交點天蠍座的人，可能會因為目前的現況不再舒適而想要搬家。搬家牽涉的事情很廣，如清理東西、整修房子出售等等。他們必須願意發揮自己的能力，而這又需要自律做任何改變時需要做的事。如果他們這麼做，「危機」能量會給他們刺激並激勵他們前進，尤其當他們與一位伴侶共同進行時，而且願意不按照「我的方式；較困難的方式」做每件事。貫徹執行是建構過程中的一項資產，但卻可能是做改變時的阻礙。

改變與建構需要的能量不同。建構需要的能量，是完整、循序漸進的過程。但是，改變的能量卻需要快速而密集的行動。北交點天蠍座的人必須揚棄過往邁向新的方向，擺脫讓自己停滯不前的事物，選擇快速而非完美的結果。如果他們的行動過慢，會失去支持他們做改變的動能。改變本身可以提供需要的腎上腺素，幫他們跳脫舊有的模式，但是他們一定要堅持去做。

這好比海中衝浪，如果考慮太久會錯過浪頭。北交點天蠍座的人必須掌握改變的波浪，即使他們會暫時失去掌控並害怕。如果他們站在浪頭上，這個波浪最終將帶領他們到岸邊。若要做改變，他們一定要持續與他們感受到的新能量保持連結。在拋棄過去舊有東西時，與其一件件清點捨棄，不如大刀闊斧砍掉重練。事後會證明，改變遠比他們沿途拋棄的任何東西，都更明智、更令人滿意。

◆釋放限制

北交點天蠍座的人的生命中沒有天生的平衡感。他們只會朝著一個方向前進，他們的意識完全專注於該方向，所以他們看不到其他的東西；他們只會繼續前進。

他們會受到物質世界束縛，並有沉溺物質與忘確精神的傾向。這正是他們生命有如此困難的原因；他們太過物質導向。為了自己他們需要減輕負擔，好讓這輩子的旅途更加輕鬆。當他們掙脫物質世界，並展現今生真正想要體驗的事物時，會有比較好的發展。他們如何使他們的物質世界秩序井然，而且可以有自由開發他們的視野？由於這輩子別人的意見非常有用，所以最明智的做法，可以每個月舉行諮詢聚會，或與朋友進行能量交流，以確定他們要走的方向。

對他們而言，最好不要讓自己追求阻礙他們的作業方針或想法。今生，他們要學習減少對世俗物質的依賴，才能自由翱翔在精神領域，享受與他人的精神心理交流。這是他們自前世習慣的肉體歡愉之外，一個全新的喜悅領域，而這需要他們放棄對物質水準的執著。讓他們的能量與別人的能量相結合，就可以使自己拋開純粹肉體的束縛。

例如，如果他們要買一棟房子，並面臨重新裝修的問題，他們的第一個直覺是以他們的方式進行，這樣才能與每個部分緊密結合，反應出他們的風格。這種方式會使他們成為前世價值觀與物質領域的永久奴隸，等於是教北交點天蠍座的人「如何失敗」。

相反地，他們尋求室內裝潢師，或是藝術天賦的朋友，允許對方加入他的專業意見，願意以別人的方式進行，那麼北交點天蠍座的人將擁有美麗的環境，但卻不會過於執著。這樣他們就可以生活得很舒適，得到環境的支持卻不受環境限制。這使他們得以自由地擴大至心理層面的世界，對他們來說，具有極大的激勵效果。

療癒主題曲

由於音樂是可以支持我們冒險的情緒力量，因此我為每個交點族群都各寫了一首歌，希望能幫助他們將能量轉換到積極正面的方向。

迎新

這首歌傳達具安撫效果的訊息，可以激發北交點天蠍座的人對能量的肯定。這種能量透過接受改變及成功與他人結合產生，它可以讓彼此賦予能力、創造互惠的關係。藉歡迎生命帶來的新機會，他們易「陷入困境」的傾向，將可輕易克服。

♪節錄部分歌詞

何苦緊抱不放？
你的夢想是眞的，而形式不是，
夢想今天帶來生命的喜悅，

會以不一樣的方式實現！

手臂伸向天空，
迎接今天生命的新機。
生命只給你新機，
因爲你已經準備好迎向新的氣象，
但是你必須放手已逝去的，
你一定要放手，現在是向前走的時候……

第九章

北交點射手座——或北交點在第九宮

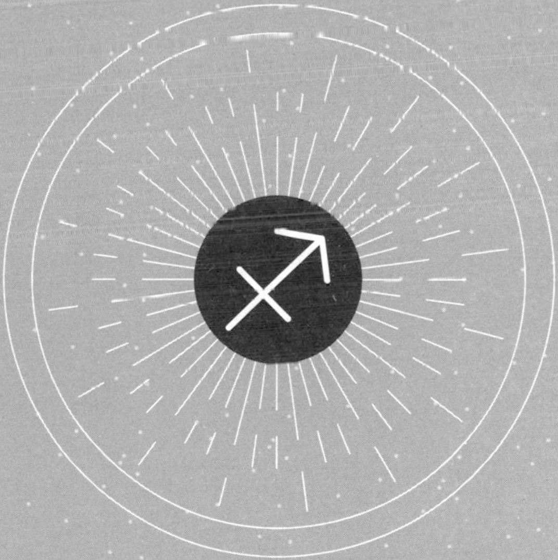

星座箴言

直覺會自動為你指出正確的路。

總論

♐ 應發展特質

針對這個部分努力，可以幫助他們找出隱藏的天賦與才能。

- 信賴直覺、預言能力，與無形的指引
- 由高靈意識說話
- 自發性——發展自由與冒險
- 免於檢視直接溝通
- 相信自己
- 花時間獨處與徜徉大自然之中
- 耐心
- 直覺地聆聽，聽出言後之意

♐ 應擺脫傾向

努力降低這些傾向造成的影響，可以使生活更輕鬆愉快。

- 猜測別人的想法
- 猶豫不決
- 不斷尋求更多的資訊
- 說別人喜歡聽的話
- 根據邏輯否定直覺的認知
- 八卦
- 沒有耐性，希望立刻得到答案
- 相信別人的觀點而非自己，包括別人對自己的看法

致命傷／應規避陷阱／重點關鍵

北交點射手座的人致命傷是缺乏精神上的安全感。「如果我能了解別人在想什麼，然後說出正確的話，那麼別人就會同意我的想法，我就能得到安全感。」這種心態會使他們陷入無盡搜尋資訊的陷阱，「只要我能得到足夠的訊息，就可以找到『真相』，就會知道該怎麼做。」但這是一個無底洞，他們了解別人心靈的程度永遠不足保證他們說出正確的話。他們需要放掉控制，注意自己的直覺。信賴與根據自己的真相行動，可以展現他們的完整，並吸引適當的人

來到他們的身邊，協助他們得到追尋的安全感與心靈寧靜。

最重要的是，他們永遠都無法得到足夠的資訊了解「真理」。從某個角度來說，北交點射手座的人應該要超越邏輯依靠直覺，證明他們靈性指引告訴他們的事。有趣的是，當他們信任靈性指引時，他們對身邊發生的事也會有正確的認知。

真心渴望

他們真心渴望的，是能自信做自己的同時仍與他人連結。他們希望能得到身邊每個人的完全認同，這樣大家才能了解他們的觀點，接受、支持並肯定他們明確的動機。為此，他們試圖操縱他人，按照他們的方式思考。北交點射手座的人憑藉了解別人的能力，認為這麼做可以說服別人改變心意並贊同他們自己的看法。但事實並非如此，為了實現目標，他們應該重新將焦點放在自己的真理。

當北交點射手座的人說出直覺閃過的詞語，會發現自己身在和諧之中。當他們任由高我生活或說話時，不適合的夥伴就會離開，而新的人選則會出現與之相處融洽。當北交點射手座的人依據性靈的真理行動時，擁有相似特質的人自然就會來了解他們，而且與他們分享相同的精神價值觀時，證明可以成為北交點射手座的人最值得信賴的朋友。

才能與職業

他們的直覺很靈敏，在精神領域也相當出色。可以根據他們的直覺溝通並「解讀」別人的心理。在涉及國外交流的情況，他們也非常成功。當他們運用自己的能力找出解決之道時，他們將是最快樂、最富有的人。適合他們的行業包括律師、宗教或精神領袖、教授、出版商、廣告業等，任何能對大眾傳播他們的理念，或推廣他們相信目標的職業都非常適合。

北交點射手座的人天生具有了解別人思維模式的能力，所以常預見可能的結果，如預示失敗或災厄臨頭的徵兆。當他們說出透過直覺預見的事實時，自然的溝通技巧創造了雙贏的局面。

然而，如果他們的工作是為了解報導別人的想法，可能不會太成功。如果他們教授的是俗世的科目，或是寫些與事實而非靈感相關的計畫，他們可能會加深遭遇意外傷害的不安與恐懼。但若利用他們天生的寫、說能力，做為傳達與實現靈性真相的工具，對他們有更大的好處。

療癒肯定句

◆「當我遵循自己的真理時，我就能成功。」

◆「我的直覺可以在事件發生時，自動為我指出正確的路。」

◆「當我讓別人做自己，我就自由了。」

◆「當我相信直覺並以語言表達我當下的遭遇，我就贏了。」

性格

前世

北交點射手座的人有許多前世，擔任需要了解別人想法的職務，如老師、作家、演說家與銷售業務。老師必須了解學生的思考過程，並以學生能接受的方式傳授知識。

北交點射手座的人到了這輩子，通常具有了解每個人觀點的能力，但在這個過程之中，卻與自己的真我失去連結。今生，他們應該要連結他們的精神，並重新發現自己。

了解別人的天賦也表示他們可以和任何人談任何事。他們有饒舌的本領，他們洞察別人的思考模式，滔滔不絕聊上好幾個小時。他們透過簡單交流友善的談話與接納，讓對方舒適自在。

但是由於他們過於了解別人的思考模式，所以常會過度詮釋別人的想法。他們以為自己應該說對方的語言，才能被了解，於是他們很快地迷失自己，忘記自己真正想說的話。因此，當他們從直覺「得到些什麼」時，就應該直接說出來，而不要試圖編輯或「翻譯」。

◆猶豫不決

要北交點射手座的人很難做出決定。他們習慣看見事情的兩面，即使他們知道應該怎麼做，還是會看到另一個選擇、另一種觀點，並因此而困惑。例如，如果他們自問：「我應該去派對還是在家休息？」他們直覺地「知道」或「覺得」應該怎麼做才能讓自己快樂，但是他們會質疑自己的認知：「對，我留在家裡休息會令我快樂，但如果不去派對，或許會錯過什麼有趣的事……。我實在需要休息，因為我已經連續三個晚上往外跑了……。但或許派對會有很意思的人……。」很快地，他們無法做任何決定。若要防止這種情況，他們不能放任質疑自己的「認知」。他們的直覺幾乎百分之百正確。他們要學習肯定、依賴並允許它引導自己。另外，他們應該相信自己不會「錯過」任何注定屬於他們的人事物。當他們遵循內在自然的認知時，永遠都走在「正確的道路」上。

他們有各種不同的理由，這正是他們猶豫不決的主要原因。問題永遠不只有「是」或「非」那麼單純，如果他們排徊在「是，因為這樣，所以那樣」，與「不，因為其他的種種原因」之間，問題會變得愈來愈複雜，導致最後完全不能決定。

◆預測

北交點射手座的人基於不安而不斷猜測自己或他人，過程極為漫長而令人緊張。他們不相信自己的直覺。在過去幾世中，他們習慣成為別人生命與想法的一部分，所以失去與自我的連結。他們追求社會認同的前幾世，教他們要依賴別人。但是現在他們必須在不試圖「解釋」直覺的情況下依賴自己。當他們把邏輯運用在直覺上時，會變得更為困惑。

這個過程對他們而言很痛苦。他們出現極大的內在衝突，令他們以為自己沒有穩定的基礎。他們可以看到任何決策的利弊，當他們考量完所有可能產生的後果，會覺得這似乎是「沒有贏面」的情況。整個過程都與失敗有關，他們該如何因應每種不同選擇可能帶來的失敗？把焦點放在負面的角度，他們會愈來愈沒有安全感。

但是他們真的想要贏。他們必須專注於自己的目標，當他們考慮到別人時，必須從誰有助他們得到想要東西的角度來看。有趣的是，當他們做出堅決的決策的那一刻，宇宙會支持他們，而一切都會很順利和美好。

然而，在達成之前，他們會讓身邊的人發瘋，因為他們希望能與每個認識的人核對每項決定。只有他們的好友可以聽出他們瘋狂、「符合邏輯」觀點背後，真正追尋的目標，而且關愛地指引他們回到最原始、直覺的認知。所以他們需要別人的協助才能夢想成真；他們對他人協助需要遠超出他們的了解。而他們最需要的是來自宇宙本身的精神協助，以達成他們的目標。只要他們開放自己，這輩子都會得到協助。

他們要學習如果朝夢想前進一步，就必須放掉後面的一步；吃虧就是占便宜。要得到獨立生活的益處，他們必須放棄依賴父母；若要得到升遷的好處，他們就必須放棄以前的工作。他們應該把焦點放在獲得，放在努力朝目標前進，追隨自性內在驅策，所得到的新成長、環境與身邊的人。

北交點射手座的人應該將責任由激發渴望的反應，移轉至做天生內在指引的精確管道。今生，他們不是管理者，而是發起者。只要他們順其自然，這非常簡單。在他們決定的瞬間：「我選擇這個」或「我選這條路」時，他們就進入新的層次。他們不需要經過猜測這個痛苦的中間過程。他們只需要相信他們直覺是正確的事物，決定跟隨自己的直覺，運用他們的邏輯推論出達到成功最好的辦法。

當他們試圖推算別人的反應時，看到的是別人在他們決定之前可能有的反應，但是當北交點射手座的人做出決定，別人的反應也會隨之改變。因此，北交點射手座的人其實並不能預測別人的反應，否則所有相關他們決策的經驗，又將他們帶回原點。今生，唯有他們信任直覺，並走自己的路時，才能成功。

◆推理與邏輯

由於前世他們深陷於社會並依賴他人，所以已經學會如何與任何人「相處」。在過去幾世，他們運用演繹推理達成目標，根據蒐集的資訊，配合他們了解身邊人的渴望得到結論。他們的決策根據是評估所有因素的複雜系統，可以幫助他們得到「正確答案」。前幾世這種模式很成功，但是今生的腳本，演繹推理對他們沒有用了。對他們而言，有用的方式是歸納推理。

這個過程根據他們直覺了解的「正確答案」，利用邏輯推算如何才能讓這個結果發生。這種方式是先看到解答，再回頭去決定怎樣才是得到這個答案的最佳方法。

北交點射手座的人這輩子允許可以不符合邏輯。前世，他們過度使用邏輯，現在他們眼中的每件事情都「有點對」，因為他們能看到每種觀點存在的真理，因此邏輯無法得出任何準確的結論。

過度思考也會造成其他問題。他們很難說「不」，這主要因為他們不願意錯過任何可能的機會。同時，他們也不希望拒絕任何人的好意。但是當他們告訴別人他們的決定時，即使不說明所有符合邏輯的理由也無妨。對此他們應該保持誠實，他們應該說：「謝謝你給我這個機會。聽起來真的很棒，但是我覺得我現在應該走另一個方向。」他們會訝異地發現，別人如此容易地便接受他們的決定，而且不會要求解釋。如果對方真的要求他們解釋時，他們可以回答：「那只是一種感覺，我不知道怎麼解釋。」這樣總比勉強自己因為想不出拒絕的好理由，而去做些不想做的事情要好得多了。這也比說謊好多了。在這輩子，謊言只會造成困惑。

以選擇的角度思考或說話，對北交點射手座的人而言具有反效果。他們也不適合讓別人選擇。他們應該直接一點：「這就是我想要的。這就是我希望的時間。」如果對方不喜歡，就會離去留下空間給更適合的人選。如果對方喜歡，就會支持並尊重他們，而他們之間的關係將會更親近。

事實對他們的幫助也不大，除非他們以事實做為展開直覺過程的跳板。如果他們不斷追尋更多的事實，做出最後的決定，將成為一個永無止境的過程。他們永遠無法得到足夠的資訊，讓他們確定自己的決定。當決定只是根據資訊判定，只要一有新的資訊出現，他們就會改變自己的想法。

但是真理永遠不會改變，所以當他們根據內在感覺或直覺認知，就有保持它的能力。例如，我有一位屬於這個族群的客戶，她有消化問題，不論她看再多的書仍然無法解決。因為她常採用某種方式後，看到新的資訊想法改變，又會採取另一種方法。直到有一天，她開始與自己實相連結的程序：她斷食三天，之後逐漸根據規定的順序復食，因而發現身體對每一種食物的反應。這時，她再根據自己個人內在的經驗，確定是哪種食物造成她的問題。她現在已經百分之百的確定（這個族群罕見現象）並堅持遵守新的飲食規則，因為是根據她個人的經驗而成的。

如果他們真的與直覺認知失去聯繫，可以針對某件事情，列出所有的問題：「我應該買一輛車嗎？」「我應該應徵這份工作嗎？」並寫下所有的優點：「一輛新車可以激勵我的士氣，讓我更自信，並且提供可靠的交通工具……。」與所有的缺點：「每個月會有額外的支出，媽媽會說我太奢侈。我必須賣掉現有的車……。」每樣事情都不可遺漏。這可以協助他們清除心中所有的擔憂與顧慮。當一切都寫下來之後，他們就可以站在一旁，客觀評估這個情況。這個過程可讓他們得以從較寬廣的角度看到整個事情，並使他們與直覺保持密切的關係。

心靈濫用

◆解釋

過多的「解釋」通常對射手座在北交點的人並沒有用。例如，如果某人說了某些詮釋為「反對」他們目標的話，他們會堅持對方應該詳細解釋他的意思。他們不斷重複針對這個事件的討論，企圖利用邏輯說服對方放棄觀點。他們若以這種方式處理，他們所做的其實是他們最擔心的：將有力的重心放在負面想法，並將負面因素帶入關係中。他們最好能將「小事」擺在一旁，除非他們質疑對方的動機，否則傾聽對方的聲音，並更進一步認識對方。如果他們的動機是想說服某人放棄他的觀點，那麼他們在與人交流時通常會失敗。

◆辯論

辯論對北交點射手座的人而言沒用。他們非常需要別人能從他們的觀點看待生命。對他們來說，辯論並非希望給予彼此更廣大視野的兩人交流；他們希望透過辯論，使自己的觀點被人肯定，所以辯論與控制有關。而通常當別人嗅出他們的意圖時就會溜之大吉。

當北交點射手座的人企圖強行將他們的真理觀念強壓在別人身上，就幾乎聽不見別人的聲音。他們專注在如何操縱別人的思想，使它們符合自己的希望。這種方法可以暫時壓過對方，但是這場戰役還有得打呢！

他們有時在無意中涉入辯論。他們先在心中做出決定，再將另一個人拖入自己縝密邏輯的過程。通常對方會生氣並覺得受到操縱，或被迫接受事先安排好的結論。他們總是搞不清楚麼對方為什麼生氣，而對方則認為他們試圖強迫自己接受他們不適當的意見，覺得這是一場維護個人尊嚴的戰役。

總之，他們最好能避免辯論。每當他們試圖運用他們的「邏輯」贏得某種觀點，就是站在薄冰上。在面對類似的誘惑時，他們應該回到自己內在中最平靜的地方。

◆操縱

如果北交點射手座的人利用他們了解別人的能力欺騙別人，會為自己帶來很大的麻煩。或許短時間內他們平安無事，但最後還是有後遺症。

當他們觀察事件的邏輯線性發展時，會看見情況的發展似乎不利於他們。他們會驚慌並嘗試找出保障自己立場的方法。他們觀察情況可能的不同發展，然後開始影響別人，認為唯有如此，結果才會對他們有利。

然而，當他們藉著操縱別人而得到他們想要的東西時，必須永無止境地操縱下去。這會讓他們筋疲力盡。

他們今生的命運是將安撫性的真理、樂觀與信心傳達給世界。如果他們採取欺騙的手段達成自己的目標，因違背他們的命運會在無意中吸引比自己強的對手。對手只要誠實就會贏。如果他們拒絕成為誠實的管道，就會被真理打敗。

當他們只從邏輯的基礎看待生命，北交點射手座的人常會驚慌。對我們所有人來說，有時候事情並不能盡如人意，而未來可能的發展看似令人害怕。但這就是信心發揮作用時刻。邏輯不僅只有大局裡的優點與事實，而是對我們有利的一切。如果他們回顧以往，他們會發現，每一次的改變都意味著增加與改善。當人們加入他們預期之外的成分時，情況會有上千種不同的發展。如果對最後明確的結果保持信心，明確的道路就會油然而生。

◆善意謊言

由於北交點射手座的人十分友善，希望與每個人相處愉快，所以形成善意謊言的習慣。有時候他們似乎不受影響，但是內心仍充滿不安，因為他們知道自己話沒有堅實的基礎。他們必須隨時警覺以免穿幫，這會造成他們的緊張。虛偽的陳述對他們來說不是好因，不可避免地，他們會遭遇不愉快的後果。

如果他們耽溺於「小小善意謊言」，希望別人因此忘記最初的協議，或願意接受「一點點」不真實的他們，最後他們也可能會遺忘。他們企圖「掩飾」的差異，最後終將暴露，而且會令他們極為難堪。但是，一旦他們意識到後果，他們就會因為太聰明，而不浪費任何精神能量在「掩飾」上。

利用操縱的手法與別人交往，也嚴重限制北交點射手座的人個人層次上的發展。這對他們的自由形成痛苦且不必要的限制，但是他們不會承認。他們擔心如果不能操控他人，就必須根據他人的意志行動。除了狡猾的操縱之外，他們覺得自己沒有任何力量。但是事實完全相反。他們這輩子有力量—他們的特殊天賦，就是真理。當他們誠實且直接表達自己的觀點時，別人會尊重他們所說的。他人會禮讓他們並直接反應，促進他們彼此間的了解與信賴。

正面特質

獲勝對北交點射手座的人非常重要，這也是他們在決定之前會仔細思考各種選擇的另一個理由。他們想要前進的意願極強，所以每一個決定都極為重要；他們不想犯任何錯誤。然而，當他們回顧，會發現跟隨自己的直覺行事，從未犯下原本擔心會犯的錯誤。當他們遵守內在的指引就不會後悔。對他們而言，重要的是想要獲勝，與更進一步的渴望。想要贏的渴望對他們而言是正確且健康的。

今生，他們想遠離別人思想的旋渦；他們希望進步也擁有活力。因此，如果根據昔日思維做決定無法獲勝，因為那將使他們「陷在」相同的老地方。他們應該相信任何可以給他們能量與活力的事物，而這正是他們追尋的「勝利」。「勝利」對他們而言是一種感覺，它是成長與向前、向上進步的渴望。所以如果他們產生一種想法，而他們對這種想法有種直覺：「對，我應該那麼做。」伴隨而來的還有興奮、充沛的能量，那就是他們可以相信的能量，而且自然浮現一條道路帶領他們進入他們追尋的新境界。

反之亦然。凡是看似沉悶，令他們焦慮的事物，都不是適當的選擇。他們最好能說「不」，因為這種情況中的某種因素，最後不利於他們。然而，他們過度活躍的心會嘗試干預，並說：「這不錯啊！你必須去做。」當他們允許自己跟隨直覺走，就有最真實的反應。然而，他們必須確定自己的立場再做反應。當他們內心清明時，自然會以關愛、別人可接受的方式，表達出自己的決定。

◆直覺

前幾世發展出來的邏輯觀，使北交點射手座的人了解，從消極角度看待生命不利於自己。我們如何看待我們的生命與所處環境，決定了我們的情緒狀態。擴大正向思考可以讓我們快樂與充滿自信。不幸的是，由於前幾世過於依賴邏輯與敏捷思維，他們與真理的力量脫節。他們常忽略靈敏直覺發出的警告，繼續積極的想法，最後卻眼見重要的事情崩潰。然後他們覺得完全沒有準備，因為他們沒有預期到發生的情況。

為了避免這種情況再次發生，他們發展出恐懼的「邏輯」結構，以「保護」他們免於面臨未來的痛苦。以下就是可能出現的過程：根據邏輯，他們對某種情況肯定並感到快樂。然後，他們回想起過去當他們充滿自信卻遭遇的失望，這時，恐懼介入了。為了避免失望，他們考慮了所有可能的負面結果，並害怕與不快樂。這些頭腦體操的結果是對生命、其他人與自己產生不信任。因此，今生他們應該要相信他們的直覺避免痛苦。

他們的邏輯告訴自己，沒有任何人、事、物值得完全信賴。人會改變，事情會轉變，意外會發生，而我們也會犯錯。可以相信誰呢？如果他們回顧生命，唯一可以精確告訴他們某種情況結果的，就是他們直覺的聲音。這正是他們信任的因素。

我們可以用恐怖電影的情節解釋他們天賦直覺如何運用。熟悉的主題不斷重複：一棟鬼屋位於孤立的山丘上，遠離城市。有群青少年剛好開車經過，他們無憂無慮開懷大笑。經過這棟鬼屋時，鏡頭對著他們車子的一個輪胎。突然，這個輪胎爆胎了。從鏡頭的運用與恐怖的背景音樂效果，觀眾心中都暗叫：「不要進那棟房子！」鏡頭給這群青少年中的某個人特寫，這個年輕人直覺知道不妥，他知道如果進去一定會發生可怕的事。但是，他的朋友不在意而且自信，所以他只好忽視內心的提示，跟著朋友進到房子裡去。最後，真的發生了可怕的故事。

這正是北交點射手座人的最佳寫照。他們總是在事情發生前預見即將發生的事情。當他們不顧自己的直覺，並且因為「邏輯」或擔心別人的想法，而進入某種情況時，他們總是會失敗，而且必會發生可怕的事。當他們聽從內在的指引跟隨直覺，他們總會成功。他們的生活變得非常奇妙，他們避開陷阱不斷取得成功。

◆愉快

北交點射手座的人積極、快樂與外向。他們與人有快樂輕鬆的連結，而且樂於助人。他們融合了指引與天使的真知灼見，而且對高靈開放。他們天生樂觀，願意努力工作獲取他們覺得正在等待他們的成果。即使他們的想法帶來負面的訊息，他們仍然對未來充滿樂觀的期待。他們談論自己的恐懼，但行為還是依循樂觀的態度。他們知道只要盡自己的本分，好事就會發生。

北交點射手座的人認為自己會成功，這是支持他們愉快的力量。他們看到可能出錯的事，但是不論要付出多大的代價，他們還是勇往直前。當他們開始消極是因為想得太多。過去世中他們的頭腦過度活躍，所以現在最好把事情轉交給高我，要求他們的指引帶領走向正確的方向。當他們放鬆頭腦時，他們對極積成果的自然信心將獲得重建。

北交點射手座的人與別人分享的最佳天賦，是幫助別人克服消極想法，並教導別人如何擁有積極的觀點。當他們的文字或言語將他人導向相信正面信念的結果時，他們傳達的訊息將受到所有接收者的歡迎。另外，當他們協助別人將焦點放在光明面時，這個族群自己的想法，也變得更加明亮。

需求

孤獨

◆分享vs.個人整合

雖然前世他們習慣於人群中，但是今生他們必須花相當時間獨處。當他們遠離人群可以得到清明、與自己的真理連結，並建立平靜與幸福。有時不與人溝通或分享想法更適合他們。他們會有所頓悟，而由於他們前幾世一直是老師，所以第一個直覺就是慷慨地與每個人分享他們的知識。但是當他們與別人分享時，他們的洞察力就開始消失。

首先，如果人們不同意北交點射手座人的真理，他們立刻嘗試從別人的角度觀察事情。即使對方並不是很明顯地不同意，但由於北交點射手座的人對別人的反應極為敏感，所以只要有任何一點點反對，他們都感受得出來。這麼一來，他們就會產生不安，能量也隨之消失。事實上，他們在得到一個新的頓悟或啓示，應該先祕而不宣，直到他們充分吸收整合，並開始實踐在自己生活中應證效果後，再與他人分享。

例如，如果他們認為直接面對恐懼，可以將恐懼轉換成笑聲，那就應該努力將之運用於日常生活中。這麼一來，他們就是這個真理的例證。

◆以「宏觀的角度」自然生活

對北交點射手座人的而言遠離社會有好處。他們可以花時間在戶外活動，重新接觸屬於自然的東西。它提醒他們真實做自己，並加強對自己真誠力量的信心。大自然的循環可以安他們的心，幫助他們記住比操縱別人想法更遠大的計劃。一直纏繞他們的細節就此脫離。在鄉間度過的時光可以給他們更宏觀的觀點。沒有這種觀點他們會短路，因為他們的思緒過於活躍，所以花太多時間在人與城市上，他們會被刺激過度。

花時間與動物共處可以幫助北交點射手座的人放鬆與得到需要的清明。當他們的環境有另外一個單純、簡單、真實的生物時，他們可以將焦點放在較平靜的頻率。他們如果能透過比人單純的生物視角看待世界，將受益良多。他們應該將認知的焦點放在簡單的事物上。

同樣海外旅遊對他們也有好處。由於外語和陌生的思維模式，迫使他們以簡單而基本的方式與身邊的人相處。他們會意識到自己同胞的純真與美好，例如他們的風俗習慣、禮節、穿著和互動方式。北交點射手座的人認為享受的是簡單的文化，但是實際上享受的是以較單純的方式觀察人群和事件的能力。

他們渴望簡單。對他們來說，簡單之道就是不要把人想得太複雜然後相信自己的直覺。當他們學會簡單且對自己誠實，自然會以同樣的方式對待他人。他們開始根據內在的真誠待人接物，就會假想他人也是不欺騙、非別有用心的。當他們的頭腦可以如此放鬆，他們的生命會變得更愉快一些。

不管在哪一個層次，北交點射手座的人必須重新與自然連結。我有一位屬於這個族群的客戶，得到了一隻小狗。有一天我去拜訪她時，她顯得心煩意亂、頻頻看錶，因為帶狗散步的時間到了。但是小狗正在睡覺。根據她的「養狗指南」，那是該帶狗散步的時間，她能看到的只有那些規則。這位客戶無法與實際發生的狀況產生關連。小狗在睡覺，那就讓牠睡吧！他們應該與生命自然、平和發展產生的奇蹟建立關係，並相信人群、關係與事件的自然脈動。

了解與接納

對北交點射手座的人來說，想要在較深的層次被永遠地了解與接受，而不只是暫時性的，最主要的關鍵是忠於自己。雖然他們通常可以預測身邊人的反應，但是有時候情況還是在他們的意料之外。例如，我有一位北交點射手座的客戶，她寫了一個關於童年與家人的劇本。她很擔心部分家人看到這個劇本，因為害怕他們可能感到受傷。在撰寫過程她一直在猜測，並不斷嘗試預測家人對當中文字的反應。

她尤其擔心母親對劇本的反應。最後劇本在百老匯上演，她有幾位親戚參加了首映，其中包括了她的母親。令她吃驚的是他們都非常喜愛這個劇本。她的母親對女兒的表現十分驕傲。我這位客戶感受到不可思議的解脫。因為她將親身看見的真實狀況表達出來，為每一個相關的人創造了全贏的局面。另外，由於這個劇本是誠實的（從她自己的觀點，而不是別人的角度說故事），所以也受到一般觀眾的歡迎。

當他們直接溝通表達自己，背後的動機不是傷害或操縱別人時，通常結果都是圓滿的。它甚至可以為北交點射手座的人爭取一點正義。他們附和別人的傾向太強了，幾乎符合他人生活的各處，所以他們等於讓自己任人宰割。但是當他們說：「嘿！你不能這樣對我！我不應該遭受這種待遇！」並為自己挺身而出，就會有很好的效果。

◆自我定義

由於北交點射手座的人渴望可以安心的觀點，所以往往附和別人的哲學。一段時間後這種系統或許會發揮作用。他們甚至接受該信仰系統要件為「唯一的真理」，並且不願意超過這些界線。

這可能會在進行有意義的溝通時造成問題，因為他們在與別人深入接觸之前，會堅持別人必須符合他們的用字遣詞與基本原則。但他們利用邏輯找尋真理，而邏輯只有在特定的假設獲得雙方協議時才有效。他們信奉的哲學讓他們安心，但他們不相信自己能超越結構化定義的範圍而找到真理。他們試著利用理性邏輯，而不是使自己沉浸於真理本身的能量中。

北交點射手座的人暫時採用他人哲學以作為邁向真理的跳板，並沒有什麼問題。可一旦他們與真理的能量連結，最好能放掉那些讓他們抵達目的地的跳板。

他們有很多地方要向別人學習，這可以讓他們發現所追尋真理的完整。但是他們必須傾聽生命的聲音，讓生命教導他們，而不是仰賴書本或外部權威。他人意見可以幫助他們發現自己想法的不足，同時也提供他們選擇性的認知，這些都有助於他們取得實質的成功。

他們今生要學習，任何既定的信仰體系都會讓他們與完整的真理失去活躍的重要連結。真理超越了所有觀點。是一種能量而非觀念。它是非常實際有用的。真理同時也是流動的、液態的，北交點射手座的人要學習讓真理來領導他們。

◆自我接受

北交點射手座的人前幾世都是教師，而他們現在仍嘗試繼續教別人。他人是否接受他們的想法與真理，對他們來說非常重要。然而，這輩子他人是否採納他們的意見，並非判斷他們是否走在正確道路上的標準。相對地，他們應該將焦點放在成為他們真理的典範，將真理運用在自己的行為上，以茲證明。

他們精神上感到巨大的空虛。他們認為自己缺乏某些提供力量與自信的東西。的確，被忽略的是他們自己。他們有許多前世與社會緊密結合，所以失去了精神連結的寧靜與存在的聯繫。因此，他們極渴望重新適應自己的靈性。對北交點射手座的人來說，這輩子的主要目標放在追求精神層次是非常適當的。

在某個層次，這種需求可以藉著閱讀心靈方面的書花點時間祈禱或冥想來滿足。在「日常生活」的層面則可以肯定他們的渴望加強與靈性的連結。因為他們擔心渴望會被人拒絕，所以不願告訴別人自己想要的東西。然而，渴望發自於我們內在的靈性部分，要求我們朝特定的方向前進，使我們能體驗自己的圓滿。因此，當他們接受自己的渴望並坦承告訴別人時，便是朝接受自己的方向跨出了一大步。

有趣的是，當他們開始練習自我接納，會發現自己不再如以往般渴求被他人接受。若是他們一直保持誠實忠於自己，而且有勇氣展露自己的渴望，最後，他們會感到極大的滿足、充實與和平寧靜，這是發自內在完整的感受。

直接溝通

北交點射手座的人一個重要目標是練習直接溝通的藝術。這可能極具威脅，因為他們前幾世習慣操縱與迂迴。這輩子，他們不喜歡他人身上的這種特質，但自己無意間會有這樣的行為。

他們擁有承襲前世的語言天賦。他們設計自己的溝通方式，令別人同意他們的意見，也可以調停集團或個人間因不了解而產生的爭執。他們不只能圓滑地處理，同時也能藉操縱來為雙方面調停。他們不喜歡正面衝突，若能使別人同意他們的觀點，就不會冒險直接行事。但是在此過程，由於交流不是以直接與真理為基礎，每個人都是輸家。這時，他們覺得很糟糕。因為他們背叛了自己，也背離了真理，而他們某個部分知道這個問題。

北交點射手座的人最好能注意到隱藏事情後面的真相，並單純表達他們看到的東西，而不要利用邏輯「找出」最符合自己利益的方式。經由相信這點，真理本身的力量就可以為成功墊下基礎。他們將得到很好的感覺：確定自己走在正確的道路上。這需要回憶與練習，一旦他們體驗到好的結果，就會更相信它。

◆接納的需要

他們在開口前會思考他人將如何接受他們言語，委婉表達他們必須說的話。這種方式是間接的溝通，代表他們只與人分享自認可使對方接受自己觀點的事物。他們擔心失去別人的接納與支持，而他們努力使彼此的溝通保持在輕鬆與社交性的層面。

然而，當北交點射手座的人直接溝通，公開解決問題之後，精神能量就會恢復愉快交流。如果他們把每個「障礙」（對方的不同意見）看為創造更和諧的下個步驟，相信宇宙會帶領他們更親近他人，那麼每個障礙都會成為他們抵達目標的里程碑。

由於過往的限制，他們傾向「有所保留」，他們擔心一旦說出口就會惹上麻煩。但前幾世行得通的習慣，在這輩子未必有效。他們不說話時就有麻煩了。如果他們不告訴別人自己的立場或想要的東西，他們就會被人忽視或置之不理。這才是他們不喜歡的。

北交點射手座的人必須非常直接。如果他們讓自己的言語有妥協空間，將會忘記自己的重點並失去能量。對他們而言做自己相當可怕，但是只要把自己視作內心真理的管道就可以做到。

◆表明他們的立場

他們最好在與別人討論前，先決定自己的立場與想要的東西。我有一位屬於這個族群的客戶，是一位演員。有一天，紐約著名的製作人提供她試鏡的機會，是舞者兼歌手的角色。我的客戶歌唱得很好，但是跳舞卻不太行。她直覺的反應是：「噢，不！這次不會成功。我一定要經歷這次試鏡的考驗嗎？」之後，她開始以「邏輯」猜測她本來的「認知」：「如果我退縮，那製作人會怎麼說？或許他認為這是個人的因素，他的下一個劇本就不會再找我了。如果這是可以讓我接觸更多重要演出的機會，我卻因沒發現而放棄，怎麼辦？」

最後，她打電話給製作人，向他解釋她認為自己不適合角色，因為她擅長歌唱而非舞蹈。經過再次的思考，對方同意這次的機會不適合她，但他們的互動結束於積極正面。

我的客戶在通話前就知道自己的立場。談話只是表達她的觀點。在製作人談話之前，她已經做好了決定，所以她直接有技巧地進行交流。北交點射手座人的挑戰是搞清楚自己的立場。一旦他們做到這一點，就能自然表達自己的決定，而且可以讓人接受並合作的方式。

◆害怕誤解

北交點射手座的人很害怕誤解。他們把安全感與心靈平靜建立在與他人的和諧感上。但是，如果他們想要真正地被人接納，這種和諧必須建立在能表達他們自己真理的基礎上。

他們看到事物時通常立刻產生「對與錯」的觀念。然而當他們與人分享這種感覺，別人會以為他們「不尋常」。時間通常會證明他們的第一印象是正確的，所以他們可以直接說出他們的感受，並提醒別人自己過去的直覺都已經證明是對的。因為他們渴望被人接納，所以不希望別人認為自己是「傲慢」的人；因此，他們常低調處理這種能力。但事實上，這些認知並不是他們自己的想法，他們只是直覺地「看到」罷了。藉著指出這一點，他們讓別人注意到與自己的直覺連結帶來的好處。

北交點射手座的人要學習信人自己第一個內在感覺的準確，而不要事後妄加猜測。通常當他們與重要的人互動時，事後會感到「一切都很好」。但是稍後，他們回想起談話中自己說過的話：「我不知道他到底知不知道我那句話的意思？噢，糟糕了！他可能以為我是說……。」他們會發作焦慮。整段談話的內容重新浮現他們的腦海中。他們再次仔細剖析，注意到每個可能造成誤解的地方。很快地，他們就會認為別人與他們間發生了嚴重的誤解。

他們可能會想打電話給對方，解釋一切。但是如果他們這麼做，通常只會讓情況更複雜，而對方則會開始懷疑北交點射手座人的誠意。他們嗅出這種氣氛覺得尷尬，然後比之前更沒有安全感。在質疑彼此的互動時，他們已將負面的精神能量帶入彼此關係之中，而這樣的行為會傷害他們與對方的關係。這整個過程對他們很不利。

北交點射手座的人需要精確的指標，標示出原始談話中實際發生的狀況。他們必須學習信認內在的智慧，也就是談話結束後立即產生的感覺。如果感到不安，覺得有些事情「不怎麼對」，他們的直覺通常是對的。有可能是對方並未「坦誠」，也可能雙方的確有產生一些誤解。但如果他們第一個感覺是事情進行得很順利，就應該相信這份感覺，不要再回頭用邏輯來拆解查看談話內容。對他們來說，自覺比邏輯準確得多了。

北交點射手座的人還有不可思議的天賦，就是透過氛圍進行無聲的溝通。如果他們對任何關係感到不安，應該回到內在將愛傳遞給對方。這麼做就足以促進療癒。

心靈平靜

北交點射手座的人面臨最大的挑戰就是心靈的平靜。以下觀點對他們有幫助：「嘿！這只不過是一場探險，一種試驗，一次發現之旅！」「探險」這個詞對他們具有奇妙的效果，它代表樂趣、擴展與學習。在探險過程，他們會發現更多與已知道路不同的其他途徑。要跳入未知需要極大的信心，但是當他們真的踏出步伐，每件事情都會成為助力，他們感到生機盎然，別人也覺得他們勇敢極了。只要能把情況視為一種探險，他們就會放手冒險與探索。

當他們遵循自己的直覺時，會發生奇妙的事情。而他們能量場中產生的正面反應，將為他們帶來鼓勵與熱情，這些都是他們繼續往前時需要的。

◆耐性

北交點射手座的人正在學習耐性。他們通常想要快速得到結果。他們希望腦中所見的能立即發生。他們極度認同自己的心智歷程，且他們腦筋動得太快，所以最後他們比「自然流動」快上許多。當事情看似不太順利或出現問題時，他們需要刻意放緩步伐並保持耐心。他們需要等待，看看接下來自然呈現在事件中會發生些什麼。

但是他們常覺得時間不夠，這種緊張能量也會造成他們身體、神經系統與整體健康極大的傷害。不過，有時由於健康亮起紅燈，反而讓他們能夠放慢速度並且更具觀察力。他們要學習更接受生命而不是控制它。放慢速度能讓他們與觸及內在的真理。

北交點射手座的人也可以自己練習耐心。如果他們覺得某件事情成功機會「不大」，但是又有些地方很有道理，那可能表示時機還不成熟。他們的直覺正告訴他們：「現在不應該這麼做。」不久之後，當外在的環境更加積極一致時，內在指引也會跟著改變。

◆放鬆

因為他們有精神容易過度刺激的傾向，所以很難放鬆。他們的思緒隨時紛竄，加速他們的神經系統，因此他們時不時有失眠的問題。他們必須想辦法找到放鬆的方法。有許多事物可以增加他們的平靜。冥想就是很好的方法，它可以安定神經系統並恢復平靜。另外泡熱水澡或游泳的效果也不錯。事實上，所有與水有關的互動都具有安定效果，即使是魚缸、濱水景觀，甚至至水的聲音，也都很有用。

定期運動有助北交點射手座的人獲得平衡，使他們的頭腦與肉體達到和諧。運動或戶外活動對他們來說有很棒的效果，如慢跑、騎腳踏車、遠足、散步、攀岩或露營等。由於更深層的放鬆與心靈有關，所以閱讀哲學與心靈方面的書籍，或進行宗教相關活動，可以為他們帶來豐碩的成果，甚至會令他們感到意外，

人際關係

個人關係

◆友誼

他們過去有許多前世與他人關係密切：他們調整自己適應別人，對別人的日常生活很有興趣，並試著了解他人生活內在運作的方式。因此，特別在他們早年，常有很多社交活動，例如和朋友「鬼混」，或參加社交聯誼活動等等。然而，這輩子社會化並不能滿足他們最深的需求。事實上，與人群關係過於密切，往往會榨乾他們的能量，並讓他們過度敏感與不安。花點時間獨處，會讓他們更加清明。

如果北交點射手座的人與人溝通時更直接一點，減少參與討論不感興趣的話題，會發現那些與自己沒有交集的人會逐漸從朋友圈中離去。而他們要好的朋友則欣賞他們的直率，所以直率可以協助他們辨識誰是屬於自己的同類，誰是沒有深入交集的人。

這些人是極為出色的顧問。他們欣然地傾聽每個人的故事，嘗試幫助別人；因為他們知道別人的想法，所以每個與他們相處的人會覺得很舒服。但是對他們來說，圍繞在他們身邊的人數若能減少對他們比較好，因為他們就有比較多的時間與志同道合的朋友一起，而這些朋友可以幫助他們成長。

由於北交點射手座的人非常需要他人的注意，所以有時會維持表面的關係。他們會為此而做任何事，例如捏造故事、對不感興趣的人假裝好奇，甚至在生活中製造不必要的麻煩，以博取別人的注意力。在這種需求底下的是躁動不安和對無聊的恐懼。他們深怕無聊，所以每次都會用別種方式逃避並嘗試分散自己的注意力。

在他們的友誼中，應該注意不要耽溺八卦。他人似乎不受影響，但是他們一旦與人嚼舌根，生活的步調就會大亂；這是一件他們這輩子不能做的事。

◆愛情

北交點射手座的人要學習一件事，就是如果他們企圖操縱伴侶，最後會困住自己。在愛情裡他們希望能夠主導。他們隨時都會維持溝通管道的暢通，至少表面上如此，以便分享伴侶的「思考空間」並掌控情況。他們經由不斷的電話往來或類似的方法維持與伴侶的聯繫。在伴侶有一絲絲想要抽腿的意圖時，會非常敏感地察覺。

不幸的是，這種溝通流於表面「寒暄」的層次，而且從不涉及關係中潛在的重要主題。而且如果不經常檢視，他們就會很不安，擔心失去掌控，導致另一個人離去。所以他們可以花上一整天「瞎扯、打屁」，討論這個和那個，讓對方了解最新的消息，並分享他們的想法。

多年以來，北交點射手座的人對他們需要為了控制而維持的精神互動已經厭倦。他們感到無聊並考慮從關係中抽身，尤其如果他們無法操控對方做他們要求的事，但這樣他們不僅把對方陷在依賴的困境中，他們也困住了自己；只要相互依賴的情況愈久，他們就會變得愈困惑，精神上也會愈虛弱。在這種情況下，通常他們會企圖打破當初自己建立的樞紐，對伴侶生氣，並用精神上的距離重獲自由與獨立。有時候，或許他們會制訂「逃脫計畫」，讓伴侶在他們離去時大感訝異。

對配偶的行為有所偏好無可厚非，但是他們如果在愛情一開始就採取直接的方法，會為自己節省時間與精力。他們認為結婚之後藉著愉快地操縱對方，可以慢慢改變伴侶的行為。但是這項技巧這輩子並不能發揮效用。

一旦彼此互相吸引，北交點射手座的人就應該表達自己對創造充滿冒險與歡愉生活的想法。當他們公開分享自己對未來的幻想時，可以看出對方是否對自己的夢想產生共鳴。如果他們碰到阻力，縱使是長達三十年的婚姻，任何心理操控都不會改變對方；如果他們碰到的是熱情與支持，就能發展良好的關係。

他們有時會過度專注心智過程，而忽略了自己的身體與性趣，就好像迷失在腦海之中。他們或許可以嘗試露營或戶外探險，藉以回到人世間來。置身大自然可以安定他們高效能的神經系統，並允許他們重新建立自然感官與身體節奏。另外，當他們把性看成一種樂事，或是一項預期外的冒險時，他們就重新連上線了。

有時候，他們覺得自己總吸引不了適當的對象，但這發生是因為他們沒有做自己。為了讓別人接受自己，他們一直是變色龍。他們運用邏輯選擇戀愛的對象，然後利用自己的能力了解對方創造人為的和諧，但當他們不斷改變自己的想法獲得別人的接納時，就會淡化自己是誰和想要什麼的想法。

以真相為基礎的關係可以維持自然的發展：只要真實地做自己，對方就能維持快樂與付出。以操縱為基礎的關係，勢必也要靠操縱來維持。當他們自然而直接地反應時，被他們真實天性吸引的人就會更加親近。北交點射手座的人應該與能和他們真相感到共鳴的伴侶在一起；而他們唯有做自己並講話誠懇，才能找到這樣的一個人。

忠誠與承諾

北交點射手座的人要學習的，是忠實並非建立在與另一個人的對抗；那只是短暫的忠誠，在壓力之下就會崩潰。忠誠真正的意義是，持續支持所愛之人追求目標，並按照對方所說的去做。在他們做出承諾並學會如何遵守諾言之前，無法得到別人的忠誠。

◆正直vs.欺騙

在親密關係中，他們會面對利用敏捷的心智誘惑、欺騙對方做些改變。他們企圖圓滑，但其實就是操縱，對方必會抗拒。例如，這些人會對自己說：「他很完美，但是他這方面一定要改。如果我讓他對生命有不同的看法，他會改變的。」但這個策略無法長期奏效，而是會造成怨懟、憤怒並浪費時間。

直接的效果要好得多了。例如，北交點射手座的人可能會說：「聽著，我愛你的一切。不過，適合我的男人也必須擁有這種愛自己一切的特質。你願意發展出這種愛自己的特質嗎？」他們擁有天然的策略，不用擔心說錯話，這麼做只是表明自己的立場，然後看看對方的反應。

直接並不代表生對方的氣；直接只是表示他們必須說出實話。他們應該堅定但不具攻擊；堅定是說出實際的情況，而攻擊則是以憤怒為動機。攻擊是針對另一個人，但是北交點射手座的人應該要針對自己的真相。有時候，當他們說話直接時會非常情緒化；他們會很脆弱而且感受強烈，因為壓抑太久了。當他們開始說話時，這些情緒會隨著他們的話語傾瀉而出，但沒有關係，事實上對他們有好處。

◆道德與倫理

由於北交點射手座的人，會從許多面向看待事情，所以他們很難視任何信仰或觀念為「神聖」。正因如此，他們會誤導別人，讓別人對自己的動機或意圖有錯誤的認識。對他們來說，那是決定應該說什麼而得到想要的東西的事。他們甚至會因為別人誠實而打擊他：「他為什麼那麼說？真笨！這樣他就得不到想要的東西了。他應該只能說些人們想聽的話。」他們通常都不願承認說實話的固有價值。他們對生命中的美好與遵循自然法則的好處缺乏信心。他們認為每件事情都必須依賴他們算計的能力。但是他們逐漸發現，當一個人的言語真實反應出內在時，將會產生力量、平靜與信心。沒有什麼好隱藏，沒有理由「警戒」，也沒有需要利用心智能量「隱藏自己的企圖」。他們也要學習對正面的結果有信心，如果他們誠實，「正確的事情」就會發生。

當他們不是正直行事時，常會投射到別人身上，懷疑別人的「意圖」。這會造成妄想、不信任、苦惱等現象，因為他們假設別人也試圖欺騙或操控他們。

誠信、真實、自由，這三種能量相互依賴。沒有誠信，北交點射手座的人永遠看不到真實，也得不到自由。不誠信的習慣導致困惑，而當我們讓別人困惑時，最後自己的生活也會混亂不堪。北交點射手座的人要學習的，是保護自己不受別人的欺騙或埋伏，最好的辦法是行事坦率。

建設性溝通

◆傾聽

雖然他們的確擁有了解別人的能力，但是他們通常沒有真心傾聽他人。他們的注意力無法集中在別人言語上，他們急切地想要與人分享自己的既定觀點，也很關切別人眼中的自己。所以實際上，他們與人之間並沒有真正的交流或是共同成長。

北交點射手座的人需要在對話中，培養更平靜的氣氛——這是透過彼此交流想法找到真相的強烈欲望。在這個過程中，維持真實自己的同時要注意自己的直覺，他們可以判斷別人的言語是否正確與切題。由於他們許多前世是老師或口譯，所以經常過度執著於他人的用字遣詞。這輩子，他們最好不要用兩隻耳朵盯著他人話語中的字句，用一隻耳朵聽就行了，另外一隻耳朵則留下來傾聽自己的直覺。他們以直覺而不是邏輯傾聽他人時，就可以真正了解對方的言語，並建立促進彼此成長的和諧關係。

◆傾聽他人的真相

由於他們本身很難定義自己的真相，所以他們假設別人也與自己一樣有這方面的問題，但是實際並非如此。他們要學習接受別人對自己的動機、渴望、興趣與價值觀的觀點都是真實的。真正的溝通需要超越邏輯的意願，而直接觸及對方提供的事實。北交點射手座的人將談話降低為只分享可預期的字句，而不是讓談話成為顯現更高層次事實的工具，這會導致關係中的誤解。

動機就是一切。如果他們的動機是透過言語交流去傾聽並更接近事實，雙方都可以獲得好處；但當他們的動機是為了突顯自己的聰明才智或是心智高人一等時，他們會自然造成疏忽、痛苦誤解與錯失許多機會。

◆找出解決之道

北交點射手座的人應該將與別人的互動，看做尋求「解決問題最佳方法」的機會，而不是攝取無止境資訊的時候。問題與好奇心並不適用於他們；這些人已經看到太多的選擇。他們應該放棄提問的渴望，只對他們直覺過程所指引的方向開放；這些人的直覺非常傑出。

即使最親密的友誼也會發生誤解。如果北交點射手座的人不誠實、直接與立即地表達受到的傷害與恐懼，負面想法會「發酵」。經過一段時間，這些「壓抑」不斷累積，而這段關係也將消散。如此一來，北交點射手座的人會失去原本可能促使自己這輩子成長的友誼。但是，如果北交點射手座的人直接表達感覺與想法，他的朋友就有機會親近、更了解他，並提供更多支持了。這時，阻力就成為製造更深結盟的途徑了。

他們要學習最佳的解決對策是兩人意見的綜合，這是比任一個人獨力思索結論更高層次的認知。真理是一種能量，不是個人意見；兩種觀點都爭著成為「正確」的情況下，無法得到真理的。真理的能量必須透過願意接受對方意見，並希望能共同追尋真理的兩個人，才能獲得。

社會狀況

◆禮節

由於許多前世，北交點射手座的人生活於社會之中，所以他們往往對別人的意見太敏感，同時過度執著以社會的方式行事。他們非常強調「禮貌」，而且時時不忘社交禮儀，包括圓滑、禮貌與審慎。因此，他們無法理解他人的行為粗魯、殘酷或失禮。

我們每個人都有屬於自己的因果故事，但只有北交點射手座的人花了大量的前世時光學習社會規則。與其譴責別人不遵守社交禮儀，這些人不如幫助別人學習用對社會有利的方式進行互動；這是他們必須與他人分享的天賦。

例如，他們不希望讓任何人有必須說「不」的情況，他們希望能優雅地保持友善互動。由於他們了解別人的想法，並能敏銳知道提出意見的最佳時機，因此當別人讓他們處於必須說「不」的尷尬情況時，他們非常不解，而且認為那是故意且不公平的行為。其實，別人並沒有意識到自己使任何人陷入了困難。

北交點射手座的人很清楚別人的想法，所以當自己的言語或行為傷害別人時，也會很清楚並且覺得難過。他們是友善的人，而且不願意傷害他人。但是，考慮自己的感覺也很重要。當他們退縮、不直接表達自己時，就會受到傷害。但是當他們變得直接（非傷害性而是直率的方式）時，就是對自己負責。只有在這個時候，他們才有能力幫助別人。

◆別人的想法

北交點射手座的人在社交場合可能沒有安全感。基本上，這是因為他們對別人如何看待自己太過敏感。原本他們獨處時內在非常平靜與快樂，但經過晚上與人的互動回到家後，他們會因席間他人的言語、他人話中的意思、他人對待自己的方式等，以及任何可能隱藏起來的意義，而困擾。基於防衛心理，他們對別人看待自己的方式作為嚴厲的批判，之後他們就會封閉起來，退縮回去，並決定以後再也不要與別人接觸了。當他們放任自己的頭腦過度活動，社交的互動的確會傷害他們。

例如，我一位北交點射手座的客戶告訴我，某件事情不斷讓她不爽。由於她的消化系統敏感，所以她通常只喝熱開水。每天她會在辦公室附近的咖啡店點一杯大杯的熱水，同時支付杯子的費用。但櫃檯小姐會多看她一眼，她將這種眼神詮釋為輕蔑。最後，我的客戶終於忍不住了，她對那位小姐說：「妳對我點的東西有意見嗎？我覺得造成了妳的困擾。我想讓妳知道，除了熱開水我什麼都不能喝，所以我只能點熱開水。」那位女孩綻開微笑，並說：「我一點意見都沒有！」這時，我這位客戶終於再次輕鬆起來。

當北交點射手座的人最後在這類情況下進行溝通，幾乎都會發現，他們原本以為針對他們個人的行為，其實只是投射出他人的情緒，而他人完全沒有意識到自己的行為已對人造成影響。與其假裝別人並沒有影響到自己，或是因敏感而逃離人群，北交點射手座的人不如採取直接的方式，讓他們維持自己的完整性。在承認他們弱點的過程，他們會變得堅強，不致因為別人的想法而受傷。

◆獲得透徹的認識

北交點射手座的人很自豪自己能從其他人的角度看待事情，但這樣會讓他們發瘋。他們太在乎其他人時時刻刻對自己的看法，以至於他們因為脆弱而封閉自己。雖然他們看起來友善與開放，但其實有很多時候，他們因為擔心被別人批判而呈現「封閉」狀態。

他們需要退後一步並了解整個狀況。一旦他們得到透徹的認識，就可以運用自己的力量說些讓對方好受一點的話。例如，前例中的客戶，她可以退一步，意識到咖啡店小姐正承受很大的壓力。她可以說：「我想午餐時間大概是最忙的時候了。」這句話肯定了服務人員的情況，並建立這位客戶所追尋的和諧。

他們所展現的心智敏捷、輕鬆與接納，是沒有人能跟他們比較的。當他們與對方一起這麼做時，不僅有利於他們本身，甚至對整個地球都有好處。他們利用前幾世的溝通能力來幫助鄰居。這輩子，他們不應該限制自己感興趣的範圍侷限在當下身邊的人而已。今生他們就是為了幫助在他們的道路上遇見任何有困難的人，重建積極的心態。

◆文字與意思

他們經常認為自己在言語和溝通上有問題，但其實他們的溝通能力很好，只是他們常感覺自己很糾結。由於他們用字遣詞極度精確，而且又非常了解別人的思維模式，所以他們希望能夠用對方的語言說出確切的言詞，精確傳遞他們的意思。顯然，即使一段單純的對話，都需要經歷這種心智體操，說話當然會很累。

北交點射手座的人並沒有意識到大部分的人在溝通上並沒有那麼精確；其他人不會太在意自己的用字遣詞，甚至只是草率帶過，人們比較傾向只表達其中的意思而已，但是字詞對北交點射手座的人極為重要。他們常過度專注在他人的語言文字上，而忽略了其中的涵意。他們甚至會不停打斷或糾正他人，讓對方非常沮喪。其實北交點射手座的人糾正別人的話，並不是想做對，而是在嘗試溝通。

有時候，北交點射手座的人會挑出對方用的一個字，並轉變話題：「這個人在說什麼？『真實的……』」而他們就會針對他們認為「真實」這個詞展開討論。事實上，當某個詞使他們「停止」時，他們應該問對方，那個詞對他具有什麼意義，這樣可以幫助北交點射手座的人了解對方，並減緩對特定字句的執著。即使他們通常都很聰明，但是他們對詞彙的執著會妨礙他們的理解，並讓別人「滯陷」於談話中。他們的焦點必須超越說出的字詞，而放在這些詞彙代表的意義。

目標

創造平衡的生活

◆信任與識別

北交點射手座的人要學習相信自己與內在對「真實」的認知。他們具有一種非理性的知識，會對某種情況產生直覺，但因為非理性的，所以又常常質疑自己的結論，癱瘓自己的決策能力。當他們相信邏輯是評估情況的精確指標時，通常會失敗，但是只要他們信賴自己的內在知識，通常就會成功。

北交點射手座的人非常在意別人對自己一舉一動的反應。他們會跳過直覺，做些「應該」做的事來取悅他人。他們今生的挑戰在於堅持他們的感覺，並採取符合最初認知的行動。一旦他們做了決定，別人就會配合他們，並給他們支持與力量；就是這麼簡單。他們的頭腦太過複雜以至於違背自己的邏輯可以說是個挑戰，那不如能相信自己簡單的直覺。

他們很意願協助他人，但是他們應該先確定一件事，那就是他們今生能提供的最佳協助，是與別人分享他們由直覺得到的訊息，允許自己成為他們與天賦溝通的管道，並排除自我與猜測。只要他們的動機純正，北交點射手座的人可以在任何的情況下，相信內在的認知。

識別對方的動機，如什麼是對方的需求和渴望？對方認為生命中最重要的又是什麼？有助北交點射手座的人知道何時應該接納別人的意見，何時又該謹慎小心。

如果對方認為社會地位很重要，像是比鄰居更有錢或擁有更多的財產，或同儕的認同，那麼她所有的意見，都會反應出她在物質世界中成功的觀點。一旦北交點射手座的人價值觀與對方不同，可能就無法從另一個人對「真理」的想法中，得到什麼收穫。

北交點射手座的人必須自問：「對方對我是否存在特殊的動機？她希望對我有所幫助與支持，或是只是想要找一個人為她自己的意見護航？」當北交點射手座的人傾聽自己的直覺時，可以感受到對方的動機。如果對方的動機是為了幫助與支持自己，那麼讓對方的真理接近自己，會有利於他們。

◆正直

對北交點射手座的人來說，正直過日子可能是很困難的一課。因為他們太習慣從各個角度合理化自己的立場，所以容易忽略與自己的真理保持一致，且不論結果如何，都根據中心行事的正直態度。要做到這點非常困難，因為他們常藉扮演「好好先生」的角色，或利用謀略，或說別人喜歡聽的話，來達到他們的目的。

但是，若想使他們的生命更堅強，他們必須努力根據道德原則生活。就好像沒有人能違抗地心引力的定律，必會自高處落下一樣，他們不可能違反精神的規則，卻不遭受痛苦。因此，熟悉世俗運作的精神定律，並配合這些定律而非抗拒，對他們是有好處的。

北交點射手座的人今生也會學習說謊是具有毀滅性的。謊言暫時看似成功，或者可以緩和當時的困境，但這都只能暫時延後面對以真理為根據的結果。拖延可能讓情況惡化，而且到無法挽回的地步。在任何情況下，潛在的真理都將是改變、重新成長與提高活力的關鍵，而這也是辨識是否能自然相容的唯一方法。

北交點射手座的人發現即使在世俗的層次，任何形式的謊言都違反了更高階層的宇宙法則。最後，謊言會使自己的天性模糊、不信任別人、孤立與焦慮等等。謊言提供的「暫時解決」，並不能通往真正的解答，反而會通向更多的謊言、更多的混亂與降低個人力量。從另一個角度來說，當說話時帶著愛、誠實與關心，可以使對方接納，亦可藉著使雙方更親密的方式，增強雙方各自做自己的力量。

他們能力範圍內可以提供的是充滿愛心的特質。他們能在同一時間內處理很多資訊，並做很多事情，他們就像使每個人的事情都能順利運作的齒輪。他們應該把要想幫助別人的渴望，用在忠實於自己內在的聲音，而不是所有他們聽到的其他聲音。再次，他們不應該擔心其他人的想法，只要做他們認為是對的事情。建立典範之後，他們透過自己更大力度的表達，進一步為他人提供服務。將真理帶入日常生活，是北交點射手座的人要學習的重要課題；在他們學習的時候也能教給別人一些事情。

透過直接交流他們心中的真理，他們的行動會更趨近大局觀；雖然他們不是很了解，但他們知道這種觀點是正確的。經驗顯示，當他們表明自己的立場，別人的反應會與預期不同。所以，他們不如將自己與說出真理的力量和保護結合，讓自己成為他們認為正確事物的代言人，並觀察身邊情況的發展。他們發現帶著信心行事，將為他們生命增添更多的冒險。

靈性之路

由於他們有許多前世從許多不同的角度觀察事情，所以通常太天真或短視。他們的眼光不夠長遠，往往無法了解他們行為造成的後果。他們的心靈空虛，喪失了他人似乎擁有的歡樂、信念和本質。這輩子，北交點射手座人的工作是與靈性結合，並走上靈性之路。

他們必須努力維持誠實、道德與承諾，重建他們與靈性的結合；他們應該忠於真相，而不是陷入操縱與詭計的誘惑。當他們走在靈性路上，相信並在日常生活中實踐真理與誠實，整個世界就會臣服於他們，而且他們將會吸引到讓他們真正快樂的事物。

◆良知

北交點射手座的人把整體視作一種觀點，因此容易不把正直視為必要的。如果引誘他們做可能犧牲別人的事獲得個人利益時，他們的良知會阻止他們：「不，不要這麼做。這是不對的。」但是，他們很快又會用邏輯為自己合理的辯護：「感覺這麼做是不對的，但是如果不這麼做，會讓別的事情發生。而且，其實這也不算是壞事。」從許多不同的角度考量事物，會讓他們失去真實的觀點，最後基於個人利益合理化地詮釋某項決定。

真理不是觀點。如果北交點射手座的人，行為違反自已的良知，總是會失敗。他們會失去與自己靈性的結合，而因為他們錯誤決定關上了通往幸福的門。他們也因此讓自己遭受無法預期的物質損失，因為問題的後遺症嚴重。如果他們日常生活裡不誠實，就不能期待得到心靈寧靜的好處。

當他們不遵從自己的良知，剝奪他人權益也剝奪了自己受到眷顧的機會。當他們不選擇正確的行為而背叛了光明，他們就讓自己壟罩在負面能量中。負面的事物，看起來雖與他們做過的事情無關，但會開始影響他們的生活。他們會遭遇意想不到的財物損失、背叛，甚至眾所周知的醜聞等，緊急的狀況或危機則接踵而至。忽視他們良知的其他反應，還包括了混亂和焦慮等，一種「所有的事情都不好」的感覺。

他們唯一贖罪的機會在重回他們的靈性之路，並在最深的層次，承諾遵從良知與直覺的聲音。對他們來說，忠於真理非常重要，這是為了跳脫膚淺處境以及恢復他們的道德與靈性力量。他們知道，當他們在個人生活中持續遵守執行真理與正直的原則，就能獲得自己追尋的心靈平靜。當他們選擇正確的方式而不是預期的結果時，就使自己有資格接受生命送給他們的最大禮物。

◆承諾

北交點射手座的人因為在以往許多前世中做的決定，大多只能形成短暫的利益，所以傾向短視近利。然而，不論任何情況都遵守「承諾」，將使他們得到平和與歡樂的道德力量。然而，藉著不同的觀點看待事物，為自己的行為證明合理化的藉口，他們很輕易地就可以說服自己不要遵守諾言。

承諾並不意味著即使事情走向毀滅或破壞情況時，仍堅持不放手，如工作或關係等。承諾意思是直接表達自己的意圖，而情況改變時，正直地與對方溝通。本質上，那是做出對自己正直的承諾，也是對真理的承諾。

北交點射手座的人今生必須學會信守承諾。如果他們答應在某個時間做某件事，或在某個間到達某處，就應該盡力遵守，就好像他們將之賴以為生似的。從某個角度來說的確如此。當他們百分之百遵守諾言，他們的話就會更有力量。任何違反誠信的行為，都會使他們的語言失去力量，並讓整個宇宙收回對他們的支持。如果他們始終堅持自己的承諾，或在他們無法遵守時提前溝通，其他人都配合他們，支持北交點射手座的人追求的目標。他們要學習忠誠的力量，那其實很簡單；他們的歡樂與平和就在那條筆直而狹窄的道路上。

了解指引

◆自發性vs.衝動

當北交點射手座的人傾聽自己內在回應時最為成功。例如，外在的環境讓他們面臨必須做出決定時，他們的內在智慧會立刻告訴他們「好」或「不好」。他們並不能總是意識到自己的內在指引，但他們與「指引」有特殊的連結；指引是指他們個人對高靈力量的覺知，而這種覺知會告訴他們應該遵循那個方向。有時候，他們感覺不到任何指引，但實際上是因為自己阻絕了與它的溝通。當他們靜下心來，調整好自己的頻率仔細聆聽，它永遠等在那裡。

在他們探險的過程，會得到靈性上的真知灼見，而他們應該將之應用在日常生活。他們的道路可能不太符合邏輯。偶爾沒有任何計畫就遵從指引，會讓他們感覺到很愚蠢。而有時指引會使他們朝意料之外的方向前進和無法預期的冒險，但當他們遵循指引時，他們就會成功。

他們今生要學習辨別衝動與自發。他們一旦衝動就會失敗。對他們而言，衝動是一種執念，而當他們允許自己的思緒使用過度，尤其在恐懼情況可能產生變化時，會認為可以強迫自己做些重新獲得心靈平靜的事情。但是，現在動機決定了結果。當北交點射手座的人企圖改變對方的觀點，以便得到自己想要的東西時，衝動的行為會降低他們的安全感。

另一方面，自發並非執著的行為，它意味著可以自由且不假思索地行動。自發性與真理是一致的；在它的背後沒有人為的操縱。自發性的人與人分享自己的真理時，不涉及恐懼、自我或被有意識的動機所驅使。當他們以這種方式反應時，總會採取正確的行為，或者說出最符合他們利益的話。另外，他們還能得到內心的寧靜，因為他們知道自己的行為並沒有任何隱藏的動機。由於他們的動機單純，可以相信就長遠來看，結果會符合每位相關人等的最大好處。

◆精神連結

前幾世，北交點射手座的人開始依賴「社交思維」。他們的部分思維告訴他們如何在社會環境中生存。許多前世裡，他們迷失在別人的思維模式，進入這輩子根本不知道自己的想法是什麼。就某方面來說是有好處。他們沒有先入為主的觀念，因此願意開放接受更高思維甚至直覺的想法。但是，他們完全不習慣信任這種天賜的靈性指引。

這輩子了，他們擁有如此奇妙的心理和直覺天賦，他們可以幫助他人；如果他們願意甚至可以成為專業人員。他們就是真理的天生管道。他們讀解的塔羅牌無人能及。「感知」圖案上的訊息，結合北交點射手座人天生的思維觸類旁通，可以激勵他們和他人用嶄新創意的方式觀察生命。

他們也有直接接受靈性指引的天賦。當一位北交點射手座的人說：「好！這就是我想要的東西。」並開始跟隨她所表明的目標時，她就是「走在正確的道路」。她的工作是允許內在的指引，直接帶領她抵達目標。例如，她決定自己想要活躍在社交的生活與愉快的愛情。若此時有一位朋友說：「妳周六晚上想不想參加一個派對？」如果她的能量高漲，這就表示她的指引告訴她，參加這個派對可以讓她更接近目標。

但是隨後北交點射手座的人又會開始猜測：「呃，邀我參加這個派對的人，也會邀請一些可能跟我沒感覺的人。而且，我的另一位朋友也邀我周六晚上去看電影。然後我又沒有適合的衣服，就算我在派對邂逅白馬王子，也會因為我看起來不怎麼樣，最後不會有結果。」經過複雜的頭腦體操之後，她就不想去參加派對了。接著她會抱怨：「我從來得不到我想要的東西。」對他們來說，猜測就等於「必敗無疑」。

當她的精神自發性地高揚時，她的工作就是：不論頭腦說什麼，都要緊緊跟隨高揚的感受、那個「好！」的直覺。如果她跟著快樂的感覺走，觀察那條路帶領她走向何處，就是一場探險。這麼一來，她就是讓她的指引協助實現夢想。

指引者和天使環繞著他們。對他們來說，這並不是「自己動手做」的一生。較高層次的資訊與指引透過直覺傳達，所以今生不合邏輯一點關係也沒有。他們大可以依賴「感覺」，而不是有意識的心智。

北交點射手座的人花太多時間揣測別人的想法，他們應該擔心的是自己可憐的指引者與感覺。指引者的任務是導正他們走向令自己快樂的道路，但是他們卻不斷否定指引者。指引者的眼光比他們遠得多，所以會盡一切可能把每件事情設計得很完美，但是北交點射手座的人卻會根據邏輯行事，而不聽從指引者給他們的快樂感受。如果北交點射手座的人不跟隨直覺行事，他們的指引者就不能幫助他們得到想要的東西。這是極為簡單的事，他們只需要跟隨探險的感覺與直覺的認知，開心就會自動找上門來。

療癒主題曲

音樂具有獨特的情緒力量，可以支持我們冒險，因此我為每個交點族群都各寫了一首歌，希望能幫助他們將能量轉換到積極正面的方向。

信任

這首歌的歌詞傳達的訊息，主要是激發北交點射手座的人的信心，並鼓勵他們的潛意識能信心十足地跟隨內在認知前進，而不是跟隨心智過程。一旦他們學會相信圍繞身邊的積極精神力量，就可以重新與他們追求的內心寧靜重新結合。

♪節錄部分歌詞

現在我在這裡，想成爲我所看到的，
一點都不困難，因爲我內心相信
那些無法言喻——而我必須做我該做的。

回顧時我可以想起，最困難的部分
是我生命中的風險，
我必須如此相信……

第十章

北交點摩羯座——
或北交點在第十宮

星座箴言

雖不能操縱別人，卻可以控制自己。

總論

♑ 應發展特質

針對這個部分努力，可以幫助他們找出隱藏的天賦及才能。

- 自我控制
- 以成熟的觀點處理日常生活
- 自尊
- 維持目標導向
- 以理性的方式解決問題
- 遵守承諾與保證
- 拋棄過去的包袱
- 自我照顧
- 承擔成功的責任

♑ 應擺脫傾向

努力降低這些傾向造成的影響，可以使生活更輕鬆愉快。

- 依賴
- 喜怒無常
- 缺乏安全感導致無所作為
- 因恐懼而自我設限
- 用過去逃避當下
- 孤僻，花太多時間待在家
- 缺乏自尊
- 規避個人風險
- 利用情緒化反應控制他人

致命傷／應規避陷阱／重點關鍵

北交點摩羯座的人致命傷是「依賴」。他們渴望被人照顧，「如果沒有人照顧我，我就無法生存。」這將使他們陷入永無止境追求安全感的陷阱，「如果我腳下的基石足夠穩健，我就掌握了自己生命中需要的能量。」他們的情感很依賴他人，迫使他人成為他們安全感的基礎。但這是無底洞，因為他們無法得到足夠的保證讓自己感到安全，所以永遠無法擁有他們覺得足夠的安全感，足夠到讓自己成為他們認知中有能力的成年人，並掌控自己的生活。

最重要的關鍵是某些時候他們必須願意冒些險，為結果負起全責。當北交點摩羯座的人清楚地認識對自己重要的目標並堅持，就可以得到需要的自尊與自己能夠負責生活的自信。有趣的是一旦他們負起責任，就會充滿安全感而且可以掌握自己的命運。

真心渴望

北交點摩羯座的人真正想要的是一個讓他們覺得安全、受到保護、關懷及寵愛的環境，也就是讓他們有歸屬感的地方。為了滿足這種需求，他們必須願意放棄一種想法：以為某個人或某個群體，會因為他們的需要而提供他們東西。相反地，他們應該負起創造自己所需環境的責任；追求激發他們活力的目標、理想或原則，建立他們的自尊。任何能促使他們發現自我的環境，都能提供他們需要的歸屬感。

北交點摩羯座的人必須找到一個重心，而這重心是超越他們與周遭人群零碎的情緒需求。當他們能夠符合更高層次的原則或精神信仰，就能感覺到保護和滋養。

才能與職業

他們非常有「領袖氣質」，所以對他們來說管理、政治、公開演講、企業經營等工作，都是很好的選擇。他人通常願意配合他們達成目標，因為他們能帶著主管權威且敏銳地與部屬協調。為了在任何領域都能達成目標，北交點摩羯座的人應勇於「負起」自己的責任。

此外，北交點摩羯座的人具同理的細膩直覺。他們總能了解他人的感受，所以如果他們在管理中善加利用這項特質，他們的敏感會令他人用熱忱及善意支持。但是，如果他們涉及追求成長的工作，往往會陷入無助的情緒泥淖，無法「掌控」情況。他們最好從事目標導向或發揮敏感特質的工作，關懷組織裡其他人朝特定的目標前進。

療癒肯定句

- 「我不能操縱別人，但我可以控制自己。」
- 「釋放過去，我就有效地把握現在。」
- 「當我勇於負責，我就贏了。」
- 「當我擁有自尊，就是走在正確的道路。」
- 「我不需要依賴任何人照顧我。」
- 「我有能力處理這種狀況。」
- 「我能為自己的內在狀態負責。」

性格

前世

北交點摩羯座的人在前幾世經常扮演一家之主的角色。身為家庭或農場的中堅份子，他們完全得到家人或宗族的認同。經過這幾輩子的學習後，他們自然理解家庭的運作模式與他人的情緒變化；這是這個族群的特徵。但他們前世沒有多少獨立的經驗。雖然這輩子最大的快樂來自於世界，但最困難的卻是如何跨出第一步。捨棄世俗經驗而留在家中的同時，他們也犧牲了成就及自尊。這輩子他們要學習為自己的命運負責。

前幾世，家庭是他們的全部。家庭滿足他們一切的需求。他們可以得到食物、衣物，擁有棲身之所，在此也得到保護，所以他們自然帶著強烈的依賴來到這個世界，期待他人幫助他們，「使他們的生活就緒」。當事情不如他們想像時，就會情緒化地反應過度。潛意識裡他們希望他人會看到自己的憤怒而改變態度，但對方會認為這是他們想要控制的手段，而不願意為了安撫他們而改變態度。

北交點摩羯座的人要學習用「負責任」的態度處理事情。這對他們日常生活的順利運作有很大的幫助。他們必須放棄嘗試用情緒失控的方式控制他人。反之，他們應該從沉穩的自尊自重的權威態度面對他人，這種自尊自種是跳脫情緒反應的；這是自我掌控並擁有自己生活目標的副產品。從勇於負責的立場出發，他們就可以不依賴他人以取得安全感，且能與他人平等地建立關係了。

◆家族業力

他們家庭運勢不佳，通常，他們出生在直系親屬有許多情緒問題的家庭，而北交點摩羯座的人花長時間保持敏銳與同情。然而，周遭的人不斷提出要求讓他們心力交瘁。因為他們承擔了其他人的問題，卻又覺得自己沒有能力幫助他們改變。

前幾世，北交點摩羯座的人太習慣幫助家人成長，而看不清楚自己未來的方向。因此這輩子，如果他們與其他家人關係過於親近，往往就會發生問題。更精確地說，其實問題並不是親暱的關係，而是北交點摩羯座人的潛意識。比如說，「如果我能幫他解決這個問題，等他上軌道之後，我就可以過自己想過的生活，追求我自己的生活目標，而且做真正的自己。」

由於他們潛意識裡有這種想法，所以他們對家人的「支援」，含有不情願的情緒。他們希望問題「趕快解決」，這樣他們才能過自己想要的生活。這個問題可分兩個層面：⑴嘗試幫助家人解決問題、讓家人的生活上軌道，給自己延遲為自己生活負責的藉口；⑵自身都沒學會如何邁向成功，卻要幫助他人獲得成功，是不成熟的做法。

對北交點摩羯座的人來說，第一件要做的是下定決心與家人的情緒變化保持距離。一旦他們能做到，就具備過自己生活的條件了。只要他們能夠以客觀的角度衡量家人的感情需求，仍然可以與家人接觸。當他們的快樂不再建築在解決每位家人的問題時，他們其實就具備足夠的能力，可以使每個人得到豐厚的結果並管理好家庭。

如果北交點摩羯座的人可以用他們經營事業的方式管理家人，他們的居家生活將相當成功。事實上，他們是相當優秀的經理人才，因為他們天生有一種特質可以了解人們，能夠用較溫和、不傷害他人感情的方式引導他人，使他人配合他們一起完成目標。他們應該用相同的方式對待家人。也就是說，應該用管理的角度來看問題，而不是需求的角度。為達到這點，他們必須先了解家人各自的目標，同時客觀地幫助對方達成目標。換句話說，對於如何經營家庭，他們必須很明確地訂出目標，扮演管理者的角色。

◆情緒敏感

他們對自己及他人的情緒相當敏銳。由於這種天生的直覺，他們了解他人為何惱怒，以及為何不能成功。由於他們太了解對方無法成功的理由，所以也容易接納自己一事無成的事實。當他們遭遇困難或覺得自己的訓練不足，以致無法達成目標時，他們也對自己發揮相同的諒解及同情，做為邁向正確方向的拖延藉口。會變成自欺欺人的逃避方式。

北交點摩羯座的人非常了解情緒連結，也知道什麼樣的感覺會對人造成何等影響。這對他們來說，既是資產也是缺陷。就好的方面來說，他們能夠較圓滑的處理生活，他們往往為人設想的比對方自己更為周到，但這會使他們虛弱。他們無法處理負面能量，所以反過來調整自己的行為、計畫及人生方向，去適應他人。這樣，他們就不必面對他人的情緒困擾，但是他們最後容易會被身邊其他人的感覺控制。

他們會為他人的心情負起個人責任。他們想讓身邊的人快樂使自己覺得好過。他們無法將自己從目前環境中其他人的情緒中抽離。而其他人會抱怨未被允許表達自己實際的感覺，因為那會困擾北交點摩羯座的人。

例如，如果有家人邀請北交點摩羯座的人一起吃晚餐，雖然她真的不想去，最後通常還是會去，以免對方不高興。他們的日常生活往往努力在避免他人或自己的不開心。另外，他們還有一個規避責任的小技巧，就是不做任何決定，因為他們擔心任何決定都可能會給他人帶來不好的感覺。

北交點摩羯座的人今生應該要學習停止操控他人的情緒，讓周遭的人擁有自己的感受。某些時候，人們必須體驗消極的情緒才能解決重大問題。當北交點摩羯座的人不讓他人體驗負面情緒時，就等於剝奪他人成長的機會。當一個人把手放在火爐上而燒傷，就會學到：火會傷人，千萬不可把手放到火爐上。情緒的問題也是同樣的道理。總括來說，如果他們根據自己的情緒主導，無疑是讓自己走上今生的「必敗之道」。他們面臨的獨特挑戰是管理自己的情緒，而不是成為情緒的受害者；並讓其他人為他們的感覺負責，並因此達到成長及成熟的目的。

處理情緒的能量

北交點摩羯座的人非常情緒化。電影和悲傷的故事會讓他們流淚。他們感情豐富，而且隨時就有情緒。他們情緒豐沛致無法思考、發揮正常功能，但是他們不曉得為什麼自己會這樣。這種狀況會發生在當他們面臨個人損失、職場衝突或工作利益時，而他們似乎無法控制情緒，而情緒它就是會自然地增強。

當他們的情緒來襲時集中精神深呼吸會有所幫助。他們需要放鬆，專注在釋放讓他們緊張的思緒上頭，然後回想讓他們開心平靜的回憶，如壯麗的山巔、海岸的時光等諸如此類。接著他們就可以冷靜下來，恢復正常了。

當他們遇到需要負責的情況，他們常認為自己沒有能力掌控全局而驚慌失措。他們聯想到可能的負面結果，讓懼怕和不安湧上心頭，而全身的肌肉則會緊繃。因此當情緒淹沒他們時，他們需要有意識的呼吸、放鬆並超脫情緒。他們可以想像自己跳脫了情緒並重新獲得平靜。

基本上，他們一開始就不應該放任自己陷入這種抓狂的局面。他們會發現只要允許自己過於重視某些事情時，他們就會開始焦慮。若能認清這一點，他們就可以更有效地維持心境的寧靜。

◆害怕被拒絕

北交點摩羯座的人痛恨被人拒絕。事實上連思考到被人拒絕，他們也受不了。若有人拒絕了他們，他們不僅僅情緒低落還會認為是自己的錯。他們是如此的不安與懼怕被人拒絕，所以每次都會非常謹慎地進入狀況。

他們對拒絕的恐懼部份源自於前世。當時他們有強大的家人與世隔絕地庇護著。認為自身並沒有多少存在的價值。當他們被人拒絕，更證明了他們沒有存在價值。這種反應並不理性，卻加深他們內心的恐懼。只要想到有人會拒絕他們，他們就會徹夜難眠。因此，他們也討厭拒絕他人。他們習慣為他人的感覺負責。如果他們真的必須拒絕他人，就會花很長的時間找出所有的充分理由。那是因為他們知道被人拒絕的感受，所以只要想到被拒絕的人會多麼地沮喪，自己都會懊惱好一陣子。

作出負責的決定，可使北交點摩羯座的人擺脫焦慮，並採取負責任的態度解決困難的局勢。在人際關係中發生了誤解，他們會主動與對方聯絡：「我擔心我們之間可能發生了一些誤會，我希望你知道，我絕對沒有傷害你的意思。」或者說：「我真的不希望你有被拒絕的感覺。」

如果他們從主動創造彼此和諧的立場出發，就會知道怎麼說可以促進和諧。如果他們當時過於激動，而無法打這通電話，那麼最好給自己一些時間冷靜下來。他們可以告訴自己：「現在我沒辦法做任何聯絡的工作，我明天再打這通電話。我要用比較謹慎的態度來處理這件事。」

◆放不開

由於北交點摩羯座的人對自己的感覺極為開放，所以也傾向對過去的感覺門戶大開。他們不想忘掉以前的快樂時光，因為他們不確定未來如何發展。他們通常不計一切代價避免思考未來。但是，直到他們有意識的設想美好未來之前，他們的現實生活裡只有過去及現在。當現在不能讓他們快樂，他們就會緬懷過去。這個過程並不健康，因為緬懷過往會令他們迷失方向，使他們無法在當下採取建設性的對策。

當他們緬懷過去，常期望能重拾歡樂及愛的感受。但同時也會想起以前應該做而沒做，卻希望自己已經做了的事，這會讓他們會更後悔。這會削弱他們當下的力量。他們應該記住，以前發生的疏忽，或許是因為當時他們並沒有光的指引應該怎麼做。但如果他們能夠專注於當下，同時追求美好的未來，那麼他們現在所知道的，可以增加他們完成目標的力量。其實，緬懷過去也是有優點。他們可以檢討過去，並記住那些行為不利於自己，以及那些行為可以贏得他人的尊重及支持。

北交點摩羯座的人不太能夠忘掉過去。他們相當感性，不願傷害他人的感情。雖然明知某種情況不能成功，但是當他們打算抽身時仍然會沮喪，所以在他們深刻體會到真的毫無希望之前，他們還是傾向「一成不變」。他們會竭盡所能地維護某段關係，或做好某件工作，或讓某種情況能夠成功。只有當他們的生存受到威脅時，才會離去。但是其實如果他們在情況惡化到這種程度之前就放手，對他們會有利得多。

當他們缺乏對未來的目標時，會比較不容易拋棄過去。他們老是回想過去的種種，這麼一來，就更不容易跳出舊有的局面。對他們而言，要跳出以前的羈絆，或解決目前的困境，最好的辦法是把注意力集中在促使他們產生奮鬥目的及方向的特定目標上。例如，如果他們已經結束一段感情，但仍懷念那段親密關係時，他們第一個傾向是強烈的懷舊情緒，並耽溺於已經失去的那種親密。比較好的解決辦法應該是透過聯誼活動、參加舞會，或參與其他充滿歡樂氣氛的社交活動，促使他們集中能量建立新的關係。他們必須釋放過往才能體驗當下行動帶來的力量。

摒除想要控制的意圖，對北交點摩羯座的人來說，是最困難的事。他們總希望情況依照他們的方式進行。他們認為只有掌握情況，才能發揮自己的潛能。但是，他們應該要明白掌控與管理兩者的不同。嘗試控制他人來使自己的情緒不受衝擊，意味著北交點摩羯座的人是根據自我中心的觀點，從情緒面運作。

然而，當他們嘗試用管理的方式處理某種狀況時，就會以較大的格局組織事情，因為他們已經知道如何使每個人都成功。現在他們處於精神層面及目標導向的位置，而非情緒化。但是想達到這個境界，他們應該先揚棄控制他人的想法。

長不大的孩子

北交點摩羯座的人總是想要更多，更多的注意、更多的時間、更多的照顧，這樣才能感覺良好。他們的生活重心總是繞著家人轉。他們同樣希望家人也是以他們為生活重心。但是，通常他們的家人並不會提供更多的照顧，因為他們今生的設計並不是如此。

他們往往會以為他們需要更多的幫助、更多的建議、更多的信心，「更多的更多」為藉口，逃避行動。他們認為他們需要的「更多」，會來自於他人。其實，真正能夠滿足他們「更多」的，是專注於能夠拓展個人的目標上，然後採取持續、規律的行動，達到那些目標。

為人父母時，他們看起來也「像孩子」一樣，因為他們不太能夠以父母的角色對待孩子。他們不願承擔為人父母應負起的責任。他們對能否照顧自己都缺乏信心，當然也會懷疑是否有能力照顧他人。

◆需要他人的注意

他們會做任何可以引起他人注意的事情，尤其年輕的時候。他們往往有情緒不穩定的表現，甚至怒氣沖沖地責怪他人，嘗試引起他人的關注。但這麼做，卻使他們失去成功的機會；他們總認為人們應該關注的是他們這個人，而不是他們做的事情。他們甚至會在生活中製造危機，藉此引起他人的興趣。然而，他們也相當矛盾，因為他們通常感覺到自己內在的這個問題，簡直是「注意力狂魔」，所以當他們吸引眾人太多的目光時，自己也會產生罪惡感，甚至自我譴責。

在他們退縮且未朝他們的目標前進時，他們覺得自己不值得他人關注。他們因這種想法而無法得到內心最渴望的東西。有趣的是，當他們能夠設定一個目標，並為完成目標而努力時，周遭的人確實會注意到他們，而且願意以健康及令人滿意的方式，對他們付出關注及尊重。此外，只有當北交點摩羯座的人能夠為生命承擔風險並努力達成目標時，他們才會有成就感，而且可以用開放的觀念，注意並接受他們需要他人給予他們的關注。

這也開始幫助他們關照自己，在生命中各領域有進展時給自己獎勵，也極有幫助。當他們表現出對自己的關切及注意時，他們會變得成熟，對自己比較有信心，而且較不依賴他人。

◆規避責任

他們對於是否應為自己負完全的責任總是很猶豫。這違背他們的本質。他們應該「脫離保護圈」勇於面對世界。有時候，他們需要當頭棒喝才能清醒，並勇於負責。他們常常表現得彷彿頗有責任感，對「小事」他們的確能夠負責，例如付帳單、買日常用品或傾聽家人傾訴等等。可是他們會繼續規避重大的問題，例如當他們嘗試為自己的未來理出頭緒時，通常只是坐在那裡做無窮盡的白日夢。當他們終於準備有所行動時，卻又會自問：「我真的想要這樣做嗎？」接著又放棄了。

在北交點摩羯座人的潛意識中，總有上千個理由延宕這輩子應該進行的事項，而那是真正可讓他們擁有充實成就的事情。如果，他們最終對自己說：「這太荒謬了！我就是要做這件事！」他們就做了承諾並且會逐步朝目標前進。

他們相當富有愛心，但對他人退讓的習性會干擾他們自己的生活。他們會讓同情心模糊對事物的觀點，因為他們不願使他人產生不好的情緒。所以他們寧願讓其他人依循自己的方式而放棄自己的原則。

他們應該重新檢視自己表達關愛的方式。其中應該是信守承諾，這是他們內在力量的基礎。北交點摩羯座的人應該讓他人知道他們的遊戲規則及限制，然後堅守這些規則。例如他們對青少年的兒子說：「你可以外出，但必須在晚上十點以前回來，否則罰你以後三個晚上不可以外出。」如果兒子十點半才回來，那麼他們就應該嚴格執行處罰。即使他們的兒子在禁足的三個晚上內大發脾氣、胡鬧，他們也應該耐住性子面對。

當然，如果他們能繼續堅持，這位青少年就會了解，如果違反規定，他的父母親肯定會執行罰則。但是如果父母親放棄立場，「同情」兒子，而讓兒子外出，這樣兒子反而不再尊重他們，他們也無法再尊重自己了。信守承諾的決心要強過害怕觸怒他人的憂慮。

北交點摩羯座的人今生應該學習為自己負責。例如想清楚自己「長大」之後要做什麼，同時確定目標。對自己負責包括了在經濟上能夠自給自足，及嘗試承擔以往未曾負起的重大責任。這相當令人興奮，而且很有挑戰性，同時也給他們成長的機會。

◆學習成熟的處事方式

北交點摩羯座的人今生應該學習做大人，以及摒除他們做出幼稚反應的傾向。然而，要像大人一樣成熟穩重，他們就必須承諾致力達成某個目標。當他們做到這一點，生活中的這個部分就會變得非常奇妙。突然之間，似乎每件事都變得對他們有利，他們會充滿活力和信心，也會輕鬆且喜悅地邁向成功。他們應該在生命中尚未產生他們所要的結果時，運用承諾的技巧。能夠坦然面對恐懼，並培養做承諾的習慣，將是他們得到自重、邁向成功的不二法門。

他們常常會有「過度激動」的特質。他們會「急著走下一步」。這種情緒的不安定使他們無法了解什麼對他們是重要的並貫徹執行。但是，只要他們能夠把焦點集中在特定的個人目標上，不安定的情緒能量就能引導到具生產力的方向。在此之前，他們只會朝他人的目標努力，他們永遠注意不到呈現在眼前的機會。

另外，北交點摩羯座的人有時懷疑自己善用機會的能力。像孩子一樣，他們認為自己應該知道自己不懂的東西，同時藉由假裝對他們不重要掩蓋經驗不足的事實。其實成熟的想法，是要了解每個人都需要他人提供的資訊，以協助自己達成目標。沒有人可以不需要經驗豐富的他人幫助而獨力完成目標。

他們太過願意服從外在權威，而不願傾聽內在真相。他們盲目跟隨專家建議，尤其若當他們為此付出了大量金錢。即使他們內心深處知道還有更好的方法。他們今生要學習的是信任自己，同時記得沒有人比他們更了解自己。

他們很難成為最後的決策者。他們可以在他人的協助下，管理、指揮他人、當老闆及監督許多員工。對他們來說，執行與完成他人訂定的目標比較簡單。他們不在乎自己能否居功，因為他們絕對不願意負起最後的責任。

有趣的是，北交點摩羯座的人其實比其他交點的人更有當「老闆」的天賦。由於他們對他人的情緒變化極為敏感，所以當他們掌控全局時，並不會貶低他人。因為他們一路均未排斥任何人，所以當他們要朝目標邁進行也不會遭到阻擾。正因如此，不論他們的目標有多高，每個人都很願意支持他們達成目標。事實上，一旦他們願意做出成功的承諾，他們今生在專業上就能輕鬆地取得成就。

通常他們以為自己不善溝通，但是其實那是只有他們「情緒化」時，才有溝通上的困難。如果他們任自己迷失在情緒的旋渦，他們就無法有清晰的思維，而他們言語將是一連串的混亂、充滿情緒字眼。但是，如果他們能跳脫出情緒，並自「負責」的立場說話，那麼他們的言論，將獲得他人的尊重與合作。差別在於，他們通往自己的部分是情緒還是大人的成熟。如果他們變得情緒化，可以藉由自問恢復內在的平靜：「從大人成熟的角度來看，我應該怎麼做才能負起責任？」

對北交點摩羯座的人而言，力量隨著年齡增長而增加。這適用他們生命的每個層面，尤其更適用他們的專業生涯或其他相關目標完成的部分。他們過去的累積幫助他們減少生命中針對個人的部分。當事情「出錯」時，他們了解這與個人無關，而是因為不同的情況碰撞產生的不同後果。當北交點摩羯座的人開始拓展以宏觀、更有同情心的角度看待事物，他們也會開始寬以律己。當他們不再為每件事責怪自己時，就不會再指責他人。

需求

安全感

北交點摩羯座的人有無止境的安全感需求。自前世以來，他們一直習慣被人滋養與保護，所以儘管他們這輩子是設計來為他人提供滋養和保護，但他們還是安於現狀，並抱著多一事不如少一事的想法生活著。他們喜歡例行公事帶來的安全感，例如每天在固定的時間起床、吃飯、回家、看電視、看書、睡覺等等。然而，最終他們還是必須拋棄例行公事，尋求自信帶來更大的安全感。知道他們可以冒險而且成功的。

◆歸屬感

他們對「歸屬感」有強烈需求。前世，他們強烈認同家人，而且對自己身為其中成員深感欣慰。今生他們必須學習辨識並選擇，與能讓他們有歸屬感的朋友在一起，而這些朋友能以負責的方法滿足他們的需求。家庭及財產也是讓他們產生安全感的重要來源。但是，除非他們的出生盤裡有其他的暗示，否則他們並不能靠「不動產」賺錢。

由於他們專注於家庭，所以他們會花太多時間在家裡。當他們真的如此，家庭會成為他們拓展生命、對自己生命負責時的阻礙。如果他們有自己的事業，最好能在外面租個辦公室，不要在自己家中經營，即便是在他人的家裡也好。他們需要經常外出與世界接觸，才能保持活力。花太多時間待在家裡，會讓他們太安逸，生活亦會成為例行公事，導致他們不願與外在的世界互動。這樣一來，他們就會失去很多增進活力、促進成長及進步的機會。

北交點摩羯座的人很擔心自己沒有歸屬，而也不知道怎麼做才能讓他人接受自己。所以他們先觀察，什麼樣的行為會被「團體」接受，之後再仿效這些行為。他們渴望得到親近，他們想得到的唯一方法就是在團體裡讓步。然而，勉強自己做並非誠心去做的事，會造成他們深切的失望，因為團體通常不會回應他們的讓步。

他們也會因為將適用於某團體的原則運用在其他團體，而在成為某個「派系」或「黨派」的一員後，又被趕出來，因此感到疏離。而且他們並不知道原因。企圖成為某個派系的一份子，以滿足對歸屬的需求會產生問題：當他們歸屬某個派系，表示他們必須排除其他的團體。他們認為自己只屬於少數人。雖然投入比他們個人生活重要的原則有好處，但是當他們忘了分辨時，就會發生問題。

例如，當他們身處共和黨中並對共和黨狂熱時，就會在群體中感受到自己的歸屬感。但是，相同的狂熱卻讓他們充斥著民主黨員的環境裡感受到疏離。如果他們希望自己被人接受，應該專注在他們與他人的共同原則。

◆恐懼失敗vs.自尊

由於北交點摩羯座的人太恐懼失敗，所以畏首畏尾，不敢嘗試任何能成功的改變。只要他們有害怕失敗的心理，就會以為能藉著依賴他人「逃避」。他們認為自己「還沒有完全準備好」做成熟的大人，或追尋成功的機會。但是，遲早他們會發現，沒有任何人會照顧他們，因為這不是他們今生的設計。

有時候，他們會找各種藉口，甚至是年齡，來避免面對恐懼及與外在世界接觸。多年的自我掙扎，他們終於發現達成「任務」之前無法擁有滿足，而他們認為是年齡干擾的而不能達成目標。對他們而言，擔心變老反應出他們內在拒絕長大的部分。

但是，其實北交點摩羯座的人正是應該擁抱年齡的人：「謝天謝地！我終於能成熟了！」他們擁抱的是為達成目標而努力的意願，這讓生活更有意義，令他們得以實現理想與自尊。他們不應該以為年齡的增長將不利於工作的表現，因為不合邏輯。他們追求的角色，多半都因為年齡增加而獲得提升，因為年齡可以為他們帶來更大的權力、信用及權威。雖然他們也可以在人生的前半段歲月中達成目標，但往往後半段人生才登上舞台的巔峰。因此，當他們由於年齡的因素而感到壓力時，實際上正是他們的心靈在說：「時候到了！」

他們明白，如果不嘗試達成某個目標就放棄，所受到的沮喪會甚於嘗試後失敗；不過那是在他們盡了全力的情況下。不斷地說：「如果失敗了怎麼辦？」是他們前世機制的一部分，這個部分不希望他們與外界接觸。實際上這個聲音是在說：「不要長大……不要出去。」這會弄巧成拙。如果他們相信這個聲音，永遠沒有自尊。

前幾世，北交點摩羯座的人有位不讓她出去的丈夫，或是過度保護的父母，而他們對她諄諄告誡的聲音深植於心。但是最終濃縮成：「好吧，到此為止！」並掌控她，然後她的生命出現全然的轉變。當他們願意負起完全的責任，會開始練習控制自己的生活得到自尊，而這正是他們最需要的東西。

事實上，當北交點摩羯座的人懷疑某個行為是否正確時，可以自尊做為判斷「走在正確路上」的指標。例如，當他們不知道是否該打通電話，可以自問：「不論結果，打這通電話可否讓我尊重自己？」如果答案肯定，打這通電話就會讓他們「成功」。如果答案是否定的，那麼就應該重新思考自己的立場。

北交點摩羯座的人喜歡徜徉在模糊的情緒，這讓他們自動處於「出局」的狀態。但是當他們以「負責」的立場面對生命時，每件事情都會發生變化，而他們會覺得力量大增。由於他們還不習慣這種做法，而且擔心結果不完美或能力不足，所以仍感到相當地害怕。但是，不管他們延宕多久，今生他們遲早要自立並負起責任。他們愈早改變態度，就愈早享受生活。

例如，我有一位屬於北交點摩羯座的客戶，他想當老師。很多教師都是在學校畢業就直接進入教育界，但他一直到拿了三個學位，都還沒準備好接受那項必須「負責」的工作。直到最後，他終於去做了；這些歷程就是他們必經的歷程。一旦他們下定決心「去做就是了」，他們的成功就能證明他們的能力。

一旦這些人負起責任，就可以控制情緒的需求，而且確定自己是受到關照的。他們不再企求他人的憐憫，終會感受到自給自足及安全感。

◆維持積極的態度

北交點摩羯座的人善於激發他人的動機、熱情及支持的能量，鼓勵他人勇敢追求夢想。現在他們應該學習鼓勵自己。雖然他們容易受負面情緒影響，但是他們很有韌性。他們不會「被打倒後，就一蹶不振」，反而會立刻站起來。只是，他們必須記得，即使事情並不如他們希望的樣子，也沒有關係。他們面對的挑戰是迎頭向前盡力而為。

他們與情緒的關係之密切無人可比。當他們充滿感情地對他人說「我相信你一定能做好這件事」時，對方及他們自己都深信可以達成目標。由於他們在精神方面擁有與他人強烈的連結能力，所以也是稱職的治療師。但是，要真的成為自己和親近之人的鼓勵來源，他們必須先克服遇事就想到潛在負面結果的習慣。有時候，他們以為是在保護他人，但其實他們是在為他人製造障礙。他們應該專注於創造積極意義的結果。這些人通常沒什麼勇氣，不會冒一些小的風險，而那些小風險卻是其他交點族群的人都極可能嘗試的。因此，當他們關愛的人想要做新的嘗試時，他們應該表現出積極的態度。

北交點摩羯座的人，最好能專注於創造成功以克服他們的恐懼。對他們來說，如果凡事往負面的方向想，將只會耗盡他們藉以成功的能量。他們一定要提醒自己，以前自己是如何成功的，並專注於可以讓他們達到特定目標的各個細節。當他們學習將焦點集中於積極面時，他們的行動會支持他們，創造出他們希望的結果，同時也能鼓勵他人邁向成功。

負責

他們常會在限定目標的框框中行事。由於他們前世所有的時間都花在家庭生活中，所以在與外在世界接觸時，完全是一個新手，也因缺乏經驗而顯得沒有自信。但是他們今生的設計是，只要願意負責，並接受每一個呈現在他們眼前的機會，他們就可以贏到勝利。透過成功的經驗，他們可以對自己的能力充滿信心。他們應該要了解，由於他們的目標通常都比較「安全」，所以如果他們開放採納他人的意見，將會獲益良多。來自他人的意見，可以幫助他們擴展到他們無法想像的新境界。

◆面對問題

北交點摩羯座的人或許會認為自己很開放，但實際上，在他們與他人分享自己的感覺時，仍會遭遇困難。在他人眼中，他們看起來很膚淺，因為他們的眼光無法超越當時的現狀。他們可能很快就會了解一件事，因為通常他們很有智慧，但是要將想法付諸實行，對他們來說卻非常困難。由於他們有許多負面的想法，所以很難用積極的方式完成事務或面對問題。

他們逃避問題的部分原因是他們想像太多他人有某些反應的理由，但卻不問對方實際的情況。他們靠「感覺」與「直覺」判斷他人拒絕自己或說某話的理由。然而，他們的直覺通常是錯的。如果他們回顧以往的經驗，會發現自己對他人某些行為可能存在的含意所產生的懷疑，通常都是不正確的。因此，他們最好直接問對方，他為什麼會有那樣的反應，並仔細聆聽對方的說法。

在嘗試解決與另一個人的問題之前，他們心中最好有特定的目標，例如希望創造和諧的氣氛、希望結束這段關係，或者希望得到回饋，藉此修正自己的行為，得到更好的結果或其他類似的目標。如果他們有明確的目標，且不滲入相關人等的感覺，就可以維持客觀的立場。例如，如果他們必須開除一位員工，專注於這個目標，也就是請這位員工走路，可以讓他們不致迷失在之後可能產生的激烈情緒中。

要解決友誼中的誤解，他們最好先下定決心，訂定目標，讓朋友清楚了解自己的意思：「是這樣的，有件事我希望與你分享，而我希望你了解我的目的，是想創造我們之間更親近的關係。」當北交點摩羯座的人負起責任，並讓對方知道自己已經受到傷害時，通常會發現對方當時並不了解自己所受到的影響。

◆ 誠實

他們今生要學習直截了當，並誠實說自己知道或不知道的事。他們會因為不知道所有的答案，覺得自己能力不足，所以對於不可抗拒的情況，通常採取「以不變應萬變」的對策，否則就根據以往的行為模式做出反應。他們要學習在沒有答案時，直接向另一個人說明實情，並取得更多有關對方實際需求的資訊。例如，我有一位屬於這個族群的客戶，他在高中教授學生彈奏各種樂器。由於他的專長是打擊樂器，對於其他的樂器只是略通皮毛。有一天，有位學生來向他請教有關喇叭的問題：「F音怎麼吹？」

我的客戶很擔心：「如果我告訴他的答案是錯的，怎麼辦？我看起來一定很蠢！」這當然有很多不同的應對方法，例如嚇唬這位學生說：「什麼！你說你不知道？」但這麼做會否定那位學生所需要的協助。或者也可以說：「嘿！我現在不太清楚，不過我會去查查看，然後再告訴你。」當他們說「我不知道」時，他們會與對方站在平等的立場上，而且可以增進他們期待的親密感。當他們完成使命找到對方需要的資訊時，就會得到對方的尊重及讚賞。

他們的第一步就要有願意承認「我不知道」的謙虛。之後他們就可以尋找更多資訊。當他們採取過度情緒反應威脅對方時，就會疏離對方，而且產生不信任及防衛，而無法得到他們渴望的親近關係。

擺脫情緒束縛

◆釋放過去

北交點摩羯座的人通常不喜歡或疏遠他們的父母。他們或許不會表達出來，但是在他們的內心深處，疏離感確實存在。他們認為，父母並沒有提供讓他們成功走入外在世界的支持。或許他們認為，父母嘗試把他們塑造成不是他們注定成為的那個人。這些想法讓他們的成就低於實際潛能達到的水準。在潛意識裡，他們藉著達不成目標來懲罰父母的不公平。例如，如果父母曾責備他們是失敗者，或曾讓他們覺得自己「不夠好」，那麼他們會放縱自己來懲罰父母的不當處理：「你看，我無法成功，都是你們的錯！」

他們若想成功，必須願意將自己的最大好處及自尊，放在判決父母或視他人錯誤的渴望之前。他們必須願意說：「是的，你是對的。我應該有能力做得更好。」這種態度需要成熟的性格，也需要他們自覺地努力。不要沉緬過去，將焦點專注於當下可讓自己更堅強更具自尊。

◆控制情緒

北交點摩羯座的人非常敏銳。他們能了解各個層面的溝通，包括他人的言語、感覺及肢體語言，還有隨之而來所有的矛盾及不確定。當某人向他們傳達一項決定時，他們能立刻察覺出決定背面的所有矛盾。例如，朋友邀請他們到家裡共進晚餐，他們回答：「不用了，謝謝你。」雖然這位朋友說：「好吧，那就下次吧！」他們會不斷咀嚼這個回答，思考這句話的背後是不是還有其他的意義。他們的猜測可能對也可能錯。但他們必須了解，朋友在聽到他們的答案後，確實經過失望、悲傷、諒解及關愛後，才決定回答：「好吧，那就下次吧！」他們要學習了解他人實際的反應，而不是自己內在的想像。

他們如果有時間思考問題通常能做得更好，因為突發事件或是新的訊息，會使他們的情緒激動並混亂思緒。有時候，當他們無法立即找到解決對策或做決定時，他們會很沮喪。因為有太多情緒因素干擾，而無法掌握如何應對。但是，決定採取某種立場與做決定相關，他們做每個決定幾乎都有矛盾。重點是，他們應該集中心力於決定本身，而不是考慮這個決定會引起的各種狀況。處理負面反應只是讓他們成長及強壯的機會。

這些人需要明確的目標，避免自己迷失在情緒中。如果你放些螃蟹到桶子裡，雖然蓋子沒蓋上，螃蟹有機會逃走，但是螃蟹還是會留在桶子的底部。偶爾，可能會有螃蟹嘗試往上爬到桶子邊緣，但是其他的螃蟹會把牠拉回桶子裡。對北交點摩羯座的人來說，他們的情緒就好像是害怕及佔有慾強的螃蟹。情緒總會拉住這些人，直到他們下定決心掙脫枷鎖，衝向自由，並且不讓任何東西阻擋自己。有時候，他們需要經歷一些事件讓他們清醒面對情緒的必要，然後生活會更加輕鬆。在此之前，他們是自己情緒的受害者，每天都被情緒淹沒。在他們學習正確處理感受之前，情緒代表的是他們希望避免的恐懼與「失控」。當他們耽溺在消極情緒中，負面情緒使他們不知所措，甚至使他們產生負面的生理反應。

他們今生所面臨的最大挑戰，是區別積極的感覺和會削弱力量的負面情緒。如果不加以控制，有四種主要情緒會成為北交點摩羯座人的潘朵拉之盒，分別是：恐懼、憤怒、罪惡感、不安全感。他們絕對不能耽溺在這四種情緒中，因為他們不知道應該何時收手。比如說，如果他們一但陷入罪惡感，就會「愈來愈深」，不斷累積這種感覺，而且持續上整個人生。

他們很容易耽溺在負面情緒中，甚至不知道自己在做什麼。他們應該做的第一步，是注意自己到有否產生這四種情緒，並注意到後果。例如，當他們允許自己生氣時，短時間內他們可能真的很「憤怒」（其實是瘋狂），當時的言行是他們清醒時絕對不會犯的。他們應該要小心前述四種情緒，任何一種出現後可能產生的後果，都會讓他們崩潰。之後他們要學習如何防止，就好像知道手會被火爐燙傷，就絕對不要再將手在放上爐火上。

其他交點族群的人知道如何畫清界線，並將情緒視為提醒自己改變行為的「警訊」。但出於北交點摩羯座的人總沉迷於情緒，所以絕對禁止自己耽溺於「四大情緒」之中。這如同酒鬼不能有喝任何酒的機會。恐懼、憤怒、罪惡感及不安全感，不僅造成他們心理的崩潰，還可能影響到他們的生理。從另一個角度來說，歡樂、關愛及感謝，則是愉悅與健康的。事實上，任何這四種情緒以外的其他情緒，對他們來說都可以接受，因為它們不會引領他們進入無法控制的局面。

人際關係

處理情緒

當北交點摩羯座的人學會退一步，並且不讓自己受到他人情緒的影響時，對每個人都有好處。他人的好處是因為表達自己的感受，而不需擔心他們會有不當的反應。而北交點摩羯座人的好處，則是因為不需要擔心他人的情緒反應，而取悅他人。他們可以客觀地觀察對方，並告訴自己「那只是喬在發脾氣罷了」或是「瑪莉就是這樣」。他們可以接受他人忠實做自己，而不會捲入負面能量之中。若要培養健康的情緒，他們可以默默提醒自己：「當我讓他人成為他們自己時，我就自由了。」

◆依賴

前幾世當他們有煩惱時，都會有人迅速為他們解決。這導致他們總依賴他人來穩定自己的情緒。但是代價太高了，他們喪失了解自己其實有能力解決問題，與為自己情緒負責的能力。太多來自外界的幫助，反而成為他們的負債。他們因此嚴重缺乏安全感，擔心自己無法獨力「達成」某個目標。因此，今生他們不應讓自己有任何情緒上的依賴。當他們真的惱怒或瀕臨「崩潰」時，他們必然不會成功，因為他們的出生盤不是如此設計的。每當他們過於情緒化時也會發現，他人非但不會來關照自己，反而會走開。這正是生命阻止他們，避免沉浸在自我毀滅的情緒依賴中的一種方法。

北交點摩羯座人的情緒紊亂是個無底洞。他們需要關注，希望他人能進入自己的情緒狀態中，並為自己解決情緒問題。但是當他們這麼想，出現情緒暴走以後，他們會對自己不滿，同時希望對方不會因此看低自己。所以，他們必須注意自己的行為，才可以贏取他人尊重，並增加自尊心。就像是指南針，使他們走在正確的道路上，指引他們穿越陰晴不定的情緒風暴。

他們通常特別容易發展對家庭的過度依賴，抱持「我們一起對抗全世界」的想法。這也是他們大多很愛國的原因，因為那是「我們對抗他們」的情緒延伸。通常他們是誠實的納稅人，他們會支付所有該付的稅金，覺得自己有義務支持國家這個廣義的「家庭單位」。潛意識裡，他們仍然認為自己必須依賴家庭才能生存。前幾世，如果家庭不接納他們，他們會被放逐離群索居，而生存就會面臨危險。

北交點摩羯座的人認為自已需要依賴他人。他們希望知道隨時有人準備提供援手，而他們也常養成依賴的習慣，例如搭他人的便車、請人幫忙買東西等等，他們一輩子都繞著另外一個人打轉。當他們覺得有人在支持自己，就可以鼓起勇氣面對外在的世界。然而，如果對方突然離去，他們不論在職場或情感上都會崩潰。突然之間，他們害怕自己無法達成目標，即使他們多年來一直很成功。

實際上，他們很有力量。如果他們不了解這一點，而給了他人這份力量，彼此的關係會遭到破壞。當他們讓他人負起責任，並做所有的決定時，他們就不是成熟的大人了，最終亦將失去伴侶的關愛及尊重。但是，任何時候他們都可以扭轉這種情況，並對自己說：「好！現在我要拿回我的力量，並開始成熟地對待這段關係。」並改變自己的行為。

當北交點摩羯座的人結婚後，有時候他們「幼稚的模式」又會出現。當他們一感受到「家庭」的安全感，就會將所有的責任交到對方手上。只要他們不改變這種做法，就永遠不會有美滿的婚姻。每當他們過度情緒化，出現幼稚的一面時，情況就會惡化。但是，他們只需要有意識地接近內在成熟的那個部分，並在當下立刻開始練習。一旦他們為自己的成功負起責任，其他人就絕對不會讓他們失望。這時北交點摩羯座的人掌控整個局面，而生命則會變得美妙。

◆控制

北交點摩羯座的人會因為不希望得罪他人，而行事不果斷。他們如果傷害了他人會很沮喪，所以即使真的不願意，也會盡量配合他人。如果與自己親近的人想做某件事，而他們不想，最後他們還是很可能會去做；他們寧可讓自己痛苦，也不願令對方不快樂。若想在這種情況下掌控情勢，他們最好告訴那位朋友：「我不想做。」向對方解釋，如果做的話會造成何種反效果，說明他們比較希望做的事並堅持自己的原則，這樣他們就可以建立自信。當他們不情緒化的情況這麼做時，通常對方都會接受，所以雙方都會很快樂。

由於北交點摩羯座的人受到他人情緒反應的控制，所以會試圖用激烈的情緒反應掌控他人。當他們覺得憤怒時，他們的言語及能量場都會充斥著情緒，而他人通常都順從他們，因為對方認為不需要直接面對，他們因不如意而產生的激烈情緒。

那就是他們堅持主張與決定結果的方式。例如，如果他們要加班，常會編一些藉口：「嗯，我想我可以在三十分鐘之內，把這個工作做完，然後我會趕回去做晚餐……，那你想吃什麼……。噢，天啊！我的天啊！」這種方式一點都不成熟，好像是孩子企圖取悅他人。一位成熟的大人會說類似的話：「我今天晚上會加班到九點，恐怕沒有時間做飯，所以或許你想自己出去吃晚餐。」

或者，如果另一個人要他們做某件事，而他們情緒激動地說：「我不想做。」那麼對方將會退縮。這種方式並不能增加彼此的親密感。他們的想法應該建立在明智、對自己負責的立場：「這個周末我不想與你出門，因為我下周一大清早就要上班，我需要充足的休息。」他們應該讓對方知道，為什麼他們判斷「配合」他人並不符合他們的最大利益，之後就必須堅持自己的原則。

如果他們希望有一些時間考慮，可以說：「這似乎是一個很棒的主意。讓我考慮一下再回答你好嗎？」他們要學習以理性的方式處理問題，而不是讓自己受到他人激烈情緒的影響，或是企圖藉著自己的激烈情緒掌控局面。

北交點摩羯座的人有時候會忽略某些問題，因為他們不想處理任何讓情緒不愉快的事。同時他們也會擔心，如果直接面對這些問題，可能會造成某種危機。如果沒有人特別點明，他們會讓它就這樣過去消失。

問題在於，他們並不說出傷害他們的事情。因為他們擔心失去伴侶而過度補償；他們負起太多關係中細微的責任。他們認為：「嗯，如果我真的愛她，我就只能接受。」他們避免直接溝通，而且反過來會生對方的氣，並以沉默相待，最後關係就結束了！

另一種拒絕的技巧是，以了解不足做為延宕負責的藉口：「我對情況的了解程度還不足以接下這個責任。」北交點摩羯座的人實際表示「接受」時，會用「不懂」這個詞。他們可能會說：「我不懂你為什麼這樣對待我！我不懂你為什麼這麼生氣！」但他們只是將注意力轉移回自己身上，他們實際想說的是：「我不能接受你這樣對待我！我不能接受你如此憤怒的事實！」他們利用拒絕來逃避解決問題的責任。

由於他們對情緒的敏感，使他們能夠立刻察覺與伴侶間的問題。否認不滿或許可以收到暫時的效果，但是問題並不會「消失」。北交點摩羯座的人一向不希望提起懸而未決的問題，因為他們內在有部分擔心自己沒有解決這些問題的能力。實際上，時間拖得愈久，問題愈不容易解決；意見不合可能會導致離婚。立刻面對問題，並揭露深藏的感覺，是討論問題及恢復雙方良好感情的關鍵。當對方說：「我很不爽，這段感情裡我有個問題。」而他們卻否認問題的存在，絕對是「必敗之道」。

對北交點摩羯座的人而言，暴露他們發現的問題，是維護重要關係的關鍵。但是每件事的發展都要看處理的方式而定，如果他們與他人相處時，是出自負責的態度，也就是負起指引這段關係邁向預定的目標，如快樂的婚姻、維持長久的友誼、長期的合作關係等等，就可以在雙方都滿意的情況下，揭露這個問題。例如他們說：「有一個問題一直困擾著我，我想與你討論，並進一步了解彼此的感覺、需要，以及對我們都有好處的方式處理。」他們應該把問題點出來，解釋自己的感覺，並了解相關人等的感受，同時牢記心中積極的目標。

一旦他們開始與對方交換資訊及意見，就打開了通往更高層次幸福的康莊大道。一段婚姻裡如果有未能解決的長期問題，負責代表找婚姻顧問，確保雙方都能理解彼此。畢竟，關係之所以存在是因為兩個人曾經希望擁有，所以適當的溝通，可以重建當初的熱情，甚至更甚以往。

角色

◆吸引適當的伴侶

由於前世依賴的習慣，北交點摩羯座的人認為應該找堅強的伴侶來保護及支持自己。有時候他們會吸引錯誤的人結成伴侶，例如想照顧他們，並讓他們留在家中的伴侶。但是如果真的發生這種情況，他們內在的自我會在一段時間後開始反抗，最後會排斥那位當初吸引他們的人。今生，他們內在有一個部分會想證明有照顧自己的能力。所以他們真正需要的是，能支持他們發展專業能力及個人權威的伴侶。

當他們從匱乏的立場出發，他們的關係會崩潰。但是，當他們下定決心為自己的快樂負起責任，而展開一段關係時，這段際關係就可以發揮適當的重要性。但是他們追求的成就感，是絕對無法自關係中獲得的。它來自積極追求自己的使命，並以能建立自尊的負責態度參與生命。即使是在親密關係，他們也應該維持自己的權力範圍，不要為了取悅對方而讓妥協。例如，我有一位屬於這個族群的客戶，她擁有過人的創造力及寫作天賦；事實上，她在大學時代就已經出了一本發行全美的書了。但結婚以後她就停筆了，並將全副精神投入輔助先生及教育孩子。她「不想搶她先生的風頭，傷害他的自信」。

二十年過去了，當她的孩子離開家時，她對先生極度不滿，她將自己沒有追求的寫作生涯責怪到他頭上。事實上，她的先生曾經鼓勵她繼續寫作，但她還是認為她的成功將會令先生心情不快。我曾與她的先生談過話，了解他當時真的希望她能重新執筆！這甚至可以為家庭增加收益。這個特別的故事並沒有快樂結局，這位太太仍然因為自己挫敗而繼續責備他人，這樣使她無法主動地為自己的生活負責。

當北交點摩羯座的人以他人的感覺，做為不能過自己想要生活的藉口時，就會發生這種事。事實上，她有責任以建立自尊的方式利用時間。只有她自己最清楚她要往哪裡去，想要做什麼。當她讓對方知道，對她來說什麼是最重要的事時，所有的情況將會開始配合她。

一旦他們積極追求自己的目標，誠實地做自己，就可以看出自己欣賞的伴侶，將會是資產或是負債。由於他們不需要依賴對方才能生存，所以他們可以維持客觀。事實上，當他們找到目標，做出承諾，積極地朝目標進行時，適當的那個人就會被他們吸引過來。這時，他們會散發出與精神自我一致的能量，而那些支持這種能量的人將會被他們吸引。如果他們已經結婚了，負起責任可以給他們的伴侶以嶄新的方法支持他們。

◆滋養的母親

在個人關係中，北交點摩羯座的人常扮演誇張的「母親」角色。這對他們或所愛之人都行不太通。他們常迷失在滋養母親的角色裡，經常受到他人情緒變化的影響。當他們發現生活完全在迎合他人時，會覺得自己是受害者。事實上，並沒有人要求他們付出這麼多。

他們扮演滋養母親的動機，是希望身邊的人能維持快樂的情緒。但是他人可能視為干擾，而北交點摩羯座的人則覺得能量消耗，所以事實上，雙方都有損失。另外，對他人情緒過於敏感也會使他們受人操縱。他人依賴他們提供的實質東西，以維持心情愉快。這是一種持續性的餵養形式，而他們通常樂於提供給他人。但他們還是應該保護自己，對於希望他們能一直扮演「照顧者」角色而接近的人，不要靠得太近。

理論上，北交點摩羯座的人認為所有的人都應該互相扶持，如果每個人真的如此，世界會變得更美好。所以他們通常盡可能地幫助他人，而且沒有任何不良的動機。雖然他們本著直覺照顧他人，但是他們通常不知道什麼才是真的對他人有幫助。他們考慮到他人表面的需求，但卻不了解更深層的問題。他們也希望能關照到他人的精神需求，但卻不知道怎麼做。

與其今生扮演滋養母親的角色，他們更應該強調「父親」的角色，並負起責任協助他人達成建設性的目標。這意味著仔細傾聽、辨別對方的意圖，並有意識地提供援手。有時候，他們扮演母親的角色，是希望啟發對方「負責」的態度。終究，為了擁有成功的關係，他們必須了解他人真正的感受及負起責任。如果他們需要協助他人做決定，應該召喚無形的父親，也就是高靈的力量，使他們有能力在困難中擔任父親的角色。

親密關係

北交點摩羯座的人非常重視親密關係，希望能與對方自在地交談、靈魂可以坦誠相待、在不擔心被批判的情況下彼此親近。所以，當他們找到心儀的人時，他們會努力地創造機會。但是有時不論他們怎麼努力，仍會被擋在門外；對於為何無法建立親密關係，他們真的不了解。今生他們要學習的課題，是不要把事物當成針對他們。例如，有些人只是不想談感情，不是每個人都擁有與他們相同的價值觀。他們要學習別浪費時間在沒有共同意願的人身上。如果他們的努力沒有成果，最好放棄，不要強求。他們應該允許他人擁有選擇是否與自己建立親密關係的權利。

從另一個角度來說，有些人或許很想與北交點摩羯座的人親近，但是他們不甚珍惜那些人。對方可能是他們經常見面的生意夥伴，他們害怕與之建立親密關係，會筋疲力盡或不快。或許這是因為他們內心深處並不尊重對方。同樣地，分辨的能力是重要的關鍵。或許渴望與他們親近的人，事實上並不適合他們。北交點摩羯座的人可以藉著觀察自己能量的變化，了解誰是適當的人選。如果與某人在一起時很快樂，且能獲得鼓舞，那麼這個人就是對了。

◆溝通

在北交點摩羯座人的人際及感情中，不願傾聽是個大問題。事實上很難與他們交談，除非另一個人願意一直扮演聽眾。當他們成為眾人注意的焦點，或是當他人詢問他們的意見時，他們會興奮得忽略對方想要的東西。他們希望幫助他人，但由於他們並沒有真正地傾聽，所以不知道對方的方向或尋找的答案，所以他們就像無頭蒼蠅一樣，毫無方向地橫衝直撞。他們的思緒會往不同的方向流竄。這反應出他們缺乏自律的一面。

要真誠了解另一個人的心聲，他們必須全心全意地傾聽。他們不傾聽，主要是因為他們認為自己不會有什麼收穫。除非與自己有直接的關係，否則他們不會大費周章地走出小框框與他人連結、同理他人並積極參與，因為這些都太麻煩了。他們只會思考：「這件事對我造成什麼影響？」」當面對比較大的問題時，他們不一定了解它的重要性。耽溺於這種傾向，會使他們無法建立自己嚮往的親密關係，因為他們並沒有真正地與他人連結。

如果對方的言語沒有對他們造成立即的影響，他們會開始想其他的事。正因如此，他們的反應往往並不得體，有時會引起他人的反感或是誤解。然而實際上，他們如果真正對另一個人多用一點心，則與對方交流的過程會獲得更多。當他們專心注意對方，並試著聆聽對方的言語，他們的反應就大不相同了。因此，雙方在交流過程更自在，而北交點摩羯座的人會發現，將能量投入聆聽對方的聲音非常值得。他們將因此更滿足，對自己或他人也會有更進一步的了解。

北交點摩羯座的人也很容易將自己的需求投射在他人身上，而不是真正了解他人的需求。他們甚至會說：「告訴我你需要什麼，我看看可不可以幫得上忙。」之後，根本「聽」不到對方說的話。他們當然聽得到對方說出來的每一個字，但卻不了解對方的意思，所以他們無法有所行動。特別是關係中有情緒或個人因素時，對方的表達方式在他們眼中，看起來具有威脅。這是因為他們內心深處，一直覺得自己沒有能力滿足對方非物質的需求。他們擔心即使自己了解，但對狀況也無能為力。這樣對方就會失望，而他們則會感到自己很無能。

為了擁有順暢的關係，北交點摩羯座的人必須注意地傾聽。即使對方說的會使他們困擾，他們還是必須開放胸襟仔細聆聽，精確地了解實際發生的狀況。他們的思維很快，但是除非是很沉重或很實際的事，而他們無法立即著手處理，會讓他們很難過，所以乾脆就不想知道資訊。這些人不像其他交點族群的人能迅速處理資訊，這是可以理解的，因為他們的情緒與心智相連。他們需要花些時間將精神變化與他們的感覺分離；他們需要獨處的時間，反思整體情況。面對問題時，如果他們願意稍後再思考，就不會覺得自己應該當場就立刻做出反應，而有了一些傾聽的空間。

有時候，北交點摩羯座的人在談話中，會因為對方要求他們提出自己的看法或反應，而手足無措。因為他們很意外他人會尊重他們的判斷。但是，當他們不傾聽對方時，他們就沒有負起幫助對方的責任，而無法反應。如果他們專注於協助他人，就可以規避自己的情緒反應，並發揮從較寬廣的角度觀察的能力。

他們與人溝通時，會在他們以為自己無所不知時出現另一個瓶頸。他們的確知道自己世界中的每件事情。他們知道如何維持家庭的現狀，而他們處於家庭的「子宮」中非常自在。然而，在維護他們世界的原則而努力不懈時，卻不了解還有其他可以使自己受惠的「世界」。他們可以從不了解的領域中成長及收穫，而不是從已經了解的領域。如果他們更傾向以解決對策為導向，也就是願意接受自己已知領域外的新知，就不會再怕自己「沒有答案」了。

不願傾聽也使他們錯失許多機會，因為他們只關切當時切身的事物，而不是更寬廣的大局。為了不再錯失機會，他們可以有意識地自問：「這個人會為我帶來什麼樣的機會？這個情況中存在什麼樣的機會？」藉由將焦點集中於呈現在他們眼前的機會，北交點摩羯座人的傾聽能力可以轉換成為集中、負責的模式。

◆自我中心

北交點摩羯座的人通常都很自我中心，這正是他們不利用天生同理心的理由；他們不想發揮自己的潛能。他們認為自己是實際的人。如果他們覺得自己對某個問題沒有辦法，就不希望「浪費」自己的能量。他們會認為自己對某人已經很有同情心了，但這並不能增進對方的幸福，所以不能算是真正的關懷。

同理心是一種主動積極的過程。他們必須真正與某人一起，並「進入」對方的處境，感受對方的感覺。了解同情心的缺點，同情並不能解決問題，可以協助他們將同情心轉化為同理心。

其他交點族群的人都無法像北交點摩羯座的人一樣，擁有高度的同理心，但是這些人卻害怕主動同理某個人。他們感受到他人的感覺，但他們擔心如果體驗這個過程，自己也會受到傷害，而且也不能提供幫助。事實上，當他們真正地走出自己，同理心對待對方時，突然他們需要的答案就會浮現眼前，他們也就可以用富建設性的方式改善問題。

例如，我有一位屬於北交點摩羯座的客戶，他的父親不久前剛剛過世。在他父親過世前一天，這位客戶去醫院看他父親，他父親帶著氧氣罩，伸出手來對他說：「我不太能呼吸。」我的客戶不知道應該怎麼辦。所以他在病房中停留幾分鐘後，就找了藉口離開。他事後反省，並同理父親當時的情況，他才意識到當時他只要留在那裡，握著父親的手就好了。

他們用非常美好及關愛的方式協助他人，先決條件是他們要花一點時間設身處地為他人設想，就會知道應該怎麼做。當他們清楚地辨識出同情及同理時，就會希望自己能夠擁有同理心。他們發現發揮自己的力量、以某種方式貢獻，有與他人連結的感覺，並建立自己企求的親密是很棒的事。

目標

目標導向

北交點摩羯座的人擺脫弱點的方法，在維持更客觀的態度，與生活的各個面向中均以目標為導向。如果沒有目標，他們會在情緒的汪洋中隨波逐流，而且被自己與身邊人的心情及感覺所羈絆。除了讓自己跟隨比自己個人生活更大的目標之外，並沒有其他方法可以幫助他們脫離波動、不安情緒泥淖。藉著堅持朝目標前進，他們可以將自己拖出情緒力量的範圍。

在任何他們覺得會陷入情緒及需求困境的生活領域中，他們都必須設定一個特定的目標。例如，當他們發現與孩子的關係陷入僵局時，可以為自己設定與孩子的相處方式，諸如專注於呼吸、維持平靜的狀態。實際上，他們會希望針對每個孩子，建立個別特定的目標，如幫助強尼更輕鬆、幫助辛蒂建立信心等等。藉著專注在這些目標，而不是孩子的情緒，他們可以維持自己情緒的平衡，而成為更稱職的父母。

承諾對他們是重要的關鍵，例如下定決心，發揮潛能的尊嚴、自尊及誠實的情況下，達成目標。在努力邁向既定目標時，會出現許多個性發展。對他們來說，達成一個目標是非常充實的事情，它不藉任何其他東西，就可以肯定他們的力量、專業知識及能力。最後，這個過程中得到的自我肯定及自尊，就是他們真正的回饋。

◆設定目標

設定明確的目標，對北交點摩羯座的人來說絕對必要。在達成目標的努力過程，他們的整個生命會充滿活力及力量。因此，找到他們認為適當的目標，並朝目標前進，是關係他們能否享受生命的真正關鍵。一旦他們目標明確，情緒的力量可以協助他們，這是運用他們情緒的一種高級正面方式。

在生活的各個層面，當他們自我控制時非常有益。如果他們控制自己的飲食，並對飲食習慣極為注意，將有正面及成長性的效果，而他們也會對自己很滿意。如果他們訂定規律的運動時間表，當他們發揮紀律達成目標時，更會獲得自尊。

北交點摩羯座的人渴望證明自己可以掌控生活，也很想證明自己的能力。他們不怕工作，但若信心不夠，而唯一可以給他們信心的是成功地完成一項工作。不論他們多麼的聰明，如果光說不練，就沒有機會發現自己的全部潛能。

對他們而言，能否達成目標的部分原因，與自己可以做什麼的實際認知有關。一旦他們從更廣的角度觀察，就可以依序分段設定較小的目標，系統化地達成最後的目標。當他們知道自己可以達成哪些目標，每完成一個目標，都可以使他們擁有繼續朝下一個目標前進的信心。

例如，他們想要減重二十公斤。與其設定減重二十公斤的最後目標，不如對自己說：「我要在一個月內減重一公斤」。之後，如果他們在第一個月內，減去的重量超過一公斤，就可以把第二個月的目標擴大至減重兩公斤。如果目標很難達成，則下一個月他們可以把預定目標往下調。有一件事非常重要，那就是他們必須保有彈性，不要給自己壓力；他們可以根據自己達成的結果而調整目標。如果他們的目標較小並容易達成，他們會覺得自己很棒。這樣他們會更肯定自己，而且有更多的信心進行下一個目標。

我曾有一位北交點摩羯座的客戶，想游泳運動。起初，他以超快的速度游完一趟，但游完後筋疲力盡。他希望自己能夠來回地游，而且他發現有一些超過七十歲的人，可以來回游好幾趟，就不禁懷疑，他人是怎麼做到的？於是就去請教他人，並開始練習。不久之後，他已經可以連續來回游好幾趟。他的下一個目標是游一英哩。達到這個目標後，他又設定了目標：在四十五分鐘之內游完一英哩。之後，他已經把游完一英哩的時間縮短到三十二分鐘。在這以後，他覺得自己好像在參加奧運代表隊的集訓。這正是這些人成為目標專家的方法。他們要設定可達成的目標，然後逐步擴大。他們要學習藉著維持專注的狀態達成目標，而且不會覺得受挫。這麼一來，整個過程就會很令人振奮了。

◆達到目標的理性方式

北交點摩羯座的人這輩子最重要的目的，就是學習達成目標的藝術。他們一旦學會方法，就可以獲得極大的成功。最終，學習關照自己，將是他們的宿命。如果他們一直拖延負起責任的時間，就浪費了自己的活力與青春。畢竟，要建立足堪支持他們的經濟基礎或是事業，需要很大的精力。他們愈早掌控自己的生命並提前規劃，獲得成功的機會就愈大。他們最好是能確立讓自己積極努力的長遠目標，並立即開始行動。

他們常擔心個人生活會因為追求較大的目標，而受到衝擊。所以他們專注於日常生活中的歡愉與問題，而忽略了他們並沒有採取合理的步驟確保未來。他們不會把握機會，因為他們滿腦子想到的只是他們不想做的事，而不是將焦點放在較宏觀的角度，去看他們真正想做的事，然後積極追求。他們不願意為了構築未來而改變現狀，即使事實上，他們若將注意力放在規畫未來，可以確保他們目前的快樂，他們也不願意。

因為沒有人會為北交點摩羯座人的快樂及安全負責，所以他們無法逃離命運的安排。他們愈早負起責任，事情就會愈簡單；他們也可以感受到更多的滋養。例如，我有一位北交點摩羯座的客戶，她得到的離婚贍養費已經差不多花光了。她有個機會買到一家寵物美容屋，這個寵物美容屋不需要預付款，其他的付款條件她也可以應付。她本身很喜歡動物，對這個行業也很在行。這真的是很難得的好機會。

她並沒有好好掌握這個絕佳機會，相反的，卻立刻產生了情緒上的憂慮。她開始懷疑，這是她注定的「命運」嗎？這份事業真的是她此生想要做的事嗎？它會不會影響到她參加社區劇院的活動，或是她最喜歡的體育館早上課程？她來找我的時候問我，她是否應該接受這個機會，或是應該賣了她那棟沒有貸款的房子，讓自己在餘裕的情況下，好好考慮未來如何謀生。

再次重申，北交點摩羯座的人今生必須學習理性的方式，將重點擺在未來的實現。把房子賣掉，只是拖宕決定的時間，同時讓這位女士陷入更不利的處境。而且，由於她必須花錢租別的房子，所以她將需要更多收入。但是，如果她趁機抓住這個極佳的機會，很容易就擁有一份穩定的未來。或許在前一、兩年，她需要付出全副精力照顧這個事業，但是一旦上了軌道，就可以雇用人手來幫忙，也可以利用她與生俱來的天賦管理他人。兩三年之後，她會有更多自由的時間，而且仍居住在無貸款壓力的老房子，加上事業的穩定收入，她就很有安全感了。

宏觀的視野

當北交點摩羯座的人將焦點放在希望獲得的目標上，可以輕易就創造成功。因此，對他們而言，擁有宏觀的視野很重要；也就是說，真正了解更大的目標，這樣在扮演他們的角色時就很有自信。如果他們不了解他們負責的部分如何影響整個情況，他們就會失去信心。

◆更高層次的力量

他們如果配合靈性或高靈等可以關照自己的力量，就可以成功地將對依賴的需求轉化成力量。這可以幫助他們專注於超越散亂的情緒需求，且不被控制的情況下，重新獲得掌控的感覺。如果他們覺得自己無法掌控情勢就會抓狂。例如，如果他們開車時碰到塞車，往往會過度反應。實際上，他們希望掌控生活的心情值得肯定。但是，就如同前述的例子，有時並不可行。他們應該了解，不論外在的環境如何，他們最終掌控的只有自己。

可以讓他們做到這一點的方法，就是確認有更高的力量控制情況，因此，不論發生什麼事，最後的結果都有利於他們。就前述的例子，他們碰到塞車，可能表示他們不會與本來不應該見到的人碰面。當他們注意遠方更大的目標時，就不會感到無助。如此一來，當他們處於無法明確掌控局面的情況，他們可以說：「這一切都有其原因。」就讓它過去。

北交點摩羯座的人覺得，他們是為了完成某項任務而來；「更高的使命」是他們命運的一部分。如果不了解今生的目的，這個族群中有一部分會有強烈的空虛及罪惡感。雖然他們每一個人命運各不相同，但內心都知道該往哪個方向走；通常都是走向某個有權力的地位、接受某種責任、代表某種理想，或是闡述某種比個人生命還重要的真理。

他們明白自己的任務，因為那是自然展開在他們面前的道路。或許有一段時間，他們會盲目追求某個目的，並對自己很滿意，且得到相當人的成功，但是卻會因為某種理由而放棄那條道路。在他們回頭重新拾起各個片斷，並跟隨使命往前之際，他們會一直忙亂不堪，而最後的結果不論成功或失敗，重要性遠不及決定致力於某一個目標，並積極追求這個目標的過程。他們必須克服讓自己沉迷及分心的各種誘惑，否則除了滿足個人的需求外會一事無成。當他們竭盡所能，並將社會利益放在個人維持舒適的渴求之上，他們就能充滿愛和感到「這是對的」。

於是，他們就知道自己正在執行使命了。

◆角色榜樣

北交點摩羯座的人最愛角色榜樣，他們希望能夠像理想人物一樣，機智、「風度翩翩」、善於言詞、成功達成渴望的目標。這對北交點摩羯座的人而言具有正面的效果。當他們有一個值得仿效的模範時，他們會成長，而每一個人亦可因此得到勝利。

效仿成功人士對他們很有用。如果他們真的願意用心注意，他們從了解榜樣做人處事中獲得鼓舞，而且學會讓自己成功。前幾世，他們否定自己的權威部分，而那正是負責指引船隻方向的部分。在他們一世又一世允許他人掌控自己的過程，他們掌控自己的能力逐漸削弱。這輩子導引船隻方向的工作落在他們肩上，不論喜歡與否，他人今生依賴他們負起責任。每當他們扛起責任時，他人感激並支持他們，而他們也可以得到來自生命的支持。是否扮演自己命定的角色，並在過程中成為他人的典範，完全取決於他們自己。

北交點摩羯座的人傾向把自己的功勞讓給他人。私底下，他們內在有部份不希望被他人認為應該為結果負責；就算結果成功。他們只要看到自己的任務成功就很快樂，他們並不會特別想要爭取榮耀。但就實際而言，當他們因為自己的努力而得到成功時，願意接受榮耀才符合他們的最佳利益。

首先，來自大眾的認同對他們是正面能量，肯定了他們的尊嚴，更可以做為他們是否走在正確道路或是滿足某項公眾需求的指標。一定有人接受成功帶來的喝采，而那個人應該就是他們，因為對他們來說，感謝的能量並不是自我的追求，但有助於缺乏能量的心靈。

再者，接受認同可以增加更多個人的可信度；就個人而言，他們成功的執行了負責的計畫。例如，如果他們召集工作夥伴一起做有利於公司的改變，並接受自己是這項計畫主導人，他們在管理方面的才能會受到肯定，而且會被擢升至更進一步發揮他們能力的職務。認同是為他們開啓更多運用他們公眾責任機會的鑰匙。

◆管理者

這輩子，宇宙會支持北交點摩羯座的人擔任公眾的職務，並追求專業的目標。當他們負責掌控時，表現得特別好，這是因為他們是優秀的管理人員。當他們從有權力的立場處理某種情況時，他們最有信心。這種情況適用於個人及職場的生涯。

另外，在管理其他人的過程中，他們學習更有效地管理自己。為了做好管理工作，他們必須表現誠實，並絕對信守承諾。為了與他們力量的保持連結，北交點摩羯座的人必須做到準時、達成承諾、對人誠實，以及保持提振尊嚴的行為模式。這讓他們的生命茁壯。他們不能用幼稚或不負責的行為「逃避」。

前幾世，他們陸續發展出強烈的情緒敏感度。當他們花點時間「了解」他人的情緒時，他們就可以精確了解他人的需求及憂慮，並激發出達成目標必須的精神及情緒支持，並以此方式與他人談話。對他們來說，這麼做是很自然的事，但是大多數人並沒有這項天賦。今生，他們還具有另一種天賦，那就是以宏觀的角度看待事物，並了解達到目標的正確方向。這是一種嶄新的天賦，並非承襲前世，他們必須練習才能認識自己擁有這項天賦。這些天賦讓他們在管理工作上有傑出的表現，並給予他人適度的諒解和指導。

當上位者沒有好好管理他們或其他人時，北交點摩羯座的人會非常生氣。他們內心非常嫌惡缺乏知識及敏感度而造成的管理不當，那是因為他們本能地知道，如何在不壓抑他人的情況下，激勵他人發自內心的支持。他們會變得不快樂及愛批評。他們對於是否負起責任猶豫不決，而對於事情的處理方式，他們也有太多的意見。在有人掌控局勢時，他們接近「越線」的臨界點，因為他們認為自己應該是這場表演的「主角」。的確，他們應該，但因他們害怕負責，而在最後一分鐘說：「噢，不！還是你來做吧！我會幫你。」當他們退縮就永遠不知道自己想法是否可行。

因為他們天生擅長人道與明智的管理天賦，所以他們有責任在大家都受到影響時改變處理人和管理不當的做法。他們應該申請職務的擢升，或是藉適當的方式與他人分享自己的知識，盡己所能地引進良好的管理方式。例如，如果他們因為粗糙的管理方式而受傷，可以用負責任的方式溝通：「或許你沒有注意到，不過在你……時，我受到很大的傷害。」之後，讓管理者了解應該如何補救。「當你改變我的職稱時，我覺得很受傷。我覺得當我的職稱可以讓我感到自己的重要性時，我會有更好的表現。」經由協助他人學習更理想的管理方式，他們也肯定自己的知識，滿足自己的使命感。

掌握機會

北交點摩羯座的人通常看不見可能的未來願景。一般而言，他們對自己做的任何工作都很在行，他們喜歡工作帶來的安全感，也會認真工作，但是他們不習慣掌握機會。為了避免日後懊悔，他們最好能夠及時把握機會。

當他們侷限在狹隘的自我世界裡，將無法看到未來的可能性。他們看他人冒險犯難時很欽佩他人，但是因為擔心失去目前擁有的一切，所以不願做同樣的冒險。他們必須承認，安全會帶領他們陷入停滯。

他們今生必須學習利用機會。他們應該專注於一個目標，然後百分之百地投入完成這個目標。在他們決定全心投入的那一瞬間，就擁有完成的力量，而且突然機會就會湧到他們的面前。當他們掌握每一個機會，並完成它，他們就已經朝著最終目標的方向又跨近了一步。當他們每完成一個階段，成功的能量就為他們帶來足以抓住下一個機會的力量及信心。他們從過程本身得到可觀的力量及權力，所以在他們達到目標時，就已經完全勝任那個位置了，無論是外在還是內心。

由於他們有太多次前世時間在家庭環境中度過，所以北交點摩羯座的人自然用支持而非投機的角度思考。他們有幫助他人的自然渴望，這也是他們吸引到需要幫助之人的理由。但是他們應該接受一種可能性，那就是他們在幫助他人的同時也幫助自己，並創造雙贏的局面。這輩子，他們要學習利用生命為他們帶來的機會，提升自己的地位，證明自己的能力並達到「高人一等」的境界。

◆認清機會

我有一位屬於北交點摩羯座的朋友，職業是銷售壽險。他有一位客戶過世了，於是他協助未亡人料理後事。這位未亡人的先生留給她一份規模很大的事業，她不知道如何處理。為了協助她，我的朋友為她介紹了一位商業經紀人，這筆交易使她得到了大筆的錢及很有價值的股票。那位經紀人問我的朋友：「你希望怎麼算？」我的朋友回答：「我只希望她一切平安順利。」其實他大可收取佣金或是幾張股票，但是他們就是會讓這種機會擦身而過，然後事後再懊悔不已。

他們必須隨時注意到意外出現的機會，這是生命送給他們的禮物。如果他們因為天真而錯失良機，就會有人指出他們的這種情況，就像前例中的經紀人一樣。由於缺乏前世的經驗，所以北交點摩羯座的人在每一次機會來臨時，未必都能掌握。不過他們可以聽聽他人的意見，當某人問他們有關個人收益的問題，他們最好說：「嗯！讓我想想看，以後再回答你好嗎？」他們應該放慢腳步，給自己一點思考的時間。

他們的生命及他人都曉得，在較深的層面，他們不習慣生活在這個世界。所以如果他們請教那些在世界上已小有成就的人什麼是公平，絕對沒有問題。更好的方法是，他們對為自己指出機會的人說：「你認為這件事應該怎樣會比較公平？如果你是我的話，你會怎麼做？」

北交點摩羯座的人非常主動，而且常不經考慮就貿然行動。但慌亂無章的行為對於他們沒有好處。北交點摩羯座的人會全力投入所做的事，絲毫不會猶豫思考他們的能量會帶領或不會帶領他們到哪裡去，最後結果如何，或這個行為會對其他人帶來何種影響等等。他們必須更清楚行動可能造成的後果，並審慎引導自己的能量，使他們可以掌控。由於他們對結果負責，所以也應該負責過程，這樣才能確保結果與他們的期望一致。

例如，我有一位客戶的父親是北交點摩羯座的人。我的客戶來自關係非常親密的家庭，多年以來，她的叔父及其他的親戚給了她父親很多可以致富的機會。然而她的父親不動如山，他說：「不，我是靠勞力吃飯的人，我不做任何投資。」所以他從來沒有買過一棟屬於自己的房子，或為他與家人的未來做任何投資。雖然他負起日常生活的責任，一週工作六天，每天的工作時間都很長，但從來不願採取計劃未來的理性的方式。

現在這位客戶的叔父及表兄弟都很富有，但是她的父親卻為了退休金快不夠而頭痛不已，而且他還不知道自己為什麼會落到今日這步田地。他只是繼續一步一腳印，在令他覺得安全舒適的環境中生活。潛意識裡，他認為某人應該為他負起責任，而這種想法就等於北交點摩羯座人的「必敗之道」。

他們常會讓自己「陷在」保守的情境，以此做為避免「破壞他人好事」，或是招致他人情緒反應的手段。另外，由於他們支持既有的行事方式，所以比較不會選擇明確的立場。在他們了解今生就是要來學習接受機會前，他們不會試圖做任何嘗試。他們擔心會失去穩定生活中的安全感，也擔心需要負起改變的責任。

我有一位屬於這個族群的客戶，他經營小型的連鎖事業，在一棟大樓裡租了辦公室。有一天這棟大樓的屋主找他，給了很好的價格，要將辦公室賣給他。我的客戶因為沒錢，所以沒有買下來。其實他當時或許可以找出辦法籌錢，但是他看不到機會。他的第一個想法是：「為什麼在我可以租的時候，要買下這間辦公室來給自己壓力呢？」後來那間辦公室以極高的價格出售，價格之高令我客戶心痛不已。

在他們變成目標導向，他們要學習利用每個「障礙」，使它轉變成對自己有利的東西，所以每樣東西都是達成目標的踏腳石。當他們預期外的因素出現令他們分心，他們要學習以較宏觀的角度看待事情，並將每件事情都看成是他們可以利用的機會，而不是被情緒淹沒。

例如，如果一位北交點摩羯座的人正接受馬拉松的訓練，但是因為小腿肌肉拉傷，所以有好幾個星期不能練跑。這時他就應該利用這個時間鍛鍊他上半身的力量。如果成功在他的心中，那麼他就可以接受每件出現在生命中的事物，並將它看做是有利於自己的事。經由這樣的過程得到的自給自足極為強烈，因為他們會發現，自己擁有實現夢想所需要的特質。

◆將情緒能量轉換為力量

由於北交點摩羯座的人許多前世沉浸於家庭生活，並專注於感覺，所以今生，他們生來就有通往原始情緒的管道。唯一的問題是他們會陷在其中。情緒是一種不可思議的力量，而他們正在學習以積極的方式引導它。

有趣的是，他們似乎一直認為他們擁有的負面情緒中，缺乏天生正面的特質。例如，那些累積很多憤怒的人，通常覺得自己缺乏果決、主動、勇氣與獨立，這些都是原始情緒能量的正面表現，而這些能量的負面則是憤怒。藉由自覺地將能量導向負責的態度，自然地就會結構性的釋放出去；這就是為了他們而不是針對他們了。

很有趣，占星學裡掌管主動、勇氣、果決及獨立的火星，同時也掌管憤怒。為了使憤怒的能量以積極的方式釋出，北交點摩羯座的人必須在生活的各個層面負責、維護自己，並主動。

例如，我有一位屬於這個族群的客戶，她準備帶朋友逛場大型服飾特賣會，預定下午一點見面。我的客戶在六點半的另外約會之前都沒事。但是，她的朋友遲到了，她們在拍賣場中逛了很久，臨走之前，她的朋友又堅持去化妝室補妝。我的客戶眼看著時間一分一秒地過去，心中愈來愈生氣。她對那位朋友說自己六點半還有一個約會，但那位朋友似乎不在意。最後，她真的遲到了，而整個晚上她都一直很生氣也很火大。

她如何把憤怒的能量轉換成主動的力量？她其實可以在一開始的時候就說：「我們一定

要在五點以前逛完。」他們可以在一開始把目標說清楚，避免不順心時發怒。當他們的動機純正，是想幫助他人時，應該事前先讓人知道自己的要求：「我會幫你做這件事，但我需要在某個時間結束。這樣可以嗎？」這麼一來，雙方對於實際情況都會有某種共同的認知及協議，而他們則可以將憤怒的情緒轉換為積極的能量了。

療癒主題曲

由於音樂在是一種情緒上支持我們冒險的力量，因此我為每個交點族群各寫了一首療癒主題曲，希望能幫助他們將能量轉換到積極正面的方向。

回家

這首歌的訊息是希望輕鬆地將北交點摩羯座人的意識，轉換成更具勇氣的模式，鼓勵他們脫離認知中家庭提供的狹隘安全，並伸展向有輝煌成就的新家。

♪節錄部分歌詞

你是否曾與我有相同的感受，
知道你必須向前走，
跨出走向新環境的下一步？
你看不見自身之外，

不敢放手，因爲內心知道，
不能回頭——回到你曾經待過的地方。

你身處行不通的層次，
放掉過去繼續前進，
你以爲要離開家嗎？
不，不！你是要回去，回去，回家去！

第十一章

北交點水瓶座——

或北交點在第十一宮

星座箴言

符合每一個人利益的事才是致勝關鍵。

總論

針對這個部分努力，可以幫助他們找出隱藏的天賦與才能。

♒ 應發展特質

- 客觀（從「整體」角度觀察）
- 渴望友誼
- 為團隊最高利益制定決策
- 願意分享非傳統的意見
- 願意支持人道主義
- 積極參加團體活動
- 平等意識
- 以獨立個體與他人交往，跳脫特定角色，如園藝家、醫生、愛人等
- 創造雙贏局面
- 肯定他人特別之處

♒ 應擺脫傾向

努力降低這些傾向造成的影響，可以使生活更輕鬆愉快。

- 堅持自己的方式
- 為了行使權威而改變
- 執著冒險，如愛情或賭博
- 任性和固執
- 執著於獲得肯定
- 誇張的傾向
- 做他人期待的事，而不是遵循心的方向
- 奔放不受抑制的熱情；走極端
- 沒有意識到他人的重要性
- 因恐懼而有驕傲反應

致命傷／應規避陷阱／重點關鍵

北交點水瓶座的人致命傷是對他人肯定的需求，「我的生命完全仰賴他人給我的肯定。」他們以為如果擁有他人的肯定，他們的生命就是走在正確的道路。這是一個無底的洞。北交點水瓶座的人永遠得不到足夠的肯定，讓他們能自在地做自己。實際上，對他們來說，他人的肯定其實是假的指標。他們必須冒著不受肯定的風險，誠實面對自己非正統的想法，以發展更深與更令人滿足的自我肯定。

北交點水瓶座的人要規避的陷阱是無止境的冒險，尤其是戀愛。「如果我能擁有幸福的愛情，那我就完整了，就能夠開始幫助地球了。」但是，如果他們不平衡這種戀愛的能量與平日某種形式的人道主義，情況會變得過於緊張，而他們則會無意間摧毀自己極度渴望的關係。

重點是除非他們能忘掉個人的渴望，否則將永遠無法自由獻身於人道關懷。當他們投入相當程度的能力，創造影響深遠的成功時，他們的努力會使每位相關的人等充滿能量和回報。有趣的是，當北交點水瓶座的人獻身於更宏偉的目標時，他們會發現宇宙也更充實了他們的個人層面。他們要注意古老的格言：「注意你提出的要求，因為那很可能成真。」

真心渴望

他們真心渴望與某個人相愛、受到愛慕，並與可以回饋他們熱情的人分享「舞台中心」。

為實現這個目標，他們必須學習順其自然——告訴宇宙他們想要的東西，讓生命配合完美的時機，帶來會肯定並鍾愛他們的人。他們應該要學習自然地接受愛，隨時注意機會之窗，並對進入他們生命來愛自己的人有反應。花時間與志同道合的人相處，公開表露他們非主流與對未來的看法，會吸引到同時扮演愛人與提供他們特殊需求的朋友出現。當他們專注於實現無私的夢想時，生命會為他們帶來特殊的人，以浪漫的能量為他們的夢想充電。

才能與職業

他們能在團體裡發揮作用，因為他們知道如何促進開放、和諧的合作。他們的興趣是超派系的，所以他們做最符合整個團體利益的事。他們成功地推動他們相信的理想主義或人道目標。北交點水瓶座的人在需要客觀的工作中有很好的表現。他們是出色的科學家、占星師、電氣工程師、技術人員、電腦專家，或任何需要預見未來落實於當下能力的工作。能將創新思維帶給大眾的工作，都會讓他們成功與快樂。這些人藉由適當運用本身的創意能量產生正面的成果，而且能夠貫徹執行到事物完成。廣播電台或電視台的傳播工作，也是他們發揮與生俱來才能的範疇。

另外，北交點水瓶座的人非常有創意，隨時都可以發揮熱情、熱忱、原始能量完成工作。當他們下定決心賦予團體力量或進一步推動更高的目標方式時，他們會激發他人的能量。但是如果他們執意進入以自己為重心的行業，而不是以更高原則為重心，如電影明星、企業負責人、軍隊或政治人物時，他們會變得冷酷無情，無法平等地與人相處。在利用他們的技術推動重要的宇宙相關工作上，他們會有較好的表現。

療癒肯定句

- 「當我釋放倔強，我就成功了。」
- 「我不知道『應該』怎麼樣。」
- 「當我做符合每個人利益的事時，我就贏了。」
- 「一旦我決定想要什麼，宇宙就會將它帶給我。」
- 「我不需掌控他人讓自己充滿信心。」

性格

前世

北交點水瓶座的人前幾世是國王、皇后，藝人或是習慣「特殊」的人。由於他們過去一直生活收到掌聲與讚賞，所以形成了自我的冷硬外殼，讓他們覺得自己與眾不同，直到進入這輩子仍會覺得自己是「特別的」。

要重新獲得平等與歸屬感，他們需要將聲名中獲得的過多能量，提供給他人。他們可以利用自己巨大的力量進一步推動人道主義。他們來這個世界是為了幫助新時代（New Age）的產生。他們的命運是自孤立的王座走下來，並重新使自己成為團體的一份子。

當不幸發生時，他們很容易這樣回應：「是我嗎？發生在我身上嗎？」他們不相信自己會有厄運。他們要學的課題是：「生命」發生在每個人身上。但由於前幾世享受的特權，他們會在受到如同一般人的對待時，十分憤怒；他們天真又被寵壞了。

前幾世居於領導者地位的角色還包括領袖、國王、獨裁者、一家之主，不論屬於哪種，他們都是「非常重要的人物」，而且非常習慣按照他們的方式行事。因此，雖然他們的心地善良，但通常要求嚴格，且他人若不照他們的意思辦事就是冒犯了他們。他們情緒能量龐大，所以常在自己沒有發現的情況威嚇他人。他們善於推動身分的能量得到要的成果。這輩子，他們是要來與他人分享意志的力量。他們應該有意識地將焦點放在與他們互動的人身上，並鼓勵那些人與自己的需要連結。

◆信心與意志力

由於北交點水瓶座的人前幾世過度發展意志，所以今生他們的意志力有時無法控制；它會企圖改變事情，甚至違反他們自己的最高大益，純粹只是為了改變而改變。他們會在愉快的環境中玩得盡興；突然，他們的意志抬頭，並要求按照它的方式進行。這會讓人措手不及。北交點水瓶座的人碰到這種情況時，若想重建平等性，最好肯定發生的狀況：「抱歉，我的意志力剛才又失去控制了。你剛才說什麼？」

他們前世還曾經是知名的藝術家或是很有創意的人。這培養出他們的一種傲氣，常傲慢地把他們的觀點放在他人之上。他們強大的意志，在他們運用它來達成目標時會是一種助力，因為它給他們貫徹執行困難計畫的力量與決心。但是，當它毫無節制地擴散至生活的其他部分時，就會造成負面的影響。他們花了許多前世建立自我、決心、個人意志，因而失去了群體的意識。因此，在這輩子，他們要將思維模式擴大至他人的個別需要。

他們的意志必須集中在促進大眾幸福，才能得到他人的支持。當北交點水瓶座的人企圖控制實現夢想的每個步驟就會發生問題。如果他們試著控制過程，將導致挫敗。他們想要的東西是有用的，但是他們要學習不再執著結果產生的過程。宇宙會滿足他們的需要，而當他們學習忽視自我時，想要的一切將自動出現在他們面前。

北交點水瓶座的人對自己克服生命障礙的能力，具有天生的信心，或許這正是他們擁有如此大的適應能力，並懷著一顆快樂的心、願意繼續下一次探險的精神，自重大災難中重生的原因。他們會精確地評估能力與需求，之後開始著手制定積極的解決方案。他們不會透過傳統的方式尋求安全感；他們依賴自己的智慧保障自己的命運。

他們前世每件事情靠自己，這是他們如此頑固的理由。他們會不斷努力，直到完成渴望的目標，或是阻力大到無法解決只能放棄的地步，他們才會放手。當他們終於放棄某些不能完成的目標時，他們會看到較高層次的答案，告訴他們為什麼情況無法如他們的願。他們接收很多的幫助：天使與他們自己的直覺會告訴他們更清晰的景象。他們可以依賴擁有與自己相同理念的朋友。對北交點水瓶座的人來說，今生他們不需要「自己動手做」，當他們讓人協助自己達成目標時，就可以創造出大量正面、互惠的能量。

◆冒險

北交點水瓶座的人討厭冒險時輸掉；即使只是簡單個撲克牌或是小賭注的賭博，只要涉及金錢，他們都不會有「運動家的精神」。他們會非常認真，完全忘了只是一場遊戲。他們前世曾是賭徒，所以今生並不怕冒險；然而，由於缺乏客觀性，所以這輩子通常不是好的賭徒。

他們從來不會停下來思考風險可能帶來多大的災難，而某些後果甚至會讓其他交點族群不寒而慄。他們認為自己所向無敵。通常他們停下的時間太短，不足以提供他們計算成功的機率、權衡情況與實際評估考慮到他人意願的的狀況。當他們的情緒能量不可思議地高漲時，他們就會勇往直前了。

談談愛情吧！當北交點水瓶座的人點燃熱情，會希望立即跳進去，並投入百分之百的熱情。她腦袋裡充斥任何必要的幻想，以使這種熱情維持下去，使她只看見對方個性中的美好，並理想化，讓關係的重要性大過於生命，這種傾向讓她的情緒充滿能量，而且耽溺其中。

她如此完全與迅速地投入，以至於贏取或失去戀愛對象的賭注被誇大了；這令她的視線模糊，常會在戲演到一半，才發現整場戲只有她一個演員。在生意場上情況亦同。如果她覺得根據賭博的直覺可以「殺個片甲不留」時，通常正為自己埋下失敗的種子；她務必要放慢腳步，而且賭注不能超過能力範圍，不論是金錢或是她的心。

當北交點水瓶座的人盲目跟隨熱情，與「輕易獲勝」伴隨而來的「亢奮」時，他們總是失敗，不論愛情或金錢賭博皆然。當熱情升溫，他們最好強迫自己放慢腳步評估風險。之後，他們就可以清楚地做出明智決定。當他們唯一的目標是自我滿足時必敗。但若牽涉的是更高層次、利他的「賭注」，客觀地意識到對方的立場，他們就有「優勢」。意思是當他們制定成功的策略時，需要寬闊的視野。

◆過度發展的自我

北交點水瓶座的人花了許多前世的時間在發展自我（ego），而忽略了超我（superego）。（這裡的「本我」（id）指基本需求與欲望，「自我」是指傳達需求與外在世界聯繫的自己角度，而「超我」則是代表對他人的需求，社會道德的認識等。）

花在建立自我的前世時間，已讓他們有力量得到想要的東西。但是，有時候他們過於投入取得想要的東西，而不停下腳步，確認這個東西是否滿足真正的需求（本我）。或者他們因為忽略超我，並忘記自問想要的東西是否傷害或有利其他人，而使他們得不到想要的東西。這輩子，北交點水瓶座的人應該發展與超我的關係：兩者的關係愈緊密，今生中他們使用自我的效率愈大。

北交點水瓶座人的基本生命課題，是將他們過度活躍的自我，轉換為推動人類進化的工具；要控制自我，需要精神的連結與堅強的自律。他們決不能讓自己耽溺在細瑣的負面情緒裡；這種思維模式餵養著他們的自我並戕害他們的心靈。其他人或許會「擺脫」這種狀態，但這些人並不會。他們擁有大量充斥創造力的情緒能量，他們關注的一切都能擴展並呈現出自己的生命。他們必須背棄煽動忌妒、自大和驕傲的想法，沉迷在負面情緒對他們而言很危險。

這輩子他們具有足夠的能力使用其強大的意志，防止自我餵養他們產生不量後果的思緒。例如，當事情不按照他們的方式走時，前世他們會將結果歸咎於自己或他人，最後極為沮喪。

但今生他們必須停止負面思緒轟炸並提醒自己：「接來下該怎麼辦？」這種關鍵時刻提出來的想法，可以阻止他們失控的意志並帶來平靜。

肯定句是幫助他們擺脫負面想法的好辦法：「我內心充滿了愛的慈悲。愛浸潤了我整個存在。」日復一日地重複這類想法，他們就可以重新與內在天性建立連結。

北交點水瓶座的人也可藉由停止批判和與他人比較，使自己跳脫自我的陷阱。「她比我好。大眾比較認同她、她比較有錢、資產比較多……。」這樣的比較會令他們生氣與嫉妒。而當他們看著其他人後思考：「她的工作不怎麼好，賺的錢比較少，她的關係並不好……。」這時候，他們又開始覺得高人一等。只要他們以這種方式評斷他人只會輸，因為會阻礙任何連結或相互的支持。而且如果他們怨恨自己親近的人，他們自己也不會多好過。

為了避免這樣的陷阱，他們需要覺察這種情況的發生，並立即用其他的想法替換。例如，晚餐買些什麼？工作時要做什麼等等。他們還需要知道，不論一個人是要盡力競選美國總統、爭取大學學位，或是賺取一家人的溫飽，當中的奮鬥是相同的。如果北交點水瓶座人的眼光能超越外在的狀態，了解每個人都在進行相同的努力，就可以放鬆自己，再度感受自己與他人的平等。

這些人前幾世曾經是國王或王后，所以並不小器。他們必須利用天生的尊貴、仁慈和決心克服那些不適合皇家氣質的瑣碎情緒反應。

傲慢

傲慢是北交點水瓶座的人與生俱來的特質，因為他們有許多次前世位居「高人一等」的地位。傲慢的能量會造成孤立，並使他們無法得到生命中最重要的東西。但是，傲慢也可以轉變為一種力量，賦予他們盡己之力促成進化改變，為他們這一代開創新紀元的能力。

他們會想：「我的方法最好。如果我統治宇宙，情況會好得多。」當他們說「我的方法最好」時，傲慢的能量就驅使他們解決問題，並對地球有所貢獻。但他們必須配合謙虛的態度：「雖然我的眼光最棒，但或許並不永遠都有最佳的解決方案，而情況的演變也可能是我未曾預期的。」

當「我的辦法最棒」的想法，是以對整個情況宏觀角度的認知為基礎，相關的每個人都會列入考慮的範圍，那麼北交點水瓶座人的方法通常都是最棒的。但如果他們認為：「我要按照我的方式做，不管他人想怎麼樣。」那麼他們的方式就行不通了。他們需要保持靈活的意願，不要過度執著某些事物的順序，免得錯過了呈現的機會。

◆保留判斷

由於前幾世習慣的特權，北交點水瓶座的人認為事情應該都對自己有利。如果發生了不幸的事，他們第一個反應通常是憤怒：「我不應該有這樣的遭遇！」這意味著他人可能比他們更應該有這樣的遭遇。當他們這麼想時，他們就會失去天生的慷慨，覺得自己比他人特別，而在這種時候，他人就會表明反對的立場。這是「瑪麗．安東妮（法皇路易十六的皇后）症候群」，他們傲慢的態度，將刺激他人拉他們下台。然而，他們的行為通常是基於天真，即使激怒了他人，他們也意識不到。

這些人根據善良與仁慈的內在架構行事。基本上，他們對人友善，而且相信生命的美好。因為這些特質，他們通常看起來「運氣不錯」。但是，如果事情不順利，被寵壞的內在小孩子就會出現，他們對宇宙與生命本身感到憤怒。他們的憤努使問題更複雜，因為他們阻絕了自己對美好事物的接納，讓自己迷失在情緒中，而帶來更多的不幸。

如果他們讓自己陷入更深層的負面比較中，他們對待人的態度就變得怨恨或是鄙視。讓他們不受人歡迎，被他們鄙視的人想要扳倒他們，而「狀況較佳」的人，則會嗅出北交點水瓶座人的怨恨，而不願幫助他們。

北交點水瓶座的人要學習保留判斷，並花時間更深入地了解他人，查明為什麼他人會有那樣的想法、彼此間是否有共同點。因為他們常根據表面的現象便驟下判斷，錯過了許多快樂互動的機會。想擺脫這種自我毀滅的模式，唯一的辦法是有意識地激發他們與生俱來的慷慨。由於經過許多「特別」、不同於他人的前幾世，而且一直受到宇宙的保護，所以他們非常慷慨，而且會將他們的好運回饋給他人。當這些人為他人的努力祝福，並為他人的成功歡喜時，就打開了通往自己好運的閘門。

◆練習感謝

另一項為北交點水瓶座的人Play向好運之門的策略，是誠心感謝已經發生的美好事物。對他們來說，以感謝為出發點而非傲慢是非常重要的。例如，如果他們獲邀參加高級的聚會，如果內心有傲慢的反應：「嗯，總算邀請我了！」他們會有短暫的快樂，但最後卻往往招致不幸。例如因某些理由而取消了邀請，他們的傲慢可能導致以下反應：「他好大的膽子！我應該參加那個聚會的！為什麼生命總和我作對！」

不幸地，由於他們具強大的創造能量，所以專注在負面因素會形成一場持續性的戰爭。但是如果他們相信並接納生命中的美好；當機會出現時，他們就能辨識機會並自然地朝成功的方向發展。

例如，我有一位屬於這個族群的客戶，有一次因為意外造成骨盆破裂。當她被人用擔架抬出來的時候，她告訴自己：「生命愛我（每個北交點水瓶座的人都知道這一點），賽翁失馬，焉知非福。」的確，在她臥床期間，為新計劃寫了一份提案，使她的業務拓展至全國性的水準。而一段已經結束的關係，又重新開始，並對她有很大的幫助；直到我撰寫本書的時候，他們仍幸福在一起。因為她對美好事物的接納，使看似負面的狀況轉化為對她有利的情況，所以她的整個生命就重新定位與改變了。

另外還有一個例子，那是一位同屬北交點水瓶座的朋友。我和她約好先在紐約某知名景點碰面，然後再一起進戲院。到了約定的時間，我在景點裡面找不到她，所以就走到外面看看。結果發現她正在外面，與大約三十多人一齊排隊，而排在她後方的男士很帥氣。她非常生氣，走去戲院的路上氣了一路，因為「我被遲到了」。其實她真正氣的是她被擋在門外，她解釋成對個人的羞辱。當他們受到特別的禮遇時，通常都會甜如蜜糖，但是如果他們被視為「普通人」，受到「平等」的待遇時，老天爺就要幫幫他們身邊的人了。因為當她無法如意時，會讓身邊的每個人都很悲慘（包括她自己）。而且錯過生命帶給他們的慷慨機會，也就是與排在身後的英俊男士認識的機會。

他們要學習信任。他們慷慨，生命也以慷慨回應。如果他們不能得到他們想要的，或是有人對他們說「不」時，應該要擴大視野，看看生命為他們帶來的其他機會。他們務必要放棄令自己快樂的狹隘觀點，接受生命的贈予，這樣豐富的新經驗將會為他們帶來意想不到的樂趣。

需要肯定

◆掌聲與喝采

北交點水瓶座的人有太多的前世，扮演站在舞台中央的明星，持續接受大眾的注意，所以這輩子，他們心中有一部分會抗拒這樣的地位。他們擔心不能正確地扮演自己的角色，或招致否定，認為那是極大的情緒風險。事實上，他們今生若想扮演「明星」，通常得不到回饋。

今生來自他人地熱烈掌聲並不能使他們成長。但他們是很棒的觀眾，可以支持他人站在舞台的中央。他們天生的熱忱能引發其他觀眾的熱情。而且，一旦他們懂得將肯定的能量回饋給他人，就能維持自由。

如果他們不可避免地成為關注的焦點，最好能將焦點轉移到自身之外。例如，如果北交點水瓶座的人是演說家，可以讓觀眾的注意力放在演說的主題上。如果是因為原則或是計畫而獲得肯定，他們的熱忱將永無止境，也會擁有無窮的創造力。喝采對北交點水瓶座的人而言如同食物。相反地，他們對拒絕的恐懼，也可能會大到使他們避免與人分享真實的想法或感受。

前幾世，北交點水瓶座的人是大人物，或許他們的部分工作必須誦揚傳統規則。但是，這輩子，他們要來與人分享非傳統的知識，由於他們傳達得內容太過創新，不見得能獲取他人的贊同。人們很少會輕易地接納新知，因為需要時間才看得出新知的價值，才能與之保持一致並整合。他們在表達自己的創新思維時，需要願意冒被人拒絕的風險。他們必須讓自己感受到自我肯定的力量。

當他們把自己看成讓知識流通的管道時，會獲得極大的自由，因為他們不必是「對的」。他們也可以擺脫需要他人肯定而形成的弱點。當他們發現自己只是「捨取」自由流通的意見，並使其繼續流通，他人的肯定就不那麼重要了。

當他們身在團體中，通常會有一些他人熱情接納的絕佳想法。然而，這個點子實現時，可能沒人記得是北交點水瓶座的人提出的。他們可能會誇大妄想，但如果他們保持低調，就可以發揮最大的潛能並獲得最大的成功。

不等待掌聲，使他們可以不受牽絆地迎向下一個偉大目標。當他們受到很多的注意力時，會阻礙他們獲得新的想法。因此，他們註定從事幕後工作，與他人共同努力一起達成目標。如此，即使聲名自己送上門來，他們也能平衡地接受，而不會視為針對個人。

◆個人肯定

他們希望每個人都喜歡他們，這也是他們做許多事情背後的動機。如果他們做了某些事情，卻沒有得到肯定，他們會很痛苦。基於前世的經驗，他們潛意識認為來自他人的肯定，是判斷他們是否正確或做得好不好的指標。從某個層面來說，北交點水瓶座的人仍有因自認應該「按照」形象行動，而背負的負擔。雖然他們這輩子都在抵抗這種限制，但由於他們太習慣犧牲真實的自己，而扮演某個「角色」爭取肯定，因此很容易用自認他人希望的方式行事。但往往與他們的內心背道而馳。

他們對肯定的渴望常造成內在的嚴重衝突。他們非常了解他人對自己的反應，往往刻意營造自己在他人眼中的形象。他們不會對發生的事件做出自然反應，因為他們希望能說出「正確」的事獲得肯定。

但是由於過度地注意自己，他們在不知不覺中耗盡天生的自信。如果他們持續擔心自己在他人眼中的樣子，並需要相當程度的肯定才能快樂，就非常容易出問題。他們會持續處於極大的壓力下，因為他們認為若想得到需要的正面回饋，就必須扮演某種特定形象。

如果他們能真實地做出反應，會得到比較好的結果；當他們誠實地與對方互動時，也能從對方的反應知道自己是否想與對方共處。這對北交點水瓶座的人而言，是更強大、更健康的一種立場。

需求

平衡自我

在北交點水瓶座的人能獲得達成目標需要的自信時，必須清除過度的個人自我造成的阻礙。他們的自我極為壯大，這輩子他們幾乎必須斷絕一切來源，重新獲得內在的平衡。他們對聲名的渴望會是無底洞，會使他們寅吃卯糧，擺出高人一等的態度，而且永遠都在要求「多一點、多一點、多一點」。其他族群的人還有增進並擴大自我的空間，但是北交點水瓶座的人不然。他們對喝采的渴望，很容易變成傲慢姿態的自我之旅，最終引發災難。所以宇宙常會在他們學習平衡與優雅的方式反應之前，不讓他們成功。

生命提供他們很多的機會。因為他們天生就很有自信與活力，而且願意冒風險，以他們進取的精神當然會使他們勝利。之後，生命會觀看他們如何處理每一次成功，如果他們變得自大傲慢，生命就會拿走一些戰利品。但是，如果他們優雅地處理小小的勝利，那麼生命會送給他們許多他們追求的東西，先決條件是必須避免驕傲與傲慢，且繼續感恩的謙虛接納。

北交點水瓶座的人有一種心理機制，會反射自我榮耀並自我膨脹，這種情況發生時，力量會自他們的生命中消失，他們也將招致挫敗。不論何時，當他們發現這個機制運作時，最好立刻脫離這種狀態。他們必須停止思考自己的榮耀，且必須有意識地提醒自己：「好吧！我不知道會贏會輸，但是我想我可以幫助他人得到正面的經驗。」這可以幫助他們獲得平衡的觀點。

另一種迴避自我過度發展的辦法，是審慎地利用自我去加惠他人，或人道主義。他們前世一直是皇室貴族，今生他們如果能將焦點放在促進「他人」利益，而不是增加他們自己的影響力，就可以掌握勝利。

◆誇大妄想

北交點水瓶座的人有豐富的想像力，通常會以妄想自娛。舉例來說，如果他們對自己的職業感到厭煩，會想像自己將要寫一本暢銷書，並且上每個談話性節目接受訪問。雖然這種幻想不切實際，但那並沒有關係，因為幻想很有趣而且本身也令人滿意。不幸的是，幻想會使他們的感覺變得比較遲鈍，使北交點水瓶座的人得到某種程度的滿足，卻妨礙創造性的行動。

有趣的是，他們擁有實現幻想所需要的一切創造力，但是動機卻決定了最後的結果。以前面舉的例子來說，如果他們寫書的目的是聲望與榮耀，成功就會離他們遠去。這是因為今生設計的重點，就是只要他們企圖增強自我，自我就會擊敗他們。不過，如果動機是為了幫助他人，他們得到的高度則沒有限制。他們務必要發展天性中人道主義的那一面。

幻想的另一個問題是將現實移到未來，這使得北交點水瓶座的人在處理當下事物，會比較沒有效率。例如，如果他們的焦點放在成為暢銷作者後得到的聲望，他們會放棄為本地雜誌撰寫文章的機會，他們會錯過那塊帶領他們實現夢想的踏腳石。

同樣的傾向亦存在於他們的關係中。例如，當他們受到某位迷人的異性吸引時，就會開始幻想，並將對方設定為幻想中理想的未來伴侶。於是他們開始生活於未來中，且一開始就跳到下一個階段，認定對方就是理想對象，而錯過現階段應建立的基礎步驟。事實上，只要循序漸進，他們必定能達成目標。因此，他們要面對的挑戰是停止幻想，取而代之地，掌握當下呈現在眼前的機會。如果當下的環境沒有幻想存在時，他們一向知道如何能獲取成功。很幸運地，北交點水瓶座的人有足夠的意志與自律，可以阻止他們漫遊於不切實際的幻想與誇大的妄想中。

要確保成功，他們務必隨時注意自己的意圖。當他們讓追求自我尊榮的動機占上風，就會耗盡取得成功需要的能量。例如，如果他們想藉著開辦一個冥想班來幫助大眾，就應該將焦點維持在利他的動機。如此一來，他們就擁有實現這個想法需要的能量、清晰與歡愉。在他們繼續向前走時，腦海中自然浮現實現夢想的方法，而門也會奇蹟似地開啓，使通向成功的道路更容易。

然而，有時候他們會考慮到個人的得失：「噢！或許我能成為精神導師，人們會跟隨我。」或是：「我不知道同行聽到我要投入冥想時會怎麼想？」不論是前者中的哪種情況，只要他們允許自己開始考慮個人得失，達成目標需要的能量就開始消失，而最後他們會一事無成。

另外，涉與自我會嚴重干擾他們的觀點，甚至忽略群眾實際需要他們的地方。這會限制他們的成功。但是當他們的動機是百分之百利他時，就可以了解地球上，在某個特定時間、特定情況下，他們應該提供什麼樣的幫助。當他們真的發現某種需要，並基於非自我的考慮做出反應時，就可以得到極大的成功與聲望。

◆謙虛

當他們選擇比較謙虛的路，遠離聚光燈與掌聲時，他們會更成功。他們直覺會追求肯定與聲望，但是當他們得到時，自我會因而膨脹，而失去慈悲與平等的心。當北交點水瓶座的人採取謙虛的態度時，生命會變得奇妙，一切都對他們有利。他們終於可以看到自己天賦清楚、實際的出口。但是，如果他們仍維持驕傲，他們的才華可能就無法順利發揮了。

例如，我有一位屬於這個族群的客戶，寫了許多有關新時代觀念的書。她非常自豪，開始考慮要找哪一家出版社發行。她沒有想到，由於她在這個領域還沒有任何基礎，沒有闖出一點名號，所以她或許應該找規模比較小的出版社。等到她接洽的大出版社拒絕之後，她還是不屑與那些小型出版社合作，最後她只好放棄計畫。這件事中，每個人都沒有好處，包括廣大的讀者。因若她虛懷若谷，那本充滿新觀念的書就可以出版受惠廣大的讀者。

傲慢也在宇宙派人幫助北交點水瓶座人完成構想時，成為問題。通常這些人不願與他人分享肯定或金錢，而他們也不希望失去主控權。他們擔心如果與他人合作，必須放棄部分想要的東西。「他們的方式」與「他們的想法」成為至高無上的東西，他們對可以實際幫助他人的解決之道興趣缺缺，但那才是他們今生應該要發展的人道主義態度。

有一個例子是我的一位客戶，她的先生是北交點水瓶座，他是一位治療師。他撰寫給青少年的建議專欄。有一次他把寫給一位少女的回信給太太看。她（我的客戶）不同意他的處理方式，而就這個案子來說，她的意見實際上比他的好得多。她先生的回信中的確少了些什麼，他自己也感覺到了，不過，他還是堅持自己的想法，自此之後再也給太太看人和回覆了。如果他能虛心地把幫助人當首要目標，不要計較到底是誰的意見，就可以維持客觀的立場，並願意接受太太的意見了。

他們擁有自己的觀點，並精確地知道自己希望能有何種結果。他們希望按照自己的方式進行。但是，如果兩個人能得到共同利他的理想或觀點，那絕對比其中任何人對於實現目標的意見，重要得多了。當北交點水瓶座的人願意謙虛地與他人合作，這種情況就是實際會發生的。

客觀的觀點

◆利他主義

這輩子，北交點水瓶座的人應該在個人、以自我為中心的生活，或是對人道主義非個人的奉獻問做選擇。當他們選擇個人生活為重點時，他們就完蛋了。當他們選擇對人道主義非個人的奉獻時，他們就太棒了，而且還會神奇地獲得他們一直嚮往的個人生活。

為了滿足他們對感謝的需求，他們應該突破個人自我的限制，回饋給整個人類，以尋求他們可以支持的人道服務或目標。將他們的生命奉獻給比自我更大的目標，可以給他們純淨的目的，這使他們在不把結果視為個人因素的情況下，貢獻自己。事實上，利他主義幫助他們發展無窮的自信。否則，他們有時會不相信自己的動機。尤其是青年時期，他們會懷疑真的有人為了達到純粹利他的目的而行動。但是如果他們的意圖是想要幫忙，他們的注意力就會自動轉移，隨時注意任何可以幫助他人得到需要的東西。

北交點水瓶座的人天性如此慷慨，而當他人不接受他們的禮物或以掌聲回應時，他們常覺得受到傷害。要預防這種問題，他們可以積極地搜尋關於他人的期待與需要，並探討自己行為中，哪些是讓他們得不到期待中反應的部分。他們很不容易以結構的方式聽取回饋，但是他們要學習以較遠大的角度來看事情。

例如，如果他們寫兒童故事，首先要去找出對這種故事有興趣的出版社。如果他們收到一張退稿通知單，應該了解這家出版社的需求，然後將自己的創作量身改造，或是另寫一個比較符合這家出版社的故事。

甚至，他們要承認，即使他們的點子不錯，無論如何他們還是不能居功，因為沒有一個點子是真正屬於「他們的」。他們只是擁有過人的天賦，可以把「天線」調到正確的頻率，而接收到那些點子。承認這一點，可以釋放他們對成功與失敗的恐懼，因為想法真的與他們個人沒有關係。他們的工作只是「撿起」身邊的想法，並將這些想法傳達給他人罷了。

他們可以獲得幫助解放他人的知識。因此，當他們的意圖是賦予他人力量時，因為動機極為明確，所以必要的意見就會直覺地「出現」，或從他人處獲得。他們要了解那些資訊在某個特定情況下真的有用，唯一的辦法就是注意他人的反應。有用的意見一定會被接受。如果北交點水瓶座的人與他人分享知識時卻未被接受，那只是代表他們應該繼續提出下一個意見，看看新的意見是否有用。他人很願意從他們身上擷取需要的知識。畢竟，這是非常個人的事。

例如，如果一位北交點水瓶座的人寫了一本有關哲學的書，而出版社拒絕為他出版。或許哲學並不是人們需要藉以獲得訊息的工具，但是如果他以小說的形式表達相同的訊息，或許就會看到立即的需要。北交點水瓶座的人可以從他人的反應中，了解哪種形式正確。

如果北交點水瓶座的人相信藉著努力協助夥伴，必會有正面意義的事情回到他們身上，那麼他們就會有無窮的精力不斷嘗試，直到發現他人也對他們的才能做出積極的回應。生命就像回力鏢，當他們利用創造能量協助他人時，需要的任何東西都會出現身邊來幫助他們。當他們處於利他主義中時，他們會擁有極大的力量。當不涉及自我且不是親自投入結果時，可以很容易地貢獻他們的創意。自我收穫是自然的副產品。宇宙持續關照他們，因為他們已將他們創意能量帶來的好處，傳遞給他人。

◆獲得客觀性

北交點水瓶座的人需要非個人的回饋以得到透徹的觀點，因為他們過於認同自己而無法看清楚自己。他們信任的對象意見會對相當的有幫助，因為在他們與人合作時，可以更清楚地掌握狀況，並得到他們想要的。例如，愛情裡，他們通常沉浸幸福中，卻忽略當下發生的事物。然後，沒注意到某些在宏觀角度中的部分，而受傷。為了避免情緒上的痛苦，他們的個人生活中需要客觀的指引系統。

他們應該修正自我，並使自己順勢而為。奧祕的科學，如占星學、命理學、塔羅牌、字跡分析等，可以提供他們重新制定策略的客觀性。這些資源增加北交點水瓶座的人正確觀察的能力，並修正他們以自我中心反應的傾向。《易經》是很好的工具，它讓他們「挖掘」內在發生問題的地方，賦予他們力量進入實際的狀況。

占星學也是培養客觀性的絕佳工具。它讓他們以非個人的角度觀察自己與他人，在他們試圖激發他人某項不存在的特質而挫敗時，從沮喪解放他們，並讓他們了解隱藏的真實自己。它幫助他們充滿愛心接納自己與他人，並重視他人的個別性。

北交點水瓶座的人在前述的領域中都非常有才華，而且輕易地成為這些領域的專家。他們具有解讀星盤或塔羅牌的能力，或是任何形式的占卜，只要是客觀的「基地台」，將他們的觸角轉向，就可以幫助他們解放自己與他人。

他們的另一項資源是朋友。他們的朋友運很好，來自朋友的誠實回饋可以幫助他們了解，自我在何處阻礙了他們的快樂。獲得知識是他們自由的關鍵，也向他們展示避免摧毀式的自我表達。這樣，他們或多或少就掌握了自己的命運。

當他們退後一步，並審慎地從他人角度檢視對方的期待與需求時，就可以做出每種情況下，均符合每個人（包括自己）利益的選擇了。但是最後，若要得到他們熱烈追求的完全自由與愛，他們不僅必須客觀看待他人，還必須客觀地觀察自己。他們應該觀察自己刷牙、走在街上、與人互動等等狀況。當他們開始不帶批判眼光實際觀察自己時，就真正地得到自己的觀點，而沒有任何恐懼。

順應潮流

北交點水瓶座的人要學習如果現行計畫一直無法有任何進展，就必須承認那是宇宙嘗試將他們送到另一個方向。他們應該讓自然發生的事件告訴他們，自己應該把時間與能量放在何處，而不是企圖根據自己的觀點指定這些決定。如果某件事情的結果與他們預期不同，或許結果已經注定是某種他們還不知道的東西。

他們可以擺脫負面與執著的能量。「我不能按照我的方式行事，事情的發展不是我所預期的。」方法是轉移他們的注意力，到他們可以具體表達創意能量的事物。他們應該注意宇宙開了哪裡的門，並歡喜地走過那扇門。

與其投注極大的個人努力，不如放鬆自己，維持對大勢的開放態度，他們就可以與背後那股真正的力量繼續前進。例如，即使推動新時代是北交點水瓶座人的工作，但如果他們不讓天使幫助他們，將會過於執著自己個人的努力，而且得不到達成目標所需要的力量。如果他們順勢而為，會發現自己可以用最小的力氣達成最大的結果。

◆放下期待

他們有時在無意中，由於簡單的誤解，親手摧毀自己的快樂。前幾世，其他人提供他們需要的東西，而他們也很快樂。但是今生，當他人給他們想要的東西時，他們不會如自認為般地感到快樂。這是因為他們如此專注需要快樂事物的特定觀念限制了他們可以吸引到的過於執著讓他們快樂的特定物品，所以吸引到的就變得極為有限。今生，他們的工作只是保持自己的接納性，看看生命為他們帶來什麼，他們將會發現這真的可以讓他們很快樂。

北交點水瓶座的人要學習不再指望自認為帶給他們快樂的事物，並相信生命其實希望他們快樂。然後他們可以接受途中帶給他們愉悅感受的下一項東西。當他們為了某樣東西奮鬥時，通常得不到，因為他們愈想要努力抓住它的力量，會將它推得愈遠。

今生，他們要學習接受愛。如果他們利用意志奮進並得到想要的東西，通常並不會覺得快樂。他們要學習的是，如果生命送給他們一樣東西，而就當時來說是適合的，他們也就可以盡情地享受它。最大的喜悅來自於懷著敬畏與感激的心情，體驗順勢的慷慨。

他們有許多期待的理由，他們早在腦海中模擬過可能的情況，而且分配給每一個人適當的台詞，所以當他們實際與那些人在一起，潛意識會強迫那些人扮演幻想中的角色。這會造成兩種問題。第一，當對方不按照劇本走時，北交點水瓶座的人會感到困惑與生氣，因為期待落空了。第二個問題是，當他們以「劇本」為焦點時，看不見當下實際正在發生的事物，所以沒有辦法將現狀改變為有利自己的情況。

北交點水瓶座的人必須學習，當他們試著為他人提詞，或提醒他人應有的動作時，他們會忘記扮演自己真實的那個部分。他們應該退後一步，客觀的觀察他人。一段時間之後，對方的特質會變得比較清楚。這樣這些人就不會感到失望，因為他們只是在觀察另一個人的行為，不帶任何期待。之後，他們可以了解對方的行為會對自己造成何種影響。與其嘗試改變他人，不如清楚判斷自己與誰在一起比較自在。

這種處理方式更大的好處是，藉允許他人做自己，北交點水瓶座的人也可以做自己。當他們將目標保持在腦海中，可以根據事態的自然發展而適當地表達自己的反應。

◆創造雙贏的局面

當北交點水瓶座的人因為他人得到了自己得不到的東西而憤怒時，會放縱自己耽溺過度誇張的反應，使身邊的人遠離，甚至危及自己的地位。這可能是小自他們粗心的「態度」，大到最後導致大災難的嚴重誤解。他們常太快抗拒他人的意志。當某人主張他的意志時，這些人往往自動地抵抗因應。如同一種反射作用，即使對方的行動或評論是基於他們的智慧，這些人還是會嘗試用自己的方式。這與對方想要的完全相反。他人可能會因此失去對他們的興趣。

當他們利用意志達成目標，而不考慮相關的人等，會疏遠他人。他們的行動通常太快，看到目標就要立刻到達目的地。這會使合作關係的過程發生短路，既不利人也不利己，沒有人會獲得好處。通常這個過程還充滿一連串虛假的開始與困惑，這是因為北交點水瓶座的人沒有等待邏輯、成功的道路自動展現的緣故。他們應該要學習向後退一步，在一旁觀看，只要觀察正在發生的事，不要太積極地投入。這樣，他們就會發現自己比較不會受到他人主張的威脅，也比較不會做出日後會後悔的事。

北交點水瓶座的人對自己想要的東西，極為堅持也異常專注，所以有時他們完全不顧對其他相關人是否公平。當他們因為自己的重要性而「盛氣凌人」時，可能導致疏忽自己與他人的關係。雖然他人曾協助他們得到成功，但是他們會認為自己應該得到最大的報酬，而忘記考慮怎麼做才公平。當他人發現這些人缺乏關心，他人會質疑他們的善意，與能否相信他們的領導能力等問題。其他人會擔心北交點水瓶座的人能靠自己的方式走多遠。他們應該讓其他人了解他人也有贏的機會，這樣他人將更支持他們的計畫。

他們今生要學習一個很重要的課題，生命必須是雙贏的遊戲。除非他人的需求也能獲得滿足，否則他們根本不會參與。如果北交點水瓶座的人考慮到什麼對他人才算公平，將可以放鬆下來，不再堅持自己的方式，並創造出符合每個人最大利益的情況。另外，他們也更了解身邊人的動機。他們會發現，以往被自己視為敵對的人，其實是真正想幫忙的人。藉由刻意培養博愛的態度，隨時保持更遠大的格局，他們慷慨天性將獲得釋放，他們的能量則可鼓舞團體的結合，而賦予每一個人力量。

人際關係

平等

前幾世，其他人都非常尊重北交點水瓶座的人，因此經過許多前世，他們已經不知道如何成為「人類團體」的一份子。這會使他們覺得孤立與孤獨，而這輩子他們必須努力重建對人類的認同與平等的感受。當他們專注在協助他人提昇時，他們會發現自己之所以會快樂，並不是因為以自己的方式做事；實際上，他們的快樂來自於「共同」的快樂，不論來自他們的伴侶、家人亦或全世界。

◆承認他人是特別的

打破他們前幾世累積起的與眾不同和格格不入的方式，是開始承認其他人的特色。當他們肯定並鼓勵他人獨特及創造的生命力時，就會充滿活力、平等，並再次感受成為人類團體的一份子。他們擁有極大的能力，可以將他人推到「舞台中央」。萬一他們遭遇失去信心的情況，只需要把聚光燈轉到他人身上。自然而然地，他們就會覺得更有安全感和更自在。

只要北交點水瓶座的人願意，他們在交友方面擁有不可思議的天賦。只要他們願意走下寶座，對他人表示興趣，就會受到熱烈的歡迎。如果希望這種情況發生，他們應該要對他人、他人的生活、他人的奮鬥史，培養出真誠的興趣。

由於這些人洋溢著成功的創造性能量，以他們的信心可以感染並鼓勵他人，使他人能夠面對問題，並加以克服。這麼一來，每一個人都會是贏家。這是因為北交點水瓶座的人終於能以做為一個人的立場，而不是因為他們扮演的角色，來被愛、被接納。

北交點水瓶座的人與生俱來的信心，配合對他人純真的信任，使他們自由地接近他人，而且在他們願意的時候與他人交朋友。他們的朋友緣相當好，如果從友誼出發與他人建立關係，不論是親子、戀人、配偶、父母，或是合作夥伴的關係，成功機率都非常高。將友誼培養視為關係的基礎，是他們邁向成功的重要關鍵。

友誼是一種平等的關係。在這種關係中，雙方客觀地思考對另一個人最好的事物，並盡力支持對方，使之快樂。例如，如果有位朋友得到一生只有一次機會的工作，但地點是在一千六百公里外的地方，這些人雖然明知自己會想念這位朋友，但還是毫不遲疑地鼓勵對方接受這份工作。

不自私地支持另一個人，可以為北交點水瓶座的人帶來美好的友誼。由於對方了解這些人是真誠地無私地在替自己考慮，所以雙方得以建立信賴。這些人還會提供極佳的建議，而他們的朋友會因為感受到他們的熱情與善意，而對他們非常忠實。

在愛情中，北交點水瓶座的人想要「更特別」的傾向，往往成為致命的弱點。通常他們不會主動展開一段戀愛，所以完全無法預期對方是在何種情況被自己吸引。但是若這種感覺是相互的，就會立刻點燃他們強而有力的熱情。對方通常會讓他們覺得自己很重要，且被放在一個神聖的地位，他們前世被仰慕的記憶又會開始翻攪。

如果他們不了解對方必須仰慕他們才能愛上他們，他們就會失去自己的想法，開始對自己的重要性過於較真，最後甚至在無意間，主宰他們的伴侶。這種態度會使他們的伴侶「熄火」，而北交點水瓶座的人則會因此再次對愛情失望。給北交點水瓶座人的教訓是：愛情必須雙方都相互仰慕彼此的特性。

◆與人合作

由於前世的經驗，北交點水瓶座的人在處理事務時，直覺想要獨力以自己的方式完成。但是今生當他們這麼做時，沒有什麼能量會回到他們身上。對他們來說，最好的辦法是與擁有相同理想的同儕聯合。當他們與他人合作時，他們會充滿創造力，這也正是他們朋友緣如此好的理由。

今生任何由他們自己獨自處理的事物，最後都會變得非常困難並陷入困境。他們想做所有的決定，但是當他人參與時，他們被迫維持開放的態度，所以他們會自然地拓展，並變得更富創意與創造力。而令他們吃驚的是，當他們真的與人連結時，情況變得更加有趣，即使在他們不喜歡與人分享控制權的情況下也是如此。在選擇計畫時，他們最好跟隨吸引他們的能量。開始某項計畫時，如果他們的能量出現激增，就表示他們的「選擇正確」。他們應該盡可能以創造性的方式，進一步推動這項計畫。每個團體都會有需要，由於他們的觸角非常敏感，所以能為找到創新的解決方案，為團體中每個人帶來成功的結果。他們愈相信自己只是「看到或找到方法」，而不是自己個人「想出方法」，就會有愈多的方法來到他們的面前。

如果他們得到的回饋是：「你的想法很棒，但可能需要改進。」那麼或許他們應該與他人合作，共同修正並改進了。他們的動機是幫助他人，而宇宙會開放通往成功的道路。

有時候，北交點水瓶座的人會發現他人的才能與創意，並開始忌妒。他們不想承認某個人比自己「好」。然而，他們要知道，只有在他們展現天生的慷慨精神，並專注於維持平等的想法時，才能使自己成功。而且，由於他們最大的個人力量，在與人聯合達成共同目標時才發揮得出來，所以對他們來說，慷慨地承認並肯定他人的能力是很重要的。此外，就好像他們指出他人特別之處時，他人也會獲益，北交點水瓶座的人也會因為接受他人對自己特殊的肯定，而受益匪淺。他人重視他們的部分，正是他們為得到自己追求的影響力，而應該強調的特質與應該增進的力量。

另一個重要的因素是，仔細謹慎地選擇合作的對象。與他們想法類似、但沒有控制慾，並願意採用新方式行事的人，是他們理想的合作夥伴。北交點水瓶座的人心底還是個孩子，他們不喜歡大人告訴自己應該怎麼做。他們必須要與慷慨、尊重他們、珍惜他們想法的人合作。當他們與人合作時，他們創造的過程變得充滿能量，這種共同分享而產生的能量會創造出更大的成功。

他們擁有極強的說服力。如果他們的焦點是在「更美好的幸福」，而達到這個目標的方法的確比較好，那麼他們就可以輕易地說服他人。誠然，他人很歡迎他們富創意、革新的想法。當他們專注於更高的目標，並讓他人也一起專同一目標時，毀滅性的自我限制都會消失。這些人會變得更客觀，且更能夠運用自己的力量。

北交點水瓶座的人很有天賦能做出很大的貢獻。但是當他們拒絕與人分享成功與榮耀時，便很難成就他們的最高目標。他們這輩子屬於團體導向，促成新時代需要大量的人力。當他們與他人團結起來，體現新的價值觀與想法時，成功幾乎唾手可得，而且每個人都會更開心。

愛情

北交點水瓶座的人愛談戀愛，但是他們必須在愛情裡運用無私與客觀，如同友誼那樣。他們在點燃愛情火花之前，應該先花點時間建立友誼，讓對方知道他們隨時為對方「都會在」的意願——這也可以帶來信任，如此一來這段關係就有機會成功了。

他們在生命的每個部分都要水平等，尤其是愛情與婚姻。他們需要遇見適合自己的另一半，對方必須與自己一樣強大，這樣才不會使對方相形見絀。雙方應該擁有各自的完整性。但他們要確保基本需求必須透過愛情之外的方式滿足，這樣他們才能更客觀，不必急於得到想要的東西，而且他們的關係也會更成功。

在愛情裡，一旦給予他們特別的關注時，前世的記憶又會鮮活起來。前幾世他們為了保持他人對自己的注意與奉承，必須表演並給觀眾想要的東西。所以這輩子的關係中，他們在無意間又開始「表演」起來，表演的是他們以為對方想看的。他們變成「取悅他人」的人，對方將因此失去對他們的興趣，而他們則再次嘗到對愛情的失望。他們應該保持與自己夢想的連結，並積極地追求除了關係之外的目標。

北交點水瓶座的人可以提供極為大量的愛，當他們把所有的愛給一個人時，接收者通常都沒有足夠的空間容納能量。他們需要更大的容器。因此，重要的是不能將他們所有的熱情完全給特定目標；如果他們想要成功的愛情，必須有意識地將自己部分激烈的能量，轉移到別的友誼或人道主義方面。

◆熱情

熱情是必要生命能量的重要一環。當兩個人之間點燃了這種能量，會產生聯合與結合的渴望。要成功地結合需要時間，但是北交點水瓶座的人卻不願意等待。對浪漫熱情的癮頭，正是這個族群要面對的主要挑戰。

通常，都是由對方主動對他們開始產生興趣。最初，他們還會「搞不清楚狀況」，但若對方持續追求他們，雙方就會發生身體結合，然後他們又不當回事。但當生理「化學」的結合符合他們理想對象時，就會燃起他們的熱情，他們就會用生命追隨這份感情與觸動的那個人。由於他們極度渴望愛情的熱烈，所以當他們的熱情被觸動，就好像接到傳喚。他們希望生命中，不會有因為錯過高潮而產生的遺憾。

一段時間後，前世忠誠與忠貞的感覺逐漸出現，他們對愛情理想全然獻身。突然，這些快樂、友善、情緒自給自足的人，完全受到另一個人的行為影響。如果這段關係進展順利，他們會生活得飄飄欲仙，但如果他們深愛的人沒有反應，他們就會不安並沮喪。

當他們與心愛的人分開時，北交點水瓶座的人想像力會進入宛如瘋狂的境界。他們會利用他們富創意視覺化的無窮力量，想像這段關係可能的發展，並將對方理想化。他們會拋棄謹慎，讓自己處於幸福而浪漫的迷霧中。不論他們年紀有多大，當熱情來臨時，他們就會像初戀的少年一樣，這種行為模式會使他們在考慮安定，並對關係做出承諾時，遭遇問題。

通常他們不會有機會與他們真正深愛、觸動他們熱情的人安定下來。這是因為當熱情掌管一切時，他們失去清明的觀察力。他們會誇大對方的榮耀與吸引力，並將之供在神壇上，而將自己與對方比較時，覺得自己「比不上」對方。於是他們不再做自己，他們試著「扮演」自認為會使對方更喜愛自己的角色。這麼一來，他們就不能了解實際發生的情況，而且會犯愚蠢的錯誤，致使關係邁向終結。他們在太短的時間裡，灌注太多的熱情關係中，且無意的破壞了這段關係。

有時候，他們沉浸於自編自導的那場愛情文藝戲，而忽略了與伴侶的連結。他們根本沒有聽見對方試圖溝通的事。伴侶會發現北交點水瓶座的人似乎只想「談戀愛」，因此逐漸對彼此失去興趣。這時，他們的心又破成碎片，但還是不知道發生了什麼事。

他們認為自己是在付出，但是他們根本沒有真正傾聽對方的需求，又能付出什麼呢？他們應該採取的第一個步驟，是跳脫他們的激情，花時間培養對另外一位個體的興趣。他們應該找出另一個人真正的面貌，了解他的希望、問題、思緒與需求等。他們必須建立彼此互信、互諒、互相接納與關懷的基礎，在這樣的基礎，愛情中的激情才能蓬勃發展。

由於他們的熱情，北交點水瓶座的人對於關係有強烈需求。但是他們與自己有同樣強烈熱情的人，通常不會有太好的關係。他們最後的結婚對象，往往是自己沒有那麼強烈感覺的人。這是因為，當他們與自己欣賞、但不致觸發他們澎拜熱情的人一起時，可以為自己留一點空間，讓他們能夠做自己，並得以做出適當的決定。他們友善與支持他人的特質在這時發揮的淋漓盡致，而對方則很有安全感，並渴望與他們建立更親密的連結。

不過有時候，他們與自己欣賞的人也會有好的結果。擁有一個本質上是朋友的婚姻對象，可以提供他們需要的獨立空間，讓他們將無限的創造性能量集中在人道目標上。做為伴侶而言，他們非常忠實，並非常支持一夫一妻制。但是，如果他們無法在家中得到需要的愛情，他們很容易會受到婚外情的誘惑。由於他們天性忠誠，以當最主要關係不再新鮮，他們會困惑。不過，在道路的前方，如果碰到真正能觸發他們浪漫熱情的對象時，他們會拋棄現有生命中的任何東西，勇往直前地追求。

北交點水瓶座的人要學習用感恩與謙和的方式接受愛，而非過度反應。在他們渴望受肯定的背後，心裡真正想的是：「我不值得愛。」一這正是他們如此努力的理由，他們試圖爭取自己被愛的權利。

◆接受與時機

然而，當某人真的愛上了真實的他們，而不是他們扮演的角色時，他們卻又沒有感覺。等他們「搞清楚」後，如果感覺到對方有相同的吸引力，他們還會有過度的反應，並對對方發出拒絕的訊號。他們潛意識將人推開，因為他們覺得自己不值得他人去愛。

有時他們會在他人愛上自己時，表現出非常優越的樣子。這也是過度反應的一種。其實只不過是有人想要與他們共享浪漫的經驗罷了，但他們因此而以為自己真的很特殊！但是，就在他們忙著為自己「吹噓」時，對方已經失去了興趣。對方永遠不會知道，這些人其實開始對他產生濃厚的興趣了。

北交點水瓶座的人應該肯定每個人心中有愛，而這也值得肯定。以當某人被他們吸引時，只表示那個人愛的頻率剛好符合他們罷了。我們每個人都希望能與自己有共鳴的人，共享愛的經驗。北交點水瓶座的人今生將學習優雅地接受與跟隨被愛的經驗。

他們要學習的另外一個課題是：時間的要素。他們看到自己想要的東西，就希望立刻得到。但最後他們往往會摧毀這樣東西，因為他們不容許它有自然發展的時間。這種傾向在親密關係中會是特別的問題。他們要學習的是，注定屬於他們的東西，會在適當的時間點自然來到他們的面前。

他們喜歡談戀愛，也喜歡在完全投入創造過程中產生的活力。那就像賭博，但由於缺乏客觀，所以他們也失去了時間感。成功的賭徒應該知道什麼時候應該適合押大注，什麼時候又該收手。

但是北交點水瓶座的人以為他們只能向前快轉。他們應該承認，要整合每個人的能量，成功發展愛情，需要時間與刻意地培養的。對每個人來說，要影響另一個人，時間是必要的。有時候，他們會聚在一起，有時候他們又各自退回，為整合準備或彼此調適。例如，對說過的話加以評論，並嘗試了解對方的思考模式、價值觀、個性、夢想、目標等。

這些人應該要了解自己應該擴大至何種程度，才能接納對方的價值觀。這麼一來，他們就可以和諧地相處，彼此間的關係將以雙方真實的自我為基礎，而非幻想。在決定進退時，他們最好能了解對方的能量。如果對方主動希望有進一步的發展，他們就可以毫無恐懼地勇往直前；但如果對方的能量封閉，他們就應該控制自己的意志，並耐心等待接納的機會。

今生，他們要學習，當熱情出現在他們的道路上時，他們最好能後退，讓對方對自己付出。他們要學習接受愛，允許他人以自己的速度與方式對自己付出。他們的工作是優雅地接受他人的付出，不要試圖催促，也不要企圖改變。在愛情裡面對的挑戰是，控制自己的熱情，使熱情維持至足以與撥動自己心弦的人，建立堅實的友誼樞紐。

誠實

◆心中的孩子

北交點水瓶座的人擁有非常快樂、無憂無慮的天性。他們頑固與堅決的特質，看在他人眼中是傲慢與自私，而這些其實是他們天真地對自己的平等缺乏意識的結果。從他們出生就開始指使身邊的每一個人，包括父母。他們以為只要他們想要，他人就一定會提供。他們非常相信可以擁有任何他們想要的東西，或做任何他們想要做的人。就像青少年一樣，他們頑固但非常依賴同儕的肯定，而他們腦海中則充滿了老一代無法接受的新觀念。

他們想要立即得到滿足，如果沒有得到，他們會沮喪。就好像走進糖果店的孩子，認為如果不在這個時候抓它一大把，就永遠不能拿到糖果了。他們還有另一點像孩子的地方，就是他們認為現在就是永遠。當他們處於愛情中比較「枯燥」的期間，或是不快樂時，他們會以為這種狀況會永遠持續。他們要學習的是，現實生活如潮水有漲有退，生命不斷在變化。

北交點水瓶座的人要誠實地向他人表達自己的天性。他們相信他人告訴他們的事，而在「大人」也就是所有其他的人，不守諾言時他們會受到極深的傷害。由於他們的行為模式極為直接，以他們不了解為什麼他人會對他們不友善，或是為什麼要「耍」他們。他們保護自己、使自己不受他人複雜想法傷害的唯一方式是誠實地做自己。當他們說出自己行動背後的理由時，人們不感到威脅。他們應該要讓他人知道自己的想法、恐懼的事等等。當他人肯定他們單純的真誠時，會用對待脆弱、有創意、善良的「孩子」般方式，對待他們這些「孩子」。

他們可能會犯錯，可能天真無邪，也可能霸道或頑固，但是在他們的本性中，有一種最基本的善良。他們會意識到這種善良，它可以為他們帶來無比的信心。這些人天生非常慷慨。他們會真誠地想辦法振奮身邊的人，他們會出去買張卡片或禮物給朋友，或是帶著支持與鼓勵的心傾聽他人。他們真心希望周遭的人快樂，並激勵他人發揮最大潛能。

雖然這是他們天性中真實的一面，但是偶爾他們會失去與生俱來的慷慨，而開始忌妒他人的現況。會發生這種情況，主要是因為他們太過天真，他們不斷地思考他人成功的原因。他們忽略他人辛苦的付出、智慧的結晶、創造成功的手段。他們告訴自己，那只是因為他人「抽到好牌」罷了。但真正會玩牌的人都知道，輸贏實際上取決於他們怎麼玩手中的牌。今生，當他們開始嫉妒時，那可能表示他們也應該擁有同樣的東西。他們要做的下一步是：真切地評估，怎麼做才能使自己得到同樣的成果。例如，找出適當的策略、展開自律、開始努力工作，而贏得獎品。

他們最好不要把焦點放在他人的環境是好是壞的問題上，而是自己應該怎麼樣才能協助另一個人得到更大的勝利。藉著這種方式，他們可以重新恢復平衡。當他們開始思考如何幫助他人，致力帶領新的時代，會有很多奇妙的好運降臨。因為他們對他人付出，宇宙也會對他們付出。

◆拋掉劇本與角色

北交點水瓶座的人前世擁有許多站在「舞台中央」的經驗，所以知道劇本怎麼寫，也知道劇中應有的對白。當他們進入這一世時，他們對生命應該如何發展心中已有腹案。所幸，生命的發展並不如他們的預期。否則，他們的生命就會缺少許多驚喜與重要的體驗，而這些都可以激發他們天真本性中歡樂的一面。他們應該拋掉所有對關係、計畫、重大事件等發展的預設想法，更關注真正出現眼前的機會。

他們今生要學習如何從友誼出發展開一段關係，並體驗未知帶來的刺激。如果他們已經事先寫好劇本並期待，當對方脫稿演出時，他們就會生氣與失望。如果當「生命摯愛」出現時，他們還在讀「劇本」，他們會要求對方必須有特定的行為或外表，才符合這個劇本。或許這個人正是他們需要、想要的那個人，但是這人的其他方面卻讓他們視而不見。他們不應該將另一個人硬嵌入他們完美理想伴侶概念中，這使他們忽略對方真實的模樣，與他真正奉獻的東西。

如果他們完全沒有任何預設立場，那麼對方獨特的愛情風格，會為他們帶來各種幸福驚喜。最後，北交點水瓶座的人可以客觀的看待這個人，而且清楚地知道，自己是不是真的想要追求這段關係。發生在北交點水瓶座人劇本之外的事件，有更寬廣的時機安排。每個人都有權力做自己，並用自己的速度前進。有時這些人應該退後一步，並說：「好吧！這個人還沒有準備好與我在一起。」然後順其自然。不要生氣，也不要因此評斷對方惡劣。如果他們可以完全地放下，那麼如果這段關係注定會發生，它還是會再回到他們身邊的。

然而，由於他們極度渴望受肯定，所以很難放手。他們會願意扮演任何角色，贏得渴望的肯定與愛。但是，如果沒有客觀地觀察對方，他們會搞不清楚要扮演何種角色，如何表現他們心屬對象真正喜歡的樣子。由於他們沒有如何好好玩這場遊戲的客觀概念，所以完全不玩是最好的。他們應該放鬆自己，順應潮流，表達真實的自己與事情過程中的感受。之後，對方或許會產生共鳴，或許不會，不管怎麼樣，愛情要建立在與友誼相同的誠實基礎。

有趣的是，北交點水瓶座的人因為是來自善良與愛的地方，所以當他們拋棄固執，並表達真誠的反應，讓人看到他們與生俱來的純真時，通常另一個人都會以愛做為回應。

目標

提倡新時代

北交點水瓶座的人，今生是為了要提倡新時代才來到這個世界。他們將前幾世累積的力量，拿來建築連結未來與現在的橋樑。他們擅長將人道理想運用於當下的環境。他們清楚了解人類的福祉是什麼。他們是絕佳的連結者，而在他們努力將願景轉變為現實時，他們極度快樂。由於他們做的是利用自己獨特的天賦，所以生命也會支持他們，並且他們的計畫也會成功。

當他們努力貢獻於人道主義，利用自己的力量與能量做為非傳統觀念的管道時，他們前世的驕傲會消失，而恢復了自信。他們是天生的行動家，知道如何達成結果。他們的任務是不論結果直接去做；這樣才能自由地嘗試，並完全做自己。

他們的確有天生的前瞻性，但是在某些方面，也會造成困擾。例如，從個人來說，他們可能會看到自己的未來將出現特定的結果，但是他們卻因目前無法立刻得到而不開心。例如，他們可能預見自己將經營一間公司，他們覺得這樣很棒，但是卻無法了解為什麼到現在，他們還只是受薪階級，而且看似永遠都沒有出頭的一天。其實那只是時間早晚的問題。他們可能就是應該從現在的工作中，學習各種要前往未來成功所需的技術。

事實上，他們總是「走在時代尖端」。他們可能在某種紫羅蘭色盛行前十年就先喜歡上了；或者被八、九年以後才會流行的音樂所吸引。認知到自己與未來的共鳴，會讓他們對自己的稍微與眾不同自在許多。

北交點水瓶座的人可以預見人類為了自身成長需要走的下一步。他們是傳達未來訊息的使者，藉著與人分享他們獨創的想法，他們賦予人類有意識進化的力量。所以對他們來說，不要因為對肯定的渴望而有退縮非常重要。

◆更遠大的目標

他們有宏大的目標，不僅僅是滿足個人生活中的利益。他們來到這裡，是為了在推動人類進化上，扮演積極的角色。他們除了樹立個人轉便的典範外，還要貢獻自己的力量到人道主義，協助其他人獲得更宇宙觀的視野。

北交點水瓶座的人愈早開始他們被吸引去支持的理想主義，就愈早得到完整的感覺。他們的行動包括以團體的形態保護生態環境、回收、動物救援、為都市孩子建設遊樂場、消除世界饑餓等諸如此類的問題，或許還可以捐錢給人道主義團體。他們也可以利用創造力展開自己的計畫，如寫作、繪畫、音樂、攝影等。

如果他們積極發揮自己作用時，有人「發現」了與他們相同的想法，他們就能慷慨的反應：「很好，這件事有人做了。現在我可以繼續做下一件事了。」他們不必擔心，因為要推動新時代還有許多工作要做。當他們將自己創造能量投入推動的活動時，他們的力量就會成為大團體力量的一部分。因此，當其他人成功實現共同目標，同樣也是北交點水瓶座人的勝利。

然而，重要的是，他們應該做那些指定他們的工作，因為他們不能依賴其他人。比如說，可能預定五人個應該制定法律保護環境，但是其他的四個人可能中途退出。所以他們必須確定，自己一定會完成負責的部分。

◆團體緣分

北交點水瓶座的人擁有絕佳的團體緣（三人以上就是一個團體）。他們最棒的特質是支持、鞏固、鼓勵自己身處的團體。他們是很好的連結者，他們愛與人連結，他們還具有找出大家共通點的能力。但是，當他們在團體裡行事時，他們希望自己範圍內的意見不受質疑。他們希望自己的角色劃分清楚，並以自己的方式執行。

通常，北交點水瓶座的人有獨特的想法，對團體的幫助很大。但是由於他們前世對肯定的需求，所以因為怕被人否定，而會避免與人分享想法以及表達對他人意見的直覺反應。如果他們不訴說實際的情形，最後會被孤立。相反地，公開分享他們的想法與個人反應，會使他們覺得與人相互連結，而且通常會帶來促進團結向前需要的力量。

他們認為自己的反應是很私密，但是，通常他們的天線會找出屬於團體的反應，並與自己新時代的觀點結合。例如，如果某人提出一種方法，但北交點水瓶座的人覺得不妥，或許可以說：「基於某些理由，我覺得這麼做不太好。」這麼說的理由，是他們必須忠於自己的天線在當時捕捉到的東西。通常，他們發現的問題，恰好也是其他人有同感的問題。

當這些人致力推動可以激勵他們的人道主義目標（他們覺得這是自己天生的一部分），會碰到負有同樣目標與使命的人。並與之一起加入相同的團體，這有助他們實現這些目標。

注重創造力

北交點水瓶座的人必須將他們豐富的創造能量釋放至指定的目標，使自己快樂與平衡。如果不加以引導，過多的熾熱能量會造成惡劣的心情、忿忿不平他人的好運與小題大做。除非他們在「創造」某些東西，否則不滿將破壞他們生命中的其他部分。

他們的創造力可以透過交易、從事藝術工作、推動人道主義的工作，或加速他們精神成長等方式來釋放。無論他們是透過心靈修養，或在有形世界推動計畫的方式改造自己，對他們來說，意識到自己想要創造病並熱情地積極追求這一點，將是他們有優勢的方式。

◆熱情與創造能量

他們擁有極大的熱情與創造能量。當他們參加讓他們表現這些特質的計畫時，他們會極度快樂。他們喜歡有貢獻，但是他們需要自由的空間，維持自己的獨特與創造力。他們不想追隨他人的方向，因為那會限制他們，也會降低他們的「頻率」。如果嘗試降低他們高頻率與緊繃的能量，會搞瘋他們。當他們忽視創造的衝動，並做他們自認應該做的事情，他們的能量會遽降。

北交點水瓶座的人前幾世曾是如此強大的創造者，這輩子，他們可以達成任何他們想要的目標；他們知道該怎麼做。他們「提供資源」，也有自信地無中生有。他們是創新者，而不是模仿者。他們可以獨力開創事業與創意計畫，並促使它完成。

但是若要成功，他們要記得創造有兩個部分：觀察與行動。觀察包括了研究，如大眾需要什麼？另一個人需要什麼？客觀考量當時的狀況並允許其他人為了配合願景而調整，這個部分的創意之舞就能以有節奏的方式往前移動。

而行動要求的是達成某個成果，並獲得獎品的意志與決心。創造行動需要自我，觀察力則需要非我的客觀。如果他們經歷到拒絕，最好能夠拋開自我，回到非我的觀察狀態，這樣才能客觀評估發生的狀況。之後，當前方的道路漸趨明朗時，他們就可以重新連結自我，邁向目標。

只要他們不是追尋自我擴張，北交點水瓶座的人就能直覺地了解人們想要什麼。與真正符合團體的利益。因為他們是為了更高的目標貢獻，所以宇宙的所有力量都會支持他們；而為更高目標奉獻，也可以讓他們獲得不可思議的力量。

大家可能會將他們奉為完人，但這是為了感謝，他們的確提供了幫助。他們是從平等的立場提供援手，而不是因為他們「高人一等」；也就是說，這個協助是來自他們真實的自己，而非扮演的角色。

他們可以創造任何自己想要的東西。他們會謙虛地請求他人的知識與協助，願意讓事物按照各自的時間自然發展，所以輕易地就能實現夢想，而這些夢想都與他們生命中更遠大的目標一致。

◆拋開激烈與誇張

北交點水瓶座的人擁有大量的創造熱忱，當運用在創造藝術或產品時，他們激烈專注是優點。但是，當他們把同樣激烈的熱忱運用在世上的溝通時，會出問題。他們常過度注意自己天賜的能量，這正是他們「搞砸」事情的原因。他們的激情實際上互斥了他們想要吸引的事物。

當他們的創造過程並沒有按照他們希望的方式進行時，通常表示他們應該在繼續前進之前獲取更多的知識。他們需要更深入的了解。事實上，如果請朋友幫忙提供測試回響，將帶來很大的幫助。當他們不知道下一步該怎麼做時，最好什麼都不做，靜待更多的資訊。如果他們不顧一切繼續前進，最後通常導致更大的問題。

他們對外來的刺激，常常採取過度誇張的方式反應，致他人感受到威脅。在思考另一個人的話前，他們會迴避進一步的資訊。他們可能會發一頓脾氣，以達到他們的目的，也許大哭或極誇張的方式，讓對方按照自己的期待行動。然而，固執與驕傲往往會阻絕這種關係的能量。

他們可能還有不耐煩的反應：「他為什麼不掌握自己的生命？他為什麼不親自做這件事？」但事實上，其他人做的是當時覺得正確的事。批評他人不按照自己的劇本做事，其實一點意義也沒有。

當北交點水瓶座的人誇張胡鬧時，其實是因為他們放大了事實，並擔心無法按照自己的方式行事。他們會把每件事，如輕視、拒絕等都看得很嚴重，並在情緒中誇大。但是，每當他們放任自己產生過度的情緒反應時，他們那個部分的生命就無法運作。如果他們對財務的改變有誇張的反應，那麼錢的問題將持續是他們麻煩的來源。如果他們對愛情過於興奮，他們的熱情將會推開對方。

當他們熱情激昂時還會產生另外的「小干擾」，不論是對愛情還是很重要的目標；就是他們傾向把事情看得太認真。他們常因為追求的重要性而感到沉重，同時也失去了帶領他們走向成功的經驗和敏銳思維。

他們甚至會成為「戲劇之后」，因為他們生命中的激情與陰謀如同一齣肥皂劇。問題是雖然表演仍持續進行，但這齣戲的趣味性已經逐漸消失。莎士比亞的戲劇通常都是悲劇性收尾。

一旦涉及熱忱，北交點水瓶座的人會失去所有的遠見，而且無意中陷入不平衡的能量，進而造成情緒上的悲劇後果。

若要維持遠見，北交點水瓶座的人應該把生命看成一場喜劇，而不是鬧劇。生命中他們注定會碰到許多人、經歷許多經驗，與他人共同分享知識。與其過度反應，不如利用他們的創造力了解「更高的理由」，並順勢而為則會更好。

看到更宏觀的願景

過去幾世中，他們以超我為代價發展自我，因此他們對於社會、家庭與宗教叮囑的道德觀，與對人道理想的認識，均逐漸式微。為了保持平衡，他們這輩子應該發展對宏觀遠景的意識。這樣才能符合眾人最大利益的條件下，維護他們的意志。

藉由擴大意識水準，他們可以找到超越自我的目標。例如，我有一位北交點水瓶座的客戶，職業是攝影師。她的工作極富創意，她不時散發關愛與靈性的氣質，而且她為引進新時代，也盡了一己責任。但是，由於她的動機是強烈渴求讚賞與聲望，所以她不知如何讓作品達到世界水準。她只能不斷舉辦傳統的私人個展，但無論如何努力，都沒有盡如人意的結果。

最後，她終於把主要目標定在：把她的藝術創作公開展示給一般大眾。於是不論是貝果店或書店，只要她覺得有人看到的地方都想辦法展示。這麼做之後的第二天，她的作品也開始售出了。如果她能虛懷若谷，把每個展示自己作品的場合，視為博物館或知名的大學，從較大的願景來看待整個情況時，雖然無法滿足她的自我，但是卻從中找到通往成功的道路。

◆信任生命

北交點水瓶座的人習慣凡事都要照自己的來，當事情沒有按照他們的時程進行時，他們會感到非常生氣。他們往往只會對遭遇的阻礙非常憤怒，而不會重新調整。他們沒有意識到潮汐改變了，或許生命本身有更重要的計畫，所以要讓事情以現在的情況進行；他們只是一味地抗拒。這麼一來，會使他們的生命之路，出現更多計畫外的困難。

他們要注意自己的意志。他們前世耽溺於個人意志，所以這輩子小時候對父母要求「我要這個」，而他們的父母說「不」時，他們會感到震驚。當他們長大成人，還是會在宇宙對他們說「不」時，震驚不已。他們應該要學習，如何將個人的意志轉化為順勢的臣服，並充滿愛地接受生命帶來的禮物。

當他們嘗試以強迫的方式推動結果時，他們會比較堅強、有決心與頑強。他們的意志用在志積極正面的時候，是戰士力量的強項；但轉為亂發脾氣就是消極面了。要將過度發展的意志轉化為合作的意願，有部分的工作是要分辨時機的好與壞。例如，如果北交點水瓶座人的意志執著於週六去海灘，那麼即使周六下雪，他們還是堅持要去。他們很難客觀地考慮狀況的變化並相對調整自己的步伐。因此，他們錯過了適應看見更宏觀願景的機會，那總是帶來更多的好處，也包括他們自己的。

生命並不想傷害他們，但是如果他們抗拒宇宙的時程表，終將傷害到自己。他們要學習適當地接受發生在生命中的一切，以便邁出下一步。

他們要學習，當一扇門關起，就會有另一扇門打開。例如，他們原本有機會體驗美妙愛情的喜悅。某人來到他們的面前，讓他們很心動。但是他們有重要的事業計畫，只能嘗試稍後再看愛情，因而失去體驗愛情的機會。好笑的是，他們追求的事業或許要半年才會能實現，這段時間足以他們充分體驗這段關係的喜悅。對於生命帶來的禮物，他們常常欺騙自己，認為自己「比較懂得狀況」，但是往往事後又會追悔不已。

生命會為他們帶來踏入全新事業領域的機會，會讓他們比以往的任何工作更開心。潛意識裡，他們已經準備好要做改變。他們開始厭倦舊的工作，但卻因為福利良好、待遇等原因而不願放棄。突然，當迫使他們離開舊工作的事情發生，他們會非常生氣，而且抗拒任何改變：「宇宙為什麼這樣待我？」他們的憤怒會使他們看不到新的機會之窗。他們太專心在不想要的東西，而看不見為自己開放的機會。

再一次，自律是關鍵。他們要保持客觀與專注於願景，避免總是「堅持自己的方式」。這不是本能的反應，所以需要有意識的意圖。例如，若他們有個女兒，他們的目標是培養女兒成為一位堅強的女性，那麼隨時記得這個目標，可以幫助他們控制自我，並允許孩子某些時候能以自己的方式做事，以增強她的力量。或者，他們的目標是希望孩子在和諧的氣氛中成長，他們的自我就需要控制，使自己不致為了洗碗機裡的碗盤應該怎麼擺，而爭執不休。要鍛鍊自我，他們必須設立更遠大的目標，而且對他們個人是有意義的。

北交點水瓶座的要學習相信有一幅更大的願景，而且生命總是帶來對他們最好的機會與幸福。他們也要學學擁抱謙虛與親切接納生命帶來的禮物，根據的是宇宙的時刻表而不是他們的意志。

◆天使的幫助

今生北交點水瓶座的人會吸引他人前來，幫助支持他們的利他計畫。另外，天使與靈性導師圍繞在他們身邊。彷彿如同進入此生前般，他們曾是大團體中的一員。當他們在地球上時，團隊成員仍在無形的領域給他們指引與協助。

由於他們有實際的軀體，所以不能清楚預見未來。因為他們習慣自給自足，因此魯莽地衝向前並受到傷害。其實他們可以不要這樣，他們需要調整天線聆聽指引，這樣一來，前方的道路就會更平坦易行。今生他們不需要「自己動手做」，他們的導師是他們命運的一部分，導師希望幫助他們成功。但是，與導師之間的通路是否暢通，則完全取決於他們自己。

這輩子，北交點水瓶座的人是更高力量的傳達工具。因此當他們擁有真的符合地球需要的想法時，宇宙會為他們安排，使他們可以與適當的人連結，協助他們實現理想。他們是折衷主義者，可以將較宏寬的願景道路與對新時代內在知識的輔助，結合自己參與的各種意見精華。

在這一生中，他們要做的是，將他們堅強的忠誠移轉部分到造物主、自己的性靈，並與更浩瀚的生命之流合作。這麼一來，他們承襲自前世絕佳的創造力，就可以派上用場，而他們通往成功的道路，也會變得奇妙。只要他們願意將自己獲得的意見歸功於「好運」、天使或宇宙本身，他們就可以得到成功的保證。沒有什麼可以阻擋他們，因為他們不是以過度膨脹自我的方式在詮釋成功。

療癒主題曲

音樂具有獨特的情緒力量，可以支持我們冒險，因此我為每個交點族群都各寫了一首歌，希望能幫助他們將能量轉換到積極正面的方向。

旭日東昇

這首歌傳達的訊息，是希望能將北交點水瓶座人能溫和將注意力轉移到更寬廣的觀點，也就是自然秩序與生命時間表，這樣才能使他們擁有解除抗拒的力量。他們會意識到並「順應」自然潮流，直接走在實現夢想的路上。

♪節錄部分歌詞

爲什麼
我們抗拒生命規畫的時間表，
阻止自己幸福？

企圖用我們愚蠢的腦袋
決定是非對錯？

每個清晨旭日東昇，
每個黃昏夕陽落下。
夜晚天上高掛月亮，
絕對不會是太陽。
大自然自有其體系與次序，
反應在萬事萬物，
爲什麼不相信生命律法？
它們從來沒有讓我們失望過！

第十二章

北交點雙魚座——
或北交點在第十二宮

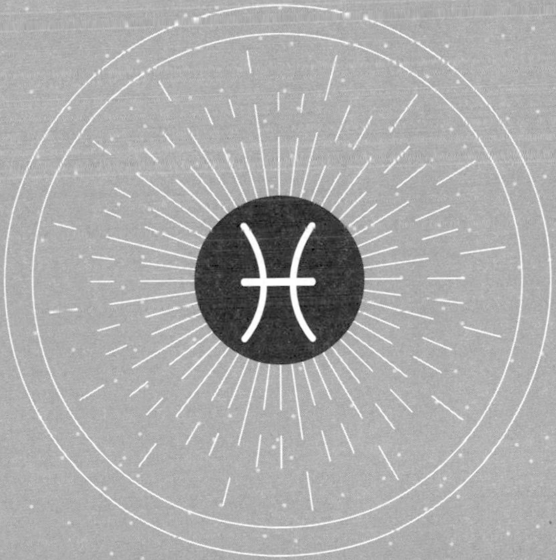

星座箴言

性靈的國度永遠不會失去秩序。

總論

♓ 應發展特質

針對這個部分努力，可以幫助他們找出隱藏的天賦與才能。

- 不批判
- 憐憫
- 將焦慮交給更高的力量
- 透過冥想與自我反省解放心靈
- 專注於精神的通路
- 信任正面的結果
- 肯定與宇宙的連結
- 歡迎改變

♓ 應擺脫傾向

努力降低這些傾向造成的影響，可以使生活更輕鬆愉快。

- 過度焦慮的反應
- 過度分析
- 揮之不去的憂慮
- 誇大細節的重要性
- 批評第一個反應
- 挑剔他人的錯誤，使他人犯錯
- 對錯誤過度焦慮
- 想成為好好先生
- 持續處於不愉快的情況下
- 不知變通、不具彈性

致命傷／應規避陷阱／重點關鍵

北交點雙魚座的人要注意的致命傷是對秩序的迫切需求。「我的生存取決於有秩序的一切，根據我對生命應然的標準與其他人應該的行為標準。」這樣的需求使他們陷入對完美永無止境的追求，「如果我身邊的人更完美的話，我就能放鬆並信任他們了。」然而，這是無底洞。因為生命與其他人不可能一直符合北交點雙魚座人的完美秩序標準，而使他們得到安全感。因此，他們的期待心理可能導致持續緊張與焦慮。由於生命與其他人對北交點雙魚座的人而言，永遠不夠理想，不足以使他們放心地放掉掌控，所以他們會一直無法相信他人，也無法快樂。

關鍵是接納宇宙的計畫的確比他們的計畫好。還有，不管表面看起來如何，事情的發展其實都是恰當的。他們唯一能創造「完美秩序」的地方是自己的內在，藉由臣服於更高的力量，並相信每件事都有其秩序的。有趣的是，當北交點雙魚座的人盲目地相信造物主，並相信每件事都可使自己更為快樂，他們會突然出現宏觀的視野，並開始了解事情如何發展對自己有利。這樣一來，他們就可以放棄控制，變得更快樂。

真心渴望

他們真心渴望的是自己保持正確，而且他們或其他人都能完美地百分之百遵循「計畫」。但是他們希望每個人完全地配合他們自認為正確的「計畫」。事實上，他們必須承認，其實自己並不知道「計畫」是什麼。他們要將焦點自刻版的肉體與物質面的計畫，轉移到較大的精神願景上。藉由信任與臣服更高力量的智慧，相信呈現在他們面前的發展確實是「計畫」一部分，來看待生命中的情況；然後會更為清明。他們充滿平靜，並覺得自己與「計畫」調和，因為精神願景正是他們所追尋的完美能量。

北交點雙魚座的人掌管的是意識的文明狀態，意即生命具大海般的一致性。有時候，北交點雙魚座的人會跌入啓蒙的狀態，完全與宇宙連結。他們生命的目的是滋養這種狀態，並將之成為日常經驗的一部分。

才能與職業

他們需要獨立的辦公室或空間。他們獨立作業的成效很好，亦能享受探索與執行某項願景計畫的樂趣；那多是由個人獨力完成的工作，如學術研究、圖書館、電腦方面的工作等。北交點雙魚座的人在任何追求個人精神真理的職業都很成功，其中包括在僧侶或修道院的工作或生活。他們可以是絕佳的藝術家、手工藝家、表演藝術工作者、音樂家等，舉凡可將自己的夢想帶給他人的工作。他們也是很成功的籌備者，因為他們非常擅長「幕後」工作。即使他們的工作十分普通，他們也需要給自己充分的時間獨處與反省。

北交點雙魚座的人還有天生的才賦，可以注意到相關的細節並分析資訊的重要性。當他們利用承襲自前世的天賦，做為實現他們夢想的背景時，他們與生俱來的實用性會提供他們幫助。但是，如果他們選擇的行業是需要專注於細節、深度的分析、完美、精確，如簿記或系統分析時，他們可能感到焦慮或不安。他們比較適合著重實現某個願景，或使他們有能力運用他們的實際技巧，落實幻想的職業。

療癒肯定句

◆「一切都很好，每件事都按著各自的軌跡運行。」

◆「神的靈性國度永遠不會失去秩序。」

◆「當我『放手並臣服於神』時，我就能掌握勝利。」

◆「我的生存不受到失序的威脅。」

◆「這不是我的工作，是神的工作。」

性格

前世

北交點雙魚座的人有許多前世曾扮演身體治療與協助者的角色。他們曾是不同文化中的外科醫師、醫師或護士。他們的地位相當重要，因為他人的性命掌握在他們的手中，所以必須全神貫注並「極為精確」。因此，他們今生仍相當執著做事必須完美。當事情根據計畫進行，北交點雙魚座的人信心十足且堅強，覺得一切都在掌握中，而且「運作」極為順利，但當意外發生，他們驚慌失措，潛意識裡覺得事情「出錯」了，會導致有人死亡。

就制定各項規則與程序的醫療人員來說，不能容許錯誤。因此，這輩子他們仍延續對精確、毫無瑕疵行為模式的執著，他們期待無懈可擊的行為，不僅成為自己沉重的負擔，也對他人造成壓力。他們將刻板、嚴格的標準套用在身邊的人，尤其在職場。或許因為他們前世都在醫療界打轉，通常他們很注重健康，擔心受到汙染，而且覺得需要保持環境的一塵不染。

另外北交點雙魚座人前幾世曾經代表精神真理。他們會透過完美、「按照規則」的行為，實際為世界服務，如僧侶、比丘尼或泰瑞莎修女等類的人。他們堪為大眾表率，他人期待從他們學習到靈性的行為模式。由於他們的行為帶來了仰慕與鼓勵，所以潛意識裡會將「完美」與讓物質世界中的事物按照自己的方式進行，聯結在一起。然而，前世常因為陷入形式的完美，而失去與安撫力量的接觸。這是可以了解的，因為他們以往都有個儀式，並執行某種特定服裝或行為。所以今生，他們希望釋放形式的執著，並重新與本質接觸。這輩子是為他們前世爭取寧靜和內在滿足當做回報的時候了。

◆分析的傾向

前幾世，北交點雙魚座的人過度運用與發展了分析的能力，因此這輩子他們天生有分析一切事物的傾向。他們經常將事物拆解，了解運作的方式，直到明白後才能滿足。他們的思維模式隨時保持高效運轉，常分析一些根本應該放在一邊的事。就好像剝洋蔥似的，他們一層層地剝開洋蔥皮，卻發現中間什麼都沒有，最後空虛與焦慮。他們今生的設計，並非透過分析找到他們追尋的答案。

他們從每個可能的面向分析問題，而他們熱切的態度會讓其他族群的人發瘋。他們認為無法控制的事情都可能會出錯。一旦判定有些問題而擔心時，就會陷入熱切狂躁，這種狀態一旦發生，就很難擺脫。他們擔憂的不是現在，而是未來可能發生的問題。其實他們擔心的絕大部分最後都不會發生，即使如此，仍無法使他們脫離焦慮的狀態。

他們假設的「最壞狀況」其實並不太可能發生，由於以下幾種可能：(1)他們沒有考慮到新的認知或是行動，可能足以防止問題發生；(2)他們不容許外來的干預；(3)最重要的，他們不容許自己的直覺提供對未來精確的「判斷」，也就是判斷到底是否值得憂慮。他們必須停止胡思亂想，以便了解最新的情況，並「感覺、判斷」未來。

北交點雙魚座的人有許多問題因為過度分析而生。例如他們有個幻像，他們會嘗試不以宇宙本身的方式迫使它實現。他們的確會看到一條通路，但未必是完整的一條路；可能只是一條狹窄的小徑，且只能容納一個人通過。但他們必須了解，若牽涉到其他人，他們就需要更寬廣的視野。

他們慣於實踐，所以焦點狹隘地專注在手邊的工作，完全不考慮其他因素。在事情無法按照他們計畫時，最好能後退一步。他們不必驚慌，只需要提醒自己，或許有他們還無法了解、更高層次的計畫正在進行。

◆得到答案

由於他們前幾世在混亂中創造秩序，所以天生以為自己知道所有的答案：這以致這些人經常追尋為自己與他人創造康復與恢復秩序的方法。當他們面對問題時，他們會緊張並試圖找出答案；接著問題惡化，而他們的焦慮也會加劇。他們要花上好幾天的時間，才能克服自己因無法找到「正確答案」而產生的無能。

有趣的是，其實他們真的有得到答案的管道，但是他們必須要先承認單靠自己是沒有答案的。他們必須將問題交付給更高的力量，並接受來自直覺的程序而非分析；這樣的話，「正確」的答案就會出現，也許以靈感的形態，或可能透過一般幸福的感知。

例如，我有一位北交點雙魚座的客戶，在歐洲讀了幾年書。她學習的是正統教授人們唱歌的技藝。但當她將技巧運用在學生身上時，效果十分令她沮喪，而且相當耗時。後來她開始放鬆，學會讓學生各別的、聲音上的問題，進入她的內在，並交給更高的力量，這時她才浮現靈感而了解，如何將每位學生聲音方面需要克服的問題，精確地傳達給學生。有趣的是，由於她並不覺得有必要立刻知道「答案」，所以她發現，潛意識中的確知道答案，而且她的確也擁有開發學生聲音的天賦。

◆自我觀念

北交點雙魚座的人總想知道自己「屬於」哪裡。比如說，他們的地位、他們的工作、他們該如何與人配合等。這種急切的需求，是因為他們覺得沒有工作或任務，就沒有存在的價值，而沒有被定義的想法會嚇壞他們。

他們追尋的最大安全感來自他們內在「適合」的地方。在他們還未確認這點前，會花上大量的時間與精力在無謂的追尋，因為這輩子，他們其實並不會適合任何實質的位置。要感覺到他們的「適合」，他們必須進入生命中屬於靈性的維度。這也正是冥想、放鬆技巧、瑜伽、靈性追求等之所以重要的理由。這些練習可以使他們的注意力，集中到存在於有實質事物外的無形事物。

將焦點集中於物質世界發生背後的靈性氛圍，可以給北交點雙魚座的人在與他人連結時產生自在與安全感，並協助擴大他們的視野，包括更大的意識，讓他們對所發生的一切事物感到整體性。當他們體驗到內在的完整與寧靜時，就可以更清楚地了解他們創造的氣氛。透過學習辨識自己的能量場，不論身在何方他們都能夠「配合」環繞身邊的氣氛。

完美主義

北交點雙魚座的人許多前世都需要「完美」，所以這輩子他們的潛意識中，也深嵌「達到完美」的腳本。他們認為自己必須隨時扮演「完美先生或完美小姐」。好消息是這輩子就算犯錯了也沒有關係。事實上，今生不可能完美，每當即將獲得成功的最後一分鐘，他們總是會發生一些「狀況」，破壞他們「完美」的形象。這其實是宇宙在提醒他們，今生他們可以犯錯，所以他們應該保持人性地做自己就好。

◆計畫

他們確實在計畫。他們專注於自己想去的地方，與如何讓自己按照計畫到達目的地。然後，由於他們前世已經習慣了對細節的專注，所以執著於自己的計畫，而看不到願景。他們的計畫即使出現最細微的更動，都讓他們無法忍受，因為他們以為如此將得不到想要的東西。

他們認為如果能「正確」地做一切事情，就可以掌握自己的世界。雖然他們對細節極為注意，但當他們的世界崩潰時，如太太離開自己、生意失敗、孩子開始叛逆等等，他們會相當震驚。當他們「準備」好計畫，生命會帶來不利的因素攪亂所有的佈局。這是宇宙要他們知道，如果過度執著達到目標的方法時，就行不通了。因為他們無法享受沿途意外狀況的歡樂與冒險。當他們把自己的的思緒侷限於想要的目標時，本來可能得到的最好結果，將因為他們先入為主的成見而受到限制。

例如，當北交點雙魚座的人計畫與友人從紐約到洛杉磯，北交點雙魚座的人會直接又實際的規畫整個行程。當他們出發，那位朋友發現的路線可能遭遇暴風雪，建議改採避開暴風雪的路線。這時，北交點雙魚座的人就會生氣，因為她沉浸在自己的計畫裡頭，甚至擔心不全照自己規畫的路線走，將永遠無法抵達洛杉磯。

他們還有過度計畫的傾向。迫使自己在很短的時間內完成許多事情。但是，解決這個問題的辦法不在安排時間去配合所有的活動，而是在完全不做任何安排，只觀察自己的行動。這種處理方式創造出自然、適當的時間分配，為他們的生命帶來自在與平衡。

北交點雙魚座的人可以做件促成這個過程的事情，那就是刻意地少做點事，例如少點計畫、少規畫行程、允許事物更自然地發展。這麼一來，他們就可以與幻想保持最佳的接觸，讓他們更有效地利用時間。他們需要更強烈的目的意識與更輕鬆抵達的想法。如果允許每件事情順勢發展，就會帶給他們會內在的安定，因為他們知道事情朝對自己有利的方向發展。

◆批評

北交點雙魚座的人傾向過度批評。他們對自己比其他人都要嚴格，而他們不斷批判「對或錯」的行為造成緊張與罪惡感。他們覺得自己應該為任何的「錯誤」負責，甚至包括發生在身邊人身上的事也要負責。他們覺得是自己造成這些問題，因為他們的行為並不完美。由於擔心造成他人的問題，導致他們無法在生命中做出有所助益的改變。

他們常因為自己做了不符合自我形象的小事情而自責。他們痛恨犯錯，但是當他們真的犯了錯，又會仔細分析，將自己的行為合理化，為自己辯護。他們可能很難說出「對不起，我錯了」這句話。由於他們前幾世追求完美，而今生潛意識中恐懼自己的行為不符合他們所代表的理想。因此這輩子，「維持正確」似乎成了他們神聖的義務。

有趣的是，當他們承認自己犯錯，就因為自己站在真相那方而獲得力量。他們可以說：「我犯了錯。現在我們該怎麼辦呢？」當他們企圖維持完美而重挫自己，他們就會失敗，而且身邊的人也都會失敗。他們務必放棄一切批判，才能獲得他們追尋的平靜。

每當他們聽見自己說：「因為我沒有做好，所以導致這樣的結果。」他們就知道自己正在對抗前幾世的「致命傷」。每當他們批判自己，或是他人不符合某個理想，他們就誤入了歧途。宇宙藉著把他們放在「失敗、錯誤」的情況中，用以教導他們謙虛，這樣他們才能放掉對完美的執著，也克服他們老是覺得「不大對勁」的問題。其實並沒有什麼問題，每件事情都只是在「發生」罷了。當他們了解到這一點並順其自然，就走上了正確的道路。然後，他們就可以透過對事物自然發展的信心，治療自己的問題。

◆調整與改變

北交點雙魚座的人很認真，因為他們始終專注在找出錯誤的地方，以便調整。他們對於事情偏離了「滑順、連續趨勢」的現象相當敏銳，並且因而恐慌。而他們的批判和焦慮情緒，會激怒並干擾他們身邊的每一個人。

他們前世的工作使他們的焦點極為狹隘。直到今生，他們還是容易專注於狹隘的焦點。造成這個問題的部分原因，是因為他們通常會專注於實質層次中發生的細節。北交點雙魚座的人常常因為太靠近問題，而看不見其他東西。他們如同把臉貼在玻璃上的孩子。當他們因此而「陷入」問題裡，並無法重建秩序而感到沮喪與無能，很容易因為看起來「失序」的細節而困擾。這將使他們很難擺脫緊張與焦慮，就好像企圖將狗與骨頭分開一樣困難。

有趣的是，要脫離這種進退維谷的困境，還是必須訴諸他們的專注力。他們要將焦點自問題的結構轉移，交付給更高力量。這輩子，當他們執著物質世界的結果，會因為緊張煩躁而瀕臨崩潰，最後影響他們的關係與每件事情。他們往往緊張得彷彿胃都打結了。當他們覺得胃部因緊張而不舒服時，那就表示他們應該往後退一步，並放開一切。

有時候，讓他們脫離這種情況的最佳辦法是重複肯定句：「一切都很好，而每件事都按照自己的步伐進行著。」他們可能要說上好幾遍，才能終止過度分析並得到需要的心理的距離。然後，他們可以停下來，看看會發生什麼事。他們不需要搞清楚什麼，只要看看什麼會來到他們的面前。藉著將問題交給更高的力量，讓自己只是單純地處在情況中，治療的能量就可以凝聚，適當的解決辦法將會展現在每為相關的人等面前。

例如，我有一位北交點雙魚座的客戶，她的婆婆很有傷害性。如果我的客戶沒有去探望，對方變得極具防衛性，並認為我的客戶故意針對她。這位婆婆常酗酒，使得身邊的人覺得她根本不想好好地過日子。多年以來，我的客戶一直嘗試協助她，希望能讓婆婆覺得好一些，但是一點成效也沒有。之後，她打算放棄提供援手時，婆婆突然告訴她，自己開始看心理醫師，並希望每一位家人都能陪同她去看醫生，因為那是療程的一部分。我的客戶非常興奮，而且完全支持婆婆的決定。她最吃驚的是，這種情況是直到她接受實際的情況，並不再嘗試提供幫助，完全放手了以後才發生的。她說：「我什麼都沒有做！」

神奇的結果會在他們真正釋放問題，並不再試圖擺脫阻撓情況自然發展時出現。他們常以為世界依賴他們的參與，若他們並未參與但事情卻依然完成時，就會感到訝異。而且，如果事情在他們未干預的情況仍然有序，他們還會把它當做是針對他們個人，不悅地表示：「你的意思是，沒有我也行？」

執著

北交點雙魚座的人常有執著的問題，這是對他們完全沒有好處的強迫心理模式。或者，他們心理可能有執著的特質，使他們不斷分析某種情況，卻無法找到帶來心靈寧靜的解決對策。有時候，毫無預警的情況下，他們的「過分耽溺」會突然消失。這時最好不要分析，只要承認問題已經不見了，立刻表達肯定與感激即可。他們只需要單純地接受這份禮物就好，而非分析它。

當他們執著於「為什麼」的時候，其實可能是恐懼問題再度發生。但在他們分析的過程，往往會使問題再次發生。在不利的情況自生命中消失時，最好就這樣讓它消失，而不要再探究「為什麼」。他們要學習感謝生命的奇妙，承認每件事情匯流在一起的狀況，並對生命本身帶給他們的答案心懷敬畏。

◆榜樣的優越感

前世他們發展出自我的外殼，一直繞著「正確」打轉。醫生與護士就好像神一樣，每個人都很尊敬他們，而他們也很容易得到聲望。這麼一來，服務他人的過程就成了自我的追求。

所以，北交點雙魚座的人常帶著優越感投生這輩子。他們覺得自己必須是個榜樣，如老師、官員、救火員、警察等等，因為無論如何，他們代表需要為人類經驗帶來特定價值觀的典型。身為榜樣，他們覺得自己必須完美無瑕。然而，完美行事象徵了他們的優越，而這正是他們邁向結束的開始。不論是從陷入他們所扮演角色，或濫用權力讓人與之對立，都是如此。

他們強烈地認同他們所做的工作或服務。他們會因為過於投入工作而導致無法抽離。從放下工作前發現的「另一個細節」開始，很快地，他們出現工作狂的徵兆。雖然他們的工作已經奴役了他們，但是他們可能不認為自己太執著，反而認為自己「只是做應該做的事」罷了。他們一定要放棄對工作的認同，才能做好他們的工作而不失去太多的自我。即使他們沒有花很多時間在工作上，也會花很多時間在擔心他們的工作。不論是哪種情況，工作都是他們的重心，於他們的生活中無所不在。

他們與工作夥伴或員工的相處也會有問題。對他們來說，很難捨棄控制他人行為的渴望，因為他們不知道他人是否能做好工作。北交點雙魚座的人要學習的是，自己以「正確方法」做好工作的想法，可能與他人不同，但是兩者都會得到良好的結果。他們應該給他人擁有不同風格的自由。他們也應該承認，他人也正在學習「如何做好自己的工作」，他們不能期待每個人都知道最好的方式。

他們總覺得必須與他人保持距離，因為他們在地球上必須執行特定的責任。他們擔心如果與人平起平坐，並產生情緒上的牽連，他們會忘記自己的工作，如此一來，他們的自我定義會被剝奪。當他們要扮演他們的角色時總是戴著面具，因為害怕摘下面具，會向情緒屈服成為群體的一部分，而不再是榜樣。

事實上，當他們真的扮演某個角色時，會吸引真正想要他們扮演這個角色的人。當某人說：「為我角色扮演。」他們的自我會受到鼓勵，但是之後則會受困於這個角色。有趣的是，他們其實真的會為地球帶來更高層次的能量，但只要企圖在自我的層次做這件事，就無法發揮作用。他們正在學習只要保持自己的本來樣貌就比做什麼都強。

◆責任與內疚

北交點雙魚座的人執著於創造秩序的責任感。他們認為必須扮演特別的角色，或執行特別的儀式或例行公事，認為履行這項任務或服務是他們的責任。對他們而言，成為生命潮流的一部分，表示同意成為無名小卒。然而，成為無名小卒會讓他們認為自己沒有做好份內的工作，並且內疚。「如果我不完成任務，就是做錯了。」這是完全存在他們腦海的永久循環。而這種循環基本因為他們自認為比他人優越，因此有崇高的使命而形成。

為了讓他們脫離這樣的循環並迫使他們接受自己的人性，必須採取某種手段「震撼」他們。他們會發現自己被捲入完全不能控制的情況。人性與接納是唯一的出路，也是讓他們放下，並脫離完美、任務、罪惡感的唯一手段。從某個角度來說，放下是表示他們說：「好吧！我想我沒有辦法完美地完成工作。我會把它交給上帝。」這時他們的意識會產生改變，而他們將能夠看到更寬廣的願景。

需求

釋放定義與架構

北交點雙魚座的人會注意每件事情的細節，並試圖將每件事情加以分類。他們這麼做有部分原因是當他們處於沒有定義時會很不自在。他們認為，對於自己是誰這個問題，需要嚴格的定義，才能安穩，例如他們扮演的角色、工作、提供的服務、例行公事、規則與規定等等。但是實際上，他們自我定義愈少對他們愈好；因為他們在生命中與自己更接近一點，就與環境中高低起伏的關係愈少一點。

他們應該知道，他們想去的方向和如何抵達之間的定義區別。對他們來說，對目的、目標或觀點，有明確定義是有益的，這可以提供他們需要的安定。然而，他們對於達到目標的手段，應該要能變通；畢竟誰知道他們需要什麼，或是未來會發生什麼呢？他們要放棄先入為主的想法，只要專注目標就夠了。他們要學習讓經驗超越定義，而不是讓刻板的定義限制了經驗。

他們天生傾向定義一切，當這種傾向維持在可變通狀態對他們有利。他們可以寬鬆地定義現況，了解什麼最適合他們的個人夢想。但是，這個定義應該是暫時性的，未來當他們接收到更多的資訊時，必須隨時調整。如果他們定義情況背後的動機是為了瞭解他們「適合」的地方，那就會失敗，因為這時定義變成了限制。如果他們的動機是為了將這種情況與他們的觀點或美好預期連結，那麼他們就會成功，因為他們有接受新資訊的能力。

◆接受改變

北交點雙魚座的人面對可預期與例行事物會很自在，而對於任何改變則本能地抗拒。如果不在他們的預期裡，即使升職也會讓他們抗拒。他們執著於體制的安全感。然而很不幸的，這會讓他們拘泥於一成不變的生活，阻止他們自由地享受生命帶來的喜悅。

這輩子他們要學習釋放對「已知」的堅持，並歡喜地迎接改變。唯有在他們有意識地想通與「未知」間的關係時，才能做到這一點。如果他們害怕未知，即使違背最佳利益他們也會嘗試堅持常規。當他們在某種情況不快或環境發生改變，應該要展開雙臂迎接。因為目前的狀況之以會出問題，或許是因為前方有更好的東西在等待他們。如果承認自己正面對著未知，他們就會了解在他們四周凝聚的，可能是邁向更深層滿足的下一個步驟。

在現實生活中，他們很容易感到厭煩，需要變化維持蓬勃的生氣與活力。他們的神經系統極為敏感，所以如果企圖抗拒改變或掌控環境，會負荷過重，而且不論身體或心理，有某些東西會開始崩潰。因此，他們愈早放鬆並接受改變，就會愈快樂與寧靜。他們今生的挑戰是允許生命發生變化，重新定位並磨平各個稜角。他們不應該搭逆流而上的快艇，而是搭獨木舟順流而下。他們融然可以掌舵，但是不需要與水流抗衡。

例如，我有位屬於這個族群的客戶，他想要讓晨練步行得更有趣便帶兒子一起。他們才沒走了多遠，就看到幾個水窪。他的兒子想要停下來看看，但是我的客戶則希望能繼續走路。於是孩子的眼眶紅了說：「我累了，我不想再走了。」我的客戶很沮喪，因為事情並不如他預期。他威脅孩子如果不繼續走，就要回家了，而且以後再也不帶孩子步行了。孩子也生氣了，索性坐在地上看起水窪了。最後，我的客戶終於妥協，他知道不讓兒子看這幾個水窪，就無法繼續步行。而最後他經歷了一場美好的步行體驗。他們停下腳步看著螞蟻、玻璃碎片和石頭，而且由於在山丘跑上跑下，自己的心臟也得到較激烈的運動；事實上他們等於走了好幾公里。

在前述例子，我的客戶並沒有達到原來預期份量的運動，但他與兒子度過了美好的時光，而且在自己已經走過好幾百遍的路，發現許多以往沒有注意到的東西，因為以前他只專注於步行。生命並不是永遠按照計畫進行，如果他們願意配合生命已經發展的方向，從實際發生的事情中獲得的喜悅，將會比預期中的多上好幾倍。

◆宇宙潮流與時機

北交點雙魚座的人總是匆匆忙忙的。雖然他們專注力極強，但往往由於想在有限的時間內做太多的事情，所以他們的時間表總是排得滿滿的。這也是他們常不太能準時的理由；雖然一般而言，他們還是會因為「社交規則」而準時。不管如何，他們常會覺得一天二十四小時總是不夠用。

要解決這個難題應該要放慢速度，配合生命之流的速度，也就是生命自然發展的時間。宇宙的律動有它自身的時刻、頻率與速度，當人可以配合這些時，生命就會自然輕鬆，彷彿每件事情發生的時間，正好是他們準備處理這些問題的時刻。當他們按照自己的心律走時，「未經琢磨的稜角」也比較少。因此，藉著放慢速度和少做一點，北交點雙魚座的人可以完成更多的事物。當他們運轉得慌亂時會使他們的頻率不符合生命之流的頻率，身邊的事物會開始「出毛病」。事實上，他們會「誇張」這種情況，就像突然撞牆搬並開始懷疑：「為什麼我做不好？」

當他們碰到類似的抗拒時，最好放慢速度。這可以讓其他的人與新的意見出現來幫助他們。藉著放慢速度，他們可以與宇宙的其他部分配合，他們的頻率可以與他們身邊發生的事一致，而他們則可以成為生命之流的一部分。

找尋寧靜

◆自我淨化

北交點雙魚座的人在開放自己接受真正轉化意識的能量，會覺得需要自我淨化。但這可能是毫無止境的過程。他們老覺得自己不夠純粹，或是行為不夠完美，所以無法對更高的能量敞開。而且，他們追求「自我淨化」根據極為嚴格的行為準則。他們企圖達到自己的期待，藉

「職責」之名突破阻礙，達到「淨化」自己的目標。然而，在現實生活中，他們需要的淨化是放棄限制自我的定義。他們今生要學習的是，將他們的定義自本能中剝離。他們的工作並不能定義自己，而他們的職責也並不能使他們具有人性。要抵達他們嚮往的更高意識領域，他們必須放棄所有的自我定義，放棄扮演任何特定角色。

北交點雙魚座的人早已在前幾世發展出於立足於世間的能力，這輩子而言，最重要的就是放輕鬆與找到內在的寧靜。但是，由於心智不斷活動，並嘗試分析身邊的一切，「調整」他們認為不「完美」的人或物，他們幾乎永遠處於高壓與緊張當中。當他們嘗試完成認為需要找到內在寧靜的改變時，經常都很緊張。

他們需要一些獨處的時間，進入內在解決自己的憂慮。他們必須好好思考感受令自己憂慮的問題，並於內在將它釋放。他們需要時間處理焦慮對他們系統的衝擊。北交點雙魚座的人需要這種屬於個人的內在淨化過程，這唯有在他們獨處時才能做的事。

一旦他們不再投入每件事情，就可以客觀地觀查自己在每種情況中的反應。透過這樣的過程，牽絆他們與物質世界密不可分的執著，將會消失；而他們內在抗拒事情自然發展的每樣東西，也將開始消失。這是他們真正需要的唯一自我淨化。

如果他們嘗試不花時間解決自己的緊張，就與身邊的環境互動，將會持續受到焦慮想法與擔憂的迫害。他們對獨處與冥想的需求，必須受到自己與親近之人的了解與尊重。他們必須有系統地花時間做某種形式的冥想，藉以釋放緊張的情緒，並讓他們內在的快樂得以成長。

◆投降

當外在世界的事物開始「出錯」，他們也開始感到緊張時，北交點雙魚座的人最好能將它視為「提醒」，該是退後，從較遠的角度再觀察的時候了。令他們吃驚的是，他們常會發現少即為妙。當他們使用較多的能量會陷得更深，覺得更焦慮，而且犯更多的錯誤。當外在的問題看起來更嚴重，沒有好轉的跡象，他們最後會極度沮喪，而舉起雙手投降。

其實，他們如果在一開始就投降，結果會好得多。他們擁有的最佳利器，那就是透過投降來開放自己的靈性。不論他們生命中發生什麼事，他們必須相信造物主站在他們身邊。而且更好的事物即將在前方等待他們。當他們把解決問題的方法交給造物主，就可以進入意識中較高的層次，使他們能了解事情將如何以對他們有利的方式解決。

舉例，我有位屬於這個族群的客戶，她擁有一家小型的療養院。她在這份中工作中參與所有的細節，最後甚至沒有時間做其他事，如到玩樂、與家人相聚、找樂子等等。忽然之間她的療養院被控三項違規，使她面臨關門的命運。這三項違規彼此毫無關連，而且「令人意外」。她很驚慌，因為擔心失去唯一的收入來源。她不停地禱告希望事情「如願」發展，這樣她才能保有事業。不久，她突然放鬆了。因為她與董事會協商了解，療養院不會關閉，會有專員暫時接管這個機構。雖然她必須支付專員的薪水，但是她發現退一步，讓人經營療養院其實對她有很大的好處。因為她可以把能量集中於推廣療養院，填滿空的床位，就足以支付專員的薪水，事實上還可以增加她的收入。最重要的是，她可以重新擁抱生活。

北交點雙魚座的人今生要學習的是，宇宙為他們設計的幸福計畫，其實比他們自己的計畫要好得多了。

重新充電

◆更高的意識

由於北交點雙魚座的人許多前世，都在為他人服務，所以今生他們準備要讓靈魂休息與充電。這正是他們花太多時間在外在的世界感到疲憊的原因；他們需要回到內在寧靜的世界療傷。這對他們來說是正確的做法，他們在生活中應該要留一些時間，抽離日常例行公事。

他們偶爾會在沒有任何嘗試的情況就進入更高的意識。一旦初識這種滋味，他們就總想回味。他們可能花上好幾個小時冥想，或是練習各種他們能想到的技巧，或完全地孤立自己，好重新回到那種狀態。但是，當他們用力追趕反而將它推得更遠。他們要放鬆並接納他們已經在這種狀態的事實，如同魚生活在水中一樣。

當他們處於那種狀態，只是享受生命就足已讓他們非常快樂。但是因他們對於自己應該扮演的角色有太多意見，如帶領他人迎向清明的導師等，所以他們的心理活動消彌了那種自然的幸福狀態。如果他們單純地放鬆，不要為當天規畫太多活動，會發現自己追尋的能量自然地流動在身邊。雙魚座掌管意識的啟蒙狀態，如同海洋般合一的生命。北交點雙魚座人生命目的就是近一切努力提高意識，使其成為日常生活的一部分，這將自動為身邊的人提供幫助。

他們創造組織與定義的能力是過人的資產，但運用在物質世界中時就不是了。當他們調幅到更大的願景，並保持開放的視野，透過生命拓展當下正在發生的意識簡單地前進，就可以從混亂中創造清明，看見生命的脈動。這樣，他們就知道如何以實際的方式順勢而為，與實現他們的夢想。

北交點雙魚座的人希望臣服於造物主，進入更高層次的力量。如果不能獨自做到這一點，有時候會藉助藥物與酒精，或是其他逃避方式。他們企圖平息過度分析產生的焦慮。他們會無意識地轉向濫用物質，引導他們前往如戒酒協會、戒毒協會、控制飲食協會，或其他同樣臣服更高力量為焦點之團體的道路。有趣的是，雙魚座掌管藥物、酒精、嗜睡、自我毀滅等各種形態的逃避，但它同時也掌管冥想、最高形態的靈性及無條件的愛與幸福。

為了避免問題的發生，他們需要獨處的空間，即使工作場合也是如此。工作會是他們壓力的主要來源，因為工作激發他們想要「調整東西」的傾向。在工作中，他們最好能擁有屬於自己的空間，例如私人的辦公室，可以讓他們擁有隱私的角落。當他們與一群人一起工作時，則可以讓他們的辦公桌遠離他人並面向牆壁。當他們擁有沒有他人能量的獨自空間時，他們快樂得多，工作效率也更高。這幫助他們保持平靜，並從較寬廣的角度看待各種情況。

◆有意義的工作

有一件事情是北交點雙魚座的人可以終身投入的，那就是學習與成長。通常了解與接受身邊人的需要，會為他們指出值得探究與研究的極佳方向。

他們善於任何鼓舞性、精神性，或是具獎勵形態的工作。他們的想像力豐富，當他們將焦點放在協助他人實現願景時，他們就是走在正確的路上。他們的工作是維持與願景的接觸，並教導他人處理細節。當他們從願景的觀點與他人分享自己的意見時，樂於激發他人的熱情，讓他人想起大家追求的目標。

不論他們的工作或是職務為何，北交點雙魚座的人均能夠運用這種思考模式。如果他們是銀行櫃台，他們透過理解許多人因財務困難而擔憂地來到銀行，從而用更富同情心的方式為人服務。如果他們是店員，會隨時懷抱著較遠大的眼光，希望服務的商店鴻圖大展，提供客戶關愛與服務，使他們保持快樂的心情，而且還會注意到不批評身邊其他的業務員。

不幸地，對許多屬於這個族群的人來說，最嚴重的衝突似乎通常發生在職場。他們希望自己是推動計畫的那個人。但是，當他們喪失遠大的願景時，他們的自我明顯膨脹。他們應該維持專注於：「這是需要完成的工作。」他們很容易陷入這種的情況：「我才是做好這個工作的人。我賦予它組織架構。我叫這個人去做這件事……我叫那個人去處理那個細節……麥克，我的咖啡呢？」只有在他們擁有謙虛的心態，並維持與願景的連結時，才有足夠的能量促使計畫邁向成功。否則，大家會抗拒他們，這時他們就不知道如何是好。他們會與自己的力量脫離。

在職場會發生的另一個問題是，北交點雙魚座的人容易受到情緒波動的影響。他們可能一直很快樂，但是突如其來地，他們的能量驟降，而會立刻非常焦慮。其他在他們身邊的人，會因為他們的情緒變化而受到極大的影響。由此可知，他們擁有帶動周遭氣氛的能力，令每個人都能對此產生反應。當他們覺得快樂與寧靜時，可以帶動情緒揚升，並使每個在他們四周的人都覺得舒服。但是當他們沮喪或是焦慮時，每一個在他們身邊的人，也會有同樣的感覺。這是一種很棒的力量，但他們可能根本沒有發現自己擁有這樣的能力。

當他們變得焦慮時，他人也會有焦慮的感覺，而且工作效率也開始下降。當他們覺得平靜與自信時，他人也感受到他們的情緒，工作效率自然也會上升。因此，北交點雙魚座的人只需要在環境中注滿積極、充滿信心的想法與能量，就可以達到糾正他人行為的目的了。

當他們自己的情緒出現反轉，就會對氣氛造成負面的影響。他們的腦袋會有過於專注、吹毛求疵的現象。當事情不是按照他們認為「應該」的方式進行，或是當他人的做事方式不是他們認為正確的方式時，他們會憤怒。或者，如果某件意外發生，他們會認為宇宙不支持他們，並因而陷入緊張與焦慮的旋渦。所以北交點雙魚座的人應該承認，他們其實並不知道生命「應該」如何發展。或許另一個人就是必須犯某些錯誤，才能讓他們看清楚一直被他們忽略的更嚴重問題。

如果他們的建議遭遇到抗拒，他人只是在反對他們負面的能量，而不是他們的意見。將焦點集中於成功上，可以幫助他們創造成功；而當他們溝通時，將可以表現正面積極的態度。當他們將注意力集中於對未來的願景時，世俗的細節將會自行解決。

放棄他們的願景並嘗試成為動手的人，對他們而言是行不通的。處理所有細節並在這個層次成功並不是他們的工作。他們的工作是使每個人專注於整體正面的願景，這才是他們的天賦與天生領導力最耀眼的部分。

人際關係

愛情

在關係中，北交點雙魚座的人每件事都是相反的。他們應該擺脫外在的結果，並依賴較高力量的脈動，讓他們在與他人相處時展現良好的風度。但是，當他們堅持自己的角色，並執著對外在結果的控制時，他人的眼中的他們毫無感情。他們將所有的能量集中於角色扮演，會使他人無法看到藏在底下真實人物。

當他們放棄扮演的角色時，再次變得有人性，並讓自己個人的力量充分發揮。在扮演某個角色時，他們一直拘泥於對「角色」應該如何演出的定義裡。但是當他們扮演自己時，就可以開放地、以可引導雙方相互尊重與肯定的方式，自然反應出身邊實際發生的事。

◆對情緒的恐懼

北交點雙魚座的人傾向非常實際，喜歡享受生命中感性的一面。然而，當他們與他人建立真正親密的關係，也就是建立肉體與情緒的關係時，他們會很不自在，因此，儘管他們身體上的反應很靈敏，但是情緒卻會退縮遙不可及。他們甚至會藉著將時間完全放在工作上，以避免與他人產生深厚的感情瓜葛。當他們與他人在平等的地位建立關係，並允許自己呈現脆弱的一面時，他們會覺得很不自在。

由於他們習慣根據分析過程生活，所以在情緒採取開放的態度，對他們而言是陌生的領域。他們內在有一部分希望能體驗對方的新方式，但是他們對於未知的恐懼常又使他們裹足不前。情緒是未定義能量的洪流，會帶他們走向不可預知的方向。然而，事實上情緒並沒有意義，屈服於那些情緒的浪潮，會將他們帶到邏輯能解釋的範圍之外。

他們比較喜歡在沒有自發感受的情況下運作。他們知道自己的角色，會履行某種職務，以某種方式行事，在特定情況有明確的反應與感覺。進入情緒的自然流動，會使他們已知的結構瓦解，並要求他們呈現脆弱的一面。臣服於情緒的潮流令他們恐懼，因為感覺如同死亡一般。他們感受到的其實是部分自我的消亡，這使他們無法感受與他人連結的情緒與心靈。其實這輩子，北交點雙魚座的人擁有幸福的禮物，使他們可與所有的人聯合。但是若想使這種狀況發生，他們必須放掉對架構的執著並臣服於未知。這是他們得到救贖與達成目標的關鍵。

有件事有助於他們的親密關係，就是花時間與性伴侶共同創造特殊的氣氛。比如說，每週外出一次晚餐，放增進浪漫氣氛的音樂、燭光、鮮花，或任何可以讓他們身處浪漫情調中的事物。這些可以使他們放掉刻板的角色，並增加關係的深度。這些儀式帶來的歡愉與喜悅，值得他們花費額外的時間與精力。關係也是一種工作，而他們今生要學習的事情就是，做他們份內的工作。他們應該積極地投入心力，與伴侶共同創造正面積極的情況，而不是只假設特定的事情將會發生。

對北交點雙魚座的人而言，他們面對的挑戰是專注在愛，讓愛創造出可能的願景，與最終的喜悅和幸福。他們可以採取嘗試不限定愛應該如何的情況下接納愛。如果他們把完全的信心都放在現存的愛上並順其自然，那麼結果會令他們讚嘆不已。

當然，愛只會在某些時刻比較明顯易見。重點是在它出現時享受它；而當它遠離時，北交點雙魚座的人應該要承認自己曾經愛過。與其從接受與付出的角度思考，他們不如就單純地接納另一個人。沒有障礙，也沒有批判，這樣他們才能得到無條件的愛。

◆與他人建立關係

由於北交點雙魚座的人前幾世的注意力，都集中在他們自己關注的事物，因此他們制定計畫常忘記考慮其他人。每個人的生命都會往前，而不是只針對他們。我們都有想要實現的夢想、犯錯、要學習的課題，但是他們似乎天真地意識不到整體情況。

他們並不是不希望他人實現自己的夢想。他們以服務為導向，而且真誠地希望能提供他人協助，但是他們的焦點太狹隘，所以常常無法把他人的夢想列入考慮範圍。當他人覺得自己的夢想與行程沒有被考慮到時，通常會變得具有敵意。這時，北交點雙魚座的人會盲目地反對另一個人的提議。每當對方提出主張時，北交點雙魚座的人會狂亂地反對，因為他們眼中的只是事情沒有按照他們的計畫進行。結果會是兩敗俱傷，沒有人是贏家，而彼此的溝通也封閉了。

太多前世中，他們不被允許犯錯，所以今生，在他們心頭電腦裡有個晶片，不斷地提醒他們：絕對不可以「錯」。這讓他們有防衛性，而且無法傾聽他人的觀點，造成絕大部分的誤解。為了建立溝通的管道，其他人首先應該要肯定北交點雙魚座人的觀點，解放他們「必須正確」的機制。「你絕對正確。而……從我的觀點來看，事情好像是這樣的……。」最具關鍵性的字眼就是「正確」。

北交點雙魚座的人往往因腦中這種機制而受害不淺，他們身邊的人亦為之受害。維持「正確」的需求，造成了焦慮。所以當他們想太多事情時，可以藉助言語來讓自己安心：「我做的是正確的事。在我擁有的光明協助下，我已經盡力了。」這樣他們就會平靜一點。

他們對能量的變化相當敏感。當他們適應物質世界時，就會一直對他人的能量做出反應。相反地，如果他們透過客觀地觀看自己並脫離物質世界，致力發展靈性重心時，他們可以根據自己的願景計畫路線，而不是讓他人影響到自己。這是完全不同的事實。他們發現自己對他人的靈性能量，而不是情緒能量有反應。將他們強而有力的專注力自物質世界轉移至無形的世界，需要有意識地集中心力。當他們客觀地觀察自己，與自己肉體對不同情況產生的反應時，可以做出不受到身邊其他人能量影響的決定。

期待

對自己或他人的期待，是北交點雙魚座的人這輩子最大的失望來源。他們需要隨時與自己的願景維持接觸，這樣才能真正發光發熱，因為這能讓他們發揮最佳潛能。因此在關係中，如果他們對自己想要體驗的事物有願景或更大的目標，如持續將正面能量帶進愛情、讓無條件的愛持續流動等；它將美好運作。他們將會知道路上的每個步驟應該怎麼走。然而，如果他們尋找的是出錯與對方未達自己的期待部分，那麼一切將開始寸步難行。他們需要更高的原則，也就是比他們日常活動更崇高的原則，來為他們做的每件事情賦予靈性的意義。

◆非難與評判

北交點雙魚座的人比其他交點族群更害怕批評。他們無法忍受任何人認為自己不完美，尤其是他們自己。所以他們會陷入必須完美表現的循環，避免讓他們不快的批評。他們全部的人生繞著避免批評打轉。內心深處，他們擔心犯錯讓他們極度尷尬，甚至是眾所周知的恥辱。

由於前幾世，他們的行為必須完美才能拯救他人的身體或精神，所以他們的眼光敏銳，很容易看到他人的缺點。為了想要糾正與治療他人的渴望，他們常批判身邊的人。他們可能不會批判以言語，但是他人可以感受到他們非難的眼光與剖析的心。職場中，他們可能過於挑剔，而在同事中孤立。而對孩子的批評，常讓孩子缺乏安全感。

他們認為，如果對方可以調整改變自己非常明顯的瑕疵，那麼都可以找到愛與心靈的寧靜。但是實際上，今生的設計並不是這樣。潛意識中，他人知道他們今生的工作是學習無條件的愛。有時候，對方會覺得自己某一項存在潛意識、不受歡迎的習慣而成為受害者，這其實正是北交點雙魚座的人拒絕完全接受對方的表現。而這些人則會因為對方一直不願意改變，而覺得自己是受害者。他們覺得對方的改變，將為彼此帶來心靈的寧靜。然而，這種想法會使雙方都失敗。

若想要將前述雙輸的局面改變為雙贏，這些人應該改變腦海中沉默批判的想法。與其將注意力其中於「缺點」，並將之視為對方蓄意，不如改變看待對方的方式。當他們從對方的無助與無意識習慣來看，他們的內心會充滿愛與憐憫，而他們的心靈則充滿寧靜。這就是雙贏的局面。對方覺得自己受到支持，而且擁有改變行為的自由。而這些人不論對方是否改變，他們的心靈已經感受到了寧靜。

◆「調整」的衝動

北交點雙魚座的人老是在找問題。他們認為了解每件事情順利運作與否是他們的個人責任。由於持續性的焦慮，他們最後往往因細故不適當地發火，常會令他們身邊的人沮喪與受到干擾。當他們想要幫忙的渴望，是基於無法克制要調整改變東西的衝動時，他人可能拒絕他們的意見。今生，他們的工作是接受事物的原始面貌，並提供人們對當下情況更寬廣的視野，這可以給他們信心。他們的任務是供應舒適、支持、憐憫，而不是非難，不論批評多有「建設性」。

另外，北交點雙魚座的人應該看看自己，以了解自己做的某些事情是否有問題，而不是將注意力集中於他人的問題。他們不應該說：「天啊！簡直不可能與那個人相處，他們太難於取悅了。」他們可以往他人的深處看去並改變自己，以激發出他人不同的反應。

在所有的關係裡，他們都需要向造物主臣服。的確，有時事情自然發展會告訴他們，伴侶與自己並不合適。這位伴侶可能因為根深蒂固的心理問題，才會有些負面行為，而北交點雙魚座人的致命弱點就是，認為自己可以「調整」伴侶。他們有許多前世一直是醫生與護士，所以以為自己可以讓對方重新以健康的方式凝聚。但是事實上，如果對方並不希望改變，他就是「不能調整」的。

北交點雙魚座的人應該要能夠辨別，哪些人要求調整，哪些人則不。許多人並不希望被調整，並認為自己原來的樣子就很好了。在這種情況下，他們必須調整自己的某些部分，因為就是這些部分允許他們參與某人如此有毀滅性的行為。當他們允許負面能量傷害自己時，傷害的不僅僅是他們還有身邊的人。負面能量奪走他們的能量，阻止他們幫助他人，並成為孩子或他人的壞榜樣。

北交點雙魚座的人全神貫注於「調整」他人的傾向，還會造成另一個問題：吸引到需要調整的人。這可能來自於他們想要表現自我的潛意識。由於他們曾在前幾世中擔任「調整」的職務，所以認為自己高人一等。如果他們認為自己可以幫助並不希望被幫助的人，那就純粹是滿足自我了。今生，承認並放下「我不能改變這個人」，將是真正的謙和與走在正確道路上的表現。

陷阱

北交點雙魚座的人有時因極度強烈的責任感，而陷於某種關係裡。他們會被責任感驅使。如果不能根據自己設定的理想行為去做，他們會有極大的罪惡感，而這是使他們在某種情況對他們已經不再有利時，仍久久無法脫身的最主要原因。

他們沒有辦法對所愛之人或有責任的人說「不」，而使他們受人利用。如果他們的付出是因為規章制度，他們會期待他人的回饋，而這種交流缺乏愛的祝福。若要將愛帶到他們與人的交流裡，他們必須相信自己，不要超出自己的界線。實際上，他人並不如他們想像般地貧乏與依賴，這正是他人沒有提供回饋的理由。他人並沒有要求北交點雙魚座人付出那麼多的犧牲與奉獻。造成北交點雙魚座人強烈責任感的部分原因是覺得自己能力不足。他們認為：「我可以奉獻的只有我自己。」因此藉著不斷付出做為補償，而且永遠不覺得「夠了」。

有時候，北交點雙魚座的人會放棄這種模式，因為那太難了，而且他們開始厭煩。他們最後終於發現，如果花上一輩子服務他人，自己到頭來什麼也沒有。一旦他們發現他人將自己的付出視為理所當然，而不感謝或肯定自己付出的代價時，他們就會開始改變。

解決這種困境的第一步就是把自己放在第一位。不是他們的想法、也不是他們的角色，而是他們的人性。他們應該自問：「如果我這麼做，我有好處嗎？還是只能為人作嫁衣？」他們很愛幫助他人，但如果他們違反了自己內在的聲音，也就是他們的人性，那麼他們只是提供空洞的服務，沒有人會得到好處。唯一讓他們真正了解自己到底是幫助他人或對人造成傷害的方式，就是了解自己的感受。如果他們為某人服務，覺得舒服自在並能樂在其中，這麼做就對了。但是若他們覺得自己很糟糕，或對環境不滿意，那麼就不是真正的服務了。

答案在於發展對自己的責任感，而不是對其他人的責任感。當北交點雙魚座的人將對自己的責任包括在整個情況中，各種事情開始平衡。他們今生課題的重點不在於與人交往，而在於如何與自己打交道。他們唯一的指標是內心存在的狀態，他們的寧靜與滿足感受。他們要相信自己的靈性，意圖都是好的，當內在的自我說「不」時，便是對外在環境的正確反應。

◆精力旺盛的奴隸

北交點雙魚座的人很少與激發他們愛和內在寧靜人成為伴侶。他們會與保持他們角色安全感的人結婚。然後，在對方把北交點雙魚座人的服務導向行為視為理當然時，這些人才發現當初吸引他們、覺得適合、舒服自在的架構，已經成為一個牢籠。但到了那個時候，已經還有其他的責任，如孩子、共同資源、業務關係等，使他們基於個人責任而無法脫離，因為他們覺得自己必須履行來符合他們的形象。

他們也會在能量的層次與伴侶連結，而一旦做出承諾，會認為在能量耗盡前他們並不能離開。他們覺得必須在已經達成任務並自行離去前，由對方將他們從結合關係中釋放。

他們的責任感和對完美行為的需求，常使他們陷入糟糕的婚姻中，甚至有時他們奉承的態度會被虐待。當他們用扮演的角色，而非他們真正的感受回應對方時，不論對方怎麼對待他們，他們都在漫無止境的長期痛苦中。如果他們的自然人性反應是誠實的，會讓他人知道他們的界線何在，並相互了解、尊重與肯定。這是最重要的成分。如果他們想要有一段幸福和滋養的關係，這個成分必不可少。

北交點雙魚座的人對身邊能量的流動極為敏感。他們認為必須積極加入這些流動，使他們的生命出現神奇的效果。這正是他們持續待在感情當中的另外原因。不論再痛苦、壓抑或難受，直到能量完全消亡之前，他們不會離開。他們感受到緣分的吸引力，彼此相吸的力量，也覺得在他們繼續往前，必須先「解決」某樣東西，然而他們的伴侶還跟他們沒完沒了。於是他們繼續協助對方，希望能成全這段因果。然而，北交點雙魚座人的不僅未獲欣賞，更會被對方利用，只要承認這一點，他們就能夠簡單地釋放。

北交點雙魚座的人認為自己是藉著犧牲幫助伴侶，但其實無濟於事。他們傳達的訊息是：「你可以辱罵人也不感激人，反正我們還是會跟你在一起。為達到目標犧牲他人也沒什麼大不了。」但是，這並不是真的。當他們潛意識吸引了需要「調整」的伴侶，而這位伴侶出現辱罵時，他們必須了解在完美架構下，或許他們的伴侶下個課題是：辱罵他人後，想一走了之並不可能。

◆放下

北交點雙魚座的人很難脫離虐待、暴力的婚姻，主要因為：第一，他們很難承認自己做了糟糕的選擇。此外，當北交點雙魚座的人結婚時，覺得若能找到與自己分擔焦慮的伴侶，會感到相當安心。他們真的可以做到這點。配偶會傾聽每天工作中發生的問題與不公平，而且覺得自己像是傳聲筒，反應北交點雙魚座人的焦慮與恐懼。對外在的世界而言，他們看起來高高在上，但只有他們的伴侶才知道，在堅強的外殼下，他們是慌亂的孩子。

雖然他們會告訴伴侶所有的問題、焦慮與恐懼，但是他們很少傾聽他人的回答。如果對方提供北交點雙魚座人建議，他們往往因想在靈性層次尋找「更高的答案」，而將這些答案推開。事實上，並沒有任何實際的想法或人類的同理心可以幫助他們。但是，北交點雙魚座人的確把配偶當作傳聲筒，這也是他們留在婚姻裡的另一個理由。他們認為不可能再有其他人願意接受自己的焦慮，所以他們必須緊抓著配偶不放。

另一方面，他們發現自己的行為不夠「完美」而有罪惡感，所以允許伴侶不完美，甚至接納對方的苛責。他們忍受的虐待嚴重損害他們的自我價值，懷疑自己是否具備脫離並重新自立的能力。但是，他們務必要離開毀滅精神與靈性寧靜的關係。不要多餘的分析或判斷，只要離開危及自己幸福的人就對了。這表示他們應該相信內在的靈性平靜，讓它帶領自己進入正確的新局面。

數十年前，日本曾有一個故事，內容是關於三種武術門派間爭執。這三種流派分別是空手道（攻擊術）、柔道（防身術）與合氣道（閃躲術）。召集各武術的頂尖高手前來比試，看看到底那種最厲害。比賽的最後只有合氣道高手還在場上。合氣道就是閃避的藝術，選手需要做的事只是避開對方罷了。選手絕不會出手攻擊、也不會舉手自衛，只是盡可能地閃避對方，而對方攻擊的力道就足以扳倒自己了。北交點雙魚座的人可以從故事中領悟。當出現負面力量時，最好的對策就是不要與之交鋒，只要離開現場就好了。

◆覺知地生活

北交點雙魚座的人需要了解自己確實在的位置，而非幻想，並真實地面對自己的感受。他們常常不願承認自己的不快樂。他們否認自己受困於所扮演的角色裡。他們有罪惡感，但他們認為自己「不應該」有這種感覺，或者不管自己有什麼感覺，都應該繼續角色扮演下去。

在潛意識中，他們有過度樂觀的傾向。他們相信每個人與每件事，而且一直受到他人能量場的影響。他們比較關切的是關係中隨時發生的事，而不是自己的願景。但是當他們擁有較寬廣的觀點時，就可以跟隨著直覺，而不致盲目地到處碰撞。

對北交點雙魚座的人來說沒有捷徑。所幸，他們早習慣高難度的工作。今生，困難的工作就是不要讓自己被環境控制，這樣他們就可以建立與真實自我一致的狀況。如果他們希望幸福快樂，就必須放棄角色扮演，並以他們真正的天性與力量來建立關係。

目標

面對未知

在較深的層次，北交點雙魚座的人知道自己是朝向未知前進；那是他們的命運。但是他們仍然裹足不前，因為他們習慣組織與形式，任何新的經驗都會嚇著他們，而且一開始都會遭遇抗拒。他們不知道自己應該扮演什麼角色，與他人期待自己有何表現。在他們的角色中有特定的定義，而當他們移向未知時卻沒有任何定義。他們擔心沒有立足之地。

另一個令他們害怕未知的理由是，他們過去曾因為某些「意外打擊」而有不好的經驗，因此他們擔心他們看不見的事。他們專注於細節的分析，希望能夠掌握自己的世界。然而不幸的是，這種做的效果完全背道而馳。由於他們太專注枝微末節，反而失去了更寬廣的視野，注意不到身邊發生的事。然後，就真的會出現意外的狀況讓他們吃驚。這就好像汽車駕駛，由於太專注盯著前方車輛避免撞到，而沒有發現車子的右輪其實已經壓線了。他們需要後退一步，這樣才能對生命自然的發展有更寬廣的認識。

北交點雙魚座的人可能認為，在他們安全引進真正轉換與開放意識能量前，他們必須盡可能地淨化自己的性格。他們認為，意識中的任何阻礙均停止能量的流動，剝奪他們與未知相處的力量。事實上，他們的確沒有獨力以清晰與聚焦的方式處理未知的能量，這也是他們應該配合更高力量的理由。一旦他們進入未知，他們追尋的清晰與焦點都將會出現。

◆混亂

他們痛恨失序與混亂。因為那造成他們對迷失、不知道自己歸屬的恐懼。他們需要相信，正面積極的更高力量主掌了一切，而秩序實際就是宇宙本身的面貌。他們獲得更高秩序的唯一辦法，就是放棄現階段的秩序，並允許混亂分解現有的秩序，以利於新秩序的誕生。

當北交點雙魚座的人放掉老舊架構的堅持時，就會邁向新的體驗。這個過程裡，消失與變化的是舊的體驗方式。由於是他們所謂的自我，所以他們似乎覺得自我逐漸死去，但藉此正可以允許他們出現全新、更有活力與擴大的自我。

例如，如果一個人不開車，她會發展出很多彌補這項限制的行為，如與有車的人建立密切關係、在交通方面依賴他人，或要求他人幫忙跑腿等等。她整個生活的重心在此。然後有一天，當她有機會擁有汽車時，她感到脫離舊有關係模式的痛苦。但是當她真的開始上路時，將出現全新、擴大的自我，與更自由的生活形態。改變是不可避免的。當他們學習迎接改變，而不是抵抗時，他們會發現自己的生活變得更自在，而且更有趣。

◆正面衝突

北交點雙魚座的人通常在經歷劇烈的心理傷痛後，才會於外在世界採取行動。他們對他人的言行反應陷入過度憂慮。基本上，他們擔心無法處理正面衝突，所以不斷地拖延，直到最後一刻才採取行動。令他們吃驚的是事情幾乎不如想像般地困難。然而，他們無法將這次成功經驗運用到下次的問題上頭。腦海中他們使問題變得極為複雜，即使曾經成功處理過了正面衝突，當下一次碰到問題時，還是會再次經歷同樣的痛苦。

這是在有形的層次中很難解決的問題。他們今生的課題是堅強地面對問題，並承認有更高的力量在掌控，它將某些狀況視為擴展與成長的機會。北交點雙魚座的人應該退後一步，思考當下的環境將如何使他們更接近目標。然後，他們可以在不執著結果的情況下採取行動，僅僅採取了行動，他們就會知道下一步該怎麼做。關鍵是不要執著行動的結果。

北交點雙魚座的人沒有中間地帶。他們所有的想法、猜測與分析，都不能讓他們的生活自在一點。如果不是有意識、持續地依賴更高力量幫助他們生活，生命會是一個接著一個的焦慮，似乎不論提供多少的服務，都不能避免他們與人發生衝突。當出現阻礙時，他們只需要將這種情況交到更高力量的手中，並在情況逐步發展時顧好每一步。

例如，如果北交點雙魚座的人在餐廳用餐，結帳時他的信用卡被拒絕，他的第一個立即反應是驚慌與抗拒：「為什麼會這樣？我正在享受美好的一天，竟然會發生這種事？」或是「噢，不！該不會有人盜刷我的卡，還刷爆了！」他們不斷有類似的反應，相關的例行公事都能惹惱他們，而且覺得難過，認為如果宇宙愛他們的話，就不會讓這種情況發生。他們不願接受已經發生的事實，並以此傷害自己與每個在他們身邊的人。

實際上，例子中主角要採取的第一個步驟，很明顯是立刻打電話給發卡銀行了解狀況。從更廣的角度來說，或許他們應該更注意自己使用信用卡的情況；這正是宇宙在他們深陷債務前給他們的提醒。或者宇宙想警告他們的確有人冒用他們卡號；或許是發卡銀行的錯誤，而且唯有透過這次事件才能避免更大的錯誤。北交點雙魚座的人必須相信，有更重要的事件正在逐漸展現，而且可以帶來更好的結果。

非線型存在

北交點雙魚座的人傾向將他們的時間規劃為具有許多例行公事、許多規則與責任的架構，所以他們的生活幾乎完全可以預測。一旦架構完成，他們真的不想如此。但是，當某些使他們的生命朝有趣的方向前進的事件發生時，他們很容易又會回到日常的軌跡中。他們希望能走一條不同、風景更美的路線，但是若要做到這一點，他們必須開始更加自覺地生活。

◆冥想

要活得更有自覺的第一步，是每天撥點時間獨處與內省。他們應該撥出規律的時間，例如每天至少四十分鐘，什麼事都不做，不看電視、不聽廣播、不接電話、不接觸任何外在的刺激。如果他們願意，可以練習冥想，然後在等待新啟示的靜默中學習。或者他們可以寫日誌、寫下前一天的活動，並找出各項事件背後的「更高理由」。或者他們可以閱讀靈性書籍，如《聖經》《易經》或是任何提供他們指引與洞見的書籍。他們可以將四十分鐘的一部分，用在練習瑜珈、呼吸法，或與內在和平連結的柔和身體放鬆運動上。

重點是那是他們的時間。這段時間沒有職責、沒有雜務、沒有工作、沒有角色扮演，與任何會令他們分神的事。那是他們接觸生命中寬廣願景的時間。他們希望建立與體驗什麼？在家中或職場，他們希望實現什麼夢想？他們想要營造什麼氣氛？每星期至少評估這些問題一次，將讓他們了解如何為自己的生命負責。

這也給北交點雙魚座的人了解自己關係與家庭生活的時間。他們是否正與生命中重要的人在一起？如果他們已經是九十五歲的老人，會後悔沒有與每個孩子共享什麼樣的經驗？他們想要與伴侶進行何種親密關係或活動？是否有特別想去的地方？定期地評估這些問題，將可以為他們的生命增加新的、刺激的層面。奇妙的是這種效果並非線性。在他們冥想如何實現各種夢想的期間，許多靈感會自然地「湧現」他們面前。

冥想期間，他們也會了解誰可以協助自己實現夢想。由沒有可以在靈性上督促自己更進一步或讓生活更有趣的朋友？有沒有可以為他們帶來靈性滿足與心靈平靜的課程？關鍵是獨處。北交點雙魚座的人只要每天花四十分鐘，就會驚艷於生命的改變。

◆存在的次元

北交點雙魚座的人花了太多前世時間在規劃願景，所以他們已經搞不清楚自己努力要實現的是什麼。今生，他們必須要重新了解屬於他們個人的夢想，也就是他們這一生希望創造的目標。方法是定期（或許每個月一次）製作「心願清單」，寫下他們希望實現的目標。這可以幫助他們了解內在的意圖。只要他們這麼做，他們想要創造的事物就會開始神奇地發生。一旦他們停止擔心不能成功的事，並寫下他們希望的方式，他們就會發現自己已經在做讓美夢成真的事了。當他們回到線性重複的生活時，就會觸發前世潛意識的問題，即嚴格要求與規劃每樣東西。然後，因過度投入當下的情況，以致無法有更廣大的格局。他們讓自己不斷受困於相同的位置，即使從來沒有成功過，他們還是相信應該這麼做才能成功。

北交點雙魚座的人要學習如何分辨，就他們的廣大價值觀與願景的角度而言，什麼是重要的？什麼又是短暫的困惱？當他們把分析的思考模式，與狂亂的活動擺在一邊，並允許自己追尋夢想時，生命會更輕鬆。奇妙地，他們的夢想將開始逐步實現。

◆自我觀察

「擺脫」對北交點雙魚座的人而言，是讓自己從扮演的角色中釋放的重要問題。當他們擺脫情緒問題、超越並觀察它時，就能成長與改變。關鍵在於自我觀察。他們必須客觀地看待自己，如何與合作夥伴或家人建立關係，與朝目標前進。

當他們不帶批判眼光看待自己，並了解滿足他人需求是具有傷害性時，他們就會開始改變。例如，如果他們因為工作而不安，或是為了在某人設定的期限內完成工作而緊張時，應該要注意工作給自己的感覺。然後，將眼光放在細節上，不要觀看外在的反應，而是觀看他們自己內在身體與情緒的反應。

當他們客觀地看待自己，每件事情都會開始轉變。他們的健康會改善，而且他們對自己與他人的感覺也會更加舒適。透過這些過程，他們的重心會由擔心自己如何適應他人，轉換為如何適應自己。這就是成長開始的時候。

找到靈性的道路

◆更高的力量

北交點雙魚座的人這輩子的目的，是尋找靈性道路。這可以幫助他們釋放對有形世界的過度強調，並調整到更高的意識獲得舒適自在。他們需要允許自己的更高力量浸潤到生活的各個方面。只要他們內心在收到建議時感到平靜，那麼「順勢而為」並允許他人在他們的道路上指引他們，就會具有相當的效果。

他們習慣以施壓的方式辦事，所以有時進入「我會讓這件事成功」的狀態。這樣他們就是「誤入歧途」了。他們應該提醒自己隨時與更高的力量保持連結，並允許在每個時刻都能指引和導正自己。他們應該放棄永無止境的分析，觀察下一個步驟的跡象或「徵兆」。這時，他們必須相信這些跡象，冒險並遵循它們。

北交點雙魚座的人天生具備了解未來的能力。當他們放鬆進入心靈敏感的境界，就可以感受到事件發生的順序。他們通常會對第一個看到的預兆過度反應。影像，可能是人或情況，出現在他們的心頭，而產生不可言喻的焦慮與不安。他們會知道即將發生的問題。這輩子，他們已經得到新的天賦：通靈的天賦。

這是美好的天賦，它可以藉著事先警告，保護他們不受負面事件的影響。但是，由於他們感到無助，所以通常第一個反應是驚慌失措。因為事先預知，所以他們最終會意識到，如果能看到即將發生的事物就可以預做提防，也可以釐清如何利用情況來發揮自己的優勢。他們最好能暫時按兵不動，直到手中掌握更多的資訊後再採取行動。他們需要時間獨處，這樣才能從直覺的過程中，得到清晰的看法與正確的對策。

他們的身邊有許多天使，他們只需要保持開放，並注意如何運用當前情況來推動他們計畫的預兆。但是他們絕對不能「分析」情況。他們的工作是保持耐性，等待他們的心靈預示，每一種情況將如何成為邁向目標的踏腳石。

一旦他們進入通靈的天賦，北交點雙魚座的人可以早在問題發生的幾個月前，就預見情況並避免。當他們稍微退後時，就可以利用預見的時間和機會使自己生活得更加平和寧靜。他們今生要學習在應付日常情況的能力裡，添加他們新發現的信心。

◆信任

北交點雙魚座的人有太多前世，都在監控自己的行為，所以這輩子往往不願意談論他們的想法。他們會退縮，不希望在情況中加入「不好」的能量。這使他們常常生活在懊悔裡；他們常希望自己當時說了某些沒有說出口的話。

同樣地，解決的對策在於信任他們自己並了解自己的動機。如果他們想說的話，會指控他人的「錯誤」或改變他人的行為，他們就會失敗。然而，如果他們自當時的情況退回，並從愛的角度說話，他們說的話就會適當與精確；要做到這點，只需對當時腦海出現的想法持開放的態度。可能是挫敗或奔騰的能量，也可能是任何東西，但重要的是不要審查它。當他們把它說出來，有助於其他人修正，而北交點雙魚座的人此刻要冒的風險就是做自己。

有趣的是，當他們做自己不再扮演某個「角色」時，就是他們真正教導他人的時候。當他們的言行沒有「達到完美」的劇本時，最好告訴他人自己重視的靈性原則。當他們讓自己內在神性自然反應時，就會完美運作。

他們已經準備體驗自性完美的更深領悟，並非透過操控物質「看起來很棒」，而是透過相信事物本質的完美。他們今生注定要做的內在工作包括放下自我毀滅模式，因為他們常根據自我設定的理想標準以達完美境界，來傷害自己。

當他們信任宇宙，他們就不再害怕變化。每件事情的發展都是自然的一部分，他們的立意良好，而神性、上帝或是更高的力量也會站在他們這一邊。他們可以把每個進入他們生命的人，看做是更高力量派來的人，而且是更偉大計畫的一部分，所以最後的結果必然是積極的。當他們相信生命的潮流，適當的人會出現，適當的變化會發生。他們會感受到積極的能量，亦看到更遠大的景象。重點是要往好處看。一旦他們將憂慮對宇宙釋放，他們對自己能力不足的感覺，就會轉換為自在與平靜的力量。

預見

前幾世，北交點雙魚座人的思維一直很複雜，所以這輩子他們的目標就是單純；而簡單、不複雜的答案最適合他們。當他們放慢自己的速度並維持流動，就可以自天使取得「一切都很好」的各種細微瑣碎的訊息。這種肯定本身，就會賦予他們看見正確實現夢想的行動力。

◆憐憫

這輩子，北交點雙魚座的人要學習接受與憐憫。他們的任務是停止批判。當他們停止批評他人，也會不再對自己如此嚴苛。這為他們開啓了通往寧靜的道路，而這正是他們一向追求的目標。他們對他人做的沉默批判，會使他們無法放下自己的屏障，真誠地與其他人相愛。

他們要學習了解，他們對他人的想法其實就是他們潛意識中擔心他人對自己的看法。因此，當他們觀察他人時，如果是以批判的眼光，如「她的頭髮太長了」、「她的頭髮太短了」、「她的行為失當」時，他們會認為，其他人也是以同樣批判的眼光在看他們。從另一個角度來說，如果他們有意識地知道另一個人利用她擁有的光明盡力，或如果他們刻意地思考她的優點，並懷著關愛看待她，那麼潛意識裡，他們會認為他人也以同樣接納的眼光看待自己。這樣可以放鬆他們對自己的批判。當然，一旦他們開始這麼做，他們會希望自已夠完美；若忘記時，則會嚴厲地批判自己。其實他們的不完美反而有好處，因為可以使他們保持謙遜。接著，他們會發現利用自己擁有的光明盡力而為，愛自己就會變得容易。

北交點雙魚座的人在他們的生命中，有時會進入啓蒙狀態，那是對宇宙完全憐憫的狀態。當他們保留對他人與自己的批判時，可以在更一致的基礎下，達到這種意識狀態。

◆感激與幸福

北交點雙魚座的人希望自己能維持不受干擾的幸福狀態。實際上，讓他們脫離這種狀態的都是世俗中的意外，因為這些意外干擾了他們的計畫。想要維持內在的平和，不論發生任何事，他們都要對自己說：「宇宙愛我，就某些角度而言這事對我有好處。」如果需要的話，他們可以重複好幾次。如果他們用這種肯定句來迎接所有的變化，他們將會對產生的效果感到驚訝。

重點在於要對每種的情況心存感激，不管情況如何，他們都要說：「感謝上帝！給我這種健康問題。」不論發生什麼，他們務必對此表現感激。這能為他們帶來奇蹟。在他們懷著感激接納現況，並維持靈性的開放態度時，他們的抗拒會消失，如此下一個步驟就顯而易見了。

由於擔憂、焦慮與消磨他們生命的職責，他們會覺得很困難。但是一旦他們將焦點集中在有形表象世界背後的靈性實相，他們將擁有最幸福的生活。一旦他們開始維持有意識的狀態，學習客觀得觀察自己，他們就會了解生命之流中更微妙的能量，事情的來龍去脈與如何朝目標前進。看起來造物主是眷顧他們的，只要他們維持有意識的狀態，就可以精確地掌握下一步。

北交點雙魚座的人會沉浸在奇妙靈性力量的場域。有趣的是，他們自己根本沒有意識到這一點。他們表現得好像沒有一點力量，並嘗試從自我的層次追求成功。然而，他們只需要在四周靈性的氣氛中徹底放鬆，奇妙的魔法就會接管他們的生命了。只要他們願意放棄使事情複雜化的執著，他們將是所有生命裡最簡單的。如果他們「放手把一切交給上帝」，那麼他們就可以在造物主的引導，進入平靜的境界。

他們這一生旅程最困難的部分，是了解其他交點族群人眼中的「真實」，也就是每個人都同意存在的有形物質世界，並不是注定要成為他們主要的真實。而要將看不見的無形當做現實的基礎，視之為他們的真實，就必須願意冒著讓人誤解的風險。他們今生的工作是將靈性真實的經驗帶來地球，唯有透過在他們生命中對它的意識才能做到。只有在他們自己全神貫注於靈性氛圍的情況，他們才能透過自己靜默的喜悅與他人交流此一真實。

療癒主題曲

由於音樂是可以支持我們冒險的情緒力量，因此我為每個交點族群都各寫了一首歌，希望能幫助他們將能量轉換到積極正面的方向。

自然發展

這首歌想要傳達有安撫效果的訊息，要將北交點雙魚座人的潛意識，輕柔轉換為對整體的完美，以與對身邊每件事情自然發展的察覺，喚醒他們的精神特質，並讓他們擁抱更加平和與更富接納性的生活方式。

♪節錄部分歌詞

當我，獨自一人，就是搞不懂。
顛躓回到犯錯的地方，
希望現在正是

我見的一切；如果我可以的話……
如果我可以的話……

就在這時我想起，
生命中的一切都是美好的—
即使不了解……
凡事都會與時來到你的面前。
所以你心裡應該有這種想法，
一切的發展……都是其應然！

【附錄】

延伸閱讀

- 《內行星：從水星、金星、火星看內在真實》（2019），麗茲・格林（Liz Greene）、霍華・薩司波塔斯（Howard Sasportas），心靈工坊。
- 《人際關係占星學：從星盤看見愛情、性與人際間的契合度》（2018），史蒂芬・阿若優（Stephen Arroyo），心靈工坊。
- 《火星四重奏：面對慾望與衝突的試煉》（2017），琳恩・貝兒（Lynn Bell）、達比・卡斯提拉（Darby Costello）、麗茲・格林（Liz Greene）、梅蘭妮・瑞哈特（Melanie Reinhart），心靈工坊。
- 《海王星：生命是一場追尋救贖的旅程》（2015），麗茲・格林（Liz Greene），心靈工坊。
- 《家族占星》（2013），琳恩・貝兒（Lynn Bell），心靈工坊。
- 《凱龍星：靈魂的創傷與療癒》（2011），梅蘭妮・瑞哈特（Melanie Reinhart），心靈工坊。

- 《土星：從新觀點看老惡魔》（2011），麗茲．格林（Liz Greene），心靈工坊。
- 《占星．業力與轉化：從星盤看你今生的成長功課》（2007），史蒂芬．阿若優（Stephen Arroyo），心靈工坊。
- 《占星、心理學與四元素：占星諮商的能量途徑》（2008），史蒂芬．阿若優（Stephen Arroyo），心靈工坊。
- 《演化占星學全書：從冥王星、天王星與月亮交點，探索星盤中的業力與潛能》（2019），馬克．瓊斯（Mark Jones），春光。
- 《尋找生命的定位：星盤四軸點與月亮南北交點》（2018），梅蘭妮．瑞哈特（Melanie Reinhart），積木。
- 《月亮推運占星全書：我的人生演化課程表》（2017），艾美．賀林（Amy Herring），橡實文化。
- 《宇宙之愛：從靈魂占星揭露親密關係的奧祕》（2013），珍．史匹勒（Jan Spiller），積木。
- 《占星十二宮位研究》（2010），霍華．薩司波塔斯（Howard Sasportas），積木。
- 《占星相位研究》（2010），蘇．湯普金（Sue Tompkins），積木。
- 《當代占星研究》（2009），蘇．湯普金（Sue Tompkins），積木。

Holistic 139

靈魂占星：從南北交點認識你的本能與天賦

Astrology for the Soul

作者—珍・史匹勒（Jan Spiller）　譯者—吳四明

出版者—心靈工坊文化事業股份有限公司
發行人—王浩威　總編輯—徐嘉俊
特約編輯—楊培希　責任編輯—饒美君
封面設計—鄭宇斌　內文排版—李宜芝
通訊地址—10684台北市大安區信義路四段53巷8號2樓
郵政劃撥—19546215　戶名—心靈工坊文化事業股份有限公司
電話—02）2702-9186　傳真—02）2702-9286
Email—service@psygarden.com.tw　網址—www.psygarden.com.tw

製版・印刷—中茂製版印刷股份有限公司
總經銷—大和書報圖書股份有限公司
電話—02）8990-2588　傳真—02）2290-1658
通訊地址—248新北市五股工業區五工五路二號
初版一刷—2020年8月　初版四刷—2024年5月
ISBN—978-986-357-186-5　定價—1100元

ASTROLOGY FOR THE SOUL by Jan Spiller
The Traditional Chinese (complex characters) language translation published by arrangement with Bantam Books, an imprint of Random House, a division of Penguin Random House LLC.
through Big Apple Agency, Inc., Labuan, Malaysia.
The Traditional Chinese Character edition copyright © 2020 by PSYGARDEN PUBLISHING COMPANY
All rights reserved.

版權所有・翻印必究。如有缺頁、破損或裝訂錯誤，請寄回更換。

國家圖書館出版品預行編目資料

靈魂占星：從南北交點認識你的本能與天賦 / 珍.史匹勒(Jan Spiller)著 ; 吳四明譯. -- 初版. -- 臺北市 : 心靈工坊文化, 2020.08
面； 公分. -- (Ho ; 139)

ISBN 978-986-357-186-5(平裝)

1.占星術

292.22　109011070